国家社会科学基金项目（03BZX007）
清华大学高校德育研究中心资助

高校社科文库
University Social Science Series

教育部高等学校
社会科学发展研究中心

汇集高校哲学社会科学优秀原创学术成果
搭建高校哲学社会科学学术著作出版平台
探索高校哲学社会科学专著出版的新模式
扩大高校哲学社会科学科研成果的影响力

刘敬东／著

马克思世界历史理论：
中国个案

Marx's Theory of World History:
A Case of Modern China

光明日报出版社

图书在版编目（CIP）数据

马克思世界历史理论：中国个案 / 刘敬东著 . --北京：光明日报出版社，2010.1（2024.6重印）

（高校社科文库）

ISBN 978 - 7 - 5112 - 0479 - 0

Ⅰ.①马… Ⅱ.①刘… Ⅲ.①马克思主义—发展—研究—中国—现代 Ⅳ.①D61

中国版本图书馆 CIP 数据核字（2009）第 206481 号

马克思世界历史理论：中国个案

MAKESI SHIJIE LISHI LILUN：ZHONGGUO GEAN

著　　者：刘敬东

责任编辑：祝　菲　　　　　责任校对：李　喆　叶乾华

封面设计：小宝工作室　　　责任印制：曹　诤

出版发行：光明日报出版社

地　　址：北京市西城区永安路 106 号，100050

电　　话：010-63169890（咨询），010-63131930（邮购）

传　　真：010-63131930

网　　址：http：// book. gmw. cn

E - mail：gmrbcbs@ gmw. cn

法律顾问：北京市兰台律师事务所龚柳方律师

印　　刷：三河市华东印刷有限公司

装　　订：三河市华东印刷有限公司

本书如有破损、缺页、装订错误，请与本社联系调换，电话：010-63131930

开　　本：165mm×230mm

字　　数：310 千字　　　　印　　张：16

版　　次：2010 年 3 月第 1 版　　印　　次：2024 年 6 月第 3 次印刷

书　　号：ISBN 978 - 7 - 5112 - 0479 - 0 - 01

定　　价：68.00 元

CONTENTS 目　录

导　论

变革与应答：历史向世界历史的转化与中国近代哲学的革命*

——马克思世界历史理论：中国近代哲学的个案

　　马克思基于社会革命的理想而对近代中国的民族革命怀着热烈而巨大的期望，认为"中国革命将把火星抛到现今工业体系这个火药装得足而又足的地雷上"，并由于引发"欧洲大陆的政治革命"而创造"奇观"；① 中国社会"已经处于社会变革的前夕，而这次变革将给这个国家的文明带来极其重要的结果"："自由、平等、博爱"的"中华共和国"。② 中国在马克思世界历史理论的视野和框架中地位独特，是我们考察和研究马克思世界历史理论所应当依据的一个典型个案。

　　马克思世界历史理论深刻揭示了近代西方所开辟的民族历史向世界历史转化的实际进程和基本规律，成为人类进入世界历史时代的一个最具经典的哲学见证。民族历史向世界历史转化这一发生在近代世界大地上的波澜壮阔的历史潮流，是我们考察任何一个殖民地半殖民地民族的历史命运所必须依据的总体性背景。作为这一世界历史进程之深刻表征的马克思世界历史理论，为我们提供了考察、研究近代世界的历史进程和哲学变革所应当依据的一个基本的解释框架。从马克思世界历史理论出发深入考察和研究中国近代哲学，把它置放到民族历史向世界历史转化的总体性的广阔背景中，来探索和揭示它的演变的历史轨迹和逻辑线索，来考察和阐明作为民族历史的中国历史在向世界历史转化

---

　　* 本导论在"历史向世界历史转化的哲学回应——马克思世界历史理论的中国个案"（《现代哲学》2007 年第 6 期）、"历史向世界历史转化的哲学回应：中国个案"（载《马克思主义基本原理专题研究》，社会科学文献出版社 2009 年版）两文的基础上修改扩充而成。

　　① 《马克思恩格斯选集》第 1 卷，人民出版社 1995 年版，第 695 页。

　　② 《马克思恩格斯全集》第 7 卷，人民出版社 1959 年版，第 265 页。

的变革过程中所发生的哲学探索、哲学回应。用马克思的世界历史理论作为深入解读、研究中国近代哲学的一个基本的哲学范式和阐释框架，把中国近代哲学的演进过程作为民族历史向世界历史转化之哲学回应的一个典型案例，不仅有助于马克思世界历史理论研究的深化，而且也是深入考察中国近代哲学的一个独特而有益的视角。马克思世界历史理论与中国近代哲学作为两个不同的研究领域如何实现双向互动，是一个有待认真开拓、深入挖掘的哲学领域和哲学课题。

一、马克思世界历史理论：历史向世界历史转化的总体图景和哲学范式

在近代世界，历史观念的巨大变革总是诞生在德国的土地上；而关于世界历史理论的宏大观念和辉煌成果，也似乎总与德国人有关。

马克思世界历史理论的直接理论源头是德国古典哲学。经由康德、黑格尔等哲学大师的深刻思辨和历史反思，德国古典哲学已经孕育了世界历史理论的基本雏形和大致轮廓。马克思一方面认真汲取了德国古典哲学关于世界历史理念的思想资源和合理成分，一方面又断然拒绝了它关于世界历史的唯心主义的解释维度，从而确立了以近代机器大工业为现实基础，以资本的运动、增殖、扩张为根本动力，以民主与科学为基本特征的世界历史理论的解释框架。

让我们首先对康德、黑格尔的世界历史理念作简要说明。

康德以大自然（自然意图）这一总体性概念为统摄，通过理性、自由、普遍法治等基本概念的深入展开，阐发了他的普遍的世界历史理念的解释范式。康德强调，建立以理性为基础、以自由为核心、以普遍法治为保障的公民社会和国际联盟，是大自然要求人类必须解决的"最大问题"，是大自然要求人类必须完成的"最高任务"。[①] 康德所确立的这一普遍的世界历史理念所明确要求的是，只有把国内的普遍法治的公民状态（公民的独立与自由）与国际的普遍法治的世界公民状态（国家的独立与自由）有机联系为一个整体，人类永久和平的世界大同目标才有可能实现。在这里，康德实际上已经从世界历史的整体眼光出发，来理解、设想和展望人类永久和平的前途和未来。康德关于世界历史思想的几个关键要点，我们可以归纳如下：（1）为大自然所统摄的理性、自由与普遍法治，是建构、规范、实现人类永久和平的世界历史使命的核心问题和根本保障；（2）世界历史的动力是文明的对抗性，即人类的

---

① 康德：《历史理性批判文集》，商务印书馆 1990 年版，第 8~9 页。

非社会的社会性。在这里，文明的对抗性作为历史发展的矛盾辩证法，实际上是表征着近代资本主义生产方式实现资本增殖、从事殖民扩张的矛盾冲突时代的一种深刻的哲学观念；（3）作为近代世界历史性成果的法国大革命，是大自然（自然意图）的必然性的事件，是启蒙运动所热情倡导的理性原则的必然产物；（4）在世界历史时代，既保障公民的独立和自由、又保障国家的独立和自由是两个相互联系、不容分割的基础性要件，① 由此才有可能在世界历史的进程中确立普遍法治的世界公民状态，才有可能在世界历史的大地上构建人类的永久和平。

黑格尔在康德历史理念的基础上继续前进。黑格尔把作为康德历史哲学之枢纽性概念的大自然在历史理性—辩证法的框架下推演为世界精神，把康德的理性观念进一步实体化客观化，把它发展为主宰世界历史的生命灵魂和精神力量，并以这种历史理性的普遍必然来说明作为世界历史之目的、作为世界精神之本质的自由，认为世界精神或世界理性所主宰的世界历史的本质，是人类自由意识的进展和人类精神自由的实现。如同康德基于文明本身的对抗性，基于理性、自由和普遍法治的哲学眼光和分析框架审察世界历史一样，黑格尔把人类的热情、情欲、利益、需要、冲突乃至战争，作为人类历史前进发展的巨大的始源性的推动力量。在黑格尔那里，致力于解决国际矛盾的国际法不可能真正解决国与国之间的利益冲突，战争的发生有其不可避免的客观必然性质，战争所导致的国际契约也只是为了维护本国的最大利益，道德和道德调节在由国

---

① 康德把国家的独立和自由与人类永久和平有机统一的历史理念，在近代世界历史背景下至关重要。刘小枫先生认为，"近代西方历史哲学的兴起，与现代民族国家的兴起相关。民族国家的建构要求民族历史的正当性论证资源，历史哲学遂肩负起为民族国家提供正当性论证的大任。……显然，为民族国家作论证的历史哲学总要以其所属文化圈的传统思想为资源；在西欧是犹太基督教的历史神学……在华夏则是《春秋》经《公羊传》的历史神学。中国近代思想中公羊学张显，时值华夏王土的内忧外患，随后连结西方近代启蒙历史观，时值中国民族国家的改制时代。中国近代历史思想的思想资源不外'经'之'史意'，或依《礼运》为改制之鹄，依《公羊》三世论为改制的正当性论证（康有为）；或依'经史'煽动民族国家的革命运动（章太炎），由此引接现代启蒙历史观。"（卡尔·洛维特：《世界历史与救赎历史——历史哲学的神学前提》中译本导言，李秋零、田薇译，生活·读书·新知三联书店2002年版，第29～30页。）像康德一样，黑格尔历史哲学亦远远超越了民族主义的浪漫主义。黑格尔从"理性统治着世界"的历史理念出发，深刻认识到近代民族国家的兴起和建立在近代世界历史中所具有的重大意义。黑格尔重视近代民族国家的观念，有助于我们理解和解释在西方列强进行殖民扩张的过程中，殖民地半殖民地国家的人民为民族独立、国家自由抛头颅撒热血的深远意义所在。从马克思世界历史理论的解释框架和基本视角来说，处在近代世界历史背景下的中国人民，只有彻底解决了国家自由和民族独立问题，才有可能真正实现民族历史向世界历史的转化，才有可能以独立国家主体的身份参与世界历史进程。

家利益所引起、所导致的深刻的矛盾冲突中苍白无力。在黑格尔世界历史理念的解释框架中，康德的"永久和平"论仅仅具有"应然"的、"偶然"的性质，由于它必须让位于虽然残酷但却具有必然性的战争这个世界历史的审判官，而成为一个望梅止渴的乌托邦幻象。在黑格尔那里，战争和征服是推动民族历史向世界历史转化发展的巨大动力。国与国之间利益的矛盾、对立和冲突只有在世界历史的法庭中才能得到公正的裁判：在世界历史这个大法庭中，只有合乎理性精神和自由精神的发展方向的民族，才能在世界历史中占据优势地位。① 黑格尔在谈到法国大革命的世界历史意义时曾认为，"这件事依照它的内容，是'**世界历史**'性的"，"它的原则差不多灌输到了一切现代国家，或者以军事战胜的方式，或者明白地推行到了各该国的政治生活中"。② 通过"理性的狡计"这一极其高明极具个性的、关于世界历史的矛盾分析框架和分析范式，黑格尔深刻阐明了作为他的历史辩证法之基本秘密的理性—非理性的动力结构，特别强调了作为理性之客观化的国家及其法律秩序，是自由生命的真理形态的世界历史观。

康德、黑格尔从民族历史向世界历史转化之时代要求的高度，自觉阐发了以大自然或世界精神为统摄、以理性为基础、以自由为轴心、以普遍法治的国家秩序为保障的历史—政治理念。康德、黑格尔这一历史—政治理念的自觉确立，是对中世纪神学独断和政治专制秩序解体以来，近代民族主权国家③及其

---

① 参见黑格尔：《法哲学原理》，商务印书馆 1961 年版，第 330～354 节，第 346～357 页。

② 黑格尔：《历史哲学》，三联书店 1956 年版，第 499 页。黑体为引者加。

③ 在近代世界，民族国家的建立与否至关重要。从根本上说，它是民族历史向世界历史转化之绝对不可缺少的基本前提。马克思在谈到英国对印度的殖民问题时认为："在大不列颠本国现在的统治阶级还没有被工业无产阶级取代以前，或者在印度人自己还没有强大到能够**完全摆脱英国的枷锁**以前，印度人是不会收获到不列颠资产阶级在他们中间播下的**新的社会因素**所结的果实的。但是，无论如何我们都可以满怀信心地期待，在比较遥远的将来，这个巨大而诱人的国家将得到**重建**。"（《马克思恩格斯选集》第 1 卷，人民出版社 1995 年版，第 771～772 页。黑体为引者加）这里至少有两点值得特别注意：（1）没有印度人自己的**独立和强大**，就没有印度的新的历史，就不可能真正地参与世界历史进程；（2）印度的命运由于英国的殖民统治而终将得到重建。一百年后的印度已经重建了自己的国家，马克思的伟大历史预言已成为现实。马克思在这里以英国殖民印度为例，以形象生动的语言阐发了民族历史如何向世界历史转化的历史理念。马克思关于印度问题的观念是有普遍性的：任何一个近代的国家，作为被西方强力殖民的对象，它之参与世界历史的真正资格，只有在彻底赢得了民族自由、国家独立的前提下，才会从可能变成现实。列宁也曾经把"建立最能满足现代资本主义……要求的""民族国家"定义为"资本主义时期典型的正常的国家形式"，并提出了"各民族完全平等，各民族享有自决权，各民族工人打成一片，——这就是马克思主义教给工人的民族纲领，全世界经验和俄国经验教给工人的民族纲领"这一无产阶级的民族国家观念。（《列宁选集》第 2 卷，人民出版社 1995 年版，第 371、401 页）

政治法律秩序的形成、确立过程所给予的具有总体历史和普遍必然的理性论证和哲学回应，体现着康德、黑格尔对近代资产阶级民族国家及其法治秩序的坚定执着和深情向往，表征着康德、黑格尔在哲学上追求、确立和肯定近代资本主义世界秩序的基本理念。康德特别是黑格尔以充满着矛盾本性的历史辩证法的哲学反思和逻辑推演，以清醒、冷静、无情的理性态度和哲学笔调，阐述了世界历史在资本主义生产方式的殖民主义、在商品—资本面向世界的市场扩张、在坚船利炮等国家军事机器对落后民族的强力威逼中全面形成的过程。但是，资本主义生产方式及其殖民主义扩张所包含的深刻矛盾，民族历史向世界历史转化的巨大而深刻的悲剧性质，没有在康德、黑格尔的世界历史理念中得到真实而全面的反映，没有得到现实性、批判性的考察。因此对近代资本主义世界秩序的物质现实基础及其矛盾的揭露、批判和否定的历史任务，就历史地落在了马克思主义经典作家的肩头。

马克思开辟了社会历史观的全新的方向和道路。以无产阶级的阶级自由和人类的彻底解放为目标的宏伟的世界历史抱负，革命性地变革了德国古典哲学的社会历史观，变革了康德特别是黑格尔的世界历史理念，创制了解释世界历史的全新的原则、观点、视角、范式和框架，创立了全新的世界历史理论。与康德从大自然（自然意图）、黑格尔从世界精神的历史唯心主义角度考察世界历史的出发点不同，① 马克思是从物质生产实践、从社会生产方式及其矛盾运动的历史唯物主义角度出发，考察了人类历史在近代世界所发生的民族历史向世界历史转化这一意义深远的历史变迁。马克思以其深刻的哲学智慧和独特的历史眼光，洞察和阐明了世界历史形成的现实物质基础："历史向世界历史的转变，不是'自我意识'、宇宙精神或者某个形而上学怪影的某种纯粹的抽象行动，而是完全物质的、可以通过经验证明的行动。"② 马尔库塞曾以清楚明白的语言，阐明了马克思在批判黑格尔哲学的基础上所实现的重大变革："马克思理论的所有哲学概念都是**社会的**和**经济的**范畴，然而，黑格尔的社会和经济范畴都是**哲学**概念。……在马克思的理论中，任何一个简单概念都有一个本

① "在人类历史进程中真实出现的资本主义价值硬通货是真正的非观念的'一'，……而黑格尔的绝对观念之基底正是这个资本（价值实体）的'一'。""黑格尔的绝对观念是人之类（本质）的抽象，绝对观念的历史形成中必然出现的颠倒世界恰恰是资本主义社会关系全面颠倒的隐喻甚至是真实的描述。"（张一兵：《回到马克思——经济学语境中的哲学话语》，江苏人民出版社 1999 年版，第 573～574 页）

② 《马克思恩格斯选集》第 1 卷，人民出版社 1995 年版，第 89 页。

质不同的基础。这正像新的理论必有一个不能从先前的理论中所产生的一个新的概念结构和总体构架一样。"① 卡尔·洛维特也认为，"世界曾由于黑格尔而变成为哲学的，变成为一个精神的王国，而如今，哲学则由于马克思而变为世俗的，变为政治经济学，变为马克思主义。"②

马克思对近代资产阶级开创世界历史、推动民族历史向世界历史转化的生机勃勃的推动力量作了生动而形象的描述，认为资产阶级"第一个证明了，人的活动能够取得什么样的成就。它创造了完全不同于埃及金字塔、罗马水道和哥特式教堂的奇迹；它完成了完全不同于民族大迁徙和十字军征讨的远征。"③ "正像它使农村从属于城市一样，它使未开化和半开化的国家从属于文明国家，使农民的民族从属于资产阶级的民族，使东方从属于西方。"④ 马克思在这里清楚地说明了，近代资产阶级的巨大历史功绩，在于它史无前例地开创了民族历史向世界历史转化的历史进程，这个世界历史性的"奇迹"彻底地改变了人类历史的基本格局和未来走向，彻底地革新了人类世界的基本面貌和生存方式。因此在马克思世界历史理论的视野中，西方资本主义就成为世界历史的发源地："资产阶级历史时期负有为新世界创造物质基础的使命：一方面要造成以全人类互相依赖为基础的普遍交往，以及进行这种交往的工具，另一方面要发展人的生产力，把物质生产变成对自然力的科学统治。资产阶级的工业和商业正为新世界创造这些物质条件，正像地质变革创造了地球表层一样。"⑤ 恩格斯也曾以非常形象生动的语调，描绘了英国资产阶级在开创世界历史的过程中所具有、所发挥的主导的、中心的作用："英国是农业世界的伟大的工业中心，是工业太阳，日益增多的生产谷物和棉花的卫星都围着它运转。"⑥ 因此在马克思所描绘、所勾画、所型构的世界历史图式中，西方资产阶级以资本为原动力、以近代军事机器为开路先锋强力撞开了各个落后民族和国家的闭关自守的大门，以工业文明之于农耕文明的无坚不摧、以市场经济之于自然经济的势不可挡，开启了殖民、拓荒全球的"历史向世界历史转化"

① 马尔库塞：《理性和革命》，重庆出版社1993年版，第235页。黑体为引者加。

② 洛维特：《世界历史与救赎历史——历史哲学的神学前提》，生活·读书·新知三联书店2002年版，第41页。

③ 《马克思恩格斯选集》第1卷，人民出版社1995年版，第275页。

④ 同上书，第277页。

⑤ 同上书，第773页。

⑥ 《马克思恩格斯全集》第22卷，人民出版社1972年版，第375页。

的革命变革历程，从而成为世界历史的发源地，成为世界历史时代的塑造者。①

马克思世界历史理论首先强调的，是以机器大工业为物质技术基础的物质生产方式、交往方式在民族历史向世界历史转化、在开辟世界历史的过程中所发生的基础性作用。马克思写道，资本主义大工业"首次开创了世界历史，因为它使每个文明国家以及这些国家中的每一个人的需要的满足都依赖于整个世界，因为它消灭了各国以往自然形成的闭关自守的状态。"②"各个相互影响的活动范围在这个发展进程中越是扩大，各民族的原始封闭状态由于日益完善的生产方式、交往以及因交往而自然形成的不同民族之间的分工消灭的越是彻底，历史也就越是成为世界历史。"③ 马克思在这里历史性地描述、揭示和肯定了资产阶级以大工业作为物质载体的资本**首次**开创世界历史的巨大功绩，因此民族历史向世界历史的转化，不是思辨历史哲学的自然意图或世界精神的理性图式和逻辑推论，而是人们经常可以感受到的、发生在近代世界大地上的经验性的状态和事实："如果在英国发明了一种机器，它夺走了印度和中国的无数劳动者的饭碗，并引起这些国家**整个生存形式的改变**，那么，这个发明便成为一个世界历史性的事实。"④"美洲的发现、绕过非洲的航行，给新兴的资

---

① 洪天富先生认为，"韦伯和马克思一样，在宗教和资本主义问题上是一位欧洲中心主义者，尽管他们对这个问题的解释截然不同。"（洪天富：《儒教与道教》译者序，江苏人民出版社1995年版，第32页）丰子义先生则不同意把马克思的世界历史观归纳到"欧洲中心论"的框架中。他通过两种不同的"中心"概念的划分，论证了马克思关于世界历史的"中心"概念与"欧洲中心论"的"中心"概念的原则性区别。他认为，存在着两种不同的"中心"概念："一种是历史观意义上的中心，一种是特定条件下世界历史活动的中心。所谓某某中心论，就是以某种民族的历史观和价值观来观察世界历史，并作为衡量和评价世界历史的尺度。这里的'中心'显然属于历史哲学范畴。而世界历史活动的'中心'则主要是就一定时期内世界经济活动的重点而言的，它是一种客观事实，是一种分析和描述的对象，并不涉及历史观和价值观问题。"由此出发，丰子义考察和阐明了马克思与黑格尔世界历史观的重大区别："马克思也讲世界历史，但与黑格尔的欧洲中心论大相径庭。首先，在世界历史的视野上，黑格尔着眼于日耳曼，马克思则着眼于全人类。他是把人类的解放与世界历史的形成紧紧联系在一起的，并将前者作为历史追求的目标。其次，与黑格尔的日耳曼中心主义相对立，马克思并不承认世界历史体系有什么特定的'中心'。因为真正使资本主义制度确立并开创世界历史的，并不是哪一个国家、民族的壮举，而是世界范围内一系列资产阶级革命的发动。而这些革命之所以能够发生，也并不纯粹是这些国家本身孤立发展的结果，同时也是世界体系相互作用的产物。……马克思的世界历史思想决非是'表现了一种欧洲中心论的世界观'。"（王东、丰子义、聂锦芳主编：《马克思主义与全球化——〈德意志意识形态〉的当代阐释》，北京大学出版社2003年版，第168、169页）

② 《马克思恩格斯选集》第1卷，人民出版社1995年版，第114页。

③ 同上书，第88页。

④ 同上书，第88~89页。黑体为引者加。

产阶级开辟了新天地。东印度和中国的市场、美洲的殖民化、对殖民地的贸易、交换手段和一般商品的增加，使商业、航海业和工业空前高涨，因而使正在崩溃的封建社会内部的革命因素迅速发展。"①"大工业建立了由美洲的发现所准备好的世界市场。世界市场使商业、航海业和陆路交通得到了巨大的发展。这种发展又反过来促进了工业的扩展。"② 马克思在这里所论及的由于英国的机器发明，由于工业、市场、贸易、殖民等等所引起的非西方世界的"整个生存形式的改变"、"封建社会内部的革命因素迅速发展"等历史变革，阐明了民族历史向世界历史转化的基本途径、道路、内容和方式，为我们考察世界历史的形成史的哲学提示了明确的方向。

马克思从资本主义生产方式的内在矛盾，即从生产力与生产关系、经济基础与上层建筑的基本矛盾出发，全面论析了资本与劳动、资产阶级与无产阶级的矛盾运动，分析了世界历史形成的现实物质根基和辩证发展图景，由此揭示了资本主义扩张全球的野蛮动机、利益根源和世界历史后果。在马克思看来，世界历史的开辟、生成和发展过程，就是西方资本家阶级为经济利益、为剩余价值所强力驱动而向落后民族进行殖民扩张，并由此导致民族历史向世界历史转化的发展过程，即东方从属于西方、落后民族从属于先进民族、乡村从属于城市的历史发展过程。③

需要强调的是，马克思在洞察、分析和研究民族历史向世界历史转化的历史过程时，没有把目光仅仅关注着物质生产方式及其内在矛盾的作用。马克思同样高度关注社会的上层建筑在这一深刻的转变过程中所发生的巨大的、无可替代的作用。马克思清醒地认识到，资本主义生产方式日益使生产资料、财富和人口集中，其必然结果是在政治法律制度等上层建筑领域内所

① 《马克思恩格斯选集》第1卷，人民出版社1995年版，第273页。

② 同上书，第273页。

③ 因此洛维特认为，马克思的历史哲学主要不是体现和展示在他的历史著作中，而是体现和展示在他的关于经济分析的《政治经济学批判》、《资本论》等经济学著作中。在《资本论》中，马克思把"全部历史被归结为一个社会—经济程序，它日益尖锐化为一场世界革命和世界更新。作为19世纪40年代革命运动最激进形式的代表，马克思并不是要延缓市民—资本主义社会的衰亡，而是要推进它，直到整个历史程序的最终完成。"作为"一个具有杰出历史感的哲学家"，马克思"在自己的历史著作（《一八四八至一八五０年法兰西阶级斗争》、《法兰西内战》与《路易·波拿巴的雾月十八日》）中，却远远不如他在《共产党宣言》和《资本论》中那样更是一位历史哲学家。因为后两部作品的最突出的特征，并不是独断地强调阶级斗争和劳动与资本的关系，而是把所有这些范畴纳入一个包罗万象的历史结构中去。"（洛维特：《世界历史与救赎历史——历史哲学的神学前提》，第39页）这是马克思历史观的一个重要特征。

发生的深刻而巨大的整体变革："各自独立的、几乎只有同盟关系的、各有不同利益、不同法律、不同政府、不同关税的各个地区，现在已经结合为一个拥有**统一**的政府、**统一**的法律、**统一**的民族阶级利益和**统一**的关税的**统一**的民族。"① 因此在马克思那里，民族历史向世界历史的转化，所包涵的不仅是殖民主义经济空间的扩张、生产力与交往方式的矛盾运动，也不仅是作为世界历史形成标志的统一的"世界市场"的形成过程，而且同时是也必然是作为社会上层建筑世界性政治法律的形成过程。② 马克思关于政治、法律的上层建筑在这一历史进程中的巨大历史作用，无疑在马克思世界历史理论的总体框架中占有相当重要的地位。关于马克思世界历史理论的这一极其重要的思考方向，存在着大量问题需要研究阐明，是一个有待深入、有待扩展的研究维度。我们已有的研究显然没有给予应有的、足够的重视。③

　　同样需要强调的是，马克思世界历史理论所考察的对象，包含着由经济

① 《马克思恩格斯选集》第1卷，人民出版社1995年版，第277页。黑体为原著者加。与世界市场相比，世界政治的形成有其远为复杂的历史内涵和表现形态，今日联合国、欧盟、WTO等其他各种国际组织可作为例证。尽管马克思关于世界政治的观念与世界市场的观念相比远未展开，但仍需我们特别加以注意，并给予深入的论证和认真的挖掘。

② 在世界市场的大地上必然孕育着世界政治的形成。伴随着世界范围内的商品贸易和资本扩张，伴随着普遍交往和世界市场的形成，伴随着面向世界的大规模的近代殖民运动，由英法肇始的近代意义上的政治法律制度也越出欧洲范围，在北美、澳洲以及亚非拉的广大地区逐渐得到确立。尽管近、现代意义上的法治民主和政治自由在世界范围内仍然在形成过程中，但为现代市场经济和资本运动所必然要求的法治民主和政治自由，必将最终确立在世界历史的大地上，马克思关于民族历史向世界历史转化之"世界政治"的历史—政治理念，也必将像"世界市场"、"世界文学"一样成为世界历史性的现实。实际上，作为"自由人联合体"的共产主义大同世界的到来，也只有在马克思世界历史意义上的世界政治秩序全面确立之后，才有可能成为世界历史性的现实。这是中国今日之走向"法治国家"的世界历史意义所在。

③ 康有为的政治哲学探索就是中国历史向世界历史转化过程之哲学回应的一个典型案例。在康有为的哲学思想中，关于政治法律制度的哲学思考占据着中心地位，并始终激动着这个忧国忧民的爱国者的伟大心灵。康有为与保守派、特别是与革命派的矛盾和冲突的焦点，也主要是发生在变革政治的方式和途径的选择方面。康有为认为，"东西各国之强，皆以立宪法、开国会之故。国会者，君与国民共议一国之政法也。盖自三权鼎立之说出，以国会立法，以法官司法，以政府行政，而人主总之，立定宪法，同受治焉。人主尊为神圣，不受责任，而政府代之。东西各国皆行此政体，故人君与千百万之国民，合为一体，国安得不强？吾国行专制政体，一君与大臣数人共治其国，国安得不弱？盖千百万之人，胜于数人者，自然之数也。""伏乞上师尧、舜、三代，外采东西强国，立行宪法，大开国会，以庶政与国民共之，行三权鼎立之制，则中国之治强，可计日待也。"（《康有为政论集》，中华书局1981年版，第338~339页）尽管康有为的"西体中用"论存在着重大问题，但他在中国社会发生巨大变革时代的政治哲学思考，实际上表征着中国数千年之"宇宙论王权统治秩序"（张灏：《危机中的中国知识分子》，新星出版社2006年版，第8~9页）的深刻危机，它应视为马克思世界历史理论之世界政治秩序的一个颇具说服力的证明。

到政治再到思想文化和意识形态的全方位视角，即包含着从生产力到生产关系（经济基础）、从政治的上层建筑再到思想的上层建筑的递进过程。也就是说，民族历史向世界历史的转化，不仅是建立在近代物质生产方式基础上世界的商品市场、贸易市场和资本市场的形成过程，也不仅是近代资本主义的世界性的政治法律制度的形成过程，而且它也同时意味着"世界文学"、世界文化的形成过程："资产阶级，由于开拓了世界市场，使一切国家的生产和消费都成为世界性的了。……物质的生产是如此，精神的生产也是如此。各民族的精神产品成了公共的财产。民族的片面性和局限性日益成为不可能，于是由许多种民族的和地方的文学形成了一种世界的文学。"① "资产阶级，由于一切生产工具的迅速改进，由于交通的极其便利，把一切民族甚至最野蛮的民族都卷到文明中来了。它的商品的低廉价格，是它用来摧毁一切万里长城、征服野蛮人最顽强**的仇外心理**的重炮。它迫使一切民族——如果它们不想灭亡的话——采用资产阶级的生产方式；它迫使它们在自己那里推行所谓的文明，即变成资产者。一句话，它按照自己的面貌为自己创造出一个世界。"② 因此我们在这里有必要特别指出，马克思在这里所谈到、所论及的"世界市场"、世界政治、"世界文学"的形成过程，为我们考察作为民族历史的中国历史究竟如何向世界历史转化、作为民族哲学的中国哲学究竟如何参与世界哲学潮流，提供了总体性的世界历史图景和历史方法论的深刻启示。当然就中国近代思想—精神世界而言，我们有必要对马克思这里所谈到的"最顽强的仇外心理"做具体的历史的分析：这个仇外心理，我们不能简单地把它理解为**整个**中国民族的心理，不能简单地把它理解为整个中国民族的精神状态，实际上它仅仅是、也只能是在中华民族遭遇前所未有的外来入侵、强力殖民的巨大生存危机面前，我们民族内部的那些闭目塞听、坐井观天、置身于世界潮流之外的顽固派守旧派所代表的专制主义势力的顽冥不化的**民粹主义心理**。而以开放的态度和胸襟对待外来文明的志士仁人、思想先驱和政治领袖，却在一方面燃烧着维护国家独立、民族尊严的强烈的爱国主义激情的同时，一方面又有着放眼世界的战略气魄，有着理性地对待、学习、借鉴外来文明的开放胸怀。

由此可见，马克思的世界历史理论为我们所展示、所描绘的，是一幅西方

---

① 《马克思恩格斯选集》第 1 卷，人民出版社 1995 年版，第 276 页。
② 同上。黑体为引者加。

资本主义的生产方式、经济基础、政治上层建筑和观念意识形态向非西方世界的强力推进而形成的完整画面。民族历史向世界历史转化这一发生在全球范围内的规模巨大的历史变革，实际上是涵盖了经济、政治、思想文化、生活方式等等涉及到整个世界之社会结构的巨大历史变迁，是包括了作为各个民族的历史在内的整个人类历史，是发生在整个世界范围内的从传统农业社会走向近代工商社会的根本转型。洛维特在评价马克思的早期历史理论时认为，"在迄今为止的历史中，有一个不可否认的事实，那就是个人，随着他们的活动扩大为世界历史性的活动，越来越受到异己力量的支配，即受到资本的支配，或者更确切地说，受到资本主义生产方式的支配；资本主义生产方式在现代世界所扮演的角色，就如同古代的命运一样。这种决定命运的力量变得越来越强大了，人们无法摆脱它。"① 因此，历史向世界历史的转化，可以说是在世界范围内所发生、所进行的整个人类社会文明形态的根本性转化。"有人说**英国的工业革命是一思想革命**，更确切地说，工业的成长是与一群在历史上反教会的人有关。**明治日本的工业革命，也有一思想革命相伴**，只是情况不同，方式有异。……文部省依据福泽谕吉的教学经验编定西式教科书。整个大目标是传播文明开化。……文明开化运动很是成功。'心态上的进步'为日本经济发达的重要因素。此种心态**在英国是从本土产生的，而在日本是移植的**。"② 以机器大工业为物质基础的资本主义生产方式的革命性变革，无疑是民族历史向世界历史转化的现实性、基础性力量。但是，马克思世界历史理论所揭示的，同时又是一个包含着政治的和观念的上层建筑以至生活方式的整体世界历史图景。从这一意义上说，没有近代资产阶级的民主政治、科学技术和启蒙思想的强力推动，马克思所说的各民族相互联系、相互渗透的民族历史向世界历史转化的世界历史时代就不可能形成，马克思世界历史理论也就因此会变得单薄、贫乏、苍白和抽象。与近代工商文明一样，以法治为基础、以权力的分立和制衡为原则的民主政治制度，以及变革了传统的社会结构和思想观念的力量巨大的科学精神和启蒙理性，就成为世界历史之所以形成的基本要素，成为民族历史

---

① 洛维特：《世界历史与救赎历史——历史哲学的神学前提》，生活·读书·新知三联书店2002年版，第42页。

② 萧公权：《近代中国与新世界：康有为变法与大同思想研究》，江苏人民出版社1997年版，第297～298页。黑体为引者加。萧公权先生在这里所谈到的日本对英国心态的所谓移植问题，当是世界文学形成过程的又一个典型案例。

向世界历史转化的基本动力和根本契机。①

　　资本与贸易、科学与技术、民主与法治作为近代世界的文明成就，成为推动西方社会生产力发展的巨大推动力量，成就了西方思想启蒙运动的灿烂辉煌和走向全球的殖民主义扩张。西方列强之所以能够把东方社会和其他落后民族强行拖入世界历史潮流，就在于它们手中掌握着资本与贸易、科学与技术、民主与法治的利剑：通过近代意义上的工商文明、民主政治和启蒙革命，近代西方资产阶级从根本上摧毁、结束了历时千年的神权独断，开辟了终结专制政治、走向宪政民主的法治文明；通过近代意义上的科学技术革命，有力地催生了波澜壮阔的产业革命，塑造了以资本增殖为巨大动力、充满蓬勃生机的近代资本主义的市场文明。民主与科学作为文艺复兴、特别是启蒙运动以来的主题、生命和灵魂，在数百年历史中重塑了西方文明，实现了西方的精神、思想和哲学从传统到近代的转换。近代西方资产阶级强力开辟世界历史的经验证明，任何一个不甘沉沦的民族只有掌握了资本与贸易、科学与技术、民主与法治的近代化利剑，才能够在民族历史向世界历史转化历程的枪林弹雨、血雨腥风中维持自己的生存，才能够在获得主权国家的身份、赢得民族尊严的前提下，参与近代世界所发生的这场惊心动魄、波澜壮阔的世界历史进程。这是近代中国文人与政治领袖所面临的、不容回避的世界历史性的时代背景和生存现实。

　　我们知道，作为民族历史的中国历史向世界历史的转化，并不是满清政府顺应世界潮流的自觉的主动的选择，而是被西方列强以坚船利炮为后盾把中国强行纳入世界历史进程的结果。1840 年的鸦片战争之所以爆发的导火线或直

---

　　① "什么是达到富强的先决条件？西方和新兴日本的力量显然不只是军事技术问题，也许甚至是超出了直接与军事考虑相关的机械工业和商业的问题。在西方的工业和军事力量中是否深深包含着西方社会整个**政治、法律和社会结构**方面的原因？此外，西方的社会政治组织是否反映了西方的**思想和价值观念**有较高的效能？"（史华兹：《寻求富强：严复与西方》，第 16～17 页。黑体为引者加）因此不仅工业、商业和军事技术，而且还有政治体制和价值观念，是中、西方存在着重大发展距离的基本原因。"西方控制了现代历史进程与其说由于它的经济运动，还不如说是由于它的知识运动。……历史是个知识史，而不是经济史或政治史。"（赵汀阳：《没有世界观的世界》，中国人民大学出版社 2003 年版，第 131 页）

接原因，是由于满清政府不同意西方列强开放通商口岸的要求，① 而鸦片战争之所以失败的根本原因，则是满清政府的长期闭关锁国政策使中国社会孤立于汹涌澎湃的世界历史发展的潮流，并最终导致了中国在近代的落伍、积弱和被动挨打。因此中国历史作为民族历史走向世界历史的行程，是一个付出了高昂的民族代价、充满了民族屈辱的曲折历史行程。近代中国哲学就是在这种历史背景下，鉴于中、西方经济社会发展的巨大差距的严酷现实，为民族的生存意识和生存意志所驱动，在不断地追求独立与自由、富裕与强大、民主与科学的过程中迎接生存挑战的过程，是一个在奋力维护民族尊严、争得国家主权的艰难过程中走向世界的过程。

二、马克思世界历史理论的典型个案：世界历史时代的形成与中国近代哲学的诞生

中国近代哲学的变革发生在民族历史向世界历史转化的历史与伦理之悲剧性冲突的世界历史时代的背景中。在历史与伦理的巨大冲突中，一方面发生了中国民族历史向世界历史的转化，一方面也促成了"**东方秩序的危机**。"② 近代中国作为一个拥有 5000 年文明、4.5 亿人口、上千万平方公里的东方农业大国，在世界范围内的民族历史向世界历史转化之巨大变革的历史进程中具有典型意义。

不存在游离于特定的时代要求和民族特性之外的抽象形态的哲学。马克思

---

① 长期处于闭关锁国中的满清王朝对哥伦布发现新大陆以来世界贸易的巨大革命作用根本无从知晓，以致葬送了中国在世界贸易的潮流中走向强大的历史机遇。1793 年，英国国王乔治三世致函乾隆皇帝，提出进一步开放的要求，但被乾隆皇帝以天朝帝国"无所不有"的傲慢态度而加以拒绝。英国国王为资本家的贸易开辟道路，而中国皇帝却只知道在天朝帝国之专制政治的封闭世界中孤芳自赏。以近代工业文明为物质根基、以资本扩张为强劲动力的世界贸易和普遍交往促成了世界市场的形成，为世界政治的建构和确立提供了现实经济基础。晚清政府当然不可能在理性意义上自觉地意识到贸易自由之于专制政体之解体、贸易自由之于民主政治之孕育的基础性意义，更不可能在理性意义上自觉地意识到世界公民社会的世界政治远景，但它却本能性地意识到贸易自由对于专制政体的解体作用。这是晚清政府自身不可能清醒意识到的一个历史性悲剧。

② 参见张灏：《危机中的中国知识分子》，新星出版社 2006 年版，第 10 页。黑体为引者加。"东方秩序的危机"根源于东、西方之间一为农耕文明、一为工业文明的巨大历史差距，根源于西方世界的商品输出、资本扩张和军事征服所导致的两者间势力均衡的打破，根源于东方世界经济—政治体制和价值观的严重落后。但我们仍然有必要在这里强调，尽管伴随着这一"东方秩序的危机"而带来了长久的军阀混战和政治动荡，但它毕竟已开始孕育着中国解构农耕文明、结束君主专制、走向民主共和、参与"世界政治—文学"秩序的一个伟大的历史时代。正是在"东方秩序的危机"这一悲剧性历史过程中，诞生了中国近代哲学，并由此历史性地回应了作为民族的中国历史向世界历史的转化所发生的革命变革。

曾经指出，任何真正的哲学都是"时代精神的精华"，"是文明的活的灵魂。"① 黑格尔也曾经说过，"哲学的任务在于理解**存在的**东西，因为**存在的东**西就是理性。……每个人都是他那**时代的产儿**。哲学也是这样，它是**被把握在思想中的它的时代**"。② 中国近代哲学的诞生有其特定的历史背景，它发生在一个由于西方文明的强力入侵而导致了中国传统文明之进化的急遽断裂的历史时代。已先行建立了近代工商文明的西方，凭借着国家军事机器的巨大优势，实现了资本进军世界市场的强力意志，催生了民族历史向世界历史的转化，开辟了普遍交往的世界历史时代。晚清政府统治下的中国就是在这样的时刻被西方强行打开了闭关锁国的大门，开启了中国的民族历史向世界历史转化的悲剧行程。这是中国哲学之所以发生从传统向近代飞跃的基本历史原因。

马克思世界历史理论揭示了农业文明从属于工业文明、东方从属于西方的世界历史主题。在探讨和研究马克思世界历史理论的过程中，我们需要从多领域多角度多侧面——世界市场、世界政治、世界文学——进行广泛而深入的挖掘，以便深化对马克思世界历史理论的研究。为了马克思世界历史理论研究的深入进行，我们有必要选取东、西方不同民族的典型案例加以实证性研究。在西方世界殖民主义扩张全球的巨大浪潮中，中国作为一个自然经济占主导地位的自给自足的东方农业大国，在西方以机器大工业为物质技术基础、以商品贸易和资本增殖为根本动力、以民主和科学为重要保障、以全球殖民扩张为基本特征和表现形式的民族历史向世界历史转化的进程中具有典型意义，而把中国近代哲学所发生的革命变革和演进过程置放在马克思世界历史理论的分析框架中加以历史的、辩证的考察，从中国与西方的对比中来揭示中国近代学人和政治领袖追求独立与自由、富裕与强大、民主与科学的意义、经验与教训，由此揭示近现代中国社会及其哲学所发生的深刻变革，无疑是一件很有意义的事情。

基于马克思世界历史理论为我们提供的世界历史行程的总体图式和宏观视野，以中国近代哲学为例对马克思世界历史理论进行个案考察，既是我们深入推进马克思世界历史理论研究的一个必要路径，同时也是我们在世界历史的宏观背景下深化中国近代哲学研究的一个重要视角。自 1840 年鸦片战争以来，中国历史在世界历史的大地上发生了由传统到近代的历史性跨越，中国近代学人和政治领袖们以各自的方式、途径、话语，对这一悲剧性历史过程作了自己的哲学回应，中国哲学因此

---

① 《马克思恩格斯全集》第 1 卷，人民出版社 1958 年版，第 121 页。
② 黑格尔：《法哲学原理》序言，商务印书馆 1961 年版，第 12 页。黑体为原著者加。

经历了由传统到近代的深刻的革命变革。把中国近代哲人和政治领袖的哲学理念和精神追求作为中国近代化过程、作为民族历史的中国历史向世界历史转化过程的重要组成部分，有可能从哲学上展示一个古老的东方文明大国参与世界历史性进程的理性轨迹。中国近代哲学的深刻变革作为民族历史向世界历史转化的哲学回应，是马克思世界历史理论个案研究的一个最具典型性的哲学案例。而把中国近代哲学的演变作为民族历史向世界历史转化的一个典型案例加以系统考察，应当是我们重新审视和反思中国近代哲学的历史性变迁、并力求在马克思世界历史理论研究上有所创新、有所突破的一个重要方面。

发生在整个世界范围内的民族历史向世界历史的转化过程，始终包含着剧烈冲突的双重历史画面：一方面是西方世界踏遍全球掳掠财富的凯歌行进，一方面是非西方民族血雨腥风惨遭蹂躏的噩梦历程。马克思世界历史理论对非西方、特别是东方民族的历史向世界历史的转化过程所具有的历史与伦理的巨大对立和严重冲突，有着深刻的、多方面的分析和揭示。马克思一方面对东方社会诸民族的生存状态和悲惨命运寄予巨大同情，一方面又历史地、客观地阐明了西方世界的强力殖民扩张对开辟世界历史所具有的基本意义。马克思曾经用极为感性、生动而鲜明的语言，描述和分析了满清帝国如何被英国的大炮强行威逼、拖入世界历史的残酷画面："英国的大炮破坏了皇帝的权威，迫使天朝帝国与地上的世界接触。**与外界完全隔绝曾经是保存旧中国的首要条件**，而当这种隔绝状态通过英国而为暴力所打破的时候，接踵而来的必然是解体的过程，正如小心保存在密闭棺材里的木乃伊一接触新鲜空气便必然要解体一样。"① 按照马克思的世界历史理论，资产阶级一方面首次开创了世界历史，使整个世界历史的面貌具有资本主义生产方式的特征；但另一方面，非西方民族历史向世界历史转化的过程，又是在"从属"的前提、背景和条件下发生和进行的，因此马克思关于英国殖民印度的如下分析，对整个东方世界是具有普遍性的：这一过程"既不会使人民群众得到解放，也不会根本改善他们的社会状况，因为这两者不仅仅决定于生产力的发展，而且还决定于生产力是否归人民所有。"② "当我们把目光从资产阶级文明的故乡转向殖民地的时候，资产阶级文明的极端伪善和它的野蛮本性就赤裸裸地呈现在我们面前，它在故乡

---

① 《马克思恩格斯选集》第 1 卷，人民出版社 1995 年版，第 692 页。黑体为引者加。

② 同上书，第 771 页。赵汀阳认为，"**现代史主要还是西方史**，这可能是个俗套，但仍然是比较正确的。"（赵汀阳：《没有世界观的世界》，第 131 页。）

还装出一副体面的样子，而在殖民地它就丝毫不加掩饰了。"① 马克思一方面愤怒地揭露英国在"这场极端不义的战争"中犯下种种不可饶恕的罪行，一方面又尖锐地揭发了英国人所谓"文明"背后的虚伪和欺骗："广州城的无辜居民和安居乐业的商人惨遭屠杀，他们的住宅被炮火夷为平地，人权横遭侵犯，这一切都是在'中国人的挑衅行为危及英国人的生命和财产'这种站不住脚的借口下发生的！英国政府和英国人民——至少那些愿意弄清这个问题的人们——都知道这些非难是多么虚伪和空洞。……英国人控告中国人一桩，中国人至少可以控告英国人九十九桩。""英国报纸对于旅居中国的外国人在英国庇护下每天所干的破坏条约的可恶行为真是讳莫如深！非法的鸦片贸易年年靠摧毁人命和败坏道德来填满英国国库的事情，我们一点也听不到。"② 面对西方与非西方的强大与贫弱的巨大差距以及由此所带给后者的严峻生存现实，马克思以其高远宏大的历史眼光、独特有力的历史智慧，揭示了民族历史向世界历史转化过程中历史与伦理之二律背反的巨大冲突。③

在历史与伦理的悲剧性冲突中，尽管马克思始终保持着伦理—价值维度，

---

① 《马克思恩格斯选集》第 1 卷，人民出版社 1995 年版，第 772 页。

② 同上书，第 704 页。

③ 马克思认为，"不列颠的蒸汽机和科学在印度斯坦全境彻底摧毁了农业和制造业的结合。"（《马克思恩格斯选集》第 1 卷，第 764 页）印度"这些细小刻板的社会机体大部分已被破坏，并且正在归于消失，这与其说是由于不列颠收税官和不列颠兵士的粗暴干涉，还不如说是由于英国蒸汽机和英国自由贸易的作用。这些家庭式公社本来是建立在家庭工业上面的，靠着手织业、手纺业和手耕农业的特殊结合而自给自足。英国的干涉则把纺工放在兰开夏郡，把织工放在孟加拉，或是把印度纺工和印度织工一齐消灭，这就破坏了这种小小的半野蛮半文明的公社，因为这摧毁了它们的经济基础；结果，就在亚洲造成了一场前所未闻的最大的、老实说也是唯一的一次**社会革命**。"（同上书，第 765 页。黑体为原著者加）"**从人的感情上来说**，亲眼看到这无数辛勤经营的宗法制的祥和无害的社会组织一个个土崩瓦解，被投入苦海，亲眼看到它们的每个成员既丧失自己的古老形式的文明又丧失祖传的谋生手段，是会感到难过的；但是我们不应忘记，这些田园风味的农村公社不管看起来怎样祥和无害，却始终是东方专制制度的牢固基础，它们使人的头脑局限在极小的范围内，成为迷信的驯服工具，成为传统规则的奴隶，表现不出任何伟大的作为和历史首创精神。"（同上书，第 765 页。黑体为引者加）尽管"英国在印度斯坦造成社会革命是受极卑鄙的利益所驱使，而且谋取这些利益的方式也很愚蠢。但是问题不在这里。问题在于，如果亚洲的社会状态没有一个根本的革命，人类能不能实现自己的命运？如果不能，那么，英国不管干了多少罪行，**它造成这个革命毕竟是充当了历史的不自觉的工具**。"（同上书，第 766 页。黑体为引者加）"总之，无论一个古老世界崩溃的情景对我们个人的感情来说是怎样难过，但是**从历史的观点来看**，我们有权同歌德一起高唱：

'我们何必因这痛苦而伤心，

既然它能带给我们更多欢乐？

难道不是有千千万万生灵

曾经被帖木儿的统治吞没？'"（同上书，人民出版社 1995 年版，第 766 页。黑体为引者加）

并基于这一维度严厉地揭露和批判了西方世界资本的强力扩张所带来的种种人间罪恶，认为体现着资产阶级掠夺本性的"欧洲式专制"比"亚洲式专制"更可怕、更野蛮、更残酷，因为它使东方社会的个人甚至整个民族遭受流血与污秽、贫困与屈辱，① 尽管马克思不是像黑格尔那样以历史压倒、泯灭伦理，从而把伦理原则完全撇在一旁，只剩下一个冰冷、残酷、无情的赤裸裸的历史原则，但马克思在历史与伦理的相互关系上，在分析西方资本文明与东方农业文明的相互关系上，却也始终把历史尺度置于优先地位：因为马克思说，开辟世界历史的过程，就是未开化和半开化的国家从属于文明国家，农民的民族从属于资产阶级的民族，东方从属于西方的过程。在民族历史向世界历史转化的过程中所发生的历史与伦理的巨大的、悲剧性的矛盾与冲突，马克思在其著作中有着多方面的、生动而又深刻的阐述。在《共产党宣言》中，年轻的马克思恩格斯用清晰有力的语言，历史地、辩证地考察了资产阶级开创世界历史的史无前例的巨大功绩，同时也深刻揭示了在这一过程中历史与伦理的复杂而深刻的矛盾与冲突："资产阶级在它已经取得了统治的地方把一切封建的、宗法的和田园诗般的关系都破坏了。它无情地斩断了把人们束缚于天然尊长的形形色色的封建羁绊，它使人和人之间除了赤裸裸的利害关系，除了冷酷无情的'现金交易'，就再也没有任何别的联系了。它把宗教虔诚、骑士热忱、小市民伤感这些情感的神圣发作，淹没在利己主义打算的冰水之中。它把人的尊严变成了交换价值，用**一种**没有良心的贸易自由代替了无数特许的和自力争得的自由。总而言之，它用公开的、无耻的、直接的、露骨的剥削代替了由宗教幻想和政治幻想掩盖着的剥削。"② "资产阶级抹去了一切向来受人尊敬和令人敬畏的职业的神圣光环。它把医生、律师、教士、诗人和学者变成了它出钱招雇的雇佣劳动者"③ "资产阶级撕下了罩在家庭关系上的温情脉脉的面纱，把这

---

① 《马克思恩格斯选集》第 1 卷，人民出版社 1995 年版，第 761 页。
② 同上书，第 274～275 页。黑体为原著者加。"马克思对于资本主义的现代性的批判，始终包含着肯定和否定两方面的因素。在这里，深刻体现了马克思的历史唯物主义原则：他一方面肯定资本主义现代性在继承及批判古代封建社会和古代文化的过程中的贡献；另一方面也揭露资本主义现代性自身所隐含的内在矛盾，并指出资本主义内在矛盾与危机的经济和阶级根源。马克思对于现代性的这种矛盾态度，不仅影响了当代批判理论对于现代性的批判基调，同时也启发了当代各种批判现代性的社会理论，使它们能从历史和社会的各个角度全面地评判现代性。"（高宣扬：《德国哲学通史》第 1 卷，同济大学出版社 2007 年版，第 336～337 页）
③ 同上书，第 275 页。

种关系变成了纯粹的金钱关系。"① "一切固定的僵化的关系以及与之相适应的素被尊崇的观念和见解都被消除了，一切新形成的关系等不到固定下来就陈旧了。一切等级的和固定的东西都烟消云散了，一切神圣的东西都被亵渎了。人们终于不得不用冷静的眼光来看他们的生活地位、他们的相互关系。"② 正是在历史与伦理的无情而惨烈的悲剧性冲突中，消弥着封闭的孤立的各个民族的历史、传统和生活方式，催生出民族历史向世界历史转化的伟大的世界历史时代。这是马克思世界历史理论中一个颇具特色的独特的理论景观和宏大的世界历史画面。

马克思世界历史理论一方面表征了民族历史向世界历史转化的不可逆转的世界潮流，一方面也凸显了传统农业社会与现代文明社会的严重对立。在500年殖民主义扩张的血雨腥风、刀光剑影中，落后民族是在西方列强坚船利炮的强力裹挟的严重屈辱中走向世界历史的。这里需要谈到的是，在世界历史时代的空前未有的历史与伦理的深刻矛盾和巨大冲突中，虽然马克思总体上赋予历史尺度以优先地位，但马克思依然为伦理尺度保留了值得我们深入挖掘、探索和思考的足够广阔的思想空间。③ 马克思从劳动阶级的阶级自由和全人类的彻底解放这一根本目标和历史远景出发，严厉批判了西方列强肆意掠夺的残暴行径，深刻揭露了西方资产阶级唯利是图的阶级本性，对落后民族的悲惨命运表

---

① 《马克思恩格思选集》第 1 卷，人民出版社 1995 年版，第 275 页。

② 同上书。

③ 杨耕先生认为，"马克思主义的生产方式理论本身就是历史尺度与价值尺度或伦理原则的统一。" "在研究东方社会的过程中，马克思始终是运用历史尺度与价值尺度或伦理原则的统一来评价东方社会以及西方资产阶级对东方社会入侵的。"（杨耕、陈志良、马俊峰：《马克思主义哲学研究》，中国人民大学出版社 2000 年版，第 282 页）尽管马克思世界历史理论总是体现着历史尺度与价值尺度的统一，价值尺度或伦理原则始终是一个重要维度，但我以为，从马克思对历史向世界历史转化的基本态度这一维度看，历史尺度仍处于优先、主导地位。马克思关于英国殖民印度的社会历史后果的精彩分析，是其历史尺度优先于价值尺度的一个确证。当然必须指出，在英国与中国的相互关系上，马克思恩格斯更多地是批评英国而同情中国。

示了巨大而深厚同情，寄于了解放与自由的希望。① 相比之下，始终站在近代资产阶级立场并为资产阶级的价值观和意识形态作自觉的哲学论证的黑格尔，则无情地钟情于纯粹单面的历史原则，没有给伦理法则留下任何可生存的空间。在黑格尔那里，伦理的价值与意义只有在对立、冲突乃至战争中才能够充分实现，解决国家利益冲突的世界历史法庭实际上是殖民者强力意志的战场。因此，马克思与黑格尔两种历史观的阶级分野和价值取向的区别就在于：一个是深切关注落后民族的生存命运，并历史性地为落后民族的未来指明了解放的道路；一个是为近代资产阶级的殖民扩张作理性论证，落后民族的悲惨命运消弥在资产阶级殖民扩张的无情而冰冷的世界历史的滔滔洪流之中。②

新航路的开辟和美洲新大陆的发现，使得西方世界在不断扩大的资本扩张、对外贸易中逐渐变得强大起来，并以西欧为基点强力开辟了马克思世界历史理论意义上的世界历史时代。近代西方的工商文明、民主政治、思想启蒙和科学技术的革命性变革，使西方获得了向落后民族进行殖民扩张的巨大的物质力量、军事力量和观念力量，使它在推动各个民族、特别是非西方落后民族的

---

① 英国殖民下的印度是民族历史向世界历史转化的又一典型案例。马克思曾认为，"英国在印度要完成双重使命：**一个是破坏的使命，即消灭旧的亚洲式的社会；另一个是重建的使命，即在亚洲为西方式的社会奠定物质基础。**" "相继入侵印度的土耳其人、鞑靼人和莫卧尔人，不久就被**印度化**了，——野蛮的征服者，按照一条永恒的历史规律，本身被他们所征服的臣民的较高文明所征服。**不列颠人是第一批文明程度高于印度而不受印度文明影响的征服者。**他们破坏了本地的公社，摧毁了本地的工业，夷平了本地社会中伟大和崇高的一切，从而毁灭了印度的文明。"（《马克思恩格斯选集》第1卷，第768页。黑体为引者加）"印度社会根本没有历史，至少是没有为人所知的历史。" "印度本来就逃不掉被征服的命运，而它过去的全部历史，如果还算得上是什么历史的话，就是一次又一次被征服的历史。"（同上书，第767页）"英国摧毁了印度社会的整个结构，而且至今还没有任何重新改建的迹象。印度人失掉了他们的旧世界而没有获得一个新世界，这就使他们现在所遭受的灾难具有一种特殊的悲惨色彩，使不列颠统治下的印度斯坦同它的一切古老传统，同它过去的全部历史，断绝了联系。"（同上书，第762页）民族历史的根基已经遭到根本性的破坏，而新的世界却有待建立。马克思认为英国在印度所做的一切，特别是英国的蒸汽机和自由贸易，已经"破坏了这种小小的半野蛮半文明的公社，因为这摧毁了它们的经济基础；结果，就在亚洲造成了一场前所未闻的最大的、老实说也是唯一的一次**社会**革命。"（同上书，第765页。黑体为原著者加）尽管马克思对印度的经济基础、政治结构、精神文化的发展程度评价不高，但它仍然是民族历史向世界历史转化的又一个极具典型性的案例。在对马克思世界历史理论进行个案研究的过程中，如同属东方世界的中国以鸦片战争为标志而开始了民族历史向世界历史转化的变革进程一样，深入研究印度社会由于英国殖民而发生的巨大变革，无疑也有着典型意义。

② 黑格尔竟然说，"'世界历史'在原则上可以全然不顾什么道德，以及议论纷纷的什么道德和政治的区分。"（《历史哲学》上海书店1999年版，第70页）这是何等残酷何等无情的历史理性：道德被彻底地沦陷在世界历史进展的滔滔巨流中。道德在哭泣算得什么？世界历史的车轮却依然踏着鲜花高歌猛进！

历史向世界历史转化的过程中，形成了相互联系、覆盖全球、力量强大的殖民主义体系。因此商品、资本、贸易，民主、自由、法治，理性、科学、技术等等，就成为近代西方列强之所以兴起、并在全球进行殖民扩张以追求最大利润的强大武器，是造成中、西方社会发展的历史距离和近代中华民族巨大生存危机的基本原因，是中国近代思想领袖和政治先驱进行哲学探索所面临的、不容回避的生存现实。因此中华民族的巨大生存危机造就了他们追求民族尊严与国家独立、向往民主自由与科学理性的强烈的生存意识和生存意志。

在马克思看来，鸦片战争对中华民族最终所起的不是催眠作用，而是"**唤醒**"作用。恩格斯也曾从中国人民的斗争中预见到亚洲新纪元的"**曙光**"。① 这里的"唤醒"、"曙光"用语中包涵了深刻的历史内容：它实际上深刻表征了作为民族历史的中国历史向世界历史的转化，是中华民族在这一历史转化过程中所作的实践的、观念的回应。这个"唤醒"、"曙光"是中华民族于内忧外患中再获新生、重塑历史的过程：它是近代中国人民如火如荼的反侵略斗争，它是近代有识之士所从事的近代意义上的民族工商业和军事工业运动，它是进步文人和政治领袖对民主与科学的不懈追求，它是试图变革现存社会的经济结构、政治结构、观念结构的变法维新，它是彻底终结统治了中国数千年专制统治的社会政治革命，它是批判传统开拓未来的新思想新文化运动，它是中国共产党人为国家独立人民解放所从事的民族民主革命……。无论是龚魏的社会批判，还是洋务派的新政运动；无论是洪秀全的农民战争，还是洪仁玕的资政新篇；无论是康梁的戊戌维新，还是孙中山的辛亥革命；无论是五四新文化运动，还是马克思主义中国化的革命性历程……所有这些突破传统、直面世界、面向未来的悲壮探索，都是我们这个不屈不挠的民族回应严重的生存挑战，不断从民族历史的沉睡中迅速"唤醒"、开辟走向世界历史道路新纪元"曙光"的悲壮探索和宝贵尝试。在作为民族历史的中国历史向世界历史转化的枪林弹雨、血雨腥风中，促成了中国近代哲学的诞生。

三、民主与科学的追求：历史向世界历史转化之变革过程的哲学回应

马克思世界历史理论展示了世界范围内的民族历史向世界历史转化的波澜壮阔的巨大历史画面，为我们考察中国近代哲学的发展演变和革命变革提供了总体历史背景。这个宏大的总体背景和哲学图式包涵着不容分割的两个方面：

---

① 参见《马克思恩格斯选集》第 1 卷，第 691、712 页。黑体为引者加。

一方面，它包括着生产力与世界交往的"普遍发展"，包括着作为世界政治、世界法律意义上的民主与法治文明的世界化过程，包括着作为"世界文学"、世界文化的价值观和意识形态的世界性扩张，包括着科学技术推向全球的革命浪潮的巨大力量……；另一方面，它也包括着落后民族为迎接挑战所进行的伟大抗争，包括着东方世界的政治家思想家为顺乎世界潮流而在自己的土地上所推动的经济、政治改革，包括着它们的进步文人和政治领袖在这一过程中所作出的创造性的哲学回应和理论创新……。因此，从马克思世界历史理论所揭示的总体背景和哲学图式出发，我们就有可能了解中国近代思想先驱和政治领袖为赢得国家独立和民族自由所设计的变革蓝图、所推动的改革运动、所发动的民族民主革命、所作出的哲学回应，在民族历史向世界历史的转化过程中所具有的重大意义，就能够搞清楚追求民主与科学为什么会成为中国近代思想先驱和政治领袖孜孜以求的主题，从而成为中国近代哲学悲壮地参与世界哲学变革过程的核心和灵魂。

严复在论析中、西文明的差异时曾认为，西方"于学术则黜伪而崇真，于刑政则屈私以为公而已。斯二者，与中国理道初无异也。欧彼行之而常通，吾行之而常病者，则自由不自由耳。"① 郭颖颐（D. W. Kwok）在解释严复的这一观点时认为，"'真'即公正或科学真理，'公'即民主化的平等"，两者作为"**西方文明的基础**，在20年后被新文化运动的指挥者陈独秀解释为更具体、更富感情色彩的术语。严复奠定了新时代思想家们把现代科学作为一种价值体系而接受的基础。"② 严复清醒地认识到中、西方文明的最大不同，在于是否拥有民主与科学之为价值体系的基础；他同时也更清醒地认识到，正是由于西方拥有民主与科学这两个武器，才使得它能够强盛起来并称霸世界，中国之所以落后而任人宰割，也恰恰是由于没有拥有民主与科学这两个武器。由此可以看出，落后民族被西方列强强力裹挟、肆意凭陵的屈辱之所以发生，是因为农业文明作为一种衰亡的传统，无力与生机勃勃的近代工业文明相抗衡，而一个已经衰亡的传统要担当起文明复兴的重任，就必须探索西方何以强盛、自身何以积弱的根本原因，学习和借鉴西方以革新自己的文明。因此真正确立作为近代工业文明、市场经济之内在灵魂的民主与科学，就成为落后民族赢得文

---

① 王栻主编：《严复集》第1册，中华书局1986年版，第2页。

② 郭颖颐：《中国现代思想中的唯科学主义》，江苏人民出版社1990年版，第5页。黑体为引者加。雷颐先生的译文将"真"字译为"诚"，为统一起见，这里据王栻主编的《严复集》改为"真"，特作说明。

明的复兴和重建的必然选择。

孙中山站在世界历史的高点，胸怀近代世界伟大变革的发展趋势，道出了世界历史时代的生存法则和基本秘密："世界潮流，浩浩荡荡，顺之者昌，逆之者亡。"① 在民族历史向世界历史转化的汹涌澎湃的时代潮流面前，在内忧外患的民族危机时刻，孙中山以深刻的历史政治智慧和鲜明的革命民主主义立场，以自己的理论与实践创造性地回应了中国历史如何走向世界历史所提出的严峻挑战，回答了"中国究竟向何处去"的时代问题，提出了影响深远的民族、民权、民生的社会政治理念。尽管孙中山晚年一再强调国家自由、团体自由的极端重要性，而对个人自由、平等问题保持高度警惕，认为辛亥革命之所以未获最后成功，辛亥革命后之所以发生一连串的失败，原因就在于个人太讲自由、平等："中国现在革命，都是争个人的平等、自由，不是争团体的平等、自由。所以每次革命，总是失败。"② 但孙中山在《中国同盟会革命方略》中的一段话仍然是意味深长的："我等今日与前代殊，于驱除鞑虏、恢复中华之外，国体民生尚当与民变革，虽纬经万端，要其一贯之精神，则为自由、平等、博爱。故前代为英雄革命，今日为国民革命。"③ 孙中山清楚地意识到自己所担负的历史使命，在于以三民主义为指导思想、为根本理念，通过完成以自由、平等、博爱为目标的国民革命，来推动和实现中国历史向世界历史的转化，把中国建设成为一个富强、民主、文明的近代国家，实现中华民族的伟大复兴。

民主与科学作为近代文艺复兴、宗教改革和启蒙运动的基本成果，作为近代西方文明的内在灵魂，是近代西方列强之所以能够殖民全球、资本扩张以求得利润最大化的两个基本武器，是造成中、西方社会发展的历史距离和近代中华民族巨大生存危机的基本原因，是中国近代的思想领袖和革命先驱进行哲学探索所面临的历史主题和无法回避的生存现实。在民族历史向世界历史转化的深刻变迁中，以商品贸易、资本扩张为基本内容的近代资本主义生产方式的矛盾运动，当然是这一过程的无可争辩的现实物质基础，但是，如果仅仅停留在生产力与生产关系的矛盾运动所形成的历史必然性的理解模式中，忽视作为政治法律制度和观念意识形态的上层建筑在这一历史演进过程中的推动力量，那

---

① 1916 年 9 月 5 日，孙中山偕同宋庆龄等人到浙江海宁城"天风海涛亭"观潮时题词。
② 《孙中山文集》，团结出版社 1997 年版，第 418 页。
③ 《孙中山选集》，人民出版社 1981 年第 2 版，第 77 页。

么，观念的和政治的上层建筑对推动历史前进的巨大作用，就会被无情地淹没在经济决定论、经济必然性的汪洋大海之中。在我看来，如若没有近代的民主、自由、法治和科学技术的革命性变革，世界历史时代的形成和开辟就决不会成为可能。没有文艺复兴、宗教改革和启蒙运动数百年的观念变革和精神洗礼，没有英、法、美的民主革命对专制政治体制的整体解构和革命变革，欧洲近代工业文明体系的建立和资本在全球的强力扩张就是不可思议的。就传统中国而言，由于专制帝国的漫长政治统治和大一统意识形态的森然可怖的精神高压，导致中国始终未能确立近代意义上的民主、自由与法治的制度、体制和观念，始终未能发生近代意义上的科学技术革命。这是近代中国之所以落后于西方、从而被动挨打的基本原因所在。

民主与科学是贯穿在五四新文化运动过程中的核心和灵魂，是五四新文化运动留给我们后人的最大历史成就。它是那个时代的热血青年直面中华民族的严峻生存挑战，力求摆脱民族屈辱，热情渴望民族自由和国家独立的最强有力的时代呼声，是青年文人和新兴政治领袖反映民族历史向世界历史转化之世界潮流和时代要求的必然结论。就当时中国的时代状况而言，民主与科学这两个主题、两大主张之所以呼之欲出，决不是哪一个伟人一夜之间心血来潮忽发奇想的偶然产物。科学与民主的呼声之所以在五四新文化运动中被强调得如此清晰、自觉和响亮，之所以在1910～1920年代成为引领中国人民摆脱黑暗、走向光明的迎风飘扬的两面旗帜，乃是由于民族历史向世界历史转化的潮流已高歌猛进，乃是由于中国近代的思想先驱和政治领袖为迎接挑战、摆脱屈辱已经经历了一个艰难探索、苦苦追求的先行历史过程。①

鸦片战争成为中华民族百年屈辱的开端，同时它也开启了我们这个古老民族近代化的历史序幕，开启了作为民族历史的中国历史向世界历史转化的悲壮历程。在回应外来侵略势力的严峻挑战中，在同传统力量的不断抗争中，他们倾听时代呼唤，把自己的爱国激情、政治勇气和思想智慧转化为创造历史的哲

---

① 马克思曾经谈到，"第一次被引进亚洲社会并且主要由印度人和欧洲人的共同子孙所领导的**自由报刊**，是**改建这个社会的一个新的和强有力的因素**。"（《马克思恩格斯选集》第1卷，第768页。黑体为引者加）马克思在这里所论及到的一个至关重要的问题在于，通由办报所体现出来的民主、自由问题，是东方社会各民族的历史向世界历史转化的基本要素之一。它说明马克思通过由欧洲引入亚洲的自由报刊这个极具象征性的历史事件，清醒而深刻地认识到近代民主、自由、法治的观念、体制和机制的确立，是一个民族参与世界历史的不可缺少的政治构架和观念前提。

学信念和精神力量。他们响应民族生存意识和生存意志的感召，以反叛传统、变革现实的巨大勇气和历史责任感，创造性地重新解释传统文化，从而使传统文化的理想、精神、范式、概念、话语和道德关怀，具有了全新的时代内涵。龚自珍魏源的社会批判和变易思想；洪仁玕革故鼎新走向未来的新政蓝图和思维方式；康有为改制孔子、重塑历史以顺乎进化、科学、民主之时代潮流的思想创新；谭嗣同冲决传统文化网罗、批判专制政治的精神气概，以及把"仁—通"作为理解整个世界本质的创造性阐释；严复对传统文化中专制、落后和愚昧等不适应时代精神内容的清醒拒绝，以及对民主、自由、进化和科学方法论的理性崇尚；孙中山以进化观念、知难行易、民生史观和近代政治理念重建国人的文化—心理结构的卓越尝试；五四新文化运动对科学与民主的热情呼唤和执着追求……所有这一切，都无不表现了中国近代的思想先驱和政治领袖反叛传统、革新现实、走向未来的创造精神和意志力量。对独立与自由、富裕与强大、民主与科学的追求，贯穿在从龚自珍魏源的社会批判到洋务新政，从早期改良主义到戊戌维新，从洪秀全—洪仁玕的太平天国革命（新政纲领）到孙中山的辛亥革命，从五四新文化运动到中国共产党的诞生这一血雨腥风、惊心动魄、波澜壮阔的艰难历程中。五四新文化运动把民主与科学作为批判传统、开辟未来的最有力的思想武器，历史性地凸显了近代中国历史中两个最具有划时代意义的根本课题，是 1840 年以来几代先进的志士仁人不屈不挠艰辛探索过程的最大历史成果和必然逻辑结论。①

在中国近代学人和政治领袖为挽救民族生存危机、为寻求国家富裕强大而学习西方、追求民主、法治与自由的过程中，人权意识的启蒙、觉悟是一个重要方面。19 世纪 70 年代后，伴随着西方列强对中国的步步进逼，中国社会的封闭状态被逐渐打破，专制政治—文化制度的腐朽和弊端不断暴露。同时，经由西方传教士、洋务企业人员、中国出使人员以及留学生等等渠道，中国知识

---

① 让我们把目光引向当代中国的政治领域。邓小平说："没有民主就没有社会主义，就没有社会主义现代化。"（《邓小平文选》第 2 卷，人民出版社 1994 年第 2 版，第 168 页）当代中国共产党人确证了马克思主义以**人民的幸福与自由**为核心价值观的哲学理想，宣示了马克思主义倾听时代呼声和实践要求的与时俱进的理论品质，以极其巨大的政治气魄和放眼全球的战略胸襟，重建了社会主义的实践及其理念，庄严地向世界阐明了中国特色社会主义的核心价值："这条道路的**精髓**，就是调动一切积极因素，解放和发展生产力，**尊重和保障中国人民追求幸福的自由。**"中国之所以能够创造出巨大财富，为世界发展作出重大贡献，归根到底是"中国人民**基于自由的创造。**"（温家宝在哈佛大学的讲演：《把目光投向中国》，2003 年 12 月 11 日中国新闻网。黑体为引者加）

分子接触西方民主思想和自由观念的条件和机会日渐增多，中国进步学人的视野日趋开阔，思考日趋深入，他们开始逐渐认识到近代人权问题对西方的富裕强大所具有的重大意义。下面我们列举数例加以说明。

康有为开启在中国传播西方人权学说的先声。他在 1880 年代中期先后撰写的《人类公理》、《实理公法全书》等著作中，"第一次在中国提出了'人有自主之权'，'此为几何公理所出之法'；'人类平等是几何公理'的思想。他阐述了自由、平等是人的本性这个观点，认为人类平等是天经地义的，……他尖锐地抨击和批判了使人不得自由的君主专制制度和将人划为尊卑贵贱的宗法等级制度及灭绝人性的封建禁欲主义。"① 何启、胡礼垣认为，"自主之权，赋之于天，君相无所加，遍氓亦无所损；庸愚非不是，圣智亦非有余。人若非作恶犯科，则此权必无可夺之理也，夺人自由之权，比杀戮其人相去以间耳。"② 严复更是从中、西对比中深刻地认识到从人权的角度批判专制政治、寻求国家富强的重大意义，尖锐地揭露和批判了中国君主专制的野蛮和残暴："秦以来之君，正所谓大盗窃国者耳。国谁窃，转相窃之于民而已。""是故西洋之言治者曰：'国者，斯民之公产也，王侯将相者，通国之公仆隶也。'而中国之尊王者曰：'天子富有四海，臣妾亿兆。'……夫如是则西洋之民，其尊且贵也，过于王侯将相，而我中国之民，其卑且贱，皆奴产子也，设有战斗之事，彼其民为公产公利自为斗也，而中国则奴为其主斗耳。夫驱奴虏以斗贵人，固何所往而不败？"③ 在西强我弱的严酷的时代背景中，越来越多的志士仁人认识到自由人权问题对一个民族的振兴和强大具有重大意义。

如果说，19 世纪后半叶中国思想界对人权思想的认识还停留在初级阶段，那么在进入 20 世纪之际，中国近代知识分子对人权思想则开始有了"比较系统的了解，并将其整合在自己的思想体系中，从而获得了比较完全意义上的人权意识。"④ 在 20 世纪初年，大量关于西方社会政治学说的著作被翻译出版，欧西巨子之学说"滔滔焉渡重洋，竟灌输吾国同胞之意识界"，卢梭、孟德斯鸠、斯宾塞、穆勒的政治著作以及《人权宣言》、《独立宣言》等政治文献都被译成中文。西方各种哲学、社会政治理论成了中国近代知识

---

① 胡伟希编：《辛亥革命与中国近代思想文化》，中国人民大学出版社 1991 年版，第 66 页。
② 同上书，第 67 页。
③ 《严复集》第 1 册上，王栻主编，中华书局 1986 年版，第 35～36 页。
④ 胡伟希编：《辛亥革命与中国近代思想文化》，中国人民大学出版社 1991 年版，第 68 页。

分子启蒙国民、救国救亡的有力思想武器，西方的人权自由思想尤其成为他们选择的对象："已处于文明潮流旋涡，立竞争剧烈之舞台，国民权利自由之思想，已如旭日中天，离明四照"，"民权自由之义，放诸四海而皆准，俟诸百世而不惑。""自由权者，思想自由、言论自由、出版自由三大自由也。"①

中国近代知识分子的自由—人权观实际上已经涉及到社会生活的几乎所有领域。例如中国的妇女权利问题就是他们高度关注的人权问题之一。他们不仅对中国妇女在社会生活中的地位和命运深切同情，不仅从人权的角度激烈抨击了等级主义的社会政治体制和男尊女卑的传统价值观对中国妇女权利的侵犯和剥夺，而且把恢复、承认和尊重妇女权利作为走向民族振兴、国家强大的基础问题看待。（康有为）认为："吾国之民，尫弱纤缕，""故传种易弱也。今当举国征兵之世，与万国竞，而留此弱种，尤可忧危矣。"（谭嗣同）指出，妇女缠足，"将不惟其亡国，又以其灭种类。"（头雄）写道："放足者，独立之起点，强种之根源"，"可以挽祖国之危亡。"他们把兴女学视为能否实现男女平等和富国强兵的一大关键。他们大声疾呼："张女界之革命军，立于锦绣旗前，桃花马上，琅琅吐辞，以唤醒深闺之妖梦。"② 尤其难能可贵的是，他们还就如何解放妇女，实现男女平等，有针对性地提出了一系列具体的措施和主张。

值得注意的是，中国近代知识分子在强调自由的同时也认识到自由的界限，并把自由置放到与他人、与社会整体的相互关系中加以把握："人莫不有自由之性质，而**以他人之自由为界**。""自由二字，是有界限的，没有界限，即是罪恶。""人之为恶，以侵犯人自由为始，故侵一人之自由为殴争，为戕杀；侵一家之自由为占据，为劫夺；侵一邑一国之自由为作乱，为人寇。凡侵人自由者，人人得而殊之。""吾侪求**总体之自由者也，非求个人之自由者也**。""共和者亦为多数人计，而不得不限制少数人之自由。"③

在近代世界，民族、国家的独立与自由（总体自由）而非个体自由，才是一个民族的历史向世界历史转化所绝对不可缺少的基本历史前提。尽管中国近代学人和政治领袖看到了个体自由之于近代西方的基本意义，但中华民族任

<hr>

① 胡伟希编：《辛亥革命与中国近代思想文化》，中国人民大学出版社 1991 年版，第 69 页。

② 同上书，第 79～81 页。

③ 同上书，第 69～70 页。黑体为引者加。这里所论及的关于个体自由与总体自由的关系值得特别注意。

人宰割的悲惨的生存命运，却使他们意识到国家的独立与自由才有着真正压倒一切的地位。我们在前面已经谈到，孙中山是坚持这种观念的突出代表之一。他立场鲜明地反对谈个体自由，因为作为整体的国家自由在他那里占据了压倒一切的地位。他重视的是民生，"民生主义如果能够实行，人民才能够享幸福，才是真正以民为主；民生主义若是不能实行，民权主义不过是一句空话。"① 孙中山一再谆谆告诫国人，"中国人为什么是一片散沙呢？由于什么东西弄成一片散沙呢？就是因为各人的自由太多。……我们是因为自由太多，没有团体，没有抵抗力，成一片散沙。因为是一片散沙，所以受外国帝国主义的侵略，受列强经济商战的压迫，我们现在便不能抵抗。要将来能够抵抗外国的压迫，就要打破各人的自由，结成很坚固的团体，像把士敏土参加到散沙里头，结成一块坚固石头一样。""自由这个词究竟要怎么样应用呢？如果用到个人，就成一片散沙。万不可再用到个人上去，要用到国家上去。个人不可太过自由，国家要得完全自由。到了国家能够行动自由，中国便是强盛的国家。"② 费正清非常敏锐而正确地认识到孙中山这一观念的深刻的思想动机，认为孙中山的"根本动机是民族主义。"③

在探索西方富强的真正奥秘、寻求如何使中国富裕强大的武器和途径的过程中，中国近代学人和政治领袖认识到科学技术的落后是又一个无法回避的生存现实，因此这成为他们哲学思考中的又一个重大问题。魏源"师夷长技以制夷"的观点和对策由此而发。在危机日益深重的时代背景下，中国的进步文人和政治领袖对科学技术之社会功能的认识日趋全面深入。有着游历西方多年、多国经历的康有为，在《物质救国论》、《大同书》等著作中，对近代世界工商文明和科学技术的倾慕几乎达到了狂热的程度。在他看来，如果没有经济、科技和军事实力，即使尧舜复生也不能安邦治国、抵御外侮，即使有伟大的救世主降临也无法使国家免于沦亡。严复在对西方国家之所以富强的观察、分析和研究中，更是深入到了问题的核心所在：他把科学方法论问题提高到西方学问之首、之本的高度，深刻地认到一个国家要做到富强并领先世界，来自于科学技术的发达，而科学技术的发达又依赖于科学方法的运用。他写道："本学之所以称逻辑者，以如贝根（培根）言，是学为一切法之法，一切学之

① 《孙中山选集》，人民出版社 1981 年第 2 版，第 930 页。
② 《孙中山文集》，团结出版社 1997 年版，第 157～158 页。
③ 费正清：《伟大的中国革命》，国际文化出版社 1989 年版，第 136 页。

学。"① 严复对西方科学及其方法论的高度重视，为他以及他以后时代的思想家们深深地奠定了把科学作为人类之生存基础的近代思想观念。由此可见，在20世纪初年的时代背景中，严复已经比较深入地触及到上层建筑的政治层面和观念层面。

在20世纪初年那个特定的历史背景下，中国近代学人和政治领袖在探索如何走出专制主义、开辟未来发展道路、走向世界历史的过程中，已经比较深入地触及到上层建筑的政治层面和观念层面。这实际上标志着中国走向世界的历史进程，是社会整体结构的巨大变革，是经济基础、政治体制、文化—心理结构、社会生活方式等全方位的近代化转型。洋务运动、戊戌变法、辛亥革命、五四新文化运动，它们都以自己的特定方式、特定侧面体现了作为民族历史的中国历史走向世界历史的基本要求。

面对近代中国的严重积弱和暮气沉沉而被到处瓜分的生存现状，面对近代西方的强大兴盛和蓬勃生机，近代中国的进步文人和政治领袖把目光投向西方，力求采其所长补我所短，认真倡导民主自由和科学理性，力图为中华民族寻求抗争外来侵略的新的生存武器；同时，基于中华民族必须自立于世界民族之林的生存意志和坚强信念，近代中国进步学人和政治领袖又在批判继承中发扬光大了中国传统文化的精华。正是在这一意义上，我们才有充分的理由认为，中华民族在西方列强的资本—军事扩张和全球掠夺的枪林弹雨、血雨腥风中不致沦亡而顽强生存下来，仍然根植于我们民族的情感、意志、性格、精神中，这是中华民族之所以在作为民族历史的中国历史向世界历史转化的惊涛骇浪中仍能够顽强生存的核心信念之所在，而非来自外来文化和外来文明。也正是在这一意义上，我们才能够深刻理解孙中山下述观点的意义："盖民族思想，实吾先民所遗留，初无待于外铄者也，余之民族主义，特就先民所遗留者，发扬而光大之。"②

中国近代志士仁人批判传统的意识形态和政治经济制度，力求以西方为参照建立以近代工商文明为物质基础、以民主政治和科学理性为上层构架的近代社会、近代国家结构。作为五四新文化运动领袖的陈独秀，对近代世界的历史潮流和中国民族的前途命运作了冷静分析和清醒判断，对关系到中华民族生死存亡的重大近代课题作了异常深刻的反思和回答。他认为，民主与科学"可

①　王栻主编：《严复集》第4册，中华书局1986年版，第1028页。
②　《孙中山全集》第7卷，中华书局1985年版，第60页。

以救治中国政治上、道德上、学术上、思想上一切的黑暗。若因为拥护这两位先生，一切政府的压迫，社会的攻击笑骂，就是断头流血都不推辞。"① 陈独秀在这里所表达的为追求民主与科学而"断头流血都不推辞"的坚定的思想、情感和信念，决不是五四新文化青年的一时心血来潮，它实际上反映和表达了整个近、现代中国进步学人和政治领袖的理想信念和价值追求。因此民主与科学作为"五四"新文化运动的根本主题，是中国近代爱国志士在探索中国近代化之路、在中国的民族历史向世界历史转化的过程中得出的基本结论，同时也是中国历史之能够真正参与世界历史的基本武器。对民主与科学这两个近代化武器的认同和追求，是贯穿在从魏源到洋务运动，从洪仁玕到戊戌维新，从辛亥革命到五四新文化运动之整个近代历史过程的根本主题之一。五四新文化运动关于民主与科学的热情呼唤，是1840年以来整个中国近代历史发展过程的必然结论。②

四、传统与近代的冲突与张力：历史向世界历史的转变与中国近代哲学精神的重建

钱穆先生在《国史大纲》一书中，曾经用"除旧与开新"作为该书的最后一章，意味深长。除什么旧？开什么新？如果我们借用马克思世界历史理论的分析框架，我们就可以说，钱穆先生的这一标题，实际上标示着中国从传统走向近代的重大历史转换，标示着作为民族历史的中国历史向世界历史转化的深刻革命变迁。处在民族历史向世界历史转化时代的中国近代哲学，展开在一种双向统一的过程中：一方面发生着包括民主与科学在内的西学东渐的文化传播过程，一方面也发生着先进的中国人对西方文化的吸收、比较、批判和选择的过程，发生着经由中国近代的思想先驱迎接外来挑战、创造性地转换文化传统、走向"世界文学"的过程。近代中国哲人和政治领袖胸怀祖国面向世界的不懈探索，昭示着他们既继承了中国传统文化的基本精神，又开拓了中国哲

---

① 《陈独秀著作选》，上海人民出版社1984年版，第443页。

② 在当代世界，虽然启蒙运动关于民主与科学的现代性主题由于它自身的内在问题而遭遇到空前未有的批判和挑战，从而一再凸显了由于民主过度而导致"民主暴政"、由于工具理性过度而导致"技术法西斯"的严重二律背反，因此走向未来的当代中国理所当然必须未雨绸缪，创造性地克服和扬弃民主与科学的理论与实践所可能带来的种种现代性问题，但当代中国作为发展中国家的历史方位，决定了我们仍然必须继续面对百年来"落后挨打"的严峻的历史逻辑和生存现实，决定了我们必须始终牢牢把握经济和科技这个经济社会发展的关键问题。尤其重要的是，21世纪中国哲学之能够自立于世界哲学之林的根本，仍然必须在民主与科学的理论—实践框架中求得解决，而不能到脱离开这个世界历史性现实的乌托邦彼岸中寻求说明。

学由传统踏入近代的现实道路，并由此开启了民族哲学参与世界哲学的近代化进程。中国哲人对民主与科学的认同和追求意义重大，因为它标志着中国哲学由此融入近代世界哲学的潮流，成为中国民族历史向世界历史转化的哲学回应。中国文化—文明有着五千年的悠久传统和灿烂辉煌的发展历程，但是它自身没有能够通过自我批判、自我革新而实现从传统到近代的历史性转换。它的弊端在近代西方列强咄咄逼人的时代背景和历史条件下暴露无遗。因此如何认识和对待它的优势和弱点始终是一个重大的基本的问题。

在西方列强威逼中国、中国应对严重挑战的矛盾冲突中，康有为的哲学探索是一个颇具代表性的案例。康有为以其儒家思想的深厚素养，对西方文化的强烈冲击作了有力的、创造性的哲学回应，构成了中国哲学走向世界、中国历史向世界历史转化的革命性变革历程。萧公权先生的分析和评价是中肯而精到的，他认为康有为的"某些思想开了 1920 年代和 1930 年代的先声，特别是社会主义思想和有关**民主**与**科学**的思想。"① "尽管康氏对科学的概念必然模糊，他认识到**'科学'为工业化根本**，无乃全书（《物质救国论》——引者注）中最重要的论点。此一认识为此一时期思想的转折点。使康氏超越 19 世纪末自强运动的领导者，而使他成为 20 世纪主张'科学主义'者的先驱。"② 康有为"有关中西文化的见解乃是在半个世纪中于不同的场合针对历史环境所作的各种迥异的反应。他一开始是一传统学者，所持的见解与 19 世纪末和 20 世纪初的保守派并无显著的不同。自于 1879 年与西方文明接触之后，促使他广泛地探究西学，并放弃旧见。有一时期他对西学的狂热不亚于一些五四'新

---

① 萧公权：《近代中国与新世界：康有为变法与大同思想研究》，江苏人民出版社 1997 年版，第 369 页。黑体为引者加。康有为对近代西方科学技术之巨大社会作用的认识，是在与中国传统文化的参照比较中加以把握的："康氏在强调科技之余，减低了'道德'与'哲学'的重要性。在撰写此书（《物质救国论》——引者注）前一年，他正在荷兰访问，看到彼得大帝学习近代工技之地，曾写了一首长诗，其中有如下几句：

欧人所由强，物质擅作器。
百年新发明，奇伟不可比。
遂令全地球，皆为欧人制。

他继谓 19 世纪的中国领导人，因为错误地自傲于本国的传统道德，雅不愿'降志'向欧洲学习。在《物质救国论》中，他的同一心情有更坦白地表示：'夫百年来欧人之强力占据大地者，非其哲学之为之也，又非其民权、自由致之也，以物质之力为之也。……魏默深谓'师其长技以制之'……然则魏默深之论至今犹为至论也。'"康氏认为即使是最伟大的先知，如果不知物质之学，也不能面对国家的危难。"（萧公权：《近代中国与新世界：康有为变法与大同思想研究》，第 462、463 页）

② 同上书，第 462 页。黑体为引者加。

青年'。……他可说是比陈独秀早一个世代的'新青年'。"① 尽管康有为一再特别强调西方文明的强大是由于科学技术的发达，但"他对儒学的重估也开启了他的思想生命的另一新阶段：不断努力**经由世界化而创造文化综合**。他终于达到一种立场，至少一部分影响到后来宣扬以中国本位为基础的现代化主张者，以及采取更新、更激进西方思想之人……在 1880 年代与 1920 年代之间，康氏反映了从 1910 年代到 1940 年代各种不同有关文化重建见解的全部。……他无疑是从帝制中国转至共产中国时期中最具代表性的思想家。综述他的思想等于是回顾整个时期思想的主流。"②

胡适在中国文化观问题上的演变是又一个典型案例。萧公权先生认为，就连早年曾经主张"全盘西化"的胡适，在对中国文化作了深入观察后便逐渐变得温和起来。1919 年由于他主张把重整国故包括在"新思想运动"之中而遭到吴稚晖的强烈反对。1927 年，他断然否认全盘反对国故，而从等国故的某些方面的研究。在 1940 年代，他明确认识到中国文化传统中的**民主价值**，中国文明的精神是一种值得保存的"生活方式"。在 1959 年，"他暗示未曾介入打孔之事，否认参与打倒孔家店，……他之支持吴虞……不过是要减弱孔子的过分影响，并不是要消灭他。"他不能苟同陈独秀关于儒教主义与现代主义不相称的"私见"。相反地，"他认为含有'人权'与品操的儒家'仁'的观念，乃'中国传统'的核心，并非不适合现代之用。"到了 1960 年代，他再次宣布此一乐观的看法，明确肯定中国文明的永存："中西文化的冲突会促使中国文化的重生——吸收西方的东西而不丧失文化的认同：……'此一重生的产品看起来像是西方的。但往深里看，可知基本上还是中国的，风吹雨打只使它更加清楚——**人文的**以及**理性的中国**接触到新世界**科学**与**民主**的文明而重生。'……胡氏对中国文明态度的大转变，可能部分由于对此一文明的重新估价。自 1910 年代后，40 多年的研究和反省终于使他相信中国文明之中毕竟有

---

① 萧公权：《近代中国与新世界：康有为变法与大同思想研究》，江苏人民出版社 1997 年版，第 526 页。

② 同上书，第 526 页。康有为对科学技术（物质之学）的推崇达到登峰造极的程度，这是中国近代哲人在民族危机面前共同面临的课题和抉择。同时我们也必须指出，尽管康有为把采用近代西方科技作为中国求得生存和强大的唯一途径，但他依然是为了由此保存自己的精神文化：在民国初年，他"大力倡导以儒教为国教，呼吁国人不要'全盘西化'，以维国性——中国传统的政治、社会以及道德价值。"（萧公权：《近代中国与新世界：康有为变法与大同思想研究》，第 371 页）

磐石在，可资为适当的**文化重建的基础**。"① 这里值得我们注意的是，哪怕是曾经激烈批判传统的、秉持着**科学**与**民主**理想的激进主义者胡适，在时间和实践的推移中对传统文化的态度也会发生转变。这一方面表明，传统文化在强大的外来冲击中仍然保持其固有的生命力量，一方面也表明，近代条件下中国文化的任何真正的革新和重建仍然必须立足于传统文化的基地。

在这里，康有为、严复、胡适等在中、西文化—文明问题上的态度及其转变，值得我们深思熟虑。"胡氏对中国文明态度的转变，从某一个程度说，重复了康有为在世纪交替之际所发表的见解。康氏在 1882 年自己承认他初次接触西学时，要'尽弃旧见'，就像若干年后胡适要抛弃中国传统，作为对西方文明的反应。也像胡适在 1960 年高唱**人文与理性中国因接触新世界科学与民主而重生**，康氏在 1905 年坚持儒教中国的永久价值（即康氏之谓人文与理性中国），**以及求助于西方的科学与民主**，使之成为现代中国在道德生活与社会制度中的有效力量。成熟的思考使康氏（以及胡氏）相信中国的现代化不能由简单的西化来达成（简单地抓住国故更不能达成），而必须由**理性思考的综合与世界化**来达成，以使中国文明的程度与西方已得水平相齐，而同时不失本身的文化认同，不弃仍与新世界相干的国粹。"② 当然在如何保存中国文化的方式和途径上，康有为与胡适存在着不同选择："康氏有意强调中国文明的重要，以及落实保存它的必要；而胡氏觉得保存不成问题，在他看来，把新的吸收到旧的之中乃一自然的程序，用不着特别费力去做……文化综合乃是适者生存的自然发展……中国采用科技世界文化及其背后的精神文明，将必然地在其文化中产生巨大的变化；但是在未来，此一变化的结晶将是以中国为根本的文化。换言之，康氏倾向有目的、有计划的文化综合，而胡氏情愿接受在文化冲突中依赖达尔文的天择程序。……不过，在方法上的不同虽然重要，却不应掩盖一项事实，即在康、胡二人较成熟的思想中，都达到基本上相同的见解：

---

① 萧公权：《近代中国与新世界：康有为变法与大同思想研究》，江苏人民出版社 1997 年版，第 514～516 页。黑体为引者加。在这里我们应当特别指出，胡适所发生的这种"大转变"仅仅是就总体特征而言的，实际上早年的胡适非常重视民族的传统文化，对民族文化的优秀传统充满深情。还在留美期间的胡适在 1915 年 7 月 22 日的日记里写道："我所遇欧洲学生，无论其为德人、法人、俄人、巴尔干诸国人，皆深知其之历史政治，通晓其国之文学。其为学生而懵然于其祖国之文明政治者，独有二国之学生耳，中国与美国是已。吾国之学子有几人能道李、杜之诗，左、迁之史，韩、柳、欧、苏之文乎？"（胡适：《留学日记》卷十，第 3 册，商务印书馆 1947 年版，第 203 页）

② 同上书，第 516 页。黑体为引者加。

'全盘西化'不是中国现代化问题的答案。"①

整个中国近代哲学从传统到近代的革命变革和历史转换，近代中国思想先驱和政治领袖以民主与科学革新和改造中国传统哲学的观念框架和思想方式，从哲学上回应了中国历史向世界历史转化之变革进程的根本要求。康有为和胡适作为近、现代中国创造性转换文化传统的两个典型个案，对整个近、现代中国哲学的变革历程来说具有普遍性：从魏源到五四新文化运动，对民主与科学的追求不绝如缕、从未间断，同时中国文化的遗产、传统和精华又始终自觉不自觉地活在中国近代哲人和政治领袖的深层意识中。这是贯通整个近代中国启蒙哲学运动的两个基本方面。更重要的是，康有为和胡适在中国文化观问题上的演变过程，为我们观察、思考、反思和研究1949年革命以来我们在对文化传统的态度上为什么会发生重大变化提供了一个值得注意的重要维度。甚至可以说，康有为和胡适文化观的演变先行地预示和演绎了一个历史的逻辑，是我们透视整个20世纪中国在传统文化问题上为什么会发生**从否定到重建之重大转换**的两个颇具典型的案例。

民族历史向世界历史的转变决不是民族文化传统的消亡，而是通过深刻而彻底的自我变革以保持与世界潮流同步的生存活力。这对于一个有着五千年历史文化传统、拥有上千万平方公里土地、能够在巨大挑战中保持自己的民族特性的中华民族来说，尤其如此。"任何民族都不可能与传统彻底决裂。但有生命力的民族也会勇敢地接受外来的先进文化。传统不是固定不变的，只有不断创造和吸收新的成分，对原有的东西按时代要求重新阐释，它才能为社会健全地运作服务。在漫长的历史行程中，中国传统文化有过多次重大的这样的'创造性转化'的过程。20世纪初在清帝国政权内部围绕法律和法制的辩论和一系列现代法律的诞生，再加上体制外革命派和维新派及其他人士在中国文化更新、转化上所作的大量工作，一幅'创造性转化'的文化草图已在地平线上若隐若现。"② 此后兴起的连绵不断的军阀混战一再残酷地撕裂了这一"'创造性转化'的文化草图。"这是现代中国历史上的一段历史悲剧。

近代中国哲人和政治领袖从数千年中国学术的深厚传统和观念包袱中奋力开拓面向世界的观念革新和思想转换，以及他们通过对民主与科学的追求而合

---

① 萧公权：《近代中国与新世界：康有为变法与大同思想研究》，江苏人民出版社1997年版，第517页。黑体为引者加。

② 袁伟时：《中国现代思想散论》，广东教育出版社1998年版，第282页。

壁中西的结构性创新，洞开了五四新文化运动以来现代中国哲学思潮的先河。① 近代中国哲人在近代世界兴起的民族历史向世界历史转化的惊涛骇浪、血雨腥风般的历史进程中，在中华民族的巨大生存危机中仍然进行着民族精神的再造、重建和创新，从而促成和实现了中国哲学从传统到近代的历史性转变，这一过程深刻地证明了：民族历史向世界历史转变，决不是西方文明单向度地同化东方文明，也决不是东方文化文明传统的丧失和消亡的过程。② 这里存在着历史辩证法的深刻的矛盾性质。③ 在这一世界历史性的变革进程中，如何以积极、开放、勇敢、稳健的态度、情怀和胸襟面向世界与未来，面向市场、科学、民主与法治的世界潮流，同时又始终保持着对本民族的民族特性和文化—心理结构之独特性的认同，保持着对本民族历史传统和生活方式的维护、传承和发扬，也就是说，如何在坚定站稳自己脚跟的同时又以宽广的胸襟向世界开放，如何创造性地保持传统与近代的内在张力，从而实现中国哲学从传统向近代的创造性转换，始终是中国由传统社会向近现代社会、由民族历史向世界历史转变的关键问题所在。

---

① 中国的民族主义是 1840 鸦片战争以后中华民族在屈辱中艰难奋起的过程中逐渐形成的。"中国的民族主义成为群众性的运动是 1894 年中日战争的直接后果。"（袁伟时：《中国现代思想散论》，第 253 页）"中国民族主义的主流从其诞生之日起就具有现代理性和民主意识，对现代文明持欢迎和学习态度。进入 20 世纪以后，无论是孙文、黄兴、章太炎他们领导的革命组织，还是康、梁领导的保皇派和立宪派，追求的均是按欧美样式改造中国，差别仅在于选择的手段不同。至于五四爱国运动的领袖们，他们不但是国家利益的坚决维护者，也是民主与科学等现代观念的倡导者。"（同上书，第 254 页）

② "中国现代史毕竟是'中国造'的，不是外国造的，尽管外国活动是一种刺激力，消极方面也好（如外国侵略），积极方面也好（如外国知识和制度）。二十世纪初期主要政治特征是民族主义情绪的兴起。虽然这一种兴起耽误了很久，它毕竟是蕴藏在社会及传统内部的中国文化意识的产物。"（费正清：《伟大的中国革命》，国际文化出版社 1989 年版，第 133 页）西方中心论的问题不在于它指出和强调了西方在历史向世界历史转化过程中所起到的重大历史作用，而在于它根本就没有看到东方民族在迎接西方挑战的过程中通过变革自身而参与了世界历史的形成，在于它根本就没有看到世界历史时代的形成有一个东、西方双向互动的过程，从而背离了世界历史本身的辩证本性，因而也就无从阐明作为民族历史的中国历史向世界历史转化这一深刻变革的实质。

③ 值得注意且耐人寻味的是，经常有论者以各种各样的理由和方式把马克思纳入"西方中心论"的框架，例如赵汀阳就认为，"在'个人'、'民族'、'国家'、'宗教'、'异端'等计算单位所构成的概念体系中不可能解决世界性问题。这些概念不是为世界准备的。只有新的概念体系才能够产生新的知识体系。马克思曾以'阶级'这一概念作为旧概念体系的突破口而发现了世界性问题。……不过，即使是当年马克思主义那样狂风骤雨般的观念革命，也并没有完全超越西方思维模式。'阶级'定义了另一种意识形态和另一种异端，阶级虽然是任何国家都存在的，它以一种横切面方式解构了民族主义而制造了国际主义，但是仍然假设了世界的分裂性和斗争性（阶级斗争）。自从基督教征服了希腊文明之后，西方就形成了固定的异端模式思维，它以各种方式把世界看作是分裂的战争性的。"（赵汀阳：《没有世界观的世界》，中国人民大学出版社 2003 年版，第 47~48 页）

第一章

传统与近代：农民革命中的近代理念及其悖论[*]

——民主与科学的追求：洪仁玕近代观念论析

　　1853 年马克思在《中国革命和欧洲革命》一文中，通过太平天国革命的发生与英国、与所谓"文明世界"相互关系的考察，表达出作为民族历史的中国历史向世界历史转化的、由于西方的殖民扩张所促成的世界历史主题："中国的连绵不断的起义已经延续了约 10 年之久，现在汇合成了一场惊心动魄的革命；不管引起这些起义的社会原因是什么，也不管这些原因是通过宗教的、王朝的还是民族的形式表现出来，推动了这次大爆发的毫无疑问是英国的大炮，英国用大炮强迫中国输入名叫鸦片的麻醉剂。满族王朝的声威一遇到英国的枪炮就扫地以尽，天朝帝国万世长存的迷信破了产，野蛮的、闭关自守的、与文明世界隔绝的状态被打破，开始同外界发生联系。"① 马克思在这里向我们清楚地表明，满族王朝治理下的传统中国，在大英帝国的隆隆炮声和鸦片麻醉中被强行推向了近代世界，并由此开启了作为民族历史的中国历史向世界历史转化的屈辱历程。针对鸦片大量输入中国这一现象，马克思认为，"历史好像是首先要麻醉这个国家的人民，然后才能把他们从世世代代相传的愚昧状态中唤醒似的。"② 马克思这里的"唤醒"一词包涵着极为深刻的历史含义：鸦片战争启动了中国历史向世界历史转化的变革进程。太平天国农民革命在西方列强强力威逼的残酷的世界背景中举起了民族革命的旗帜，而民族革命的进行和完成是中国历史向世界历史转化的根本要求。

---

　　* 本章在"民主与科学的追求：洪仁玕的近代理念及其悲剧"（《哲学研究》（2000 年第 6 期，9000 字）一文的基础上修改扩充而成。

　　① 《马克思恩格斯选集》第 1 卷，人民出版社 1995 年版，第 690 ~ 691 页。

　　② 同上书，第 691 页。

近代西方殖民主义携着经济、政治、军事和意识形态的强大优势，以近代工商资本文明的巨大威力无情地征服、吞噬、摧毁了落后民族的农耕文明，开创了民族历史向世界历史转化的世界历史时代。因此对仍然未跨入近代门槛的落后的非西方民族国家而言，要真正地赢得和实现民族历史向世界历史的转化并参与世界历史时代的伟大变革，必须首先从根本上解决两个相互联系的历史课题：一个是彻底摆脱、结束西方列强的肆意凭陵，获得民族自由和国家独立，这是实现上述转化的基本历史前提；一个是建立近代意义上的工商文明体制、政治法律制度和思想意识形态，这是实现上述转化的基本历史途径。两个课题密切相联，必须同时解决，缺一不可，否则建立强大的近代国家的理念及其实践就成为空谈。但在民族历史向世界历史转化的腥风血雨和惊涛骇浪中，在中国从传统走向近代的屈辱历史和悲惨进程中，这两个相互联系密不可分的近代课题的解决，却常常采取了悖论的、扭曲的历史形态。洪秀全的太平天国革命与洪仁玕的资政新篇的奇特共存，是中国近代历史发展过程之二律背反、之对立统一的典型形态，是上述两个相互联系的近代课题的悖论、扭曲、矛盾形态的两个颇值得分析的历史个案。

太平天国农民运动与中国历史上两千年来的农民运动有着深刻的血缘关系，但它同时又有着自己的特定历史时代内涵，因为它发生在中国历史向世界历史转化的世界历史时代，是中国近代开始进入资产阶级改良与革命时期所发生的一次农民革命运动，因此与前近代的传统中国社会背景下的农民起义相比，它又有着自己的独特的、近代世界条件下的特征。

一、洪秀全与洪仁玕：传统与近代的二元分立

马克思世界历史理论所揭示的民族历史向世界历史转化的核心内容之一，是非西方的落后民族在西方资本主义列强的商品资本与国家政治军事机器和意识形态联为一体的强力扩张下，被迫由传统农业社会向近代工商文明过渡和转型的屈辱悲惨的历史过程。而一个民族要实现真正意义上的历史向世界历史的转化，则需要完成两个相互联系的历史任务：一个是近代意义上的民族民主革命，它奠立着一个民族、国家走向世界历史的基本前提；一个是深刻地革新传统社会的经济、政治、文化和思想结构，它确证着一个民族、国家走向世界历史的基本特征。就洪秀全的太平天国革命而言，它虽然举起了民族革命的旗帜，但却远远不是严格的、近代意义上的民族民主革命，在推翻满清王朝的革命过程中，洪秀全本人不可能提出从根本上革新传统社会结构的近代化的纲领和蓝图。就洪仁玕而言，他的《资政新篇》是一个有着近代意义的自觉的近

代化纲领和蓝图，但由于太平天国存在着严重局限的价值观、意识形态和经济政治结构，由于太平天国所面临的异常严峻的军事斗争和现实环境，由于持续不断的政治军事内讧等旧式农民运动的固有缺陷，就必然导致他的有着世界眼光的、近代化的纲领和蓝图仍然不具备得以实践和落实的现实的土壤和根基，从而最终成为无法实现的乌托邦而过早地导致了它的灭亡。洪秀全的传统意识与洪仁玕的近代理念，就是如此畸形地共同存在于太平天国中。因此传统与近代的深刻分立，就成为我们理解、分析和阐释太平天国农民革命的一个哲学范式、一个解释框架，成为我们在这里所论问题的一个要害之所在。

钱穆先生认为，洪秀全的太平天国革命之所以能够在中国历史上留下重大影响，是因为他们能够明白地揭举出种族革命、民族革命的旗号，倡导和实行纯朴的天朝田亩制度，以及禁止缠足、买卖奴婢、娼妓、畜妾、吸食鸦片等等。但这场革命最终却以失败而告终。钱穆先生认为，洪秀全太平天国农民革命之所以失败，是由于以下几个方面的原因：（1）在短期内唱乱而临时兴起的宗教，决无好内容。这是农民革命自身的一个致命伤；（2）依然不脱以前帝王之旧习，只知道援用耶教之粗迹牢笼愚民，没有根据西方民主精神来创建新基，未能革新政体；（3）距事业成功尚远时便内讧不已；（4）耶教宣传激动了一辈传统的读书人之反感，骚扰政策惹起了一辈安居乐业的农民之敌意；（5）对本国文化缺少了解，对外来文化亦无领略。他们或能一时推翻满清政权，却不能摇撼中国社会所固有的道德信仰以及风俗习惯；（6）军事行动没有预定的全盘计划；（7）在东、北、翼三王内讧以后，没有网罗人才而惟兄弟戚属为亲信。钱穆先生由此得出结论：太平天国"前后倡乱十五年，距金陵十二年，蹂躏及十六省，沦陷六百余城。然而到底没有成事。"① 尽管钱穆先生对太平天国农民革命的立场、态度和观点值得进一步讨论和商榷，但他在这里所论列的太平天国革命的所有这些缺陷，仍然是需要我们深入研究、高度重视的。可以认为，钱穆先生上述观点的实质就在于说明，太平天国无论从理念还是实践上，都尚未跨入近代世界的门槛，它仍然停留在旧式的传统藩篱中而不能自拔。

冯友兰先生也说过，"西方中世纪是神权政治统治的时代，后世称为黑暗时代。资产阶级势力的兴起，削弱了神权政治的统治，出现了人本主义的文艺复兴时代，这是打破黑暗时代的曙光。中国传统文化在中国近代时期虽然落后

---

① 参见钱穆：《国史大纲》，商务印书馆1996年第3版，第871~877页。

于西方，但它接近于西方的人本主义的文艺复兴，所需要的是进一步的近代化，而不是退一步的中世纪化。洪秀全和太平天国的神权政治不是把中国历史推向前进，而是拉向后退。"① 在评论洪秀全的"天朝田亩制度"的历史地位时，冯友兰先生认为，"中国近代史的主流是近代化。近代化的农业应是以机械化的大农业替代个体生产的小农业，以商品经济替代自然经济，以按劳分配的原则替代平均主义。洪秀全还没有认识到这个历史潮流。"② 洪秀全所要学习并搬到中国来的，是西方中世纪的神权政治，那正是西方的缺点。中国所需要的是西方的近代化，并不是西方中世纪的神权统治。"如果洪秀全和太平天国统一了中国，那就要把中国拉回到西方的中世纪，使中国的近代化推迟几个世纪。"③ "曾国藩的成功阻止了中国的后退，他在这一方面抵抗了帝国主义的文化侵略，这是他的一个大贡献。"④ 撇开冯友兰先生的论断是否中肯、妥当和公允不谈，他的这些话仍然是意味深长的，为我们分析太平天国农民革命提供了值得借鉴的哲学范式，提供了颇有说服力的、观点鲜明的中、西互为参照的历史论证。我们至少可以说，冯友兰先生在这里指出了太平天国农民革命的封建性和落后性，说明洪秀全主导的太平天国革命在其总体特征上仍未脱出中世纪传统框架的窠臼，说明仍然有着严重传统意识的太平天国农民革命，不可能自觉地走向和融入资本与市场、民主与法治的近代世界，从而也就不可能担当起推动、实行和完成民族历史向世界历史转化的伟大历史使命。

按照马克思世界历史理论的解释框架，冯友兰先生在这里所说的作为中国近代史主流的近代化，实际上就是作为民族历史的中国历史向世界历史转化的变革历程和时代潮流。洪秀全的观念、行动和措施之所以仍然停留在传统农业社会的框架中，根本原因就在于，他依旧游离于民族历史向世界历史转化的历史过程和时代潮流的根本要求之外，从而远离了近代化这一昭示着中国社会发展方向的主流。冯友兰先生一反几十年来哲学界、史学界高度评价洪秀全和太平天国革命的传统做法，而站在中国历史从传统向近代的过渡这个历史高度和宏观框架上，对洪秀全和太平天国革命的重大缺陷作了相当深刻的分析。在冯友兰先生看来，"中国的近代维新有两个基本课题：反对封建主义和向西方学

---

① 冯友兰：《中国哲学史新编》下，人民出版社 1999 年版，第 407～408 页。
② 同上书，第 409～410 页。
③ 同上书，第 418 页。
④ 同上书，第 419 页。

38

习。"① 就反封建这一方面来说，洪秀全和太平天国似乎是很彻底的，但实际上它仅仅反映、表征着历史的表面现象，因为按照毛泽东的说法，所谓封建主义就是"四大绳索"，即政权、族权、神权、夫权四大权力，"代表了全部封建宗法的思想和制度，是束缚中国人民特别是农民的四条极大的绳索。"② 而洪秀全的"太平天国并没有真正废除封建主义的四大绳索，把老百姓解放出来，而是改头换面，把封建主义的绳索集中在一个人手中。天王是族长，是皇帝，又是教主，这样的'三位一体'使天王更容易成为一个中央集权的专制主义的独裁者。"③ 就向西方学习而言，"初步看来，洪秀全和太平天国是主张向西方学习的，但所要学习的是西方的宗教，是西方中世纪的神权政治，这就与近代维新的总方向和中国近代史的主流背道而驰了。中国近代维新的总方向是工业化和学习西方的科学技术，洪秀全和太平天国的神权政治却要把中国中世纪化、宗教化。其实西方的近代化是在和中世纪的神权政治的斗争中发展起来的，西方的科技是在和宗教的斗争中发展起来的。"④ 尽管冯友兰先生对洪秀全的分析和评价并不都是中肯的和公允的，而且在某些关键问题上也的确值得深入商榷，⑤ 但冯友兰先生在一定意义上仍然向我们说明了：洪秀全的太平天国仍然没有真正开启迈向近代世界的脚步。李泽厚先生也曾经指出，洪秀全的"太平天国思想却无法挣脱封建生产方式所带来的局限，缺乏近代资产阶级基于新的生产力和生产方式的经济基础所产生的民主主义等重要内容。相反，像平均主义、禁欲主义、宗教迷信等小生产者的意识形态占据了重要地位。它们违背社会发展的规律，不符合现实生活的要求，起了导致革命失败的作用。""洪秀全思想的核心和主流，是中国封建社会农民革命思想在近代特定条件下的继承和发展。"⑥ 从"洪秀全个人的悲剧中，可以看到的正是阶级的局限。一代天才最后落得如此悲惨、被动，是由于他不可能摆脱封建生产方式带给他的深刻印痕。所以，不应将农民阶级、农民战争及其领袖理想化。"⑦ "洪秀全和太平天国由于缺乏新的经济基础作为依靠，也就提不出新的上层建

　① 冯友兰：《中国哲学史新编》下，人民出版社 1999 版，第 404 页。
　② 《毛泽东选集》第 1 卷，人民出版社 1991 年版，第 31 页。
　③ 冯友兰：《中国哲学史新编》下，人民出版社 1999 年版，第 405 页。
　④ 同上书，第 406～407 页。
　⑤ 例如冯友兰先生对西方宗教与近代化的关系这一复杂问题的分析和论断，以及洪秀全是否抓住了西方宗教的实质等等问题，似有欠深入而流于简单化的倾向。
　⑥ 李泽厚：《中国近代思想史论》，人民出版社 1979 年版，第 8 页。
　⑦ 同上书，第 15～16 页。

筑和意识形态来代替封建主义，以孔孟为集中代表的传统封建思想就没有、也不可能被真正打倒或清除。它们又以各种形式在太平天国意识形态内渗透、保留和表现出来。"①

同时我们应当应特别提到的是，冯友兰先生颇具慧眼，他在一方面指明洪秀全身上所具有的封建性落后性的根本缺陷的同时，一方面又深刻认识到并高度评价了存在于太平天国中的、力图顺应世界进步潮流的另一个发展方向。冯友兰正确而中肯地指出："也不能说太平天国没有了解近代化的人，洪仁玕就是这样的一个人。"② 这说明了，尽管为洪秀全所领导的太平天国农民革命有其总体特征上的封建性和落后性，但洪仁玕面向世界的革新主张所透露出来的崭新内容，却是顺应了世界历史潮流的近代理念。因此从近代以来民族历史向世界历史转化的总体历史背景出发，来考察洪仁玕的新政主张如何顺应了发展工商文明、追求民主与科学的近代世界的历史潮流，对深入研究太平天国农民革命和整个中国近代史，对考察作为民族历史的中国历史在向世界历史转化过程中所发生的哲学回应，从而通过个案考察深化马克思世界历史理论的研究，无疑是很有意义的事情。

因此重要的是，我们应看到太平天国农民革命与昔日农民革命毕竟存在着重大区别：它发生在近代西方携着商品、资本、军事、民主、法治、科学与技术的优势一路高歌、并且已获得了巨大成就的世界性背景中。太平天国后期的年轻领袖洪仁玕所作的《资政新篇》、《立法制宣谕》、《英杰归真》等洋溢着近代气息、闪烁着近代光芒的著作，就是对这种世界潮流和时代背景之深刻感受、洞察和体认的卓越篇章。洪仁玕《资政新篇》的写作距今已经经历了一个半世纪的长久岁月，但他在其中所提出的发展近代工商文明、建立近代国家、建设近代社会的构想之系统全面，他在其中所透露出的近代化理念之合乎近代世界民主与科学潮流，直到今日也仍然令我们感到惊讶。洪仁玕关于事有常变、革故鼎新的辩证发展观念，以及以近代意义上的工商、民主、法治、科学与技术作为新政事业之物质基础、之主导灵魂的相当自觉的近代化主张，为封建观念和农业意识弥漫的太平天国注入了一道清新绚丽的近代资本主义之光，它无疑是作为民族历史的中国历史在向世界历史转化过程中所产生的清醒

---

① 李泽厚：《中国近代思想史论》，人民出版社 1979 年版，第 17 页。需要在这里提及和说明的是，李泽厚的这些论点和话语，不是在已经进入了 21 世纪的今天写成的，而是写于 1970 年代。

② 冯友兰：《中国哲学史新编》下，人民出版社 1999 年版，第 410 页。

深刻的思想回应，是民族历史向世界历史转化时代的光辉灿烂的哲学篇章。然而，传统与近代的复杂交织，历史矛盾的严重二律背反已经说明，洪仁玕的近代理念及其实践又是悲剧性的。这种悲剧性根源于他的近代革新理念与洪秀全的传统革命实践之间的深刻二元分立。

二、"审时度势"、"革故鼎新"：回应世界潮流的近代发展观念

在闪烁着近代光芒的《资政新篇》中，洪仁玕一开始就提出"审时度势"、"革故鼎新"的辩证发展观念。从马克思世界历史理论的考察视角和思考框架出发，我们可以说，洪仁玕这里所说的时势，就是为资本世界所推动的、作为民族历史的中国历史向世界历史的转化，就是以资本为基础为龙头、以民主与科学为两翼的世界历史时代的形成过程；而审时度势，就是洪仁玕根据这一世界历史的发展趋势和时代潮流的要求所提出的、应当保持的清醒意识和自觉观念，并力图在太平天国的框架和土壤中把近代世界历史的趋势和要求付诸实践。洪仁玕这里所说的革故鼎新，就是通过发挥历史主体的作用，消除、打破、解构旧有的社会经济、政治、文化和思想的结构，并力求通过革命性的变革而在所有这些领域实现由传统向近代的转型和飞跃，以顺乎民族历史向世界历史转化的世界潮流，建立近代意义上的强大的民族国家。

冯友兰先生对洪仁玕《资政新篇》的分析和评价之所以精辟透彻，在于他认识到洪仁玕对自己所处世界历史时代之发展趋势有着清醒的哲学自觉："因时制宜"四个字是洪仁玕《资政新篇》的总精神，也是这篇著作理论上的大前提。从这个总精神、大前提出发，洪仁玕泛论了各国的情况和经济的进步，认为西方强国有先进的工业文明，技艺精湛，国法宏深。所以中国要摆脱落后赶上西方，就要学习西方的先进的工艺科技文明："洪仁玕论及各国情况，就是要点出'因时制宜'的那个'时'字，以见太平天国所处的'时'，这个'时'的主要内容就是学习西方的先进技术，实现工业化，这是这篇文章在理论上的小前提。""在这种'时'中，所制的'宜'是什么呢？照上面所说的大小前提推论下来，应该是走工业化的路，推行一些工业化的措施。这是这篇文章的理论结论。这篇文章通篇看起来是一个三段论法。在太平天国的官方文件中，这是一篇大文。"① 由此可见，洪仁玕"因时制宜"的思想主张，无论就世界历史时代的潮流，还是就中国近代化的主题来说，都表征着作

---

① 冯友兰：《中国哲学史新编》下，人民出版社 1999 年版，第 410～411 页。

为民族历史的中国历史向世界历史转化、参与世界历史进程的基本要求和发展趋势。

洪仁玕哲学观念的形成与他独特的个人经历密切相关。与只字不识的军事领袖杨秀清不同，洪仁玕在香港居留多年，与欧美人士（主要是传教士）多有接触，并阅读了天文、历法、宗教、历史、地理以至机械工程等大量关于西方文明的书刊、资料和信息。西方社会的政治经济制度、工商文明体制和学术文化思想令他的视野大为开阔。他"承认西洋文明之优越，知识渊博，私室陈列之丰犹如一博物馆，"① 被誉为当时"最开通的中国人"。

近代西方世界携着资本与贸易、民主与科学优势蓬勃发展、日趋强盛，在殖民世界大地的过程中一路高歌，极大地震撼了洪仁玕的精神世界和情感世界，他深刻地领略了资本与贸易、民主与科学在近代世界所具有的巨大变革力量，从而认识到必须以民主与科学作为基本的理念和目标对落后的中国社会进行彻底革新。因此对世界历史的深刻洞察和革新中国的强烈愿望，就必然凝结、体现在洪仁玕的哲学观念和思想主张中。他在《资政新篇》中一开始就写道："事有常变，理有穷通。故事有今不可行而可预定者，为后之福；有今可行而不可永定者，为后之祸。其理在于审时度势与本末强弱耳。然本末强弱适均，视乎时势之变通为律，则自今而至后，自小而至大，自省而至国，自国而至万国，亦无不可行矣。其要在于因时制宜，审势而行而已，"② 洪仁玕在这里强调，客观世界的一切事物皆处于变动不居中，因而人们对事物的认识和处理方法也就应该不断调整、有所变革，所以他强调"凡一切制度考文，无不革故鼎新。"③ 最重要的是，在太平天国农民革命所面临的残酷的现实环境中，既具有强烈的现实精神、又具有远大建国抱负的洪仁玕根本就不是坐而论道，他的具有创新精神的、近代意义上的辩证发展观念，来自于他那个时代的深刻要求，是他对摆脱时代危机、求得国家富强这一根本时代课题的哲学应答，也是他力图革新太平天国以顺应世界近代化潮流的哲学根据。洪仁玕不是书房中的学者，而是生活在中华民族内忧外患、积弱挨打的历史条件下，生活在太平天国所面临的残酷无情的军事战争环境中，因此他思考和关注的重点不在于从哲学思想上论述审时度势、革故鼎新的一般理论学术意义，而是依据世

① 《太平天国》（丛刊）第 6 册，神州国光社 1954 年第 3 版，第 955 页。
② 《太平天国文献汇编》二，台湾鼎文书局 1973 年版，第 523～524 页。
③ 《太平天国》（丛刊）第 6 册，神州国光社 1954 年第 3 版，第 587 页。

界各国的发展趋势和太平天国的现实状况，力图去革新太平天国的落后生产力和经济基础，力图去革新太平天国的政治制度和观念意识形态。洪仁玕在当时的时代和世界背景下所形成的这种自觉倾听世界历史时代的潮流和呼声的富有生命活力的哲学观念，提供了他所力求建立的近代强国蓝图的基本思想前提，因此他在《资政新篇》中从这一哲学前提立即转向对欧亚诸国盛衰荣辱状况和世界历史潮流的分析，努力从中吸取成功的经验和失败的教训，为他提出的近代治国理念提供多方面的实践榜样和经验参照。

洪仁玕从世界大势的宏观视野出发，对东、西方社会历史发展的重大历史距离有着清醒意识。他高度评价近代西方诸国和俄国彼得一世的经济、政治、思想和社会改革，并以此作为革新中国社会的理想参照系和实践榜样。同时，他也深刻洞识了近代以来所开始的民族历史向世界历史转化的时代潮流，认为闭关自守已不可能保持，中国必须顺应世界潮流，必须积极主动地学习西方，除旧布新，才能够建立富裕强大的近代国家。这大概就是他"审时度势"、"革新鼎新"的哲学观念所包含的具体特定的时代内容吧。洪仁玕胸怀祖国放眼世界，他革新中国社会的理论主张由于他的高瞻远瞩而指向开放的世界与未来："新天新地新世界。"① 因此他顺乎时代潮流的哲学观念与洪秀全"物极必返"的历史循环论的传统农业观念相比，就来得远为丰富和深刻。这实际上是由传统哲学观念到近代哲学观念的重大飞跃。因此正是由于洪仁玕那个蕴涵着近代世界潮流之现实物质根基、之巨大变革实践的辩证发展观念和思维方式，他才能够高瞻远瞩地提出"与番人并雄之法"的雄伟发展目标，才能够提出革新太平天国并勇于与外来列强竞争的、具有近代意义的、有着非凡胆略的一系列建设性主张。

三、"国法"与"技艺"：力倡民主与科学的近代理念

洪仁玕审时度势、革新鼎新的近代哲学观念，必然逻辑地蕴涵着近代意义上的政治哲学诉求。如果说，洪仁玕对近代机器大工业之于传统农耕文明的革命变革以及它所开创的"世界市场"的巨大生命活力有着深刻的认识和感受，那么，他对于建基于近代机器大工业之上的民主政治之于专制君主政治的革命变革以及将由此形成的"世界政治"的必然趋势，亦同样有着清醒而深刻的理解和体悟。在这里值得我们特别提到的是，马克思所论及的地方的、民族的

---

① 《太平天国文献汇编》二，台湾鼎文书局1973年版，525页。

文学向"世界文学"的转变，在洪仁玕变革太平天国的整体蓝图中亦得到了浓笔重墨的精彩描绘。洪仁玕所规划、所设计的变革太平天国的理念、蓝图、目标、步骤是整体性的、全方位的、指向未来的。

洪仁玕所设计的建设近代强国的根本途径是：在经济上学习西方"技艺精巧"的工业科技文明；在政治上学习西方先进国家"国法宏深"的政治法律制度；在思想文化上学习西方的科学观念、价值观以至意识形态。洪仁玕对近代西方，特别是英国、美国、日本和俄国兴起的基本原因有着相当深刻的洞察、体会和研究。在《资政新篇》中，洪仁玕盛赞西方国家的"技艺精巧"和"国法宏深"，认为是否拥有、实践和奉行民主、法治与科技，是近代西方之所以强盛称雄、东方世界之所以落后挨打的根本原因所在。因此，民主与科学就成为洪仁玕顺应民族历史向世界历史转化之变革巨流、构建近代强国的基本要素和思想图式，成为洪仁玕建立近代国家的基本理念和主导灵魂。

洪仁玕热情歌颂英国健全、完善而影响深远、作用巨大的政治法律制度："英吉利……开邦一千年来未易他姓，于今称为最强之邦，由**法善**也……此道为高深广远也欤。"① 他也热情赞扬美国的经济富足、政治民主、文化昌盛和社会文明："花旗邦即米利坚，礼仪富足，以其为最。其力虽强，而不侵凌邻邦，有金山银山，而招别邦人来采，别邦人有能者册立为官，是其义也。邦长五年一任，限以俸禄，任满则养尊处优，各省再举。有事各省总目公议，呈明决断，取士、立官、补缺、及议大事，则限月日，置一大柜在中庭，令凡官有仁智者写票公举，置于柜内以多人举者为贤能也，以多议为公也。其邦之跛盲聋哑鳏寡孤独，各有书院教习各技，更有鳏寡孤独之亲友甘心争善事者，愿当众立约保养。国中无有乞丐之民，此是其礼仪、其富足也。"② 他认识到近代俄国之所以能够由衰弱走向强大，是由于彼得大帝伪装凡民到西欧"学习邦法、火船技艺，数年回邦，无人知其为俄之长子也。及归邦之日大兴政教，百余年来，声威日著"，从而一跃而成为"北方冠冕之邦也。"③ 他依据当时日本奉行的顺应世界潮流的革新方略，极为敏锐而富有远见地预言了日本由于注重内外贸易、擅长"各项技艺法则"，将来必能"出于巧焉"的发展趋势和

---

① 《太平天国文献汇编》二，台湾鼎文书局 1973 年版，第 528 页。黑体为引者加。

② 同上书，第 529 页。

③ 同上书，第 531 页。

强国之路。① 这里需要特别指出的是，洪仁玕在日本明治维新前十年就能以日本为鉴，并作出如此明确的断言；而后来日本由于明治维新的革新政策而取得的重大经济、政治和军事成就，也历史性地确证了他的深刻洞察力和远见卓识。

在民族历史向世界历史转化的世界潮流中，并不是每一个国家都能够积极、主动、自觉地顺应世界历史的发展趋势。富有世界性眼光的洪仁玕并没有仅仅注目着那些成功的西方国家，在《资政新篇》中他也同时总结了在近代世界历史的惊涛骇浪和血雨腥风中，那些由于不识时务、错失良机而衰弱不振、落后挨打的民族的经验教训。他列举了像土耳其、波斯、秘鲁、新加坡、马来西亚、印度等国家，由于不识世界进步、发展潮流的规律和秘密，由于因循守旧、固步自封、不知变通而导致邦势不振、国力衰弱、任人宰割的悲惨命运。

洪仁玕之所以从正反两方面分析和总结东、西方诸国的盛衰荣辱，是为了为太平天国的未来寻找一条顺乎世界潮流的近代化出路，并力图通过对太平天国的全面革新改造而确立整个中国社会的未来发展方向："略述各邦大势，足见纲常大典，教养大法，必先得贤人创立大体，代有贤能继起而扩充其制，精巧其技，因时制宜，度势行法，必永远不替也。倘中邦人不自爱惜，自暴自弃，则鹬蚌相持，转为渔人之利，那时始悟不和外人欺，国人不和外人欺，悔之晚矣！曷不乘此有为之日，奋为中地倡，以顶天父天兄纲常，太平一统江山万万年也。"② 洪仁玕认识到，在近代世界列强的殖民主义的强力扩张面前，中国要免遭列强肆意凭陵的屈辱，永保中国的统一和民族的尊严，就必须顺应世界潮流之"大势"，因时制宜，度势行法，才能永远立于不败之地。

洪仁玕在《资政新篇》中为太平天国所描绘的建设强大近代国家的宏伟蓝图，涉及到数十个大大小小的领域，它覆盖了从政治到经济到文化再到社会生活的几乎所有领域。在洪仁玕所设计、勾画、描绘的宏伟革新蓝图中，"国法"与"技艺"，亦即民主与科学，是他据以立论的两大基石，是他的观念变革、思想创新据以旋转的轴心之所在，也是他在作为民族历史的中国历史通往世界历史的道路上之所以能够留下深刻足迹、写下光辉篇章的根本原因所在。

① 《太平天国文献汇编》二，台湾鼎文书局1973年版，第532页。
② 《太平天国文献汇编》二，台湾鼎文书局1973年版，第532页。

洪仁玕放眼世界政治的发展趋势，为洪秀全主导的太平天国勾勒了进行全面革新的思想蓝图和政策构架，强调建立近代法律制度（"立法制"）是其治国理政的首要措施和关键前提。他认为治国理政的核心问题，"惟在设乎法用人之得其当耳。盖用人不当，适足以坏法；设法不当，适足以害人。"① 洪仁玕以开放的视野和胸襟，纵论古今中外治国理政的成败得失和经验教训，明确向太平天国提出了建立法治国家的基本理念和政策主张。在他看来，设法与用人虽并行不悖，但立法才是治国之本。面对太平天国后期的法制在天京的政治内讧、变乱中横遭破坏、政权岌岌可危的严峻形势，他痛心疾首，忧虑重重，认为只有法治才是救治危难局势和政治积弊的基本途径。他高瞻远瞩，立论精当，把法治视为政治清明、国家强盛、人民团结的不二法门："立法善而施法广，积时久而持法严，代有贤智以相维持，民自团结而不可解，天下永垂而不朽矣。"② "国家以法制为先，法制以遵行为要，能遵行而后有法制，有法制而后有国家，此千秋不易之大经，而尤为今兹万不容已之急务也。"③ 既然法治在国家政治秩序、在社会政治生活中是如此意义深远而重大，因此"立法之人必须先经磨炼，洞悉天人性情，熟谙各国风教，大小上下，源委重轻，无不了然于胸中者，然后推而出之，乃能稳惬人情也。"④ 他同时强调严格执法的极端重要性，认为"孔明之所以见称今古者，惟'器使群材，赏罚严明'八字而已。盖器使则人无乱法，严明则人皆服法，无乱而服，即效。命取胜之根也。"⑤ 他要求对破坏法治者"明正典刑，传示各处，震慑公心。"⑥ 更难能可贵的是，他洞悉和深谙近代法治的本性和要求，非常重视审判的法律程序，等等。由此我们看到，作为生活在一个半世纪前的19世纪中叶的农民革命运动中的洪仁玕，竟如此清醒、如此自觉地力倡实行具有近代精神的政治理念和法治意识，在包括中国农民革命史在内的全部中国历史中，都可以说是亘古之未有也。因此有论者评论说，在近代中国，有人认为"是沈家本揭开了中国近代法制思想史的首页。但是，沈家本比洪仁玕晚了近半个世纪；……应该说是洪仁玕揭开了中国近代法律思想史的序幕。"⑦ 此可谓中肯、公允之论。因此

---

① 《太平天国文献汇编》二，台湾鼎文书局1973年版，524页。

② 同上书，第528页。

③ 《太平天国史料》，中华书局1955年版，第152页。

④ 《太平天国文献汇编》二，台湾鼎文书局1973年版，第528页。

⑤ 同上书，第540页。

⑥ 同上书，第153页。

⑦ 华友根、倪正茂：《中国近代法律思想史》上，上海社会科学院出版社1992年版，第81页。

我们完全可以说，洪仁玕的近代政治理念和法治意识，实在是有史以来中国几千年农民革命中史无前例的思想革命和理论景观，是闪耀在仍然有着旧式农民革命特征的太平天国世界中的一道奇特而绚丽的近代资本主义的光芒。

洪仁玕在《资政新篇》中介绍了西方议会民主制度，并在太平天国异常复杂的严酷背景下提出了改善天王（君主）政体的政治革新主张。根据太平天国政治、军事环境的现实要求，洪仁玕一方面异常清醒提出政治权力的基本构架"要自大至小，由上而下，权归于一，内外适均而敷于众"①的具有强烈的现实针对性的政治主张，以此来加强中央集权，强化中央政权的政治权威；一方面又深谋远虑地提出了顺应世界潮流的"由众下而达于上位，则上下情通，中无壅塞弄弊者，莫善于准卖新闻篇或暗柜"②的有着鲜明的近代意义的政治主张。在这里，洪仁玕把民众公议、舆论监督作为构建近代民主政治框架的基本要素，要求设立不受政府限制、能代表民意的检察制度，深刻体现了近代民主政治制度的基本要求。应当说，洪仁玕对近代西方的议会民主政治是颇多称颂的，但他却并未因此不顾国情而抽象地主张照搬照抄西方的民主政治制度，而是根据太平天国国政不能划一，政治、军事内讧持续发生，军民之心不能团结凝聚的现实状况，为禁止朋党之弊、反对宗派分裂的实际需要，而试图建立一个既高度集权又上下情通的君民一体的近代新型的民主政治体制。洪仁玕既放眼世界、深谙世界历史潮流，又立足中国国情、政治传统和太平天国的实际状况，清醒而自觉地试图把近代政治理念和政治措施注入、渗透在充满着浓厚专制主义气氛的太平天国中，无疑是极富开拓性、创造性、建设性的。

洪仁玕以近代资本主义国家的经济制度和工商体制为蓝本为榜样，力图建立以机器大工业为主体的近代经济体系。他在分析了欧美诸国的经济体制和发展状况后，列举了数十条仿效资本主义的制度和措施，提出了发展社会经济的崭新的纲领政策：（1）倡导学习近代西方的科学技术，建立和发展机器大工业；（2）提倡大力兴办服务于社会生产的交通运输业、邮电业和银行业。他设计的规模宏伟的铁路、公路等陆路建设方案和水上运输方案，其战略气魄直到今日也仍令我们感到惊叹；（3）主张从法律上建立、规范资本主义的经济关系和经济体系：颁行私人投资法，保护私有财产，鼓励私人（"富民"）入

① 《太平天国文献汇编》二，台湾鼎文书局1973年版，第532页。

② 同上。

股资兴办实业；颁行劳资法，采用近代雇佣制度，废除封建的人身依附关系；推行保险法；（4）实行自由贸易，鼓励自由竞争。如此等等，都是非常清醒自觉的近代化主张。洪仁玕在19世纪中叶所阐明的上述所有近代意义上的经济理念和政策主张，一方面为我们考察和研究中国历史向世界历史转化提供了极有价值的思想资料，一方面对21世纪中国所进行的改革来说，它仍然可以提供历史的经验借鉴，可以为我们反思一个世纪以来中国现代化的曲折历程提供有益的思想资源。

洪仁玕高度重视科学技术在社会发展中的巨大作用，与那个时代的顽固守旧派视西方科学技术为"奇技淫巧"、"雕虫小技"的狭隘封闭、落后愚昧的观念相比，他胸襟开阔，高瞻远瞩。他认为轮船、火车、钟表、望远镜、风雨寒暑表、连环枪、地球仪等等，"皆有夺造化之巧，足以广见闻之精，此正正堂堂之技，非妇儿掩饰之文，永古可行者也"，[①] 而中国之所以经济落后、屈距他人之后，"不见称于各邦"，"不能为东洋之冠冕，"[②] 关键就在于中国科学技术及其观念、政策等等的落后。他不仅主张太平天国应大力提倡、发展近代科学技术，而且倡导实行开放的科技政策，强调应准许外国"教技艺之人入内，教导我民，但准其为国献策，不得毁谤国法也。"[③] 由此可见，洪仁玕的见解和主张是难能可贵的：他一方面大力主张面向世界广泛通商，引进人才传播科技为我所用，一方面又仍然清醒地保持着对国家主权、法律和尊严不容侵犯的高度警觉。

尤其值得注意的是，洪仁玕在当时的历史背景下竟清醒地认识到实行保护科学发明之专利制度的重大意义，而大力提倡和重视科技创新："兴舟楫之利，以坚固轻便捷巧为妙为。或用火、用气、用力、用风，仁乎智者自创。首创至巧者，赏以自专其利，限满准他人仿做，若愿公于世，亦禀明发行。兹有火船汽船，一日夜能行二千余里者，大商则搭客运货，国家则战守缉捕，皆不数日而成功，甚有裨于国焉。若天国兴此技，黄河可疏通其沙而流入于海，江淮可通有无而缓急相济，要隘可以防患，凶旱水溢可以救荒，国内可保无虞，外国可通和好，利莫大焉。"[④] 他如此大力地倡导和尊重科学研究的自由和科学技术的发明，如此高度评价工艺科技文明在经济、政治和社会发展中的巨大

① 《太平天国文献汇编》二，台湾鼎文书局1973年版，第526页。
② 同上书，第532页。
③ 同上书，第528页。
④ 同上书，第532页。

作用，并主张以近代专利制度保障其研究的权利和成果不受侵犯，这在当时条件下是难能可贵的。①

洪仁玕的近代理念还表现在他清醒地批判传统文化、改革传统的观念意识，以开放而积极的态度传播西方观念、变革传统文化、建设近代文明的革新主张中。他认为要对旧的思想文化进行革新，就必须一方面反对落后愚昧的封建迷信和不合时宜的儒教道教，例如"禁庙宇寺观"、"革除阴阳八煞之谬"，一方面同时进行新的文化宣传，亦即通过传播基督教、大力发展近代教育、认真提倡近代西方的工业科技文明，例如"改其室为礼拜堂，籍其资为医院"，"此为拯民出于迷昧之途，入于光明之国也。"② 他根据自己掌握的科学知识，力图从近代科学的基本观念出发，主张对传统中国的旧历法进行大胆革新，力图促成中国历史上史无前例的历法改革。他还要求对古典文学的目的、内容和语体进行革新，提倡文学为现实生活服务，并使用通俗易懂的白话文学……因此有学者认为："太平天国的文化运动是中国**近代启蒙思想运动的响导，是五四新文化启蒙运动的先驱**。"③ 这个评价是中肯的。由此可见，身处太平天国农民运动中的洪仁玕在当时的时代条件下，能够提出涉及到经济、政治、思想、文化等等如此全面、广泛、系统的近代革新理念和政策主张，确实令我们感到惊讶。在这里，我们有必要借助余英时先生的论点强调指出，"就中国文化重建的方向而言，民主与科学确代表现代文明的主要趋势。""**民主与科学虽然是近代西方的观念，但是它们和中国文化并不是互不相容的**。英国的李约瑟一再强调中国自有其科学的传统，民主作为一种尊重人性的政治理想而言，也和儒家与道家的一些中心观念有相通之处。因此，我们接受民主与科学为文化重建的起点并不意味着走向西化之路。这里用'起点'两字是表示两重意思：第一，离开了民主与科学的现代化中国是不可想象的事，这是文化重建的基本保证。因此我们今后仍然要继续高举民主与科学的鲜明旗帜；第二，我们已与'五四'时代的认识不同，民主与科学绝不能穷尽文化的全幅内容。道德、艺术、宗教等等都需要经过现代化的洗礼，但是并不能直接乞灵于民主与科学。'五四'以来形成思想主流的'实证主义'（Positivism）的观点必须受

---

① 实际上，在洪仁玕保护专利制度的近代理念提出一百多年后，即20世纪80年代，在实行了伟大的改革开放国策后的中国才逐渐受到重视、逐渐成为现实。由此我们想见，几乎远在一个半世纪以前，作为农民运动领袖的洪仁玕，是多么富有远见卓识而领先了时代潮流。

② 《太平天国文献汇编》二，台湾鼎文书局1973年版，第536页。

③ 苑书义、林言椒编：《太平天国人物研究》，巴蜀书社1987年版，第423页。黑体为引者加。

到适当的矫正。换句话说，文化重建虽以民主与科学为当务之急，然而在民主与科学之外仍然大有事在。"① 洪仁玕早在 1850 年代就提出的如此超前的文化革新主张，不正是试图在中国的土地上建立余英时先生这里所论及的"文化重建"这样一个巨大的历史丰碑吗？而这一洪仁玕参与其中的革新与重建，正是作为民族历史的中国历史向世界历史转化的根本要求和关键环节，从而成为马克思世界历史理论研究的中国个案中的典型个案。洪仁玕的探索、智慧、理念和主张，表征着中国哲人在中国历史向世界历史之复杂转化历程中所作出的创造性的思想回应。中国近代哲学正是在这种一代又一代的不断展开、持续进行的创造性回应中，经历了曲折重重的风雨历程，实现了自身的革命性变革。

四、意义与悲剧：近代理想与传统羁绊的矛盾冲突

洪仁玕于 1859 年在《资政新篇》中提出的建立近代强国的宏伟主张，"是近代中国第一幅带有资本主义色彩的现代化蓝图。"② 洪仁玕所描绘、设计的近代中国的这一幅近代化蓝图，涵盖了从物质生产力、经济基础到上层建筑的基本结构，包括了从社会意识形态到观念习俗等社会生活的基本领域。洪仁玕通过《资政新篇》、《英杰归真》等著作提出的近代建国纲领的意图和目的，就是要把太平天国建成一个国家统一、经济强盛、政治民主、科技发达、社会风俗优良、可与西方列强争雄的近代先进国家。这一宏伟的近代建国蓝图在理论形态和思想观念上已大大超越了、扬弃了旧式农民革命所具有的仍然是前近代的极端落后性质。它的面向世界面向未来的开放性和建设性主张，已经远远超出了洪秀全那依然是旧式农民革命的观念意识和思想框架。所以有外国报纸评论说，《资政新篇》的"政治信条从头到尾都是对于中国的各种重要观念的**彻底革命**。"③ 这一评价真可谓登峰造极之论也。而之所以能够有如此"彻底革命"的基本原因，就在于洪仁玕之近代理念得以确立的深刻历史背景，是以机器大工业和世界市场为物质根基的资本主义生产方式的世界性扩张和由此展示的巨大生命力量，是使西方从中世纪神学专制中解放出来而走向近代的科学理性精神的蓬勃生机，是以民主、法治、自由为原则建立起来的近代政治法律秩序的制度体制优势。与同时代的冯桂芬、容闳的变法思想和曾国藩、李鸿

---

① 余英时：《中国思想传统的现代诠释》，江苏人民出版社 1995 年版，第 57 页。黑体为引者加。
② 刘文英主编：《中国哲学史料学》，高等教育出版社 2002 年版，第 215 页。
③ 关宝成：《中国近代政治思想史》，吉林大学出版社 1990 年版，第 94 页。黑体为引者加。

章的洋务观念相比，洪仁玕面向世界的革新理念要先进、开放、深刻得多。

1840 年鸦片战争后，处在民族历史向世界历史转化中的中华民族一直行进在悲剧性的矛盾悖论、冲突中。洪仁玕的近代理念及其政策主张为这一历史自身的矛盾所制约所决定而具有了巨大的悲剧性格：他所钟情、所提出的卓越、开放、先进、革新的近代理念，成为作为民族历史的中国历史向世界历史转化的哲学回应，代表了中国民族摆脱落后走向富强的精神追求和思想愿望，体现了近代世界总体历史发展趋势的根本要求。然而，太平天国革命所身处其中的中国社会的发展阶段、文化传统、现实状况，由此所必然决定的太平天国赖以生存的封建主义土壤，以及以洪秀全为主导的太平天国农民革命所面临的严峻形势和它天生具有的落后性格，等等，又历史性地决定了洪仁玕立意高远的近代理念，有着最终不能够付诸实践的深刻历史必然。也就是说，洪仁玕的近代资本主义理念与太平天国农民革命的现实实践之间，在实质上存在着不能交融统一的深刻复杂的二元分立。他基于近代世界资本与贸易、民主与科学的时代潮流而孕育、生成的伟大近代理念，较之于仍未走向近代门槛的太平天国的落后现实而言，实在是大大超前了。这个在近代中国的特定历史条件下所必然具有、挥之不去而无可奈何的矛盾和悖论，就历史地决定了洪仁玕的近代理念的高明和超越，同时也历史地决定了洪仁玕的近代理念的悲剧和宿命。

近代西方世界由于面向世界的自由贸易的发展、民主政治制度的建立和科学理性精神的发扬而变得日趋强盛，与之相伴随的是，它们面向全球的殖民主义的血腥扩张和对资本利润的疯狂掠夺。洪仁玕看到了西方国家的强盛，对西方抱有幻想而企求帮助，而没能认识到资本主义侵略势力在经济上和政治上对中国民族资本主义发展所具有的危害。虽然洪仁玕也提出"与番人并雄之法"，强调依靠自身的有利条件与西方列强竞争，但同时又天真地认为只要中国能够"内修国政，外示信义"，西方列强就会"归诚献曝"，却没有清醒认识到它们进行殖民军事扩张、追逐利润的掠夺本性是多么残酷。因此不同外国资本主义的侵略掠夺进行斗争，不首先改变列强肆意凭陵中华民族的悲惨命运，不首先赢得民族自由和国家独立这个基本历史前提，中国就不可能建成一个强大的近代国家，从而也就不可能真正自立于世界民族之林。近代民族历史向世界历史转化的枪林弹雨、血雨腥风所昭示给东方落后民族、国家的逻辑是，要否定西方列强的侵略就必须拥有强大的现实的革命力量，这种力量不仅是资本掠夺的对立物，而且是近代民族民主革命所必须运用的基本社会力量，而这种力量，在那个时代的中国社会中，就只能是数量巨大的农民大众。应当说，洪仁玕作为太平天国农民革命后期的重要领袖之一，本身就感受、生活、战斗在这一现实的社会力量之中，本身就是这一基本的社会力量的组织者和领导者。但问题在于，要真正有力地唤醒、组织和运用这种社会力量，就不仅应当解决与农民切身利益相联系的土地问题，而且必须拥有唤醒、组织和运用农民这种社会力量的合理有效的政治政策、军事宣传和组织方式，必须具有发挥农民作用的强有力的领袖集团（政党）和思想理论，并且在所有这些条件的综合运用下真正完成近代民族民主革命这一根本任务，近代意义上的工业经济体系、民主政治制度和思想文化观念的蓝图才能够变成现实。洪仁玕的新政蓝图虽然已经设计、勾画得那么系统那么全面，而且比康有为系统而全面的变法蓝图早了几十年，然而在如何通往这一理想王国的现实道路的设计上，洪仁玕的《资政新篇》仍然存在着严重缺陷。

洪仁玕的近代理想在以农民为主要成分、而且传统农业观念仍然占主导地位的太平天国中，不存在付诸实践的深厚土壤和基本条件，他那极富近代色彩的经济纲领、政治主张和思想文化理念，以及他对科学技术的热情向往和大力提倡，相对于太平天国的生产方式、政治体制、思想基础和现实状况而言，的确是过于早熟了。尽管洪仁玕是洪秀全的忠诚战友，洪秀全对洪仁玕亦多有信任，[①] 但在洪仁玕的超前的近代资本主义理念与洪秀全的落后的农民革命实践之间，仍然存在着难以弥合的隔阂、对立和鸿沟，仍然没有架起相互沟通、相互作用的渠道、桥梁和道路。从这个意义上说，洪仁玕面向世界面向未来的近代新政理念只能是一次失败的尝试。

然而洪仁玕近代理想的流产决没有淹没这个理想的创造性的贡献和近代精神的光辉。尽管在那个戎马倥偬、枪林弹雨的残酷的军事环境中，洪仁玕没有能力通过强有力的政治实践和政策操作去弥合他的近代理想与洪秀全的农业观念之间的巨大鸿沟，但无论如何，洪仁玕《资政新篇》的近代资本主义理想与洪秀全《天朝田亩制度》的传统封建主义观念相比，仍然是一个历史性进步；从洪秀全的《天朝田亩制度》到洪仁玕的《资政新篇》，标志着从传统农业观念到近代工商理念的历史性飞跃。太平天国农民革命的落后与狭隘，太平

---

① 洪秀全毕竟生活在近代，对世界大势、时代潮流不可能毫无洞察。事实上他对洪仁玕《资政新篇》的近代资本主义的理念作了许多肯定，对洪仁玕发展近代工商业的建议更是满腔热情地给予了肯定性的批复。但由于军事战争形势的极端残酷和农民革命之价值取向的顽强作用，洪仁玕的新政主张还是被束之高搁了。历史的残酷无情就在于，如同洪仁玕的近代理念在太平天国不能实现的历史悲剧一样，康有为等维新领袖的革新主张在清王朝那里也遭到了同样的历史命运。

天国农民革命所面临的异常急迫严峻的军事斗争环境，晚清王朝的专制、腐朽和黑暗以及它与太平天国农民革命的天然对峙，等等，都深深地制约和限制了洪仁玕伟大的近代理念，从而阻碍了它得以付诸实践的现实道路。然而洪仁玕的近代理念所代表、所体现的中国民族追求近代强国的民族精神、民族意志依然光彩夺目，它所反映的中国近代化的必然历史趋势不会消失，它所顺应的民族历史向世界历史转化的时代潮流更加汹涌澎湃。中国近代历史进程的逻辑向我们表明，洪仁玕所倡导的近代工商文明以及民主与科学的主题，在后来的历史发展中作为不可阻挡的基本历史趋势被一再凸显出来。由洪仁玕的近代理想所表达的对这个伟大而深刻的时代主题的探索和解决，不仅成为贯穿整个中国近现代史，而且是贯穿整个中国近现代思想史和哲学史的核心和灵魂。

五、余论：基于世界历史理论的历史反思

马克思关于民族历史向世界历史转化之基本规律的世界历史理论，为我们提供了深入解剖、反思太平天国农民革命的意义、问题和局限的总体历史背景和深刻哲学范式，提供了分析和评价洪秀全与洪仁玕历史地位、历史作用的方法论原则和解释框架。

我们知道，在建国以后直到改革开放前几十年的历史岁月中，关于太平天国农民革命的历史地位和作用，受到了空前未有的高度肯定、歌颂和评价。然而令人遗憾的是，这种肯定、歌颂和评价的对象主要或仅仅是洪秀全及其《天朝田亩制度》，而不是洪仁玕及其《资政新篇》。洪仁玕建立近代强国理念的巨大价值和深远意义，却长时间没有得到学界、政界的理解和认同。[1] 洪仁玕的近代强国理念之不被认同和重视的根本原因，直到今天恐怕仍然没有一个令人满意的哲学、历史学和社会学解答。这究竟是为什么？我们应从这里做什么样的历史哲学反思？这恐怕不仅是一个单纯的理论学术问题，而且也是一个需要深入研究、深刻反思的社会历史、政治现象。这里的深层社会历史政治原因，很可能在于洪秀全的传统革命实践和农民意识，仍然有其后人认同的相当深厚的社会土壤和思想基础，而洪仁玕面向世界的近代理念，在中国改革开放之前的封闭条件下，仍然严重缺乏得到认同的社会条件和思想土壤。因此核心问题就在于，洪秀全的理论与实践尽管有其民族主义的因素而具有重大历史意

---

[1] 不仅是洪仁玕，而且这也几乎是中国近代以来所有致力于革新的哲学家思想家和政治领袖在学术理论界以至政界所共同遭遇的历史命运。这在今天仍然是一个值得深入反思的历史课题，一个需要进行哲学反思的思想史现象。

义，但总体而言，他的经济、政治、思想、观念和政策与民族历史向世界历史转化的世界历史潮流相背离，已如冯友兰先生所说，如若洪秀全的农民革命终获成功，必将造成中国"历史的大倒退"；而洪仁玕的近代强国理念由于其积极主动的近代化追求、由于其合于科学的理念、由于其宽广的世界眼光，而顺应了民族历史向世界历史转化的所谓潮流。

关于中国 1980 年代前的学术界对洪仁玕总体评价的负面性、批判性问题，李泽厚先生曾列举了如下颇有代表性的几例：好些论著是批判否定它的，认为它削弱了农民的革命性（罗尔纲），脱离群众，脱离实际，是知识分子的要求（侯外庐），甚至是反映西方殖民主义的利益（沈元）等等。"① 如果说，1980 年代以前国内学术界的评论由于特定的时代背景而有其历史必然，那么令人奇怪的是，在费正清主编的鸿篇巨制《剑桥中国晚清史》中，对洪仁玕这个人物，也以廖廖数语一带而过，竟称洪仁玕的主张为"天真的乐观主义"②，这同样严重忽视了他的近代理念的深刻价值和长远意义。更有甚者，对洪仁玕这样一位对世界大势有深刻洞见，且根据太平天国的根本性缺陷提出了宏伟革新理念的杰出人物，有论者竟评价说："洪仁玕提出《资政新篇》，首先不是从太平天国的利害出发，而是从他个人的利害出发。"③ 在这里，重温一下黑格尔在《历史哲学》中关于伟大人物的论断，对我们如何分析和评价洪仁玕的历史地位也许是颇有教益的。黑格尔说，伟大人物"之所以为伟大的人物，正因为他们主持了和完成了某种伟大的东西；……是对症下药适应了**时代需要**的东西。这种看法同时排斥了所谓'心理学'的看法，心理学的看法最适合嫉妒心的目的，它设法使一切行动归之于心，使一切行动都具有主观的形态，好像那般行事者的一举一动都是出于某种渺小的或者伟大的热情，某种病态的欲望——就因为他们有这种热情和欲望，所以他们是不道德的人。……这些心理学家特别喜欢研究那些伟大的历史人物私人所有的特性。"④我以为，黑格尔在这里关于如何评价伟大人物的观点，对我们评价洪仁玕的近代理想在何种意义上合乎民族历史向世界历史转化的时代潮流，对于我们站在

---

① 李泽厚：《中国近代思想史论》，人民出版社 1979 年版，第 28 页。实际上，所有这些评价所反映出来的问题都是那个时代的历史性的错误。如果用马克思世界历史理论的解释框架加以检点分析，我们可以说，李泽厚先生所批评的这些观念仍然停留在前世界历史阶段，仍然未跳出民族历史的窠臼。

② 费正清主编：《剑桥中国晚清史》，中国社会科学出版社 1985 年版，第 328 页。

③ 苑书义、林言椒编：《太平天国人物研究》，巴蜀书社 1987 年版，第 429 页。

④ 黑格尔：《历史哲学》，商务印书馆 1963 年版，第 70～71 页。黑体为引者加。

世界历史的高度反思、检点和批判昔日评价历史人物的偏狭和问题，有着耐人寻味的哲学启示。

李泽厚先生在国内学界较早对《资政新篇》作了肯定的评价。他在 1970 年代就认为，只有充分估计了《天朝田亩制度》的革命反抗和封建落后这种"两重性"，"才能充分估计《资政新篇》在太平天国革命思想中的价值和意义。……评价洪仁玕，要重视《资政新篇》。《资政新篇》的价值在于，它在近代条件下，给农民革命提示了一条摆脱封建羁绊，甩开落后空想，继续前进的方向和道路。这是当时符合历史发展、推动社会前进的唯一的方向和道路。尽管由于军事局势，根本没能实行，但它在思想史上的意义是重大的。……正是由于《资政新篇》，太平天国才具有指向'中华共和国——自由、平等、博爱'（马克思）的近代民主主义的气息。"① "《资政新篇》的主题是大规模地倡导和发展资本主义：迅速兴办近代交通运输业，提倡机器生产，开矿，立厂，办银行，积极采用近代西方科学技术，鼓励创造发明，实行专利制度，保护和奖励私人资本……洪仁玕把资本家和封建土地主开始作了某种初步区分（《钦定军次实录》），实际是要求用资本主义来代替封建剥削。与此相适应的是上层建筑的一系列改造或建设，立法制，去酷刑，办医院，兴邮政，开学校，设新闻官以舆论来监督行政……如果说，《天朝田亩制度》的重点在于打击封建地主土地所有制的生产关系，那么《资政新篇》的重点就在于建立和发展一种新的资本主义的生产力和生产关系，不再是'五亩鸡二亩彘'之类的农业小生产的狭隘眼界，而是建立近代工业、全面开发资源的宏大计划。也只有这样，才能克服前者的封建性、落后性和空想性。"② "洪仁玕把中国近代'向西方学习'推到了一个新的高度……他的好些主张和后来资产阶级改良派差不多，但洪仁玕这个方案，比后来改良派陆续提出的发展工商业的主张，不但早二三十年，而且也更为全面和彻底。特别重要的，它是建筑在打击地主土地所有制的革命基础之上提出来的，与改良派在保持、维护这个土地制度反对农民革命的基础上提出来的，有阶级的本质差异。前者比后者在使资本主义发展的速度和规模上都会迅速和庞大得多。"③ 洪仁玕在太平天国中所力求实践的近代理想，对于落后民族国家摆脱积弱走向强大，实现民族历史向世界历史

① 李泽厚：《中国近代思想史论》，人民出版社 1979 年版，第 28～29 页。
② 同上书，第 29 页。
③ 同上书，第 29～30 页。

的转化有其重要启示。

评价某种历史观念的先进还是落后，常常不能以它在历史上出现的先后顺序为衡量准则，而应看它是否顺应世界潮流、时代要求和人民利益。早在1850年代，洪仁玕就以胸怀祖国放眼世界的宽广胸襟、战略气魄和开放眼光，以其对近代工商资本文明、对近代民主法治和科学技术潮流的清醒认识和高度自觉，提出了关于如何在中国的土地上建设富强、民主、文明国家的伟大近代理念，从而深谋远虑地洞察和顺应了激荡在那个时代的民族历史向世界历史转化的巨大洪流。①

我们今天已经走到一个健康、良性、开放、宽容的社会发展阶段，已经行进在既顺乎世界历史潮流又主动创造自己历史的发展道路上。鸦片战争一个半世纪以来包括洪仁玕在内的所有志士仁人前赴后继、不屈不挠、孜孜以求地建设现代化强国的伟大理念，已经由毛泽东的民族民主革命所赢得的民族自由、国家独立和人民解放，由邓小平的改革开放所开辟的面向现代化、面向世界、面向未来的强国富民的康庄大道，而逐步成为世界历史大地上的活生生的现实。在中国共产党所开创的走向民族复兴的这个伟大的历史时代，在已经经历了近30年改革开放历程的当代中国，在"百家争鸣、百花齐放"的政策方针已经开始真正落实到学术研究领域的今天，我们已经完全有可能正确地、历史性地评价洪仁玕近代理念的历史地位、价值和意义。我们已经看到，今日青年手中的历史教科书、思想史教科书、哲学史教科书等等所坚持、所蕴涵的历史观、价值观与30年前相比有了很大改观。当代中国以主权国家的身份参与民族历史向世界历史的转化这一历史进程，已经促成中国社会发生了史无前例的伟大变革，我们的社会政治观念或者说意识形态，我们的价值观已经大踏步地前进了。②

从马克思世界历史理论的基本立场和解释范式出发，冷静地考察、分析、批判和反思洪仁玕以来一个半世纪的曲折历史行程和正反两个方面的历史经

---

① 就连对太平天国满怀深仇大恨的文人汪士铎也不得不承认，洪仁玕创作《资政新篇》，提出系统而全面的近代理念和政策主张，"**此功不在圣人之下，后世必有知音者。**"（汪士铎：《乙丙日记》。黑体为引者加）

② 例如在新近由冯达文、郭齐勇主编的《新编中国哲学史》中，对洪仁玕作了如下评价："洪仁玕是太平天国的忠贞领导者，也是中国近代最早传播资本主义文明的先进人物。他的《资政新篇》试图突破旧式农民反抗运动的思想局限，而把太平天国从实现农业社会主义空想的方向引导到发展资本主义道路上去。因此，他在向西方寻找真理方面，比洪秀全前进了一大步，成为一位承上启下的思想家。"（冯达文、郭齐勇主编：《新编中国哲学史》下册，人民出版社2004年版，第274页）

验，我们就能够、也应当作出如下结论：洪仁玕近代理念的意义及其悲剧，只有从作为民族历史的中国历史向世界历史转化的总体历史进程之观察视角，只有从近代以来世界历史时代资本与市场、民主与法治、科学与技术之时代潮流，只有从近代中国之百年屈辱、奋起抗争的悲惨性历史命运，只有从这样一个一直延续到今日之漫长岁月的总体历史性背景出发，才能够得到有充分历史理由和历史根据的说明。

第二章

挑战与回应：东方秩序的危机与观念世界的重建*

——世界化的哲学选择：康有为的思想转换及其悲剧

马克思世界历史理论所描绘的世界历史时代的总体历史背景和宏大哲学图式，为我们合理理解和正确评价康有为思想的基本意义，为我们对康有为的思想和实践的历史作用给出一个准确的历史定位，提供了一个颇具历史方法论的解释框架和哲学范式。

康有为是戊戌维新运动的设计师和精神领袖，是中国 19～20 世纪转折点上的伟大先驱。作为自觉回应民族历史向世界历史转化之严峻挑战的颇具创造力的思想家，康有为由于勇敢地将富有近代色彩的革新理念付诸社会政治实践而成为近代中国的真正的思想战士。康有为以令人惊讶的重塑经典的理论勇气和学术智慧，以革新现实的极具感召力的思想主张和精神信念，以拯救中华民族于沉沦之中的卓越政治实践，开创了一个对中国人民的命运产生了深刻影响的惊心动魄的悲剧时代。康有为整体革新的理论主张和进化发展的历史观念，富有近代色彩的人性理论和展望人类未来的大同理想，以及他以民主与科学的近代理念构造近代国家的伟大理想和战略胸襟，都不仅表征了他自身洞察世界大势的深刻的理论眼光和哲学智慧，同时也历史性地表征了中华民族在生存危难时刻既审时度势又不屈不挠的生存意识和生存意志。

马克思在《中国革命和欧洲革命》一文中曾经指出："满族王朝的声威一遇到英国的枪炮就扫地以尽，天朝帝国万世长存的迷信破了产，野蛮的、闭关自守的、与文明世界隔绝的状态被打破，开始同外界发生联系……"[1] 马克思

---

　*　本章在"论康有为的哲学思想及其悲剧"（原载《哲学研究》1997 年第 11 期，11000 字）一文的基础上修改和扩充而成。

[1]　《马克思恩格斯选集》第 1 卷，人民出版社 1995 年版，第 691 页。

在这里所使用的"野蛮的、闭关自守的、与文明世界隔绝的状态被打破"等等措辞，其对象究竟是指满清王朝的统治状态还是指中国社会发展的文明程度，我们在这里可以暂且不论，但马克思笔下所表达出来的民族历史与世界历史如此分明的截然分界，以及在隆隆炮声中所发生的前者向后者的转化，却完全可以清楚而明白、形象而生动地纳入到马克思世界历史理论所描绘、所展示的世界历史时代的总体图景中。马克思在这里以近代资本世界向传统农耕文明的强力扩张所开辟的世界历史为阐释框架，生动而明确地向我们展示了，作为民族历史的中国历史之走向世界历史，并不是满清政府顺应世界历史之时代潮流的积极主动的自觉选择，而是在西方列强坚船利炮的强行威逼下发生的。① 满清政府在西方列强强行威逼的巨大屈辱中被迫向世界开放，由此开启了中华民族近代历史的悲剧性的二律背反的历程：一方面，它是作为民族历史的中国历史在西方列强的坚船利炮的强行威逼中走向世界历史的过程；另一方面，这一历程同时又是中华民族反抗外来侵略、维护国家主权和民族尊严的艰苦卓绝的斗争过程。中国近代哲学在近百年屈辱岁月中所发生的从传统走向近代的革命性变革，就是在这个悲剧性的矛盾过程中展开、并回应这个矛盾的辩证历程的。

列文森在《儒教中国及其现代命运》一书中，对康有为在中国近代哲学上的贡献作了高度评价，认为康有为的意义在于"**给历史注入新价值**"。② 这个评价颇具深意。这里所谓"新价值"，实际上是康有为倾听时代呼声和实践要求，在变革中国传统哲学的过程中所提出的新的哲学理念、哲学原则，是康有为在作为民族历史的中国历史向世界历史转化的过程中对时代要求所作出的创造性的哲学回应。康有为以变革传统走向未来的哲学理念、精神勇气和学术胆量，通过"托古改制"这一颇遭非议的方式、途径和道路，极大地革新了中国哲学的传统观念，自觉地赋予传统中国哲学以新的形态、特点和生命，提出了顺乎世界历史时代潮流、推动中国文明走向复兴和强大的一系列思想主张。

一、历史向世界历史转化与世界化的哲学选择

马克思在其整个一生的哲学思考、特别是晚年的哲学探索中，始终把他所

---

① 据统计，在近代西方列强肆意凌陵的极端屈辱的条件下，帝国主义列强强迫晚清统治下的中国政府签订了 1100 多个不平等条约。

② 列文森：《儒教中国及其现代命运》，郑大华、任菁译，中国社会科学出版社 2000 年版，第 66 页。黑体为引者加。

生活的时代划分为两个世界：西方世界和东方世界。刘启良先生认为，在马克思看来，"西方世界是资本主义社会，而东方世界则是亚细亚形态的社会；当时东西两个世界的交往与汇流，实质上也就是资本主义社会要按照它自己的模样改造亚细亚形态的社会，从而使世界历史纳入一体化的发展行程。"① "马克思认为，专制主义政治直接导致了亚细亚社会的停滞不前。……所以在亚洲，尤其在印度，从遥远的古代一直到近代，尽管政局变化无常，但社会状况始终没有什么改变。马克思指出，要改变亚细亚社会停滞不前的现状，必须依靠西方资本主义生产方式的传入。因为当西方资本主义生产方式在西方世界取代了封建的生产方式以后，世界历史便形成了亚细亚生产方式与资本主义生产方式的对峙局面。……随着世界各民族交往的增多，先进的资本主义生产方式必然渗透到亚细亚各地，并将必然在古老的东方各国占据主导地位，从而宣告东方各国古老的社会形态的终结。"② 撇开刘启良先生对马克思关于东、西方之历史地位的单向度的分析是否妥当我们暂且不论，他在这里所指出的资本主义生产方式必然在古老的东方各国占据主导地位的观点，仍然是对马克思世界历史理论的正确表达。

马克思关于"西方世界"和"东方世界"的划分，对我们理解马克思世界历史理论意味深长、意义重大，因为它历史地、理论地限定了民族历史向世界历史转化的基本前提。但我们在这里需要特别指出，民族历史向世界历史的转化是一个双向度的矛盾而复杂的过程：（1）近代西方资本主义生产方式按照它自己的方式对东方亚细亚社会形态的"改造"，是东方世界的民族历史向世界历史转化的现实过程，但这一过程决不是东、西方和平缔结的平等契约的产物，而是西方世界的资本家阶级和国家军事机器强行威逼、扩张的结果；（2）在世界交往潮流中所导致的东方亚细亚社会形态的"终结"，也决不是东方世界社会发展的自然历史过程，而是西方世界的工商资本文明冲击、扫荡、摧毁东方世界的传统农耕之自然经济文明的血泪历史，是西方殖民主义强力意志的必然产物；（3）东方世界、特别是中华民族身陷屈辱却并不沉沦，而是迎接挑战奋起抗争，一代又一代的志士仁人在批判传统、面向世界的过程中，不断地提出了一波又一波的革新理念和政策主张，从而以极大的勇气、卓绝的智慧创造性地回应了来自西方的强力冲击和严峻挑战。近代中华民族的百年史

---

① 刘启良：《马克思东方社会理论》，学林出版社 1994 年版，第 260 页。
② 同上书，第 269 页。

一方面是百年屈辱史，一方面又是百年抗争史、奋起史。中国近代史的序幕就是在这样的双重历史背景下拉开的。考察、分析和研究中国近代史应当始终保持这样两个基本维度。

在作为民族历史的中国历史向世界历史转变的悲剧性历程中，在中国人民抗击外来侵略、寻求生存之路的一个多世纪的思想探索和求生实践中，康有为以其积极主动的哲学思考、变法主张、政策设计……而成为我们这个不屈不饶的民族之应对时代潮流、回应列强挑战的卓越代表，他关于中国在那个特殊时代究竟"向何出去"的哲学理念和革新主张，是历史向世界历史转变时代一个颇值得注意的、极具典型性的哲学个案。

梁启超曾把历史人物分为两类：应时之人物和先时之人物，前者为时势所造之英雄，后者为造时势之英雄。他笔下的老师康有为当然属于后者。而康有为之所以能够成为造时势的英雄之人物、先时之人物，是因为他具有"最不可缺之德性有三端：一曰理想，二曰热诚，三曰胆气。三者为本，其余则借枝叶焉耳。……先生……其理想之宏远照千载，其热诚之深厚贯七札，其胆气之雄伟横一世……先生在今日，诚为举国之所嫉视；若夫他日有著二十世纪新中国史者，吾知其开卷第一页，必称述先生之精神事业，以为社会原动力之所自始。"① 梁启超对其老师的感情之深可谓无与伦比、美伦美奂，对其老师的评价之高可谓无以复加、登峰造极。如果用马克思世界历史理论的哲学范式和解释框架对梁启超的上述用语进行解析，我们可以说，梁启超这里所谓"时势"，就是民族历史向世界历史转化的时代潮流；梁启超所谓"理想"、"热诚"、"胆气"，就是在民族历史向世界历史的转化过程中，康有为创造性地回应这种转化所具有的坚定信念，以及为推动这种具有世界历史性意义的转化、为推动中国从传统走向近代和富强所具有的热情和勇气。

康有为所生活的时代，"正是中国宗法封建农业社会与西洋资本工业社会初次冲突、矛盾时代。所以康氏思想一方反映着宗法封建社会思想之殁落，一方却种下资本社会的种子。"康有为"一方推崇孔子，一方却推倒孔子一尊观念，孔子与诸子平列。一方尊崇孔子之真经，却一方认为孔子托古改制之作，根本推翻孔子之经典：这却是矛盾现象，这个矛盾正是康氏时代之反映。"②

---

① 《梁启超文选》上，中国广播电视出版社 1992 年版，第 289～291 页。
② 郭湛波：《近五十年中国思想史》，山东人民出版社 1997 年版，第 17 页。

郭湛波这里所谈到的一为封建宗法社会、一为资本社会之两个世界的鲜明对比和根本差距，构成了我们考察和分析中国近代哲学之出发点的马克思世界历史理论之解释框架的典型个案。康有为哲学思想作为迎接外来挑战之观念变革的基本意义，正在于它是作为民族历史的中国历史走向世界历史之转化过程的哲学回应。在传统社会向近代社会转化的汹涌澎湃的世界潮流中，康有为一方面深刻地反思、检点、批判中国文化的缺陷，一方面又认真思考和汲取中国文化的精华；一方面倾听世界潮流和时代要求的呼声，一方面又试图在本民族文化的土壤里播种下"资本社会的种子"，以回应外来文明的巨大挑战，寻求中华民族的新生。

康有为以其卓越的哲学智慧和思想洞察力，以其拯救、复兴中华文明为己任的心灵情怀和心理路程的转换和演变，见证了中国这个两千多年中都未曾有过的巨大变局，作出了作为民族历史的中国历史向世界历史转变时代的最具鲜明特征的哲学回应。犹如萧公权先生所言，康有为"无疑是从帝制中国转至共产中国时期中最具代表性的思想家。综述他的思想等于是回顾整个时期思想的主流。"康有为"有关中西文化的见解乃是在半个世纪中于不同的场合针对历史环境所作的各种迥异的反应。他一开始是一个传统学者，所持的见解与19世纪末和20世纪初的保守派并无显著不同。自于1879年与西方文明接触之后，促使他广泛地探究西学，并放弃旧见。有一时期他对西学的狂热不亚于一些五四'新青年'。……他可说是比陈独秀早一个世代的'新青年'。不过，他对儒学的重估也开启了他的思想生命的另一新阶段：不断努力经由世界化而创造文化综合。……在1880年代与1920年代之间，康氏反映了从1910年代到1940年代各种不同有关文化重建的全部。"[1]

萧公权先生这里所说的"经由世界化而创造文化综合"、"文化重建"的过程，实际上就是康有为在民族历史向世界历史的转化时代，既放眼世界大局、顺应时代潮流，又坚守自己的民族特性和文化认同，从而在哲学思想上对这个极为矛盾、悲惨痛苦的历史进程所作出的创造性回应。列文森先生也曾经深刻而透彻地指出："理智上想与中国思想疏远，但感情上又要认同中国思想，因为什么力量也改变不了他们的中国人身份，于是他们力图通过中西文化的调和而使中国的精神和西方的精神统一起来，尽管这种统一是表

---

① 萧公权：《近代中国与新世界：康有为变法与大同思想研究》，江苏人民出版社1997年版，第526页。

面上的。"①

"中体西用"论与"全盘西化"论作为中国应对外来挑战的两种思想主张和选择模式，是在作为民族历史的中国历史向世界历史转化的悲惨状态和动荡时代，思想理论界为挽救民族危亡、寻求中国出路而提出的两种不同的理念、主张和方案。在近代以来中国历史的发展过程中，两者一直存在着难以调和的矛盾、对立和冲突。值得注意的是，康有为没有机械地主张或无批判地赞同其中的任何一种方案，而是创造性地提出了既保存传统文化的精华和民族精神的特性，又面向西方物质文明和民主法治文明的合璧中西的一系列光辉的理念、主张和方案。在中国历史向世界历史转化的汹涌澎湃的滚滚潮流中，康有为走的是即中即西的综合创新之路。在晚清知识分子对西方文明的强势冲击所作出的大致三种反应中，实际上是包含着两个极端以及处在两个极端之间的更具真正意义的选择。一个极端是保守派，它不认为传统中国有问题，而且完全厌恶效法西学。另一极端是认为中国传统一无是处，要无条件地西化的激进派。而"在这两派之间有两群人，一大群人多少感到'中国之学'有些问题，乃建议一部分的西化；而一小群人认为中西之别仅是表面的，因此变革过时的政治、经济、教育制度不是西化，而是世界化——不过是把中国文化提升到世界共同的水平。……不论主张世界化之人的动机及基本信念是什么，他们在中国思想史上有相当的重要性。因为他们有意或无意在作思想上的综合。……他们毕竟要比传统派和西化派体面得多。""康有为社会思想的一面，以及其一生中某些时刻，可归入上述最后一小群人之中。事实上他可说是这群人中的翘楚。当然在另一方面，康氏必须被称作'半西化派'。不过作为'综合'者的康有为，才使他青史留名。""西方对康氏的冲击颇值注意。此一冲击不仅决定他社会思想的形态，而且导致他用西学来重估他所熟知的本土文化。康氏的思想历程实在开启了一个历史趋势。"② 在《实理公法》一书中，康有为"**断然致力于'世界化'的观点**。他扬弃了基本的传统社会与政治价值，而接受了受西方启示的思想，

---

① 列文森：《儒教中国及其现代命运》，中国社会科学出版社 2000 年版，第 67 页。以康有为、梁启超为精神领袖的面向西方革新中国的维新派，是"中国第一个现代意义的民族主义流派"，"是名副其实的现代中国第一次民族觉醒"。（袁伟时：《中国现代思想散论》，广东教育出版社 1998 年版，第 253 页）

② 萧公权：《近代中国与新世界：康有为变法与大同思想研究》，江苏人民出版社 1997 年版，第 366～367 页。

诸如博爱、自由、平等和民主。"①

萧公权先生的所有这些观点都表明，康有为在来自西方冲击的"创巨通深"的持续不断的各种惊涛骇浪中，清醒地意识到传统中国、传统文化的问题、弊端所在，意识到中国应向西方学习什么。康有为之所以高瞻远瞩而"青史留名"，就在于他决不是要么顽固守旧，要么全盘西化的极端主义，而是行走在传统与近代的巨大张力中，一方面汲取和继承中国文化之精华，一方面又向西方文明寻求变革自身传统的因素和武器，寻求变革传统中国、走向世界的理念与思想、战略与策略、途径与机制。

二、忧国忧民的精神情怀和整体革新的理论主张

冯友兰先生认为，他的《中国哲学史新编》第6册"看起来好象是一部社会政治思想史，这种情况是有的，但这不是由于我的作风改变，而是由于时代不同了。"②"这个时代是中国历史的第二次大转变，这个转变比第一次大转变更剧烈，更迅速，范围也更广大，这是一次东西文化的全面斗争，其范围牵涉到每一个中国人的思想和生活，其结果关系到中华民族的生死存亡。所以在这个时候，几乎每一个中国人都不得不思考这个问题，参加这个斗争。每一个大思想家同时也是一个社会政治活动家，他们都是一派社会政治活动的领袖，他们思想和活动就是这个时代思潮的中心。要在他们的思潮之外另找一个纯哲学的中心问题，那是不现实的，也是不可能的。"③ 冯友兰先生在这里所谈到的关系到中华民族生死存亡的中国历史的"第二次大转变"，实际上表征了马克思世界历史理论解释框架下的作为民族历史的中国历史向世界历史的转化这一巨大而深刻的变革历程，正因为这个转变发生在世界历史性变革的伟大时代，它才"比第一次大转变更剧烈，更迅速，范围也更广大"，它才"是一次东西文化的全面斗争。"冯友兰在这里也明确地说明了，中国近代思想先驱所从事的整个哲学革新事业决不是在进行纯哲学、纯学术的思想创造，而是始终同那个时代中国民族的命运、中国政治生活的变革紧紧联系在一起的。冯友兰在这里无疑深刻地概括了近代中国哲学思潮形成和演变的历史背景和基本特征。

---

① 萧公权：《近代中国与新世界：康有为变法与大同思想研究》，江苏人民出版社1997年版，第378页。黑体为引者加。

② 冯先生：《中国哲学史新编》（下）第6册《自序》，人民出版社1999年版，第333页。

③ 同上书，第333～334页。

以 1840 年鸦片战争的失败为开端和标志，中国由于西方列强的唯利是图之资本利益的强力扩张，由于西方列强的坚船利炮之国家军事机器的强力意志，而开始了作为民族历史的中国历史向世界历史的转化。这一被强行逼迫的转化对有着夷夏之辨之悠久历史传统和巨大民族优越感的中华民族而言，是一个充满着极端痛苦和巨大屈辱的历史过程。鸦片战争后，晚清政府在同西方列强的交战中节节败退，丧权辱国的条约履履签订，从而更加剧了西方列强无一不对我衰弱之中华虎视眈眈。特别是以中日战争的失败和《马关条约》的签订为标志，帝国主义列强开始掀起了瓜分中国的狂潮巨浪。中华民族处在异常严重的生存危机之中。中国战乱频仍，内忧外患；中华民族创巨痛深，水深火热。所有这一切都在那些爱国进步文人的心灵上留下了深重的创伤。康有为就是生活在这样一个充满了屈辱的灾难性时代，强烈的爱国激情和深刻的忧患意识，激发和调动了他的巨大的生命潜能和思考激情，促使着他以极大的政治勇气一次又一次"上书"和"奏折"，①并以他的坚强的思想信念和精神力量感召着、推动着光绪皇帝发动了中国近代历史上影响深远、意义重大的"百日维新。"

发生在 19 世纪末年的"百日维新"，是作为民族历史的中国历史向世界历史转化历程中的伟大而悲壮的一幕。

康有为说，"泰西诸国之相逼，**中国数千年未有之变局也。**"② 如何迎接、应对这数千年未有之变局的巨大挑战？康有为向满清政府提出的基本主张或开出的救治药方是中国必须改革。他不仅认为不改革则灭亡，而且认为点点滴滴的温和的改革仍然不是挽救中国的必由之路。为此他提出了整体、系统、全面革新的一系列理论理念和政策主张。正是在他的整体、系统、全面革新的理论理念和政策主张中，充分展示了他关于社会历史辩证发展的基本观念。康有为以其特有的敏锐和深刻倾听了时代的呼声，修修补补、小打小闹的改革已不在他的视野范围之内，他所要求和希望的是，对已处在风雨飘摇、岌岌可危的满清王朝，以及在它统治下的中国社会进行全面而系统

---

① 康有为在 10 年间（1888～1898）给慈禧太后和光绪皇帝七次上书，二十几次奏折，他的变法维新思想集中反映在这些上书和奏折中。康有为对民族历史向世界历史转化的世界历史大势和中国生存状况的深刻的理性思考，洋溢在充满着爱国主义之深厚感情的字里行间。康有为的上书和奏折是1870～1890 年代中国整个改良思想的纲领性总结。作为一个书生文人，能够撇开个人的生死安危于不顾而冒着各种巨大的政治风险给皇太后、皇帝上书，需要的是勇气、气魄和远见卓识，需要的是对民族、国家前途命运的高度自觉的历史使命感。没有这一切，上书一事就是不可想象的。

② 汤志钧编：《康有为政论集》上，中华书局 1981 年版，第 149 页。黑体为引者加。

的改革（"全变"）。在他看来，"外夷交迫，自流球灭、安南失、缅甸亡，羽翼尽剪，将及腹心"，"国事蹙迫，在危机存亡之间，未有若今日之可忧也。"① "今日在列国竞争之中，图保自存之策，舍变法外别无他图。"② "观大地诸国，皆以变法而强，守旧而亡"，"观万国之势，能变则全，不变则亡。全变则强，小变仍亡"。③

康有为胸怀祖国放眼世界，站在近代世界历史的高度，总结古今中外治国理政之正反两个方面的历史经验，要求光绪帝"以俄大彼得之心为心法，以日本明治之政为政法，"④ 全方位地提出了如何变革中国的一系列主张：在政治上，他认为"东西各国之强，皆以立宪法、开国会之故。国会者，君与国民共议一国之政法也。盖自三权鼎立之说出，以国会立法，以法官司法，以政府行政，而人主总之，立定宪法，同受治焉。人主尊为神圣，不受责任，而政府代之。东西各国皆行此政体，故人君与千百万之国民，合为一体，国安得不强？吾国行专制政体，一君与大臣数人共治其国，国安得不弱？盖千百万之人，胜于数人者，自然之数矣。""伏乞上师尧、舜、三代，外采东西强国，立行宪法，大开国会，以庶政与国民共之，行三权鼎立之制，则中国之治强，可计日待也"；⑤ 在经济上，他提出"富国之法有六"：钞法（货币信用制度）、铁路、机器轮舟、开矿、铸银、邮政。"养民之法"有四：务农、劝工、惠商、恤穷。他认为"国尚农，则守旧日愚；国尚工，则日新日智"，"方今万国交通，政俗学艺，日月互校，优胜劣败，淘汰随之，置我守旧闭塞无知无欲之国民投于列国竞争日新又新之世，必不能苟延性命矣"。所以"今已入工业之世界矣，已为日新尚智之宇宙矣，而吾国尚以其农国守旧愚民之治与之竞，不亦惧乎？皇上诚讲万国之大势，审古今之时变，知非讲明国是，移易民心，去愚尚智，弃守旧，尚日新，定为工国，而讲求物质，"必使"民智大开，物质大进，庶几立国新世，有恃无恐"；⑥ 在文化教育上，他主张废八股，兴学校，向国外派遣留学生，鼓励王公大臣出国游览以开阔眼界；主张给集会、出版、言论等以一定自由；在军事上，他主张停止传统落后的刀弓

① 汤志钧编：《康有为政论集》上，中华书局1981年版，第52～53页。
② 同上书，第208页。
③ 同上书，第211页。
④ 同上书，第213页。
⑤ 同上书，第338～339页。
⑥ 同上书，第289～290页。

石武试，而广设近代意义上的先进的武备学堂，精炼海陆军，顺乎军事近代化的时代潮流……在这里，康有为不仅敏锐地看到了近代工商—科技文明对一个国家走向富强是多么关键，而且也清醒地看到了近代工商—科技文明作为强大的物质技术基础，对国民素质的全面提高的决定性作用，这显然是世界历史性的眼光。非常重要的是，康有为强调建立以近代工商—科技文明为物质技术基础的强大国家，才能够顺应世界历史潮流，这同马克思的唯物史观强调以机器大工业为物质技术基础的生产方式的基础性作用，是相吻合的。更重要的是，康有为关于中国如何建立近代强国的系统性的主张，与马克思关于民族历史与世界历史之对立统一的哲学分析，也是相一致的。

康有为对发生在近代世界的以进化和革新为原动力的近代化潮流的巨大威力保持着清醒意识和正确判断。康有为认为，自工业革命百余年来，欧洲之所以能够"横行大地，搜刮五洲，夷殄列国，余波震荡，遂及于我"，原因就在于它们能够"改易数万千年之旧世界，为新世界矣。"① 在这个只有不断地"改易"、变革旧世界才能建设新世界的世界潮流中，康有为极力向皇上进言，要求在中国的土地上能够实行顺乎世界潮流的大刀阔斧的根本性的改革："当以开创治天下，不当以守成治天下，当以列国并争治天下，不当以一统无为治天下。诚以积习既深，时势大异，非尽弃旧习，再立堂构，无以涤除旧弊，维新气象。"② 康有为在他的上书、奏折中对中国究竟如何才能实现近代化的重大历史任务，从多方面多角度作了深入而全面的分析和论证，对推动光绪皇帝在顽固守旧势力的重重阻挠的极为艰难的政治环境中做出维新变法的重大政治决定，起到了重大作用。③

康有为提出、设计的所有这一切由经济基础到政治制度到文化教育以至军事等诸领域的全面革新的整体主张，从思想观念到解释框架都已经真正扬弃了

① 汤志钧编：《康有为政论集》上，中华书局 1981 年版，第 288 ~ 289 页。
② 同上书，第 152 页。
③ 作为一个文人，康有为能够提出革新国家的经济、政治、文化教育、军事等等领域的全方位的革新主张和政策措施，并从根本上影响了国家最高统治者的政治决策，促成了一场意义重大、影响深远的革新运动，这在整个中国历史上恐怕也是极为罕见的。尽管这一惊心动魄的变法运动最终以悲剧性的失败而告终，但是我们还是不得不说，康有为的理念与行为仍然为我们提供了学术与政治、学者与政治家如何互动的一个值得认真汲取的重要历史案例。

"中体西用"的保守的价值取向。① 这里需要特别指出，在康有为那里，中国摆脱困境、走向强大的真正出路，不仅需要在经济、科技、人才、军事上进行革新，而且更在于必须在政治制度、体制上进行革新。对康有为来说，变法维新最重要的一项就是"立宪法，开国会"。康有为以改变君主政体为重心的整体革新思想，乃是对洋务派以保留传统政治制度为前提条件的新政理论的重大超越；同时也大大不同于早期改良派重在发展民族经济的改革主张。康有为"全变"（"统筹全局以图变法"之变）的立足点已经是对整个社会结构的系统的全方位的根本性改革。这说明了，康有为较之他的改革前驱，价值取向和思想方式也发生了根本性转换。冯友兰先生曾高度评价康有为整体革新的变法主张，认为"康有为的最大的事业是组织和领导戊戌变法运动。在这个运动中他胸怀全局，政治、经济、文化三个方面都提出了明确的主张和论证。""他是戊戌变法运动的组织者和领导者，在这一方面，他是近代维新时期的一个大领袖。"②

康有为既基于爱国主义、又放眼世界历史潮流的生命激情、远大理想和革新主张，在中国近代史上具有着精神感召和思想启蒙的深远影响，具有着政治社会批判的重大实践意义。虽然康有为以前的许多仁人志士也提出了革新政治、经济和文化的许多主张，但能够在一个持续的长时间里将这些主张系统地、大规模地、不间断地上书皇帝，并力图通过皇帝这一国家政权的代表来实现这些改革主张，康有为实乃第一人也。即便在民主政治已有相当进展的今日，康有为的巨大政治勇气也仍然值得称颂和学习。因此形成、建立一种近、现代政治理念固然重要，但如何能够通过具有现实的、可操作性的措施和行动去推动和促成一种社会政治变革的理念付诸实践，则更需要非凡的智慧和勇气。他胸怀祖国、放眼全球的道德情操和全面革新中国社会的思想信念，鼓舞着近代以来一代又一代热血青年投身于救亡图存、变革中国的

---

① 与百年来在中国现代化道路问题上的"中体西用"论和"全盘西化"论的截然分立不同，李泽厚先生通过对历史的哲学反思，提出了"西体中用"说，力图扬弃上述两种片面性主张。李泽厚把康有为作为自己"西体中用"说的思想先驱。尽管在中国进入近代以来的历史岁月中"全盘西化"论的观念一直不绝如缕，而且直到今日也依然以各种各样的表现形态存在于某些青年文人的头脑中，但在李泽厚先生看来，今日中国仍然是"中体西用"论的思想占据着主导地位。（见《原道》第3辑）我以为李泽厚先生的这一观点是有其深刻的历史理由和现实根据的。如果从马克思世界历史理论为我们提供的一个更广阔的角度来看，我们是否可以认为，无论是"中体西用"论还是"全盘西化"论，它们不都是在民族历史向世界历史转化的历程中所作出的哲学回应吗？

② 冯友兰：《中国哲学史新编》下卷，人民出版社1999年版，第472～473页。

现实斗争，在推动中国历史走向世界历史的思想启蒙运动中发挥了历史性的作用。

三、历史进化观念与政治哲学抉择

要推动、完成和实现作为民族历史的中国历史向世界历史的转化这一伟大历史性工程，必须革新和转换以往漫长的思想传统中形成的"天不变道亦不变"的旧有的哲学观念，确立为变动不居的世界历史时代所要求的新的历史政治哲学。

康有为通过其系统而全面的变法纲领，在近代世界弱肉强食的惊涛骇浪中对"中国向何出去"这一根本性的时代问题作出了自己的明确回答，提出了既有战略气魄又系统完整的改革方案。康有为之所以能够提出顺应民族历史向世界历史转化之时代潮流的革新纲领，是由于他通过审时度势、合璧中西的观念革新，形成了一套既有中国传统特色、又借鉴西方思想的历史进化观念，从而为他变革中国社会的整体革新纲领提供了富有生命活力的哲学基础。对康有为哲学的这一特征，他的得意门生梁启超曾作过明确的概括并给予高度评价，认为康有为的哲学乃"进化派哲学也。中国数千年学术之大体，大抵取保守主义，以为文明世界，在于古时，日趋而日下。先生独发明《春秋》三世之义，以为文明世界，在于他日，日进而日盛。盖中国自创意言进化学者，以此为嚆矢焉。先生与中国史学，用力最多，心得最多，故常以史学言进化之理。以为中国始开于夏禹，其所传尧舜文明事业，皆孔子所托以明义，悬一至善之鹄，以为太平世之倒影现象而已。又以为世界既进步之后，则断无复行退步之理，即有时为外界别种阻力之所遏，亦不过停顿不进耳，更无复反其初。故孟子言'天下之生久矣，一治一乱'，其说主于循环；《春秋》言据乱、升平、太平，其说主于进化。二义正相反对，而先生则一主后说焉。又言中国数千年政治虽不进化，而社会甚进化。政治不进化者，专制政治之为梗也；社会进化者，政府之干涉少，而人民自由发达也。先生于是推进化之运，以为必有极乐世界在于他日。而思想所极，遂衍为大同学说。"① 梁启超在这里中肯地分析了在历史哲学的基本取向上康有为哲学与以往传统哲学的重大不同。在我看来，这种不同来源于两种不同的评价尺度：历史尺度与伦理尺度。两种不同的

---

① 《梁启超文选》上，中国广播电视出版社1992年版，第306页。

价值取向实际上表征了历史主义与伦理主义的深刻对立。① 也就是说，康有为清醒而深刻地感受和认识到了，在民族历史向世界历史转化的急遽变革时代，唯一正确的抉择不是停滞不前、闭关锁国，而是超越自我、走向世界。

基于对中国社会的停滞僵化和西方社会的生生不息的对比反思，康有为选择了顺乎近代世界历史潮流的发展哲学观念和辩证思维方式。他力倡变易哲学，以公羊派"三世"说为立论根基，同时又借鉴西方的进化论思想，在传统与近代的张力结构中进行综合创新，创造性地阐发了一种历史进化观念。康有为在艰苦探索的风雨历程中汇通中西，用旧瓶装新酒的中国式方式，创制了一个以经学为形式、以历史进化论为内容的独特的进化哲学的体系，重创了"天不变道亦不变"的传统哲学观念，为变法维新提供了有力的哲学根据。如前所述，在中国传统哲学中，历史循环、退化论的历史政治哲学观念始终占据主导地位。例如《礼记·礼运》美化原始社会为"大道之行，天下为公"，演变到夏、商、周三代则为"大道既隐，天下为家"了，这是历史退化论。董仲舒认为"《春秋》之道，奉天而法古"，"王者有改制之名，无易道之实"，依然是尊古的历史循环论。② 传统中国的这种倾慕过去、崇尚静穆的古典哲学理念、人文精神和思维方式，在近代世界已受到来自西方以变化、发展、对立和冲突为基本特征的哲学观念和思维方式的严峻挑战。康有为直面和回应了这种挑战，创造性地在中国传统的古典语言中融进了近代历史进化论的崭新内容，在自己的哲学变革中突破了"天不变道亦不变"的传统世界观："《春秋》发三世之义，有据乱之世，有升平之世，有太平之世，道各不同。"③ 具有数千年长久历史的古老《周易》，在他那里得到了全新的阐释、演绎和升华。变易、变通思想被从古老的《周易》中提炼、凸显出来而成为当下变法维新的哲学论证。《周易》所反映和包涵的远古生活的时代内容被近代世界生生不息的进化发展所代替，古老的易学辩证法经过他的创造性的发挥而成了否定专制

---

① 从总体特征上讲，古代中国的哲学观念是伦理尺度优于历史尺度，即伦理压倒了历史；而近代以来的中国的哲学观念，则是历史尺度逐渐从伦理尺度的高压、统摄下不断解放、生成的过程，伦理优先、压倒历史的传统在中国历史进入近代门槛以来受到了最为深刻、严峻而且是根本性的挑战。之所以会发生这一重大的历史转换，民族历史向世界历史转化的世界潮流之冲击和洗礼的巨大作用当是其根本原因所在。在世界历史巨轮已经前进到 21 世纪的当代中国，历史与伦理的相互关系已经发生了今非昔比的历史性的革新和重建，伦理优先、压倒历史的历史性悲剧已成为永不复还的昔日记忆。（参见拙文：《历史与伦理的冲突与统一》，《长白学丛》1996 年第 1 期）

② 参见冯契：《中国近代哲学的革命进程》，上海人民出版社 1989 年版，第 92 页。

③ 康有为：《日本书目志》卷四。

制度的哲学根据、哲学证明。在变易之义的古老形式中融进了近代进化论那清新、向上、进取的活的生命："《易》者，随时变易，穷则变，变则通，"①"变"成为天道的存在方式和运行规律，成为人类健康发展的基本生存方式，成为各个民族、各个国家生存发展的基本规律。中国之所以落后挨打、任人宰割、奇耻大辱的根本原因，在于"方今之病，在笃守旧法而不知变，处列国竞争之世而行一统垂裳之法。……夫物新则壮，旧则老；新则鲜，旧则腐；新则活，旧则板；新则通，旧则滞；物之理也。法既积久，弊必丛生，故无百年不变之法。况今兹之法，皆汉唐元明之弊政，何尝为祖宗之法度哉？"②"黄帝十岁知神农之作，而改其政，故《易》特有变通宜民之美。"③ 康有为对《周易》的变异观念如此钟情，表明了康有为从哲学上否定那陈腐、专制的封闭社会的理性自觉，以及革新现状走向未来的合理要求，是他对"天不变道亦不变"这一古老神圣哲学观念的清醒批判和重大超越。④

有重大意义的是，康有为用《公羊》三世说的古老形式灌溉进近代西方的进化观念，系统地阐发了他的历史进化学说。康有为把《公羊》学与《礼记·礼运》中的"大同"、"小康"与《周易》的变易观揉合在一起，在他的《孔子改制考》、《春秋董氏学》等著作中对三世说历史进化论作了系统发挥。康有为在《礼运注》中所提出的社会理想是十分反对帝制的："孔子之道，其本在仁，其理在公，其法在平，其制在文，其体在各明名分，用在与时进化。"在《中庸注》中，康有为在评论"君子之中庸也，君子而时中"时认为："孔子之道有三统三世焉。**其统异，其世异，则其道亦异。**故君子当因其所处之时，观其会通，以行其典礼，上下无常，惟变所适……然适当其时，则为此时之中庸，故谓之时中。"⑤ 史华兹先生非常有根据地认为，"康有为的把孔子为我所用地尊为救世主的儒家今文经学，即掺和着《公羊传》含义模糊的学说与西方的发展思想的混合物，对占压倒多数的受尊敬的儒者来说，**完全是一种异国情调的'教'**。……因此，事实上，这种儒教能够并且容纳了整个

① 康有为：《日本书目志·序》。
② 《戊戌变法》资料丛刊二，第198页。
③ 康有为：《万木草堂遗稿外编》上。
④ 冯友兰先生认为，"康有为认为儒家的最重要的经典是《周易》与《春秋》。他说：《周易》'专明变易之义'，'孔子之道，至此而极矣。'"（冯友兰：《中国哲学史新编》下卷，第457页）根据时代精神的需要创造性地发挥儒学经典，是康有为思想的根本特征和生命活力所在。
⑤ 转自萧公权：《近代中国与新世界：康有为变法与大同思想研究》，江苏人民出版社1997年版，第70～71页。黑体为引者加。

近代民族主义和经严复仔细考虑过的新价值观念。"① 费正清说得更加形象生动，他虽然认为维新派仅仅是改良派而不是革命派，所要求的也仍然是"传统范围内的变革"，但"急性子的广东人康有为"在其力创破除传统观念的新解释、并因此而遭到顽固派四次毁版的震惊士林的《孔子改制考》中，"把孔子描写为主张伸张民权、遏制君权的人。康引述偏僻的古书章节，还把进步思想偷偷地塞进传统的古典思想。"② 尽管如此，康有为所发起、所推动的这场革新中国的运动，仍然是"中国思想史上的一个篇章，不是西方思想史的一章。**它涉及的是中国的前提和问题，用的是中国语言。在我们简单地称呼它是外国刺激力的反应之前，我们必须首先承认中国传统的原动力的生命力量。**"③ 康有为在这里借助孔子所进行、所从事的暗中偷渡的思想事件，对我们考察中国近代哲学所据以遵循的解释框架而言，极具象征意义：它实际上是康有为倾听民族历史向世界历史转化之世界潮流和时代要求的思想创新，是康有为变革传统观念、顺乎世界历史潮流的创造性的哲学回应。

在康有为历史政治哲学的视野中，人类社会处在变易、更新、进化和发展的动态过程之中，这一过程是沿着据乱世——升平世——太平世的轨迹向前演进的。这里虽然用的是公羊三世说的古典形式，阐发的却是近代工商文明、民主政治、男女平等和个体自由等近代世界生生不已之社会政治观念的崭新内容。请看他对《春秋》中孔子"微言大义"的阐释："国之所立，以为民也，国事不能无人理之，乃立君主焉。故民为本，君为末，此孔子第一义，一部《春秋》皆从此发。"④ "当中古乱世，女弱，当有男子为依……。此为据乱之法，若太平世则人之自立，两两相交，如国际然"，"升平太平世，女权渐生，人人自立，不复待人，则各自亲订姻好。"⑤ 传统哲学框架中的据乱——升平——太平的三世历史图式，被康有为用来解释君主——君主立宪——民主共和之政治进化的必然演变过程。孔子依然神圣，但经过康有为的近代化改制，却已是西装革履、充满着进化思想的革新大师；康有为颂扬孔子，却更钟情于近代工业、科技和政治文明；康有为言必称公羊三世、托古改制，暗中偷渡的却是近代意义上的婚姻自由和个性独立……康有为冒天下之大不韪，以巨大的

① 史华兹：《寻求富强：严复与西方》，江苏人民出版社1996年版，第42页。黑体为引者加。
② 费正清：《美国与中国》，世界知识出版社2000年版，第189页。
③ 费正清：《伟大的中国革命》，国际文化出版社1989年版，第130页。黑体为引者加。
④ 康有为：《春秋微言大义微言考》。
⑤ 同上书。

创新勇气冲破时下的传统学术路数和僵死规则，竟阐发出如此令人怵目惊心的《春秋》微言大义，理所当然地引起了死守着传统观念的顽固派的极大愤怒："伪六籍，灭圣经也；托改制，乱成宪也；倡平等，堕纲常也；伸民权，无君上也；孔子纪年，欲人不知本朝也……"①

鸦片战争所带来的严重的民族危机，表明中国只有改革才有出路。从哲学的角度来说，要迎接、回应这一严峻的挑战，中国哲学的观念就必须发生重大变革。而历史提出的这一要求，在实际上经历了一个演变和发展的历程。在道与器的相互关系上，龚自珍、魏源认为器变道不变，主要从循环观点来解释三世说，早期改良派也认为器变道不变。而到了康有为这里，无论他赋予历史发展阶段以何种模式，他都清醒自觉地将这些不同的历史阶段（据乱、升平、太平三世）构想为一个不可逆转的前进发展的历史进化过程。康有为进化论的"三世"说把君主专制制度必将为君主立宪、民主共和的近代民主制度所取代视为一个必然的客观历史过程，超越了一治一乱的历史循环论，这是前所未有的重大突破，是对传统哲学历史观的革命性的变革，是作为民族历史的中国历史向世界历史转化之演变过程的深刻的哲学回应。康有为国学根基深厚，深受中国传统文化精神的熏陶，但从他所确立的历史观念上来说，他实际上更多地受惠于西方的历史观而非传统的公羊学说，而前者表现的又恰恰是一个不断向前演进的历史进化过程。然而，这种主要是来自于近代西方的历史观念所描绘的历史进化、发展过程，却又在日益实现着中国文化传统中长久以来就不断追求着的、作为道德至善的"仁"的人文主义目标："每变一世，则愈进于仁，仁必去其抑压之力，令人人自立而平等，故曰升平，至太平则人人平等，人人自立，远近大小若一，仁之至也。"② 这样，康有为的仁的理想的完全实现被设想为未来的一个遥远的、但仍然是确定的时代，即"太平世"或"大同世"，它将经历一个漫长而循序渐进的发展过程而达于完成。在这里我们可以看到，源于近代西方的宇宙演化、历史进化的新观念，自由、平等、博爱的政治哲学，与中国哲学传统中的经学形式、道德理想、人文主义情怀，在这位天才思想家的理论观念中是多么自然、多么有机地融成了一体。

无论是君主立宪，还是民主共和的理论与实践，都是发生在近代世界历史上的重大政治变革。尽管两者在实现民主的方式、途径和道路上存在着不同或

---

① 转引自任继愈主编：《中国哲学史》第 4 册，人民出版社 1979 年版，第 231 页。
② 转引自冯契主编：《中国近代哲学史》上册，上海人民出版社 1989 年版，第 202 页。

差异，但毋庸置疑的是，它们都同样是从传统到近代之历史飞跃的基本组成部分，在民族历史向世界历史转化的过程中扮演着极其巨大的作用。从这一分析范式和解释框架出发，我们就可以对康有为政治哲学的理念、思考和选择作出审慎的而不是某种单纯否定的考察和分析。从历史发展的总体趋势来说，康有为并不否定民主共和的基本价值。他同革命派之所以发生了尖锐分歧，乃在于他认为中国历史尚未进化发展到实行民主共和制那么一个历史发展阶段。这个基本点决不能因为他晚年反对革命、主张改良而一笔抹煞。康有为所担忧的是，如果发生社会政治革命，则可能导致持续不断的军事内乱和政治动荡。事实上，在社会发展的激烈变动时期，不同群体、不同的人对社会革新的道路、途径和方式存在重大的以至根本性的分歧都是十分自然的。就当时中国的现实状况和历史方位而言，无论改良（改革）还是革命，都是以不同的方式体现着民族历史向世界历史转化、民族政治向世界政治转化的时代要求和世界潮流，二者的区别仅仅在于，它们在体现时代要求和世界潮流的方式、途径、道路上存在着不同。如果说，康有为和孙中山在社会变革的道路、途径和方式问题上存在着重大差异和深刻对立，从而各执一端互相批判，那么，对于已经经历了整整一个世纪的历史发展历程后的我们来说，则应当对改良派和革命派持一个公平的历史态度：两种不同的探索和选择都是我们的思想政治先驱为探索中华民族的生存出路所作出的宝贵努力，我们不能要求我们的先辈们在那个剧烈动荡时代仅仅选择和坚持唯一的一条道路，或许，我们更应当尊重他们为挽救民族的生存危机所可能作出的各种各样的选择。我们的历史、思想史和哲学史的研究需要对他们各自的背景、理由、得失、优劣作出理性、冷静的判断、分析和评价：改良（渐进）与革命（飞跃）问题并不是反动与进步的分水岭，而仅仅是走向近代民主政治、推动民族历史向世界历史转化的两种不同的方式、途径和道路。实际上，从更宏大、更长久的历史发展过程来看，把康有为和孙中山的整个历史政治选择置放到马克思民族历史向世界历史转化的世界历史理论的分析框架、哲学范式所揭示的总体历史背景中加以把握，我们是否可以得出结论：两者虽然在社会变革的道路、途径和方式问题上有着不同的、甚至根本对立的选择，但他们都是在以自己的思考、选择和方式，探索着、推进着作为民族历史的中国历史向世界历史转化这一世界历史性的事业。

萧公权先生在研究康有为的长篇巨著《近代中国与新世界：康有为变法与大同思想研究》中，对康有为的政治理念、主张和选择作了深入的和多方面的考察和论述。萧公权先生不是抽象地从革命与改良孰优孰劣、从而把革命与改良简单对立起来的思想方式和教条模式出发，而是基于近代世界的基本价值观和时代潮流，历史地分析和评价了康有为政治改良主义和渐进主义的历史合理性。萧公权先生认为，"康氏拒绝动摇其所持渐进立场。即当1902年，他的一些门人因对清廷失望，且受到革命派不流血事无成的刺激，向他建议走华盛顿之路，乃是救中国的唯一途径时，他也无动于衷。事实上，当革命浪潮高涨之时，康氏更力谋加以遏阻，并发表了一系列反革命的文字，其中'救亡论'作于辛亥革命爆发后不久。在这些文字中，他指出革命若进行到底，将给中国带来极大的灾祸。"① 值得注意的是，康有为也并不是固执地坚持对已经成为现实的革命的僵硬的反对态度，"辛亥革命的爆发与民国的成立，呈现了一个全新的局面。康氏继续追求一有节制的民主，但因环境已经改变，他觉得有调整战略的必要。……**他首先承认革命的迅速成功，满清结束，可谓'天与人助'之举。**他接着警告采用从未在中国试行过的共和政府总统制的危险。他指出拉丁美洲一些国家试行此一制度而造成的混乱局面。他说民主在美国行得不错，仅是因为特殊环境所致。……再者，当美国革命时，人口很少。而中国既无民主传统，又有庞大人口，不可能成功地实施共和政府。"② 从萧公权先生的这些文字中，我们不是可以看到康有为对待孙中山的辛亥革命的态度也有其识时务的、与时俱进的一面吗？

在比较康有为与孙中山的异同时，萧公权先生也曾指出，"**改革派与革命派同具一基本上相同之目标，即途径虽有和平与暴力之别，却都要将中国民主化。**""仔细地观察可发觉，即使在手段上双方亦有共同处。……康氏对地方自治极为重视，认为是发展民主政府不可或缺的第一步。……孙逸仙也认为地方自治为民主的基石。""另一更重要的相似点"是"**康、孙二人都承认，中国人民实际上还停留在需要引领才能走上民主政治的地步。**"③ 萧公权先生多次强调，康有为从来都赞同广义意义上的民主。例如他认为，康有为"很可能是在他那一代人中最先见及政治落后乃中国的主要问题，没有强烈的政治变革，近代化不可能有效。他是极少数之人，若非真正的第一个人，理解到**广义的民主政治实是近代西方强大的基础。**……他拒斥革命为变革的可靠手段，

---

① 萧公权：《近代中国与新世界：康有为变法与大同思想研究》，江苏人民出版社1997年版，第192页。

② 同上书，第215页。黑体为引者加。

③ 同上书，第196～197页。黑体为引者加。

但他的目标实在与革命无异——消灭古老的专制政体。"① 萧公权先生在这里所谈到的康有为与孙中山所追求的共同的政治目标即中国的民主化这个核心性的问题，对两人都认为中国人民需要引领才能走上民主政治这个同样重要的问题，国内哲学界、思想界却似乎始终没有引起注意和重视。

更值得我们深思的是，即便孙中山的辛亥革命已经发生并从根本上摧毁了已行两千多年的专制帝制，康有为政治改良主义的基本政治理念也并没有发生根本改变。康有为从自己坚持的基本政治立场出发，企图对孙中山先生的民国进行改良："康氏对 1912 年建立的民国十分悲观，但并未阻止他提供建议以促使民国成功运作，特别是在民国肇造的最初两年。在致宪政党海外会员的一封公开信中（作于 1912 年初），他事实上已表示接受了新的政治秩序：……'今既时运转移，新旧代谢，合五族而大一统，存帝号而行共和……今际破坏，虽吾党所不预，而他时建设，岂吾党所能辞？……今国体已非君主立宪，今特复丙午前旧名，定吾党名为国民党……中国图强，后事至大，努力奋励，同奏新勋'"。即使如此，康有为仍然抨击民国之未成熟，但他的抨击经常是建设性的，并非是要破坏已经出现的新秩序，而是要改良它，使它有生气。康有为之改良民国的准则和主张有如下述："**中国的新政治应是结合近代民主政府的精华，和本国传统中的有效因素**。……中国应取内阁政体和两党制。他反对由各省自治而组成联邦，而**赞成强有力的中央政府**……康氏重视个人品质在选举权运作中的重要性，并认为政令的统一高于个人权利。他说，**如果只数人头，则将导致大多数人的专制，民主政治甚至会流于暴民政治**。……流行欧美多年的民权说，现已被国权说所代替……在近代激烈竞争之世，一个国家若让无限制的民权所困弱，则将毁灭。"② 在这里，康有为能够暂且搁置与孙中山在政治立场上的重大分歧，以社会稳定、秩序文明、国家富强和人民福祉为根本目标，从中国政治现实的基本状况出发，要求辛亥革命后的新的政治秩序应当立足于强有力的中央政府，警惕和反对由于多数人专制而导致民主政治流于暴民政治，此情此景，此番拳拳爱国之心跃然纸上，令人感动不已、惊讶万分。同时，这也从一个特定的侧面说明了，虽然孙中山之革命与康有为之改良的途径和道路是如此截然对立、不容调和，但在中国的土地上最终建立近代意

① 萧公权：《近代中国与新世界：康有为变法与大同思想研究》，江苏人民出版社 1997 年版，第 203～204 页。黑体为引者加。
② 同上书，第 217～219 页。黑体为引者加。

义上的、广义的民主政治，则是两者的共同的政治目标。有意思的是，萧公权先生举出了一个非常令人感动也颇耐人寻味的事例，来说明康有为的精神情怀和政治胸襟："有一事更可证明康氏决定以其党赞同共和。1912 年底，他最信任的学生徐勤为海外康党选任为中国国会议员。惟徐对回国仍有顾忌。康氏给他保证与鼓励，并谓以徐勤之勤奋与能力，必可克服困难。"① 由此可见，康有为之追求民主政治目标的境界是何其真诚、用心是何其良苦、胸襟是何其开阔也！

四、走向近代的博爱仁学与人性颂歌

梁启超在解读、评价和概括康有为哲学思想的基本特征时，曾把它称之为"博爱派哲学"和"主乐派哲学"。② 这一精辟、深透而简明的概括可谓画龙点睛之笔，清晰地展现了康有为哲学思想的价值追求和内在精髓。康有为在中国历史向世界历史转化的深刻变革时代，敏锐地洞察、体悟和把握世界历史发展的要求和世界哲学潮流的特点，力求把传统儒学的仁爱理想同近代西方的博爱主义加以创造性的结合，提出了既富中国特色又有近代特征的人性学说，在哲学上回应了中国参与"世界文学"的客观要求。

在中国哲学两千多年的漫长历史变迁中，"仁"、"礼"作为儒家哲学的核心范畴，虽然为历代儒学思想家们根据各自时代的情景作过各有侧重各具特色的发挥，从而形成了从秦汉到明清儒学的一系列不同的发展阶段，然而从它们所蕴含的基本精神、历史理念、价值取向和人生态度来说，在以 1840 年的鸦片战争所开启和标志的近代序幕拉开以前，却始终没有发生过自我批判、自我变革、自我扬弃的根本性突破。它们的基本理念和实践功能始终为专制一统的宗法官僚社会的政治结构和意识形态所决定所统驭，始终为这一传统社会之枢纽的三纲五常的政治伦理秩序谱写颂歌。在悠久漫长的历史岁月中，"仁"、"礼"作为宗法官僚社会的观念意识形态和核心价值观相互映衬、互为表里，成为中国封建社会得以持久稳定而不容突破的强有力的哲学论证。它们不仅自然而然地以宗法官僚社会的不容怀疑为当然前提，而且更从信念、精神、意识、心理、情感、行为上去规范、束缚和压抑着个体生命对这一政治伦理秩序的怀疑、反思和批判。作为孔子经典哲学话语的"克己复礼为仁"，在秦汉以

---

① 萧公权：《近代中国与新世界：康有为变法与大同思想研究》，江苏人民出版社 1997 年版，第 218 页。黑体为引者加。

② 《梁启超文选》上，中国广播电视版社 1992 年版，第 304～305 页。

来两千多年的解释框架中实际上成为专制政治之大一统历史观的最权威最经典的论证工具：仁似乎是最终目的和终极关怀；然而不克己、不循礼，仁便无所附丽。因此个体的善行就不是去努力发挥个性生命的潜能，而是为了伦常秩序的稳固、存在和延续。"仁"与"礼"在儒家思想的整体结构中是互补的一体化模式。虽然"仁"在儒家哲学两千多年的漫长岁月中一直位置显赫耀眼夺目，然而它所表征的人道主义的核心理念，它所应当具有的平衡、制约、消解政治专制主义的价值功能，却实际上被淹没、沦陷在以保障伦理专制主义和君权专制主义为统治目标、为实践归依的"礼"的森林可怖的黑暗秩序之中。相对于个体的权利、自由、独立和尊严而言，由于礼的森然秩序而难于在"仁"的古典涵义中找到足可以为其作强力论证的深刻的理论支撑和观念根据，毋宁说它有着严重的非伦理、非人性的专制禁欲主义性质。发展到宋明理学，"仁"与"礼"之相互关系的哲学规定终于发展成为"存天理、灭人欲"的严重遏抑人的生存潜能的冰冷黑暗的伦理教条主义，成为追杀人性合理欲求的残酷无情的专制主义的哲学牢笼。因此不是"礼"的伦理政治秩序为"仁"所钟情的人性自由、博爱主义保驾护航、开辟道路，而是成为压抑人性之合理欲求、束缚博爱之人道主义的威力巨大的观念桎梏和精神枷锁。身处民族历史向世界历史转化的变革历程、感受近代人性解放的滔滔激流、站在近代世界历史的思想高点上的康有为，由于中华民族的奇耻大辱、创巨痛深而深知这一传统的严重问题和根本弊端。康有为因此把作为原典的先秦儒学与荀子、刘歆、朱子儒学传统严格区别开来就成为历史的和逻辑的必然。①

康有为对这个历时悠久不容置疑的政治伦理专制主义的"仁"、"礼"哲学，作出了为世界历史时代之人性解放潮流所要求的深刻的历史性批判。在秦汉以来两千多年的中国哲学的传统中，"仁"与"礼"在儒家哲学的整体结构中一直存在的互补和统一，在康有为那里开始了分立、矛盾和冲突的变革历程。"克己复礼为仁"的政治伦理专制主义的观念行为模式，在他的思想逻辑和思维方式中开始移位、变形和解体，"仁"所代表的博爱人道主义从灭个体

---

① 康有为"不接受当时的儒家传统。他坚持要回到原来的、真正的儒家，在当时已经式微的儒家，真正的儒家可经由对经籍的考证与清理错误的解释而重现。最须清除的是荀子学说这一学统，其次是刘歆……的伪经，再次是朱子……所建立而影响深远的理学传统。康氏大胆地向这些儒家传统挑战，难怪反对变法的文悌要斥责他，'**欲将中国数千年相承大经大法，一扫刮绝**'。""康氏所要用来取代此一传统的，如梁启超所说的'进步'儒学，而不是'保守'儒学；是尊崇博爱，而非个人修身的儒学；是平等的而非专制的儒教。"（萧公权：《近代中国与新世界：康有为变法与大同思想研究》，第40页。黑体为引者加）

需求、存社会纲纪的"礼"的秩序中拯救出来，从而具有了全新的特征、意义和功能，它所表征的深厚人道主义由于挣脱了三纲五常的专制主义的政治伦理框架而闪耀着近代自由、平等和博爱的光芒。高扬"仁"的地位、作用与价值，否弃"礼"对"仁"的规约、束缚和压抑，打破"仁"与"礼"联为一体抹杀遏抑人性的思维方式、精神规约、哲学模式、思想牢笼，赋予传统框架下的"仁"以自由、平等、博爱的反封建主义的崭新解读和近代阐释，就成了康有为哲学的最高价值目标，并由此造就了康有为哲学的基本特征。① 在本民族的社会经济政治结构和文化传统已经日趋衰落而需要根本变革的时代背景中，在民族历史向世界历史转化的惊涛骇浪所促成的近代人性解放的滚滚洪流中，康有为以拯救民族危亡、复兴中华文明为己任，在古典哲学的传统形式中抒唱了一曲个体自由、平等、博爱的近代人性颂歌。所以作为学生的梁启超颇深刻地领悟了他导师的人道理想和深层心理动机："先生之哲学，博爱派哲学也。先生之论理，以'仁'字为唯一之宗旨，以为世界之所以立，众生之所以生，家国之所以存，礼义之所以起，无一不本于仁。苟无爱力，则乾坤应而灭矣。是故果之核谓之仁，无仁则根干不能苗，枝叶不能萌……苟仁矣，则由一体可以为团体，由团体可以为大团体，由大团体可以为更大团体，如是遍于法界，不难矣。故悬仁以为鹄，以衡量天下之宗教、之伦理、之政治、之学术，乃至一人言论行事，凡合于此者谓之善良，不合于此者谓之恶劣。以故三教可以合一，孔子也，佛也，耶稣也，其立教之条目不同，而其以仁为主则一也。以故当博爱，当平等，人类皆同胞，而一国更不必论，而所亲更不必论。故先生之论政学，皆发于不忍人之心。人人有不忍人之心，则其救国救天下也，欲已而不能自已。"②

令人费解的是，康有为倾听民族历史向世界历史转化之时代呼声、顺应近代世界人性解放之人道主义潮流而孜孜以求深情关注的博爱仁学，在过去相当长的一段时间里竟被严厉地批判为唯心主义的反动的爱的哲学，似乎只有仇

---

① 在由仁、义、礼、智、信构成的观念模式中，尽管康有为有时强调"仁"与"智"的互补性，但在他的整个思想结构和精神倾向中，"仁"无疑占据了首要地位，成为主导性的价值取向。之所以如此，仍然是由于贯穿在儒家传统中的那种对人类的普遍的道德情感和天下一家的道德远景的向往和崇尚，深刻地影响了他的哲学观念。康有为基于世界历史时代日趋开放的深刻要求，基于中国走向世界的必然趋势，在深刻的思考中力求突破传统哲学的思想观念和解释框架，从而清醒而自觉地凸显、展示了"仁"与"义"的对立，因为"仁"体现着博爱、公正和开放，而"义"则意味着规范、禁忌和专制（参见张灏：《危机中的中国知识分子——寻求秩序与意义》中的康有为部分）

② 《梁启超文选》上，中国广播电视出版社1992年版，第304～305页。

恨、怨恨的斗争哲学才是唯一进步的、革命的哲学。康有为深情追求的博爱仁学有如文艺复兴时代的人道主义一样，表征着对千年来专制主义意识形态和伦理教条主义的抗议和反叛，是变革传统中国哲学、走向近代人道主义的重大跃迁，是中国哲学发展到近代条件下所生成、所进行的一次意义深远的文艺复兴和人性启蒙。康有为所从事的哲学变革之所以意义重大，是因为它本身就是在世界历史时代条件下，作为民族历史的中国历史向世界历史转化的哲学回应，是为时代潮流和实践呼声所要求的具体的历史的哲学创造，而决不是通常所批判的抽象的人性论哲学。实际上，康有为不仅主张以仁为本的博爱仁学的近代价值观和意识形态，而且亦同时以近代人性论为哲学基础而主张对社会的整体结构、亦即从经济基础到上层建筑予以全面革新，从而在中国的大地上建立起近代意义上的工商文明和民主政治。[①]

如果说康有为的社会变易思想、历史进化观念的着眼点在于消除、解构君主专制制度，从而为传统中国的传统专制政治走向近代宪政民主的革新进程寻求哲学根据，那么与他的博爱仁学相联系，他的近代意义上的人性论主张则是为传统伦理纲常的绝对伦理命令所统摄、规范和压抑下的个体人性寻求通往近代的解放之路。在宋明理学的思想观念系统中，人性有义理、气质之分和善、恶分别：义理之性是"天理"之于人的善的世界，气质之性来源于"人欲"而归之于恶的深渊，从而在气质之性之上就始终存在着一个与它对立的、处于绝对统治地位的、不容置疑的"天理"的义理之性。宋明理学关于义理之性这样一个处于绝对优先地位的先天伦理律令，与专制主义的等级政治制度、统治秩序相映照，森然可怖地遏制着个体生命的感性欲求、心灵自由和创造力量。宋明理学"存天理、灭人欲"的杀气腾腾的专制主义的伦理命令所造成的"天理"与"人欲"之截然二分的价值观念和思维方式，严重摧残、泯灭着个体的生存自由和生命活力，导致了国民"枯槁屈束，绝无生气"的严重历史后果：正是由于这一绝对的伦理命令的精神高压和心理威慑，它才在长久

---

① 就政治理念和实践立场而言，晚年康有为的确在如何革新传统政体的途径、道路、方式和策略选择上，与以孙中山为代表的革命派发生过严重分歧和尖锐对立，但不能由此就断然得出结论说，康有为看不到或已经放弃了对近代民主政治之基本价值的追求。因为从根本上说，康有为与孙中山的分歧，在于走向民主政治的道路和方式究竟是改良还是革命，而不是民主政治这一基本的、实际上是二者共同的价值目标本身。恰如萧公权先生所说，"**改革派与革命派同具一基本上相同之目标，即途径虽有和平与暴力之别，却都要将中国民主化。**"（萧公权：《近代中国与新世界：康有为变法与大同思想研究》，第196页。黑体为引者加）康有为"虽然曾因时而改变重点，却未尝移动变法维新立场，及经由适当途径现代化以重整中华的终生目标。"（同上书，第479页）

的历史岁月中培育了华夏民族个体成员之逆来顺受、不求独创的奴性文化心理结构。宋明理学的人性理论不仅作为专制政治制度的哲学基础而有着阻碍、扼杀人们批判现实的功能，而且亦成为合乎专制主义理想的伦常行为模式的哲学解释而具有精神麻痹的作用。更加残酷的是，宋明儒学一句"饿死事极小，失节事极大"的不容丝毫违抗的伦理生活命令，剥夺了多少人特别是中国女子的生存权力、生命选择和爱情自由。那遍布中国大地而历久不衰的一座座用女性血泪凝聚、构筑而成的贞节牌坊、烈女牌坊，向人们揭示了为宋明理学所强化的、成为普遍性的社会建制的、非人性的吃人的礼教是多么面目狰狞、多么阴森可怖。① 这大概就是为什么康有为一再力倡、呼吁男女平权，把男女平等的实现作为大同之先声的关键缘由所在。由此也可以看出，康有为对这种千百年来不容怀疑的政治伦理专制主义的人性哲学给予否定性，批判意义是多么重大。

如果说康有为在"仁"、"礼"相互关系的哲学思考中由于针对政治伦理专制主义的人性哲学，着重强调二者的分立和冲突而为人道主义和个性自由寻求地位，那么他在"天理"与"人欲"的关系上则力图根本变革宋明理学的绝对对立观，而力倡二者的内在统一以为近代人性观念寻求哲学上的合理解释。萧公权先生认为，康有为"既信人之欲望不宜压制，更进而对宗教史做享乐的解释。他于1904年写道，凡强制禁欲之宗教都不能兴旺，而宣扬欲念的先知最为成功。康氏认为马丁路德能创立新教，因其敢于无视独身的誓言，娶尼姑为妻。亲鸾成为日本本愿宗的教主，因他敢于娶亲和食肉。的确，康氏更进一步认为，随着大同的到来，一切加诸于人欲的限制将被除去，甚至性欲也可自由：'人之生而有生殖之器，则不能无交合色欲之事者，天也……虽有万亿婆罗门、佛、耶稣欲拔之而欲绝其欲，而必不能使全世界人类绝交合之欲也……故大同之世，交合之事，人人各适其欲而给其求……固又有好男色者，

---

① 在康有为那里，中国要成为一个能够生存和发展于列国竞争之世的充满生机活力的国家，就必须以巨大的智慧和勇气变革传统的哲学观念，以朱子为代表的宋明理学的天理人欲截然分立、并以前者遏抑、克制、杀灭后者的学说就必须予以拒斥。康有为强调理性原则由人所制，而欲望存在于人性之中："'凡有血气之伦必有欲，有欲则莫不纵之，若无欲则唯死耳。最无欲者佛，纵其保守灵魂之欲；最无欲者圣人，从其仁义之欲。'"（《康子内外篇》）"……圣人之道唯引导人们符合其本性，是故并不拒斥声色。'孔子之道，因于人性，有男女、饮食、伦常、日用，而修治品节之，虽有高深之理，卓绝之行，如禁肉、去妻、苦行、练神……然远于人道，人情不堪，只可一二畸行为之，不能为人人共行者，即不可以为人人共行之道，孔子不以为教也。'"康有为由此所得出的是"欢乐式伦理的结论"。而由改革得来的人类进步正在于去除人类的苦难，以求得在理想国中的最大快乐。（参见萧公权：《近代中国与新世界：康有为变法与大同思想研究》，第136~137页。）

虽索各拉底已有之矣……人情既许自由，苟非由强合者则无由禁之.' 此简直像放纵的 60 年代美国。不过，康氏只允许无限制的性欲自由在乌托邦的时代发生……在这种幸福时代到临之前，限制人欲的道德与法律仍须尊重。"因此，就康有为本人而言，"他尽管雅不欲节奢，事实上却过着与放任主义相左的规律生活。他虽欣赏声色，然其行为仍不失为一彬彬儒者。"① 康有为反对把"天理"作为一种高高耸立森然可怖的外在强制力量而与人的合理欲求完全对立的伦理教条，而强调"性者，生之质也，未有善恶，""告子生之谓性，自是确论，与孔子说合……程子、张子、朱子分性为二，有气质、有义理……实则性全是气质，所谓义理，自气质出，不得强分也。"② 因此在康有为那里，人性中不存在作为先天主宰的善的命令，义理之性（善）是从属于气质的后天习得。循人性之性以为道，而人性则本于天性，"故夫人道只有宜与不宜，不宜者苦也，宜之又宜者乐也。故夫人道者依人以为道。依人之道，苦乐而已。为人谋者，去苦以求乐而已，无他道矣。""普天之下，有生之徒，皆以求乐免苦而已，无他道也。其有迂其途，假其道，曲折以赴，行苦而不厌者，亦以求乐而已矣。虽人之性有不同乎，而可断断言之曰：人道无求苦去乐者也。立法创教，令人有乐而无苦，善之善者也。能令人乐多苦少，善而未尽善者也。令人苦多乐少，不善者也。"③ 无论确立何种政治法律制度（立法），还是创立何种宗教意识形态（创教），都有一个善与不善的道德哲学的衡量标准所在：它是否能为人们带来快乐、祛除痛苦？因此人们即使曲折以赴、行苦不厌，也仍然在于贯穿在这一过程中的主题是避苦求乐、追求幸福的人类天性。④ "人欲"无疑也是宇宙自然秩序的基本组成部分。

因此在康有为所追求的富有近代人性哲学色彩的革新理念中，"天理"的神圣宝座已经不再是居于绝对统治地位的"普照的光"，它开始移出绝对至上的独尊地位，不再对人性的感性欲求实施森然可怖的伦理高压，而是让位于人的合理的生存欲求，因此"天理"实际上已经被降低、消融在"人欲"中，而不再成为人的不容抗拒的至上伦理律令，"义理之性"也由于不再坚执于与

---

① 萧公权：《近代中国与新世界：康有为变法与大同思想研究》，江苏人民出版社 1997 年版，第 26~27 页。

② 《康有为学术著作选》，中华书局 1988 年版，第 3 页。

③ 康有为：《大同书》，上海古籍出版社 2005 年版，第 5~7 页。

④ 尽管中国与西方的文化传统、社会政治状况存在着重大差异，但康有为去苦求乐的人性理想与 18 世纪欧洲启蒙学者关于人类自爱自保的人性学说，却是何其相似乃尔！

"气质之性"的截然对立而失去了它对于"气质之性"的神圣尊严。个体自由、爱情独立、世俗快乐、人间幸福……终于在康有为的哲学观念和价值理想中摆脱了"存天理、灭人欲"这一森严教条的沉重高压，走向了为近代人性观念所保驾护航的自由世界。"孔子之道本诸人身，人本身有好货好色好乐之欲，圣人不禁，但欲其推以同人，盖孔子之学在仁，故推之而弥广；朱子之学在义，故敛之而愈啬，而民情实不能绝也。"① 在康有为看来，无论政治、伦理，还是学问、宗教，判断其善恶与否的根本标准在于能否使人得到快乐，快乐和幸福是道德的基础。一切社会生产方式的变革、物质生活的改善、政治制度的变迁、精神文化的进步、社会文明的升华，最终都可以归结为"去苦求乐"的进步："圣人者，制器尚象，开物成务，利用前民，裁成天地之道，辅相天地之宜以左右民，竭其耳目心思焉，制为礼乐政教焉，尽诸圣之千方万术，皆以为人谋免苦求乐之具而已矣，无他道矣。能令生人乐益加乐，苦益少苦者，是进化者也，其道善；其于生人乐无所加而苦尤甚者，是退化者也，其道不善。尽诸圣之才智方术，可以二者断之。"② 圣人立法的目的和本意不在别处，而在满足和实现人类的去苦求乐的本性。康有为一方面把去苦求乐视为人类的天性和本性，一方面又把它视为社会历史进化、制度变革的最高目的和最高价值目标。正是在这一意义上，梁启超先生把康有为的哲学称之为以"仁"为核心的人道主义的"主乐派哲学"："凡仁必相爱，相爱必使人人得其所欲，而去其所恶。人之所欲者何？曰乐是也。先生以为快乐者众生究竟之目的，凡为乐者固以求乐，凡为苦者亦以求乐也。耶教之杀身流血，可谓极苦，然其目的在天国之乐也。佛教之苦行绝俗，可谓极苦，然其目的在涅磐之乐也。即不歆天国，不爱涅磐，而亦必其以不歆不爱为乐也。是固乐也，若夫孔教之言大同，言太平，为人间世有形之乐，又不待言矣。是故使其魂乐者，良宗教、良学问也；反是则其不良者也。使全国人民皆乐者，良政治也；反是则其不良者也。而其人民得乐之数之多寡，及其乐之大小，则为良否之差率。故各国政体之等级，千差万别，而其最良之鹄，可得而悬指也。墨子之非乐，此墨子所以不成为教主也。"③

康有为对孔子儒学的大胆变革，发生在作为民族历史的中国历史向世界历

① 《康有为学术著作选》，中华书局1987年版，第101页。
② 康有为：《大同书》，古籍出版社1956年版，第284~285页。
③ 《梁启超文选》上，中国广播电视出版社1992年版，第305页。

史转化的深刻变革时代。在这样一个传统社会形态向着近代社会形态转型的剧变时代，中国传统哲学的基本观念无疑必须发生相应变革，才能够适应并有助于这个时代的根本要求。传统的禁欲主义的人性哲学必须转换为近代意义上的人性解放的人道主义哲学，才能够在中国历史向世界历史的转化中实现自身的重大使命。康有为自觉担负起这样一个重大的历史使命。经过康有为的创造性地阐发、改造和发挥，孔子儒学成为伸张人的基本感性欲求的具有近代人性色彩的哲学，孔子的仁爱思想成了人类去苦求乐、寻求幸福的人道哲学的颂歌，而朱子的义理之学因违背、遏抑人性而在康有为走向近代的哲学思考中遭到严厉的批判。康有为关于"气质之性"的人性论的新阐释作为挣脱、拒绝、反叛专制禁欲主义的理性尝试，作为对追求个体自由和世俗欢乐的人性辩护，本身已具有了为人性的合理欲求和近代解放开辟道路的具体的历史的而非抽象的内容。①

近代文艺复兴、宗教改革和启蒙运动所确立的自由、平等、博爱，民主、法治、科学等等基本原则，作为人类进入近代世界以来所取得的重大历史成果，构成为民族历史向世界历史转化的原则、工具、要素、途径和道路。也就是说，在近代世界，一个民族、国家要自立于列国竞争之世，就必须完成由传统向近代、由民族历史向世界历史的转化，从而才能够成为一个近代化的民族国家。康有为在中、西社会发展问题上的鲜明对比中，深刻地意识到传统中国的经济政治制度及其意识形态的问题、弱点和缺陷，并由此提出了应对挑战的基本理念和政策主张。萧公权先生认为，"有几个主要思想为康氏评论现存制度及建筑乌托邦理想提供概念上的根据。……'享乐主义'、'人道主义'以及'平等主义'，似构成了康氏社会思想的主要支柱，从此衍发的思想大致是'民主'、'社会主义'和'科学'——民主从平等而来，社会主义自人道主

---

① 在这里我们有必要指出，不只康有为，而且几乎整个近代中、西方哲学的人性论学说，在过去都曾被作为资产阶级的"抽象人性论"而遭到过批判。然而在今天，如果认真回首、检点历史并加以批判性的哲学反思，那么我们就会看到，包括康有为哲学在内的近代人性论学说，恰恰是奠立在反对中世纪专制禁欲主义斗争的历史实践、时代要求之上。就世界历史的总体发展背景而言，它们实际上产生于近代新兴资产阶级人性解放的世界性潮流中，是倾听了世界历史时代呼声的必然产儿。无论是近代西方还是近代中国的人性理论都如此。这本身不就说明了近代人性学说的具体性历史性吗？这里需要询问、反思的教训在于，为什么在昔日的那段历史岁月中，我们根本看不到康有为批判传统人性论所具有的革命性意义？在作为民族历史的中国历史向世界历史的转化过程中，康有为对这一重大而深刻的转化过程作了清醒而自觉的哲学回应，而近代人性论意识的觉醒和确立，又恰恰是康有为作为一个中国哲人创造性地回应来自西方列强的挑战所作出的最重要的贡献之一。

义而来，科学从享乐主义而来。"① 民主、科学、社会主义之所以在康有为看来意义重大、值得追求，是由于它们建立在人性的基本需求基础之上，是由于它们是人类摆脱专制与苦难，走向未来大同世界的必由之路。人道、平等、享乐、民主、科学、社会主义等等之所以成为康有为思想的深刻主题和"主要支柱"，根本原因就在于，它是在中国民族历史向世界历史转化的变革过程中，在中国哲学在走向"世界文学"的道路上所获得的重大成果，是我们这个不屈不挠的伟大民族在应对外来严峻挑战的惊涛骇浪中仍然能够砥柱中流的生存智慧和精神意志。

五、走向世界的大同理想与立足中国的现实抉择

康有为的《大同书》胸怀祖国、放眼世界、反思历史、构想未来，是一部把强烈的现实感与无限的想象力奇妙地揉合在一起的重要著作。康有为关于大同理想的宏伟蓝图，一方面以辽阔的历史视野汲取了中国传统思想特别是儒家思想传统的精华，一方面又以开放的世界眼光融进了近代西方思想中的进步、民主、科学、人性论、社会主义的思想。梁启超独具慧眼，对其老师的深层动机和良苦用心心领神会，高度概括了康有为哲学集传统中国思想之悠久的大同理念与近代西方的社会政治学说于一身而综合创新的基本特征："先生之哲学，社会主义派哲学也。泰西社会主义，源于希腊之柏拉图，有共产之论。及十八世纪，桑士蒙、康德之徒大倡之，其组织渐完备，隐然为政治上一潜势力。""先生哲学之主纲，既以追求人类全体之最大快乐为目的。乃以为虽求其乐，当先去其苦；欲去其苦，当先寻其致苦之源。于是以慈悲智慧之眼，观察世界各种社会，条别其苦恼之种类，与其所从出。"② 萧公权先生也曾明确指出："在实现其世界化步骤方面，康显然将西方思想译成汉词，又以外国词汇演绎传统的儒道思想。因此，大同的思想与情怀，与近代西方及儒家中国都有亲近的关系。结果是，**他在中国思想史上创立了一最具想象力的乌托邦**。"③

梁启超清楚地意识到其导师康有为的著作在近代中国思想世界的巨大影响和重大意义，因而给以高度评价。被梁启超称之为具有"大地震"之能量的

---

① 萧公权：《近代中国与新世界：康有为变法与大同思想研究》，江苏人民出版社1997年版，第392页。

② 《梁启超文选》上，中国广播电视出版社1992年版，第306～307页。

③ 萧公权：《近代中国与新世界：康有为变法与大同思想研究》，江苏人民出版社1997年版，第442页。黑体为引者加。

《大同书》，是康有为把中国传统的文化理想与近代西方的社会观念互相联姻的一部独创性的著作，它全面、系统、详尽地表达了康有为的社会政治理想和大同社会的理念。萧公权先生曾高度评价康有为在这一重大问题上的思想创造，认为"康氏的'大同'乃是一'有效的乌托邦'，而不是脱离社会发展与近代中国思想路向的白日梦。他一生之中目击中国思想与制度的根基受到一再的抨击。他对中国传统的知识以及对西方的认识，使他能看到中国的问题以及如何改变。在戊戌变法期中，他仅企图作小规模的重建工作，只是他的最起码的想法。在《大同书》中，他则定下极大的改革计划，其影响的深远，非同时代的任何人可相比拟。他的乌托邦构想极具想象力与挑战性，**他足列世界上伟大乌托邦思想家之林**。有人可以指出若干不当之处，如有关家庭与财产部分，但无人可以忽视他整个社会思想的历史意义。"①

康有为从其大胆而创造性重建的"公羊三世"说和近代人性论出发，确信人道进化的最终目标就是人类的大同世界。大同世界是一个极乐世界。但问题的关键就在于，人类究竟如何才能开辟通往大同世界的道路？究竟如何才能架通现存世界与大同世界的桥梁？康有为认为，人类若要走向大同世界，实现人类的最高价值目标，就必须扩充人的"不忍人之心"，扩充人的"仁民"意识即热爱同类的人类本性；就必须破除现实世界中存在的人与人之间的界限、等级、对立等种种弊端，消除种种人类苦难的根源，世界大同的理想目标才能够成为现实。

康有为首先揭露了现存世界的种种苦难，②为他所设计的未来美妙的大同蓝图提供足够充分的历史理由。在"入世界观众苦"中，他详细描述了人类遭受的压制之苦、劳者之苦、贱者之苦、天灾之苦等等，真是"耳闻皆勃溪之声，目睹皆困苦之形，""盖全世界忧患之世而已，普天下皆忧患之人而已，普天下众生皆戕杀之众生而已；苍苍老天，抟抟者地，不过一大杀场，大牢狱而已。"③所有这一切遍布人类世界的无数苦难，都使得对人类同胞充满无限深情的康有为大动恻隐之心。正是基于这种深刻的、伟大的人道主义情怀，康

---

① 萧公权：《近代中国与新世界：康有为变法与大同思想研究》，江苏人民出版社 1997 年版，第 425～426 页。黑体为引者加。

② 康有为在《大同书》中论列了人间的 38 种苦难。与马克思把由于私有制而产生的阶级压迫放到压倒一切的首位、看作是人间苦难的根源不同，康有为对人类苦难的认识不是一元论的而是多元的。

③ 康有为：《大同书》，上海古籍出版社 2005 年版，第 1～2 页。

有为才有可能创立具有"大地震"之巨大威力和思想功效的大同学说。康有为的大同学说站在世界历史时代之近代人性论的历史高度，清醒而有力地批判和"否定了数千年宗法封建社会'家族'制度"①。这是康有为在作为民族历史的中国历史向世界历史转化的深刻变动时代，在哲学历史观上回应这一巨大挑战所作出的创造性的尝试和努力。

因而传统中国社会以三纲五常为核心原则的政治专制和家庭、社会压迫所造成的不平等及人间苦难，就使得他愤慨异常。这是康有为之所以去向往、描绘、构想一个摆脱人间苦难和社会不平等的理想社会的精神动力和现实根源。他所憧憬的是一个"天下为公"、"万年乐土"的人类大同社会，国压迫国、人压迫人的不平等现象在他的大同世界中消灭了。在那里，无邦国，无帝王，人人相亲，人人平等；饮食日精，人人健康长寿；居则玉楼瑶殿，金碧辉煌，光彩陆离；行则水有自行之舟，陆有自行之车，空有飞船飞屋；人人养于公产，无所用其私；处处安乐至极，忧虑绝无……②这是一个摆脱了天然和人为束缚的理想社会状态，是社会个体成员的独立、自由和平等得到充分尊重、充分实现的极乐世界。所以，梁启超正确地把他老师的哲学称之为"社会主义派哲学"③。

康有为笔下的这个未来的人类大同社会美丽而辉煌灿烂。它太美妙、太理想化了，从而在中华民族备受屈辱、苦难重重的19～20世纪的转折期，不是无法实现的乌托邦憧憬和空洞向往么？然而，它提供给人们的历史启迪不仅在于那理想社会的美妙前景和灿烂内容，而且更在于它所构想的实现这一理想目标所要经历的途径和道路。正是在这个非常现实必须直面的关键问题上，康有

---

① 郭湛波：《近五十年中国思想史》，山东人民出版社1997年版，第19页。

② 康有为关于大同社会的热情向往、浪漫展望和精彩设计，大概对毛泽东关于人民公社的社会政治的理念与实践有一定影响。康有为19～20世纪之交的美丽蓝图与中国20世纪50年代共产风的乌托邦理念与实践之间的思想逻辑联系是什么？这是中国哲学思想史和政治实践史上的一个重要现象，值得我们深入、反思和研究。有人"认为康氏的'大同'与'西方共产主义'全无区别。另一位学者说，毛泽东的人民公社实借自康有为的思想。"（萧公权：《近代中国与新世界：康有为变法与大同思想研究》，第438页）

③ 《梁启超文选》上，第306页。对康有为这种"社会主义派"的哲学不能作简单的、一般性的理解。关于它所包含的特定的内容，萧公权先生曾作过深入而具体的分析，他认为，在20世纪前20年流行中国的各种各样的社会主义观点中，"康有为的《大同书》可能是最有系统、最有想象力的著作；它比胡适的'自由社会主义'更激进，**可称为'民主共产主义'**，在精神上与乌托邦社会主义较接近，与马克思主义较远。从康有为到陈独秀，有如从18世纪的乌托邦社会主义发展到19世纪的科学的社会主义。""汤普逊（L. G. Thompson）已明确指出，**康氏对人性的设想、获致理想的方法以及乌托邦的指导原则，与马克思主义者大不相同。**"（萧公权：《近代中国与新世界：康有为变法与大同思想研究》，第437～438页。黑体为引者加）

为的乌托邦理想具有了一种极其鲜明的、立足当下之中国变革的近代特色。他的现实抉择突出体现了近代中国历史的客观趋势和根本要求，闪耀着民主理想、法治意识和自由精神的光辉：《大同书》把废君权、行立宪、倡民权作为实现大同理想的政治制度前提："国有君权，自各私而难合；若但为民权，则联合亦易"； "故民权之起，宪法之兴，合群均产之说，皆为大同之先声也。"① **"大同之世，最重人权。苟名为人，权利斯等。"**② 具体说来，康有为所设计的实现大同理想的具体实施方案，就是要通过破除九界而彻底地改造现存社会。③ 而破除九界的首要环节，就是要"去形界"，即明男女平等"各自独立之权"，未来的大同世界是始于男女平等、终于男女平等、终于众生平等。这对男尊女卑的观念极为深重的中国来说是极具针对性的。即便是康有为那些关于大同世界的美丽想象，也都在那些似乎是极其空幻的描绘中，包含着来自工业科技文明奇迹般地创造生活的现实内容。

康有为对近代工商文明和科学技术的倾慕达到了相当狂热的程度。在他看来，如果没有经济、技术和军事实力，即使尧舜复生也不能安邦治国、抵御外侮，即使有伟大的救世主降临也无法使国家免于沦亡。由此我们可以看到，面对近代世界的工艺科技文明之突飞猛进，面对近代工艺科技文明开辟世界历史的巨大的推动力量，面对民族历史向世界历史转化潮流的汹涌澎湃，康有为有着极为清醒的现实感和历史意识。由于西方列强肆意凭陵中华民族的残酷现实所带来的民族的求生意识、求生意志推动着他放眼世界，高度评价科学技术的革命变革功能。实际上，如若没有近代工业科技文明的昌盛和发达，我们便很难想象《大同书》会是何种面貌。康有为在写于《大同书》之后的《物质救国论》序文中写道："寐寝卧灌于欧、美政俗之中，较量于欧、亚之得失，推求于中、西之异同，本原于新世之所由，反覆于大变之所至，其本原浩大，因缘繁多，诚不可以一说尽之。但以一国之强弱论

---

① 康有为：《大同书》，上海古籍出版社 2005 年版，第 70 页。

② 梁启超：《梁启超文选》上，中国广播电视出版社 1992 年版，第 315 页。黑体为引者加。

③ 破除九界的内容是：去国界，合大地；去级界，平民族；去种界，平人类；去形界，保独立；去家界，为天民；去年界，公产业；去乱界，治太平；去类界，爱众生；去苦界，至极乐。（见《大同书》目录）这实在是一个集儒、释、道与西方自古希腊柏拉图以来古今中外各种各样的乌托邦理念而加以综合创造的理想境界的极致。康有为"从中国传统与西方同时取得灵感，应无可疑，但他能结合平常的思想因素而演绎成一独特的整体，值得推崇。他自谓综合印度、希腊、罗马以及当今英国、法国、德国与美国的最佳、最完美的智慧。但他不仅仅是一仿效者，他自由借鉴之余，获得一独创的乌托邦智慧。"（萧公权：《近代中国与新世界：康有为变法与大同思想研究》，第 445 页）

焉，以中国之地位，为救急之方药，则中国之病弱非有他也，在不知讲物质之学而已。中国数千年之文明实冠大地，然偏重于道德、哲学，而于物质最缺。……哀我国人之空谈天而迷大泽也，乃为《物质救国论》以发明之。"
"今日者无论为强兵，为富国，无在不籍物质之学。……故以其贯通言之，则数学及博物学也；以其实物言之，则机器工程学及土木工学也。……有此者为新世界，则日升强；无此者为旧世界，则日渐灭。"（注：这里康有为之博物学，不仅指生物科学，而且包括自然科学）"自光绪二十年以前中外大臣之奏牍及一切档案之在总署者，吾皆遍览之，借知讲军、兵、炮、舰而已，惜乎未及物质之学，一切工艺、化、电、汽机之事也。"① "康氏的主要论点很简单。一言以蔽之，西方国家既由科技的惊人发展而致强，中国必须要获得同样的发展以求生存和成长。""尽管康氏对科学的概念必然模糊，**他认识到'科学'为工业化根本，无乃全书中最重要的论点。……使康氏超越 19 世纪末自强运动的领导者，而使他成为 20 世纪主张'科学主义'者的先驱**。"② 因此，以近代工商科技文明为物质根基的民主政治，保障人人（男女）独立、自由和平等的政治法律制度和思想意识形态，所有这些近代人类历史的基本要素、现实成就和价值观念，就成为走向大同之世的基本先决条件和必经途径。③

所以康有为对未来世界的乌托邦式的热烈展望，就并非是一种虚幻自欺的廉价理想和盲目乐观，而是深刻地包含了否定专制制度、人间苦难和国际压迫的深刻历史内容，它在对未来远景的描绘中包含着具有重大批判意义的现实思想启蒙。④ 这大概就是康有为为什么将《大同书》秘不示人的真正原因，同时

① 《近代中国与新世界：康有为变法与大同思想研究》，江苏人民出版社 1997 年版，第 459、461、462 页。

② 同上书，第 461~462 页。黑体为引者加。

③ 萧公权先生说，康有为**阐述大同的政治面时，至少是倾向民主的，而许多西方乌托邦主义者经常倾向极权。**（《近代中国与新世界：康有为变法与大同思想研究》，第 447 页。黑体为引者加）萧公权先生为什么作出这种截然相反的分析判断？这是颇值得我们引为注意和反思的。

④ 在新文化运动中，"陈独秀和胡适当然是其中最主要的领袖。陈氏自认早年受到康氏在戊戌前言论的启导，使他的视界超脱传统中国，但反对康氏不赞同民国，以及想要建立'孔教'。陈氏未见《大同书》，至少未见及全书，所以不知康氏在 1901~1902 年所提出的社会转化思想不仅预言陈氏所言，且有过之而无不及。"胡适"在美国完成学业回国后不久，即发表对社会和思想改造的意见，胡氏虽认为康氏的见解已太陈旧，但别说与康氏却甚类似。""胡氏及其同党所责难的'儒学'即是康氏所责难的'伪经'，而且责难的理由也相同：有违人类幸福与社会进步原理。《新青年》的作者们只是比康有为更向前走了一小步。"（萧公权：《近代中国与新世界：康有为变法与大同思想研究》，第 426、428、429 页。黑体为引者加）

也就是梁启超为什么把它称之为具有"大地震"之重大意义和深远影响的根源之所在。因此康有为的大同理念所包涵和表征的不过是近代中国文人对民主自由和科学理性的自觉意识和热情颂歌，是康有为这个追求政治民主和人性自由的人格反叛政治伦理专制的一种理想形态的陈述，是康有为这个充满了人道主义情怀的自由灵魂对人间苦难的非常现实的、而绝非是空幻的控诉。康有为大同理想之所以形成的深厚思想渊源和深刻历史背景，既存在于中国自三黄五帝以来就已经具有的悠久的理想主义传统，同时又汲取了西方自柏拉图以来至近代的乌托邦主义传统的种种优良精华，从而在中西合璧、互为参照的综合创造中，既超越了传统文化的精神而又具有了自觉明确的近代指向。对康有为大同理念所具有的这一鲜明的近代特征，冯契先生可谓心领神会，他从传统与近代两个不同的历史解释维度，对洪秀全与康有为两种根本不同的历史政治哲学作了中肯的分析评价："洪秀全和康有为都向往'天下为公'的大同之世，但按其内容来说却显然不同：**太平天国的《天朝田亩制度》勾画了一幅以小农经济为基础的农业社会主义的蓝图，而康有为的《大同书》则详细地展现了以近代人文主义（即人道主义）为内容的资产阶级的社会理想。……《大同书》用资产阶级的天赋人权和自由平等博爱的学说反对封建主义，是一个人文主义的乌托邦，它反映了资产阶级的要求。**"[1] 在中华民族的生存灾难日趋严重的世界历史时代的残酷背景中，康有为对未来大同世界的思索实际上是基于一个苦难民族的求生意识和求生意志。而这个求生意识和求生意志，表征着作为民族历史的中国历史在向世界历史转化的历史进程中，我们的民族应对外

① 冯契：《中国近代哲学的革命进程》，上海人民出版社 1989 年版，第 99 页。黑体为引者加。康有为之所以能够从根本上超越洪秀全的传统农业社会主义观念，之所以能够站在近代世界的高度上批判现实构想未来，是因为他拥有一个全新的世界眼光、一个合璧中西的思想框架。也就是说，洪秀全的理论与实践仍然原地踏步在传统社会之民族历史的基地上，而康有为的思想理念和政策主张则已经从传统走向近代，置身在民族历史向世界历史转化的变革激流中。萧公权先生认为，"'礼运'虽重要，但非康氏乌托邦的唯一来源。公羊三世之说帮助他建立大同于未来，而非过去。另外，西方思想诸如进步、民主、社会主义也影响了他的思维。是则大同并非全由改造儒家传统而来，它是由许多不同来源的母题所拼凑而成的。**在实现其世界化步骤方面，康显然将西方思想译成汉语，又以外国词汇演绎传统的儒、道思想**。因此，大同的思想与情怀，与近代西方及儒家中国都有亲近的关系。结果是，他在中国思想史上创立了一最具想象力的乌托邦。"（萧公权：《近代中国与新世界：康有为变法与大同思想研究》，第 444 页。黑体为引者加）

来挑战的哲学智慧和哲学回应。①

在马克思世界历史理论的解释框架、基本图式中，关于"统一的政府、统一的法律、统一的关税和统一的民族"的观点和论述有着重要地位。这里实际上表征了在民族历史向世界历史转化的历史进程中，不仅发生着以商品、资本、货币、市场等等为现实基础的物质生产方式的世界化扩张，不仅发生着以价值观和意识形态为核心内容的"世界文学"的形成过程，而且同时也存在着一个相应的以民主、法治的世界化为核心内容的"世界政治"、"世界法律"的形成过程。我以为，学术理论界对马克思世界历史理论的这一重要维度的研究长期以来被严重忽视，甚至一直付之阙如。实际上，马克思世界历史理论是同他的人类解放的理想和共产主义的理念紧密相联的。而用马克思历史观的这一重要维度审视康有为在世界大同的理想中关于未来人类的政治设计，对我们深化马克思世界历史理论和中国近代哲学的研究，是值得重视、也颇有价值的一个视角。萧公权先生倒是独具慧眼，他深刻地看到了康有为的社会政治理念之于世界政治的重大意义，认为康有为的乌托邦构想了"一个在民主政府领导下的世界国，一个没有亲属、民族或阶级分别的社会，一个没有资本主义弊病而以机器发达来谋最大利益的经济。简言之，经由人类的团结和平等，将出现完全的快乐。"在这样一个极乐的世界中，它的政治制度是"**取消所有单独的国家、专制制度，建立一个民主的世界政治组织**"；"政权逐渐移到平民，走向世界统一与和平的趋

① 这里需要提及的是，对康有为之顺应世界历史潮流的巨大勇气、深刻智慧、战略意识，作为国学大师的钱穆先生却作了完全相反的分析和评价。钱穆先生激烈抨击康有为的基本动机，把《大同书》说得一无是处。他认为，康有为推崇孔子并非是真正弘扬孔子，而是对其醉心于西方文明的伪装。然而从应答世界历史潮流之于中华民族的要求和挑战这一角度、即从本文的解释框架和哲学范式而言，康有为是无可厚非的。只要我们着眼于康有为所处的那个民族历史向世界历史转化的时代，只要我们着眼于中华民族在那个时代所受到的极其严重的生存挑战，我们就会清楚康有为之改造、改制孔子的深层心理动机，就会理解康有为之重塑孔子的巨大的理论与实践意义。作为一个深受儒学之关怀国事民瘼这一优秀精神传统的近代文人，康有为所面临的是民族生存的屈辱性的巨大挑战。在近代世界商品、资本的殖民主义扩张过程中所发生的民族历史向世界历史的转化，并不是落后民族在保证国家主权和民族尊严的前提下的自觉自愿的选择，而是被西方列强强行拖入世界历史的过程。这样的时代背景和生存命运，必然推动着、驱使着康有为这位爱国主义的思想大师去寻求能够迎接民族的生存挑战、救治国家沦亡的手段、工具和武器。因此西方文明之所以兴盛和强大的根本原因，就不能不引起康有为的深刻思考和高度重视，从而也就不能不鲜明地反映在康有为的著作中。这里的关键和核心问题，是体现在康有为思想观念中的挽救民族危亡的爱国主义的生存意识和生存意志。克罗齐认为，一切历史都是当代史。对康有为来说，如果孔子的思想和学说不能回应时代要求，不能应答时代课题，那当然不是康有为的选择。

势"；"世界性的'公议政府'乃是走向大同的第一具体步骤……世界议会将执行国际间交往的统一事务，包括制订国际法，调停国际纠纷，统一税率以及度量衡，以及发展万国语以替代现有各种语言。"① 在这里，我们可以看到，康有为所设想的大同世界，虽然和马克思的共产主义有着巨大而根本的差异，但以发生在近代世界大地上的民族历史向世界历史的转化这一潮流为深刻背景，以世界历史时代所创造的空前未有的经济、政治、文化成果作为走向未来理想社会的前提、基础和条件这一点上，两者却又存在着许多的共同之处。② 实际上，在中国已经走向世界的 21 世纪的开放的当代中国，在我们今天已经逐渐得以重建的历史政治哲学的基地上，先驱者康有为关于"民主的世界政治组织"、"世界性的'公议政府'等等大同追求的富有远见的政治理念，为我们提供了丰富深厚的哲学思想资源么。

六、理念与现实的冲突：康有为哲学的意义和悲剧

康有为以惊人的勇气、胆识和政治智慧设计、发起和推动了在中国近代史上影响巨大、意义深远的戊戌变法运动。这场革新运动之所以意义深远和重大，是因为它试图通过以政治变革为主导的全面的、整体性的革新而终结一个已经日趋衰亡的传统，开辟一个顺应民族历史向世界历史转化之世界潮流的伟大历史时代。但它最终沦陷在专制政治势力疯狂反扑、强力扼杀的血雨腥风般的惊涛骇浪中。尽管晚清政府的国家政权、军事机器和意识形态在捍卫民族尊严和国家领土完整问题上软弱无能、不堪一击，但它在扼杀内部新兴而脆弱的革新力量上，却依然是面目狰狞、森然可怖的庞然大物。这是存在于中国近代条件下的一个矛盾而复杂的社会政治现象，并由此决定了新兴革新力量与专制政治势力的双重悲剧。

在这里，我们可以借鉴年轻的马克思在 1843 年所作的关于德国现状的如下分析，来说明 1898 年中国的专制政治势力作为中国旧制度的代表所具有的

---

① 萧公权：《近代中国与新世界：康有为变法与大同思想研究》，江苏人民出版社 1997 年版，第 404～407 页。黑体为引者加。

② 有一位学者"认为康氏的'大同'与'西方共产主义'全无区别。另一位学者说，毛泽东的人民公社实借自康有为的思想。当然大同与共产除显明的结构上相同外，尚有惊人的类似之处。但……汤普逊（Laurence G. Thompson）已明确指出，康氏对人性的设想、获致理想的方法以及乌托邦的指导原则，与马克思主义者大不相同。事实上，康氏的人道观与共产党人对人与社会冷酷的看法，是背道而驰的。因此康、毛两人是互不相容的。"（萧公权：《近代中国与新世界：康有为变法与大同思想研究》，第 438～439 页）萧公权在这里所作的关于康有为大同理念与胡适、马克思主义、陈独秀、毛泽东的比较耐人寻味，是值得我们加以重视和研究的思想史现象。

悲剧性，这当是颇耐人寻味的："德国现状是旧制度的**公开的完成**，而旧制度是**现代国家的隐蔽的缺陷**。对当代德国政治状况作斗争就是对现代各国的过去作斗争，而且对过去的回忆依然困扰着这些国家。这些国家如果看到，在它们那里经历过自己的**悲剧**的旧制度，现在又作为德国的幽灵在演自己的**喜剧**，那是很有教益的。当旧制度还是有史以来就存在的世界权力，自由反而是个人突然产生的想法的时候，简言之，当旧制度本身还相信而且也应当相信自己的合理性的时候，它的历史是悲剧性的。当旧制度作为现存的世界制度同新生的世界进行斗争的时候，旧制度犯的世界历史性的错误，而不是个人的错误。因而旧制度的灭亡也是悲剧性的。"① "现代德国制度是时代错乱，它公然违反普遍承认的公理，它向全世界展示旧制度毫不中用；它只是想像自己有自信，并且要求世界也这样想像。如果它真的相信自己的**本质**，难道它还会用一个异己本质的**外观**来掩盖自己的本质，并且求助于伪善和诡辩吗？现代的旧制度不过是**真正主角**已经死去的那种世界制度的**丑角**。历史是认真的，经过许多阶段才把陈旧的形态送进坟墓。世界历史形态的最后一个阶段是它的**喜剧**。"② 透过马克思从世界历史背景出发对德国现状的历史性的精彩分析和辩证批判，我们可以看到，1840 年代的德国与 1890 年代的中国，真是何其相似乃尔！晚清政府的国家政权、军事机器和意识形态在生机勃勃强力推进的西方殖民势力面前，似乎已彻底丧失其存在的世界历史理由，但当它面对国内新生的革新力量的时候，它仍然"相信而且也应相信自己的合理性"，这就注定了"它的历史是悲剧性的"。而在晚清政府仍然承续着专制政治理念而且在实际上仍然统治着中国的情况下，康有为关于变革中国的民主与科学的理念，对顽固派、守旧派而言无异于洪水猛兽，康有为的"自由反而是个人突然产生的想法"，而理所当然地为当权派所断然拒绝、无情追杀。因此新生而脆弱的维新力量的历史命运也就只能是悲剧性的了。这是中国近代史、哲学史、思想史的双重悲剧。

近代西方由于东印度和中国市场的开辟，由于遍及全球的普遍交往和殖民贸易，由于新航路的开辟、美洲的发现，由于近代工商文明和交通体系的建立，由于文艺复兴、启蒙运动、民主政治革命和科学技术革命的浪潮……而生机勃勃而走向强盛。但是，西方国家的经济发展、政治民主和军事强盛，是在伴随着它们对落后民族的经济剥削、政治干预和军事侵略的过程中进行的。面

---

① 《马克思恩格斯选集》第 1 卷，人民出版社 1995 年版，第 5 页。黑体为原著者加。

② 同上书，第 5 页。黑体为原著者加。

对着它们对落后民族物质财富的掠夺、国家主权的侵犯和生存自由的摧残，落后民族求得生存和尊严的唯一选择就是通过学习、借鉴西方的优长而迎接挑战、进行斗争。

康有为从当时世界历史潮流和中国生存发展的时代要求出发，通过合璧中西的综合创新，在哲学上提出和阐发了关于宇宙演化、历史进化的全新的哲学观念，并以此为根据阐释了近代人道主义和自由、平等、博爱的政治哲学观念。康有为"还对方法论的近代化作了初步探索"，"在当时有不容忽视的革命意义。""康有为在中国哲学近代化的方向上，确实跨出了第一步。这一开创者的功绩决不应被忽视。"① 在民族危机日益深重的历史背景下，康有为作为中国近代文人的杰出代表，试图通过以民主、法治、自由、科学技术为核心理念的变法维新，推动中国社会的经济、政治、思想等全方位的革新和变迁，从而在哲学理念、思想主张上回应来自西方的严峻挑战。康有为的进化论和人文主义，以及他对民主自由与科学理性的高度认同和热情追求，是这一严重生存斗争的基本组成部分。

然而，由于康有为对中国自身积弱的愤懑和对西方民主科学的崇尚，也由于他希望得到西方列强的帮助去实现维新事业，从而就使他忽视了西方列强的侵略本性，缺乏对反帝这一近代中国根本课题的深刻认识。更重要的是，康有为虽然提出了较之早期改良派的革新要求远为全面、系统和深刻的主张，但他的出发点还不是从根本上革新君主政体；他试图全面革新专制主义制度，但又找不到改革和扬弃这一专制制度的直接现实的、能够实施强力批判的革命力量。康有为深深依赖着光绪皇帝的权力推进变法，推进中国的民主化进程，把革新中国社会的力量与希望诉诸于"君权变法"，他在光绪皇帝的君权中看到了革新中国的道路、希望和未来："臣编译突厥事，窃窃自危，旁皇泪下，窃幸恭逢我皇上神圣英武，维新变法，且决立宪，有以起病而扶衰焉，惟此独与突厥异。中国不亡，国民不奴，惟皇上是恃。《书》曰：'一人有庆，兆民赖之。'此中国四万万人民之幸也。"② "人主有雷霆万钧之力，所施无不披靡，就皇上所有之权，行方今可为之事，举本握要，则亦可一转移间而天下移风，振作人心矣。国势危迫，不能需时，已迟不及事，惟皇上乾纲独揽，速断圣

①　冯契：《中国近代哲学的革命进程》，上海人民出版社1989年版，第108页。
②　汤志钧编：《康有为政论集》上册，中华书局1981年版，第300页。

心，以救中国，天下幸甚！"① 问题在于，倾心改革、试图顺应近代世界政治潮流的光绪皇帝，根本就没有"乾纲独揽，速断圣心"的无上权力，更缺乏能够把维新变革的理念和目标强力推行的政治意志。康有为在实际上严重忽视了在光绪皇帝身后存在着的、足以使维新派改良社会经济政治的理论与实践顷刻瓦解、迅速失败的残酷无情的专制势力。② 作为一位从儒家传统中诞生出来的中国近代文人，康有为缺乏法国资产阶级为民主自由的理念去革命去流血去牺牲的意志、信念和勇气，更缺乏唤起、组织、联合农民大众以对付专制政治势力的意识与胸怀；他根本就没有看到，在中国近代历史条件下，民主理想的实现同农民革命实践之间的现实联系，也看不到农民革命在对专制制度的片面否定中，有着冲击、解体、破坏专制制度的革命因素，看不到农民大众是建立新社会制度的不可缺少的巨大社会力量。遗憾的是，他反而把这一社会力量视为"匪患"而与"外患"相提并论。③ 尽管康有为的崭新的改革构想达到了既包括经济基础、又包括政治上层建筑以及观念意识形态的系统整体的高度，然而他自身具有的矛盾性格却使他走上了这样一种困难境地：他深谙世界历史潮流，拥有着民主自由的理想和对科学技术的崇尚，然而却不知道通过何种途径和方式、应用何种社会力量去实现他所怀抱的、走向近代世界的强国理念。

这不仅是康有为、而且几乎是所有维新领袖们所共同具有的基本特征。也就是说，近代中国的一代又一代的维新领袖们基于世界近代化潮流，逐渐认识

---

① 汤志钧编：《康有为政论集》上册，中华书局1981年版，第277页。

② 萧公权先生认为，尽管"日人宫崎氏在1899年观察到，欲用上谕（最多不过是略胜废纸）来扫除中国的积弊，根本是笨拙的，而康之失败根本是因他单单依靠皇上的权威"，但"值得指出的是，康氏并未完全依靠皇帝。他寻求改革的其他可能力量——如政府官员、有学问的士人，以至寻常百姓。"（萧公权：《近代中国与新世界：康有为变法与大同思想研究》，第182~183页）

③ 毛泽东1920年代的《中国社会各阶级的分析》，特别是《湖南农民运动考察报告》，对农民这一基本社会力量的巨大革命功能和历史作用，曾作了精辟深透的理论分析和实践论证，并给以热情肯定和高度评价。毛泽东的革命战争之所以如此波澜壮阔、之所以能够获得巨大胜利，根本原因之一就在于，他高度重视并真正运用了这一占据着中国绝大多数人口的、规模巨大的基本社会力量。毛泽东说："中国民主革命的主要力量是农民。忘记了农民，就没有中国的民主革命；没有中国的民主革命，也就没有中国的社会主义革命，也就没有一切革命。我们马克思主义的书读得很多，但是要注意，不要把'农民'这两个字忘记了；这两个字忘记了，就是读一百万册马克思主义的书也是没有用处的，因为你没有力量。"（《毛泽东文集》第3卷，人民出版社1996年版，第305页。）有意思的是，萧公权先生所持的看法，显然与我们长久以来就一直坚持的上述观点完全不同，他在其论析康有为的论著中认为，齐赫文思基（Tikhvinsky）"以为康是中国的资产阶级思想家，有意与农民作对，故不可能仇视清廷，因清廷与他具有同样的利益，即地主的利益。此乃齐赫文思基运用马列公式解释中国历史之一例。在此，并无意义。"（萧公权：《近代中国与新世界：康有为变法与大同思想研究》，第195页）

到建设近代富强国家所必须具备的基本要素、基本要求，但在如何走向近代民主国家的道路、途径和方式的设计问题上却暴露了自己的严重缺陷。费正清在谈到戊戌变法的失败时曾认为，"没有别的事件能比这更有效地证明：通过自上而下逐步改良的办法来使中国现代化，是绝无希望的。1895 年的战败和雄心勃勃的计划在 1898 年的彻底破产，第一次大大促进了革命变革。从那时起，政治革命就和立宪维新形成两股齐头并进的力量了。"① 因此尽管康有为始终坚持渐进的改良维新而坚决反对可能造成政治和社会动荡的共和革命，但中国近代历史发展的客观法则和现实逻辑却最终不以康有为的愿望、理想、意志为转移。中国近代历史本身的客观进程已经表明，不是渐进改良、而是激进革命，在戊戌变法后越来越成为占主导地位、趋势的思维方式和实践方式。

正是由于这一历史发展的客观法则和现实逻辑，才有了孙中山的辛亥革命和毛泽东的农民革命战争。因此在历史的继续前行中，就有了以康有为为代表的改良（保皇）派与孙中山为代表的革命派在如何走向近代民主政治之实现方式、之道路选择上的深刻分歧和严重对立。康有为认为政治制度变迁的历史逻辑和发展序列是先独裁专制，继而为君主立宪，最后发展到民主共和制度。因此，康有为与孙中山对立的关键和实质，根本不在于是否反对民主共和，更不在于是否反对民主政治本身。康有为反对革命的出发点，是从保持社会政治秩序的有序稳定和健康发展这一稳健的态度、立场和意识出发，认为在当时的社会发展阶段和历史条件下，中国建立民主共和的时机尚未成熟，而如果强行通过革命的方式和道路建立民主共和制度，结果必然是天下大乱。② 康有为所笃信的是政治进化、逐步改良的渐进演进过程，坚信在君主政体的废墟上通过革命的道路立即建立民主共和必然后患无穷。实际上，康有为的巨大担忧并不是毫无缘由和历史根据的。费正清先生也曾客观地谈到辛亥革命的一个历史后果："1912 年君主制的结束，在世界上这个最古老的国家里标志着一个关于权力和中央政权的漫长危机的开始。"而"**天子一旦从人们心目中消失，中国的**

① 费正清：《美国与中国》，世界知识出版社 1999 年版，第 190 页。

② 事实上康有为的担心和忧虑是并不是没有历史根据的。汪荣祖先生认为，康有为"对国家前途的忧虑，多'不幸而言中'，也不禁赞叹康氏对现代化以及工业化的见解并未过时，反而更加真切。例如康氏一再强调译书与派遣留学生的重要，以及政治改良与经济成功的密切关系。他也见及工业化会导致世界化，因而在大同到来之前，工业化须不失为中国，也就是'中国式的工业化'。类此识见，真可说是与时益新。（萧公权：《近代中国与新世界：康有为变法与大同思想研究》译者序言第 3 页，以及"萧公权先生学术次第"，第 623 页。黑体为引者加）这些基于历史实践和经验反思而得出的判断和结论，对我们今天重新审视、解读、评价历史，当有借鉴、启示意义。

政治生活无可避免地乱了套，因为这时国家元首在行使其最终大权时，没有获得通常那种思想意识上的公认权威。……**正当民族主义在理论上获得胜利的时候，中华民国在事实上深受中央政权衰微之苦，而中国现代的爱国志士除了继**续处于不平等条约下难以忍受的次殖民地位外，还进一步蒙受了政治动乱的屈辱。"① 萧公权先生也认为，康有为"深信统一乃是良好政治不可或缺的条件，一分裂而混乱随之。**中国历史显示惟有大一统的帝国才有和平与进步**。他并不赞同一般儒者美化上古封建，以秦始皇为不合王道；他完全赞同始皇的政制，认为完全合乎《春秋》大义。"在康有为看来，"封建诚非圣人之意"，"**不喜欢政治的分裂与地方的分权，一直是康氏政治思想中的重要因素，而且对他的变法思想有相当影响**。"② "康有为在历史上占一席之地，部分（也可能主要）是因他在戊戌变法中扮演了主导的角色。他之公开反对辛亥革命，抨击民国，以及极力呼吁'保存国粹'，使许多 1910 年代与 1920 年代的年轻知识分子认为他是一个不可救药的反对派。不过仔细检视他在民国时代的言论，可以发现即使在此一时期，虽然历史环境已大非戊戌时代可比，他基本上仍然是一个改革者。"③ "在 40 年中，康氏努力改革的中心目标，未尝稍变。简言之，其目标乃以西方为主要模式以求中国政治、经济以及学术思想的改变。他要达成目标的方法也未尝稍变，**即按照近代西方的样板，以缓进的步调，使古老的中国传统进入共同的近代世界的价值系统**——他认为近代西方的样板适合同一时期

---

① 费正清：《美国与中国》，世界知识出版社 1999 年版，第 205 页。黑体为引者加

② 萧公权：《近代中国与新世界：康有为变法与大同思想研究》，江苏人民出版社 1997 年版，第 85 页。黑体为引者加。

③ 同上书，第 167 页。

发展中的所有国家。"①"正因为康有为是一个富于想象的理想主义者，在思想上敢于无所顾忌；同时又是一个不可救药的渐进主义者，在行动上拒绝冒进；他因而成为保守派（反对变革）和激进派及革命派（主张快变）共同鄙视的恶徒。他曾在1925年评估他作为这样一个改革派所付出的代价：'自戊戌以来，**旧则攻吾太新；新则攻吾太旧。革党又攻吾保皇。**'"② 康有为与孙中山政治立场的区别不在于目标在于途径："改革派与革命派同具一基本上相同之目标，即途径虽有和平与暴力之别，却都要将中国民主化。可以想见的，此一共同目标使一些有心人设法使康党与孙逸仙一派人合作，结果因手段不同而使合作流产。"③ 萧公权先生在这里分析和肯定了康有为通过政治改良而试图完成的重大历史使命：推动传统中国进入近代世界，变传统中国的君主专制政治为近代意义上的君主立宪政治。

已如我们从不同角度多次谈到的一样，康有为在实现"中国民主化"这一基本价值目标上，与以孙中山为代表的革命派并无根本不同，不同之处仅仅在于实现这一目标的方式和途径。同时我们在这里有必要指出，正是由于康有为始终保持了思想激进与行动渐进之间的必要张力，才真正展示了他的革新思想和政策主张的生命力量和深刻秘密，才不断显示了他的哲学理念和思想主张

---

① 萧公权：《近代中国与新世界：康有为变法与大同思想研究》，江苏人民出版社1997年版，第168页。黑体为引者加。值得注意的是，袁伟时的观点却似乎与此有别。他认为在1890年代初至公车上书前，康有为论著的思维方法的基本框架仍然是中国传统的："尊圣崇经是中国传统思维方法的根本特征。历史已经证明，不冲破此种思维模式的束缚，人身自由与民主政治无法生根，学术文化的繁荣也将添加许多人为的障碍。康有为对此缺乏清醒的认识。所以，他没有像严复那样把思维方式的变革作为重大历史课题提到人们面前来。……其学术文化活动没有真正转到现代理性主义'实测'基础上来。因此，他在思想界刮起的风暴便无法超出儒学内部斗争的范围。""康氏是坚决主张变法的。王韬、郑观应等人倡之于前的设议院、商战等主张，均被他继承和发扬。从科学技术到政治、经济制度，他不惧向西方学习。可是，在中西学关系上却存在着微妙的心态和主张。""最基本的一点是他惧怕中华文化特别是儒家义理的灭亡。他并不全面地反对传统儒学。他反对的仅仅是其未闻大道的方面，即未能为社会和政治的变革提供充分的根据，因而要以三世说、伪经说去纠正其偏颇。至于宋学修心养性的义理他却始终未能忘怀，且成了区分中国人和外国人的标准。因此，他所向往的基本模式是儒家义理加上西方科学技术乃至政法制度。"（袁伟时：《中国现代思想散论》，第182～183、183～184页）当然袁伟时也明确指出，在甲午战争后，特别是1896～1898年间，康有为对西学和西方现代思想的认识与前此有极其明显的变化："惧儒学圣道失传、中国人成为洋鬼子的畸形心理大大淡化，西学成了挽救中国的希望所在。中国'更新之法不能舍日本而有异道'，而'日本之为政，盖深得西法之奥也'。……心向往之的是像日本那样全面向西方学习。"（同上书，第185页。）

② 同上书，第169～170页。黑体为引者加。

③ 同上书，第196页。

的深刻魅力。康有为反对的是革命，而不是改革；担忧的政治动荡，而不是民主共和。就总体历史发展趋势而言，而无论革命还是改革，其目的都在于变革传统政体，都在实际上体现着民族历史向世界历史转化的世界历史趋势。

康有为基于近代世界的时代潮流，基于西方世界的商品、资本、民主、法治、科学、技术的优势所促成的殖民主义的强力扩张，基于在这样的时代背景下中华民族所遭受的严重屈辱，他当然义无反顾地把民主和科学作为自己追求的基本目标。康有为的问题就在于，他没有找到走向和实现这一伟大的近代化目标的现实社会力量，这固然是他的悲剧所在。但后来历史发展过程的严重教训也表明，即便找到了否定现存社会制度的基本社会力量，如果由于历史的巨大惯性作用而忘记了民主和科学的理想本身，也同样会造成严重的社会历史悲剧。商品、货币、资本、市场、贸易，民主、自由、法治，科学精神、技术理性……等等是构成近现代世界之所以具有巨大生机与活力的基本因素，它们是任何一个近现代国家走向世界、走向未来所绝对不能缺少的基本工具，更是一个近现代国家所必须坚持的基本的价值观念和实践原则。

郭湛波先生曾称康有为是"近五十年中国思想史上第一个大思想家，其思想是反映中国农业社会与西洋工业社会的矛盾时代。"① 而这个"矛盾时代"，就是马克思世界历史理论所揭示的世界历史时代。康有为作为一个具有深刻历史意识的思想家和哲学战士，对作为民族历史的中国历史向世界历史的转化这一时代趋势，作了合璧中西、综合创新的独创性的哲学回应，并以他的富有生命活力的维新思想和实践主张，推动了戊戌变法这一虽然失败却影响深远的伟大变革。尽管康有为由于主张进化改良而反对暴力革命、主张君主立宪而反对民主共和的立场和主张，受到孙中山和毛泽东等伟大革命领袖的批判，但他作为致力于中国从传统走向近代、力挽中华民族于狂澜之中的伟大先驱，无疑深刻地影响了近现代这两位著名的伟大政治家和革命领袖，也影响了毕生致力于中国民主运动的张君劢，影响了胡适、陈独秀这样一些卓越的思想家和革命家，以及近代以来追求进步的成千上万的知识分子和革命青年，从而以巨大的思想和政治影响推进了中国历史向世界历史转化的意义深远的世界历史性的事业。

---

① 郭湛波：《近五十年中国思想史》，山东人民出版社1997年版，第19页。

第三章

批判与超越：以“仁—通”开启近代[*]

——走向世界历史：谭嗣同哲学思想片论

马克思曾经讲过，英国在 1840～1850 年代与中国订立的条约，“是在炮口下强加给对方的对华条约。”① 由此可见，满清王朝统治下的中国之进入近代世界，决不是出于满清政府自觉做出的理性选择，而是由于西方列强炮舰政策的强力威逼。作为中国近代哲学之重要组成部分的谭嗣同哲学，就诞生在近代西方世界强力扩张的刀光剑影、血雨腥风中。谭嗣同的启蒙哲学是我们这个备受屈辱、饱受苦难的中华民族一方面抗争西方列强的入侵、一方面回应世界历史潮流之时代矛盾的必然产物。

戊戌维新运动已经走过了整整一个多世纪的漫长岁月，似乎它已越来越消失在人们的历史记忆中。但如果我们以反思的眼光穿过历史的重重迷雾，站在 21 世纪的制高点上回首这一历史事件，那么我们可以说，它依然是一个令国人感到惊心动魄的历史时刻，并依旧在国人的心灵深处中闪耀着永不磨灭的光芒。在那个外来列强肆意凭陵中华民族，中国近代的仁人志士奋起抗争的生死存亡之秋，以拯救民族苦难为己任的志士仁人，响应着我们民族生存意识和生存意志的召唤，审时度势，顺乎世界潮流，提出了以近代工商资本文明为现实根基、以民主与科学为核心原则建立近代强国的实践理念，甚至不惜以生命去捍卫复兴中国的革新事业。谭嗣同就是这个时代群体中的重要代表之一。作为戊戌维新志士中最卓越的战士之一，谭嗣同不仅以自己青春的热血和年轻的生命献给了维新事业而留芳百世，在中国近代维新运动史上写下了最悲壮的一页，而且也以他的智慧、忧患与激情阐发了以“仁—

---

* 本章在“谭嗣同：以仁—通开启近代——戊戌维新百年祭”（原载《哲学研究》2000 年第 6 期，9000 字）一文的基础上修改和扩充而成。

① 《马克思恩格斯选集》第 1 卷，人民出版社 1995 年版，第 721 页。

通"为核心内容的近代启蒙哲学，在中国近代哲学史上写下了辉煌的一页。

马克思的世界历史理论表明，资产阶级开创近代机器大工业和世界市场的过程，是消灭各国以往自然形成的闭关自守状态、由民族历史向世界历史的转化过程，是国内分工成为世界分工、国内货币成为世界货币、国内贸易成为世界贸易、国内市场成为世界市场的转化过程，是民族政治走向世界政治、民族文学向世界文学的转化过程。在由民族历史向世界历史转化这一深刻而复杂的深刻变革过程中，各个民族的世界观与价值观也必然发生由传统到近代、由民族到世界的历史性变革。而有着五千年悠久历史、上千万平方公里土地、四亿五千万人口的中国在近代世界背景下所发生的世界观与价值观上的历史性变革，对我们研究民族历史向世界历史、特别是民族文学向世界文学的转化历程，无疑是最具典型的考察案例之一。中华民族的志士仁人回应世界历史时代的要求和呼唤，在哲学探索之路上不畏艰辛与时俱进，胸怀祖国放眼世界，为中国近代哲学的变革作出了历史性的贡献。谭嗣同对传统儒学的核心概念"仁—通"所作的创造性阐释，就是在这一转换路程中所抒写的最辉煌灿烂的篇章之一。

张灏先生曾经把谭嗣同的哲学思想看成他对**"所处环境的回应"**，① 认为谭嗣同的仁学思想是一种"仁的思想的变形"，这个颇具辩证法特点的分析和评价是耐人寻味的。② 这个环境究竟是什么？为什么儒家传统中的仁的思想在谭嗣同这里发生了"变形"？促成这个变形的时代背景、基本内容是什么？这

---

① 张灏：《梁启超与中国近代思想的过渡（1890～1907）烈士精神与批判意识》，新星出版社2006年版，第236页。黑体为引者加。

② 张灏先生在这里所谈到的所谓**"思想的变形"**问题，并不是仅仅发生在谭嗣同身上的一个孤立的精神现象。在作为民族历史的中国历史向世界历史转化的深刻而复杂的历史巨变中，它实际上发生在所有那些对西方挑战作出回应的思想家中间。张灏先生在谈到梁启超与中国思想的过渡（1890～1907）时，也曾论及到同样的"思想的变形"问题。这是颇耐人寻味的。关于梁启超在此期间从传统的儒家经世致用理想到新的近代国家和国民思想的转变，张灏先生从两个维度作了说明："就社会理想来说，涉及到两个过程：第一，**摈弃天下理想，承认国家为最高群体**；其次，把国家的道德目标转变为集体成就和增强活力的政治目标。""就人格理想来说，**梁启超的思想变形涉及从经世致用思想向国民理想的转变**。"（张灏：《梁启超与中国近代思想的过渡（1890～1907）烈士精神与批判意识》，第204～205页。黑体为引者加。）因此从根本上说，1840年代以后、特别是1890年代以后，整个中国近代思想界就始终处在一种深刻而复杂的"思想变形"之中。这是中国哲学在民族历史向世界历史转化过程中所必然呈现的哲学思想形态，是中国近代的思想领袖在汹涌澎湃的世界历史潮流中所作出的创造性的哲学回应。我们完全可以说，张灏先生所论及的中国哲学思想从传统形态到近代形态的这一"思想变形"，辩证地勾勒、书写和描绘了中国近代哲学的革命性变革的历史画卷，这一"思想变形"是中国哲学走向"世界文学"之路的历史必然，并由此汇成了中国近代哲学的波澜壮阔的生命激流。

个变形对中国近代哲学而言具有什么理论和实践意义？在这里，马克思世界历史理论为我们分析、解答这一问题提供了一个深刻的哲学范式和解释框架。而由此我们就可以认为，这一变形的时代背景，就是马克思所说的发生在近代世界的民族历史向世界历史的转化历程，以及由此所造成的中华民族的内忧外患；这一变形的基本内容，就是谭嗣同以其伟大的哲学心灵在回应外来列强的严峻挑战中，对儒家传统中的仁的思想所作的、为时代所要求的创造性的解释；这个变形的基本意义，在于它深刻地表征着在作为民族历史的中国历史向世界历史的转化过程中，先进的中国知识分子批判传统意识、重塑国人观念的一次卓越尝试。它表征着中国哲学从传统向近代转换历程中的一个基本的发展环节，表征着中国哲学在走向近代的发展过程中通过"仁"的概念的重新阐释而发生的一次革命性的变革。

一、"仁"的近代解释

基于对近代西方由于活力与强盛而进行殖民主义扩张的深入观察，基于对近代中国由于僵化与积弱而被动挨打的深切感受，年轻的谭嗣同所确立的哲学思想的主题是对民主与科学的追求，由此从根本上奠定了他的启蒙哲学的基本性格，也从根本上确立了他之所以参与戊戌变法的基本信念。那是一个民族历史向世界历史急遽转化、而哲学的概念与范畴仍旧停留在古典形态的时代。尽管谭嗣同是一个激进主义的批判家，但仍如同康有为一样，他的走向近代走向未来的哲学理念，却依旧采取了托古改制的古典形式。因此谭嗣同启蒙哲学的发挥及其展开，是通过其仁学体系的创造性阐释而得到体现的。张灏先生曾认为，"为了理解中国对西方的回应，必须对传统固有的多样性和内在发展动力有所认识。因为中国知识分子主要是根据从儒家传统沿袭下来的那套独特的关怀和问题，对晚清西方的冲击作出回应的。除非我们从儒家的内部问题开始，否则便不能理解这些需要加以考虑的事情。"[①]

"仁"是中国传统儒学的基本范畴，通过对这一基本范畴的理解、阐释和发挥，历代儒家表达了他们的道德理想和人道情怀。孔子讲"仁心"，提倡仁者爱人；孟子讲"仁政"，反对政治暴政；宋明理学讲"仁生"，把人世以至整个宇宙自然都看作是生命化、情感化的存在……[②]在影响谭嗣同思

---

① 张灏：《梁启超与中国近代思想的过渡（1890～1907）烈士精神与批判意识》前言，新星出版社 2006 年版，第 3 页。
② 参见加润国选注：《仁学—谭嗣同集》编者序，辽宁人民出版社 1994 年版，第 6 页。

想形成的众多思想家中，张载和王夫之是最为突出的两位。"张载本着'实有生动'的观念去发展气一元论，王夫之则顺着这个思路，从两个方面去进一步发挥儒家的入世精神。"① "以气一元论为前提，王夫之不但肯定了情欲的合理性，而且也推演出以'生动'为中心观念的生命哲学。"② "这种'实有生动'的思想和肯定情欲的思想同为王夫之阐扬儒家入世精神的两面。"③ "在这样一个思想传承的背景之下，谭嗣同吸收了宋明儒学以仁为中心的宇宙观。但是当他在1896年写《仁学》这本书时，他所理解的仁已掺杂了各种儒家思想以外的影响。仁的道德理想精神仍然存在，但这理想主义精神的内容却与传统儒家大有距离。"④ "'仁'所代表的万物一体的道德理想，在儒家传统里常常蕴涵一种乌托邦主义的思想倾向。在儒家的心目中，那万物一体的和谐不是一个虚构，而是一个历史的事实，一个曾经出现于远古的黄金时代。……可是这种以历史的过去为取向的乌托邦主义在谭嗣同的思想里没有留下任何痕迹。毫无疑问，这是因为他受了来自西方的历史发展观的影响。"⑤ 因此尽管整个儒家传统都贯穿着这样一种对人类和宇宙自然的充满深情的人道主义，然而这种人道主义是以认同了君主专制和宗法伦理的等级主义、认同了"三纲五常"的基本价值观的前提下来推演倡导的，而在这种道德理想、价值取向和思想方式所构成的总体结构中，不可能产生出自由、独立、平等的近代意义上的思想观念和人道主义。因此，对谭嗣同来说，"仁的核心是被建立在和三纲五常相违背的伦理观之上的。事实上，他发现，不仅三纲五常，而且整个传统规范——理（或习惯所称的'名教'）——都不符合仁的精神。"⑥ 从这种基本观念出发，谭嗣同在中西方文明的互为参照和纵横对比中，以充满巨大批判激情、富有深刻生命力的精神观念和哲学语调，阐发了一种回应民族历史向世界历史转化之时代潮流的仁的哲学。

① 张灏：《梁启超与中国近代思想的过渡（1890～1907）烈士精神与批判意识》，新星出版社2006年版，第276页。

② 同上书，第278页。

③ 同上书，第278～279页。

④ 同上书，第279页。

⑤ 同上书，第286页。黑体为引者加。

⑥ 张灏：《危机中的中国知识分子——寻求秩序与意义》，新星出版社2006年版，第120～121页。

谭嗣同自称皈依了康有为的改良主义。而我们在前面已经反复谈到，在近代中国哲学的历史发展中，康有为的博爱仁学之所以意义重大，就在于他不仅继承了中国儒家传统中的人道主义精神，而且更在于，他在回应中华民族及其文化所受到的严重挑战的过程中，对仁的道德理想作出了合乎人道要求和时代需要的重大发展。中国古典人道主义对政治伦理等级主义的认同被康有为改造、替代成倡导自由、平等、博爱的近代人道主义，从而实现了人道主义从古典形态到近代形态的历史性飞跃。谭嗣同就是沿着这样一条道路，倾听着时代的要求和呼唤，把"仁"这一表征着博爱人道本义的范畴高度凸现出来，凝结成既充满激情又渗透着哲学智慧的《仁学》这一光辉著作。"仁"由此就成为他整个思想观念哲学体系的核心范畴。谭嗣同通过对"仁"、"元"、"无"三字的创造性诠释，得出了"言仁者不可不知元，而其功用可极于无"（《仁学·自序》）的结论，从而在哲学上赋予"仁"以世界本体的最高意义。他在《仁学界说》中对"仁"作了 27 种界定，要而言之，他的"仁"包含了如下规定：（1）仁以通过为第一义；（2）智慧生于仁；（3）仁为天地万物之源；（4）仁者，寂然不动，感而遂通天下之故；（5）不生不灭，仁之体；（6）仁一而已：凡对待之词，皆当破之；平等者，致一之谓也；一则通矣，通则仁矣。①"仁"既然被提升到宇宙万物之本的哲学高度，而"仁"的第一义又为"通"，于是整个世界的本性、生命、运行及其结构就被概括在"仁—通"的哲学框架中。这样，谭嗣同就为他所倡导的维新变法、为他对传统文化的建设性的批判、为新的近代人性理念的建立找到了最深厚的根基。②

由此可见，谭嗣同以仁为核心、为灵魂的宇宙观、价值观、人生观所表明的，是一个"兼有物质性和精神性"的存在。这个宇宙观、价值观、人生观"不仅给他带来对生死的解脱，而且也使他为生命找到一个新的目标和意义。……在这浑然之全的大生命中，个体与个体之间有着不可分割的亲和与联系。这个联系与亲和就是各种宗教所谓的慈悲和爱，通过爱和慈悲，个体生命可以超越各自的孤立和疏离，而融化到万物一体的大生命之中。这种对生命意义的领悟，也给他带来一种新的使命感，这就是：以爱心和悲愿来奉献自己的生命，拯救人类，使他们超脱小生命的割裂而回归到宇宙原有的圆融和谐。他曾用张载的名言'为天地立心，为生民立命'道出其使命

---

① 参见加润国选注：《仁学——谭嗣同集》编者序，辽宁人民出版社 1994 年版，第 6 页。

② 参阅拙文："论谭嗣同的哲学理念及悲剧性格"，《人文杂志》1997 第 6 期。

感。谭嗣同认为这种使命感就是儒家'仁'的精神体现。但是他的这个'仁'，显然也糅合了墨子摩顶放踵的任侠精神、普救众生的大乘菩萨精神和基督教士冒险犯难的传道精神。"① "这份'仁'的精神，不但表现在谭嗣同的思想里，而且也体现在他的生命里。……在死难前，他本有充分的时间逃亡，但是他拒绝逃亡，从容就义，这份烈士精神就植基于他的'仁'的精神。"② 谭嗣同笔下的"仁"的哲学立足于传统又超越传统，立足于批判又着眼于建构，在中国哲学从传统走向近代的变革之路中竖立了一座历史性的丰碑。

二、"仁—通"的哲学阐释与近代人性观念的确立

马克思指出，"在资本家有宗主国的力量做后盾的地方，资本家就企图用暴力清除以自己的劳动为基础的生产方式和占有方式。"③ 西方的资本帝国借助其威力巨大的国家军事机器，向仍然处于传统农业文明状态的国家实施了强力侵略，从而彻底改变了这些民族、国家的落后生产方式和生存状态。因此民族历史向世界历史的转化，实质上就是从传统农耕文明向近代工商文明的转变，是从传统社会向近代资本主义世界历史时代的转变，这一转变是人类历史发展进程中的突破性的质的飞跃。在这一世界历史性的变革历程中，家长制的、古代的、封建的、自给自足的生产方式及其社会状态，随着商品、货币、资本、交换及其市场关系的发展而衰败、没落下去，近代意义上的生产方式、经济基础、政治制度以及观念意识形态，则在这一过程中逐渐成长、发展起来。谭嗣同的哲学思想就产生在这个世界历史性变革的时代背景中。但是，谭嗣同时代的中国所发生的民族历史向世界历史的转化仍处于初始阶段，而且即便是这个初始阶段也是在西方列强的强行威逼下扭曲地进行的。谭嗣同时代的中国实际上远不是一个完全意义上的"资本社会"，因此郭湛波先生关于谭嗣同是"中国资本社会的思想家"的表述，④ 看来并不是一个十分确切的表达。实际上，谭嗣同是中国为迎接"世界资本社会"时代的挑战、顺应中国历史

---

① 张灏：《梁启超与中国近代思想的过渡（1890～1907）烈士精神与批判意识》，第285～286页。

② 同上书，第286页。

③ 马克思：《资本论》第1卷，人民出版社1975年版，第834页。

④ 郭湛波：《近五十年中国思想史》，山东人民出版社1997年版，第31页。

向世界历史时代即"世界资本时代"转变或过渡时期的思想家。① 毋宁说，谭嗣同作为一位生活在近代西方列强肆意凭陵中华民族的屈辱时代的思想家，在以西方资本社会为背景为参照的思考过程中，表达了对中国迅速成为一个发达的、强大的"资本社会"的强烈向往，表达了一个有着深厚爱国主义情怀的近代中国哲人在迎接外来挑战的过程中所作出的哲学回应。

在中国古代悠久漫长的历史文化传统中，政治专制主义与伦理专制主义相互映衬、相得益彰，两者的相互联结、相互融合呈现着愈益一体化的趋势。因此我们从历史中所看到的是，与专制君主政治扼杀国民的基本权利相对应，伦理纲常名教压抑了国民的基本感性需要和生命欲求。如同对政治专制主义及其后果作了极其严厉的深刻批判一样，伦理专制主义的基本价值原则及其历史后果，也就必然遭到谭嗣同深刻而无情的批判。谭嗣同一方面引证先人王船山"天理即在人欲中"的人性哲学来否定宋明理学的伦理禁欲主义，一方面又援引欧美文明中男女平等、情欲自然的具有鲜明的近代色彩的人性理论，讽刺、嘲笑和批判"世俗小儒"所信奉推崇的伦理专制主义。对人的生存权利和现世幸福的肯定，体现了谭嗣同近代人性理念的价值追求。因此我们看到了，在青年谭嗣同对封建纲常名教既富有生命激情、又具有理性自觉的血泪控诉中，那肯定感性生命的自由主义的热血和激情，就犹如滔滔潮水般地涌向笔尖："性善，何以情有恶？曰：情岂有恶哉？从而为之名耳。所谓恶，至于淫杀而止矣。淫固恶，而仅行于夫妇，淫亦善也；杀固恶，而仅行于杀杀人者，杀亦善也。礼起于饮食，而以之沉湎而饕餮者，即此饮食也，不闻惩此而废饮食，则饮食无不善也；民生于货财，而以之贪黩而劫夺者，即此货财也，不闻戒此而去货财，则货财无不善也。妄喜妄怒，谓之不善，然七情不能无喜怒，特不当其可耳，非喜怒恶也；忽寒忽暑，谓之不善，然四时不能无寒暑，特不顺其序耳，非寒暑恶也；皆既有条理而不循条理之谓也。故曰：大地间仁而已矣，无所谓恶也。恶者，即其不循善之条理而名之，用善者之过也，而岂善外别有所谓恶哉？若第观其用而可名之曰恶，则用自何出？用为谁用？岂惟情可言恶，性亦何不可言恶？言性善，斯情亦善，生与形色，又何莫非善？故曰：皆性也。"② "世俗小儒，以天理为善，以人欲为恶，不知无人欲，尚安得有天

---

① 毛泽东和他领导的中国共产党人把近现代中国社会的性质定性为"半殖民地半封建社会"，当是一个更符合近代中国实际、因而也更确切的论断。长久以来，无论是中国学界、理论界，还是政治界，无论是中国的小学、中学教材，还是大学教科书，都沿用了毛泽东的这一分析范式、解释框架。

② 加润国选注：《仁学——谭嗣同集》，第19~20页。

理？吾故悲夫世之妄生分别也。天理善也，人欲亦善也。王船山有言曰：'天理即在人欲中，无人欲，则天理亦无从发现。'适合乎佛说佛即众生，无名即真如矣。"①"且更即用征之，用固有恶之名矣。然名，名也，非实也；用，亦名也，非实也。名于何起？用于何始？人名名而人名用，则皆人之为也，犹名中之名也。何以言之？男女构精，名之曰淫，此淫名也。淫名，亦生民以来沿习既久，名之不改，故皆习谓淫为恶耳。向使生民之初，即相习以淫为朝聘宴飨之巨典，行之于朝庙，行之于都市，行之于稠人广众，如中国之长揖拜跪，西国之抱腰接吻，沿习至今，亦孰知其恶者？乍名为恶，即从而恶之矣。或谓男女之具，生于幽隐，人不恒见，非如世之行礼者光明昭著，为人易闻易睹，故易谓淫为恶耳。是礼与淫，但有幽显之辨，果无善恶之辨矣。向使生民之初，天不生其具于幽隐而生于面额之上，举目即见，将以淫为相见礼矣，又何由知为恶哉？"② 所以在谭嗣同那里，"仁"只能存在于"以太"中，③ 不存在凌驾于并束缚和压抑人类生活的善恶道德法则，"天理"不是与"人欲"相对立并遏抑"人欲"的壁垒森严的律令规范和森然可怖的道德力量，它只能存在于"人欲"中并通过"人欲"来体现，"人欲"有着如同"天理"一样的地位和尊严。如同康有为强调"礼"与"仁"的统一而为"仁"的近代解释寻求合理的现实道路一样，谭嗣同扬弃了"礼"与"仁"、"天理"与"人欲"的历史分裂，而倡导和强调二者的统一，从而为"仁"的近代人性理念，

---

① 加润国选注：《仁学——谭嗣同集》，第20页。

② 同上书，第20～21页。

③ 谭嗣同哲学思想中的"以太"概念包含着非常复杂的内容，单纯从某一角度去断定它的哲学倾向（如唯物或唯心），很可能失去其在谭嗣同思想中的本来的涵义。张灏先生对谭嗣同"以太"概念的分析和解释值得重视，他认为，谭嗣同"用'以太'这个词给他认为是基本实体的物质命名。……必须记住，ether是19世纪物理学的一个中心概念，它代表了一种假定无所不在的无形物质。它是光波和其他形态能量传输的媒介。一个19世纪科学唯物论的基本观点是：物质化的以太的运动能解释自然界发生的一切。谭在《仁学》中使用这个词和其他一些科学术语，如电和机械力，曾使许多学者，尤其是那些马克思主义史学家，认为他是一个唯物主义者。""无疑，在谭的著作中，许多地方的思想方式往往导致其本身得出唯物主义的解释。……然而，仔细考察谭的著作，可以看到，他的以太概念和19世纪的科学唯物主义比较，更多是倾向于新儒家气的概念，就像在张载和王夫之的思想中提出的那样。对谭来说，以太既是物质也是气，有时他视之为一种元素，有时他又视之为一种像光或热一样的力或能量。……更为重要的是，以太被认为是一种充满活力的、带有感情特性的媒介。""在一篇为'以太说'的文章中，谭嗣同"选出仁的观念和它的形而上学副本，即天、地、人合为一体的世界观，来概括以太所固有的道德精神性质。显然，在谭那里，以太同气一样，不仅仅是物质。""谭的以太概念，尽管用19世纪科学唯物论的语言来表达，但仍然基本上保留了新儒家唯'气'一元论的显著特色——它**融合了物质性与道德精神性**。"（张灏：《危机中的中国知识分子——寻求秩序与意义》，第102、102～103、103～104页。黑体为引者加）

为个体生存欲求的基本地位和现实解放寻求道路。谭嗣同强调"礼"与"淫"、"天理"与"人欲"的内在统一，并不是追求封建纲常与近代人性理念的妥协统一，而恰恰是由于千百年来封建纲常礼教与人性基本需求的尖锐对立。所以从本质上说，无论康有为还是谭嗣同，在"天理"与"人欲"的相互关系上，他们所共同坚持的基本价值取向，是凸显了传统纲常礼教与近代人性理念的尖锐对立。在谭嗣同看来，那本来是人类生活之自然而然的基本需求，却由于千百年来封建纲常礼教非人性的伦理观念的束缚和压抑，而成为人的现实生存的沉重伦理负担。谭嗣同向这一历时悠久势力残酷的非人道非道德的伦理哲学提出了尖锐挑战，他所要倡导和建立的，是一种自由、平等、博爱的近代伦理哲学。

张灏先生曾正确地指出，谭嗣同的"批判要点是指儒家道德秩序过多地对人的情感和本能进行了压制。这种压制清楚地体现在儒家的道德规范中。它认为性活动是某种可耻的事，必须通过禁忌加以遏制和压抑。谭认为，这类道德规范的惟一根据是承袭以往的专断习俗。……在谭看来，性并非天生可耻。性耻辱感主要来自儒家'理'中消极的性道德规范，谭将理视为主观专断之物而不予承认，因此，他认为这种理是不合乎道德的。"① 谭嗣同"在向传统的性道德规范的挑战中，有一点是明确的，即他无意倡导性放纵。他所关心的仅仅是指出性活动是人类有机体的自然功能，企图压抑本属自然的功能非但无益而且危险，因为性冲动这种自然力被压抑时，并不立刻消失，而是像水被堵塞一样，是一种危险的潜能。谭说，看传统的中国社会，尽管对性活动有大量的禁忌，但是肉体上的放纵和泛滥现象仍然普遍存在。""相反，谭写道，在西方较少性的禁忌，男女之间表达爱情和亲密有极大的自由和公开性。和中国的实际相反，男医生甚至可以从事产科工作！谭注意到，即便如此，西方的性犯罪也比中国少。谭通过中国和西方社会发展的比较，得出以下结论：道德上对性应采取公开的和现实主义的态度，而不应该采取压抑的否定态度。……西方世俗文化对性欲的某些道德现实主义态度对谭的观点发生了明显的影响。"② 谭嗣同的哲学思想曾深受王夫之哲

① 张灏：《危机中的中国知识分子——寻求秩序与意义》，新星出版社 2006 年版，第 106～107 页。

② 同上书，第 107 页。

学的影响，在他的哲学观念的形成过程中，王夫之哲学提供了重要的思想资源。①

与对中国封建伦理纲常严重压抑人性基本需求的批判相对应，谭嗣同对近代西方生活方式之于人性解放的意义颇具洞识，并从革新传统中国社会之价值观、解放潜藏在国民个体中的生命活力这一基本目标出发，对西方近代生活方式的革命变革意义给予高度认同。张灏先生指出，在王夫之的思想中，"运动和变化的观念主要在两种意义上理解，即宇宙论的自新和活力说的自新。宇宙论的自新预先假设了一种循环的时间框架，而活力论的自新则带有产生新颖、多样的丰富涵义……两者都与分阶段的线性发展观无缘。谭的形而上学力本论，虽然在以上两种意义上承袭了王夫之的日新观念，但是，它却具有某种线性发展观。在谭的变化概念中，有某些对未来太平盛世的期望。""还有迹象表明，谭的力本论受到了西方工业精神风貌的影响。当他注意到西方崇尚变革时，他必定认识到了某种社会进步的观念。因为他认识到，正是这种社会变革观念的差别，造成了西方的繁荣和亚洲、非洲、澳洲的衰落。他热情谈论西方的技术成就，认为这些成就是与西方人把时间当成一种稀有、珍贵的商品的观念联系在一起的。"② 谭嗣同高度称颂近代西方的科学技术及其成就，认为蒸气船、火车、电报等等是无价的和节省时间的。谭嗣同对西方人性格中表现出来的精力和活力印象深刻，因为正是这种富有生机的精神面貌和积极进取的性格特征，才使他们获得了巨大的文明成就，才成就了他们世界范围的殖民主义扩张。谭嗣同深刻感受到了近代生活方式和近代消费观念的巨大意义，热情地

---

① 王夫之的"气"一元论"产生了一种道德现实主义：人的欲望和人的本性是不可分的，就如同物质力（气）和宇宙秩序（理）是不可分的一样。继承了王的观点，谭否定了分离说，主张世上人们的内在本质正是以太的功能或人们欲望的表现。他用赞许的态度引用王夫之的话说：'天理即在人欲中，无人欲，则天理亦无从发现。'""王夫之未能将其道德现实主义推导出合乎逻辑的结论，因此突然中止了向儒家道德和社会价值观的非难。谭却走得更远，他对现存道德秩序展开了激进的批评。当然，其批判原动力一定程度上是来自基于以太的一元论道德现实主义。但是，其激进的冲力主要还是应归于他所接受的儒家传统以外的、他尤为显著地接受的现代西方世俗文化的影响。"（张灏：《危机中的中国知识分子——寻求秩序与意义》，第106页）作为民族历史向世界历史转化的重要组成部分，中国哲学之参与世界哲学进程，或中国哲学向世界哲学的转化，是在西方强行撞开满清帝国闭关锁国的大门、西方思潮开始涌入中国的情况、背景下发生和进行的，因此一个强大的外来文明的哲学文化之影响谭嗣同，并不是偶然发生的事情。这里需要再次强调的是，谭嗣同决不是被动地接受西方哲学文化的影响，而是从救治中国的生存意识、生存意志出发，一方面创造性地解读、反思和批判传统观念，一方面又创造性地回应了来自西方的种种挑战，从而在哲学上回应了民族历史向世界历史转化的时代要求。

② 张灏：《危机中的中国知识分子——寻求秩序与意义》，新星出版社2006年版，第109页。

称颂"奢"的巨大作用，因为它意味着去购买、去消费、去满足生活的愿望。谭嗣同极大地超越了自给自足的传统农业观念，而不把渴望富裕或骤然发达的工业社会中的生气勃勃的生活方式视为浪费，说明了他对近代工商文明的能量和活力有着极大的关注、深刻的认同和高度的评价。与此相反，谭嗣同对传统中国以柔静和廉俭为特征的传统生活方式持激烈的批判态度，认为"中国醇俗庞风为不可及也；工价之廉，用度之俭，足以制胜于欧美，转若重为欧美忧者。嗟乎，此何足异！中国守此不变，不数十年，其醇其庞，其廉其俭，将有食槁壤，饮黄泉，人皆饿莩而人类灭亡之一日。何则？生计绝则势必至于此也。惟静故惰，惰则愚；惟简故陋，陋又愚。兼此两愚，故将杀尽含生之类而无不足。故静与俭，皆愚黔首之惨术而挤之于死也。夫以欧美治化之隆，犹有均贫富之党，轻身命以与富室为难，毋亦坐拥厚赀者时有褊之心以召之欤？则俭之为祸，视静弥酷矣。"[①] 谭嗣同对中国传统社会的处事做人以柔静为主的价值观人生观深表责难，因为在他看来，柔静所代表的是一种生命萎缩的消极价值观和人生态度，与西方所强调的以动为主的"生生不息"的积极进取的价值观和人生态度大相径庭。在这种由中西方之价值观和生活方式的互为参照、互相对比的认识和分析中，谭嗣同深刻地看到了中国文化传统的严重问题和深刻弊端所在。在谭嗣同看来，"中国社会的主要思维趋向——某些相反的趋向除外"恰恰是和本杰明·史华兹所谓的"浮士德普罗米修斯式精神气质相反的：它消极地看待生活和世界。'静'和'柔'的价值观被中国人广为接受就是证明。其结果是出现了一种静态的、抑制性的秩序。在那里，有生气的、精神旺盛的眼光黯淡了，而温顺的、谨慎的驯服主义大为盛行。""这种消极的世界观的另一个具体表现，是谭谓之'俭'的东西。谭说，俭的观念是被每个中国家庭一代又一代赞美的、被社会所承认的价值观。但是在谭看来，这是一个缺点而不是美德，因为它通常所起的作用是把人们的注意力集中在储存、而不是去生产和扩展财富。结果，它直接助长了经济的停滞和中国的落后……它还导致了思想的贫困，因为它扼杀了人们超出现存文化思维模式的思考。俭的观念还不知不觉中助长了思想上的保守主义，而正是这种保守主义成为充斥中国各地的理性蒙昧主义的根子。"[②] 所

①　加润国选注：《仁学——谭嗣同集》，第 53～54 页。

②　张灏：《危机中的中国知识分子——寻求秩序与意义》，新星出版社 2006 年版，第 110～111 页。

有这一切都非常清楚地向我们展示了，谭嗣同不仅对近代西方工商资本文明的殖民扩张和科学技术的巨大活力有着深切的感受，而且在思想、在观念上深刻认识到它之于中国思想传统的深刻革新、它之于中国文明复兴的根本性意义。这实际上也意味着，谭嗣同对作为民族历史的中国历史究竟如何向世界历史转化的现实物质基础、近代生产方式和消费方式，以及与此相关的近代价值观，已经由于中西方社会发展距离的鲜明对比而保持了一种深刻的理性自觉。

实际上，谭嗣同在当时的世界背景下所确立的近代消费意识，高度凸显了农业社会以手工劳动为基础的传统消费方式与工业社会以机器大工业为基础的近代消费方式的深刻对立和重大距离。马克思指出，"中国市场所特有的现象是：自从1842年的条约使它开放以来，中国出产的茶叶和丝向英国的出口一直不断增长，而英国工业品输入中国的数额，整个说来却停滞不变。""我们仔细考察了中国贸易的历史以后感觉到，一般说来，人们过高地估计了中国人的消费能力和支付能力。在以小农经济和家庭手工业为核心的当前中国社会经济结构中，根本谈不上大宗进口外国货。"① 马克思在这里所谈到的英国的工业品等外国货之所以不能大宗进入中国的根本原因，是由于中国社会仍然存在着落后的、守旧的生产方式和消费方式。而这也恰恰是谭嗣同之所以激烈批判中国传统的生产方式、消费方式和消费观念的原因所在。

20世纪30年代的哲学史家郭湛波先生对谭嗣同仁学哲学的这一层面作了高度评价，称谭嗣同为"中国资本社会的思想家"，尽管郭湛波先生关于中国社会发展阶段的表述是否准确值得商榷，但我们仍然可以说，从"资本社会"的角度来评价谭嗣同哲学思想的地位和作用，依然是真知灼见、一语中的。郭湛波先生写道：谭嗣同"对于中国一切传统的思想都要去打破，根本排斥尊古观念，说'古而可好，则何必为今之人哉！'（《仁学》）……所以他明目张胆来攻击数千年宗法封建社会遗传下来的'名教'"；谭嗣同"反对宗法封建社会的虚伪道德的观念，例如'淫'，在礼教的观点下视为莫大之恶，这正是宗法封建社会虚伪的道德，因为宗法封建社会重继承、子嗣；所以重妇人之贞操，而禁'淫'"；"谭氏对'淫'的见解，真是中国数千年未有之思想，这正代表资本社会的特色，对中国数千年宗法封建社会的道德，施一根本的攻击"；"'俭'的思想，正是自然自足农业社会的反映。谭氏是中国资本社会的

---

① 《马克思恩格斯选集》第1卷，人民出版社1995年版，第723、725页。

思想家，所以他反对'俭'"；"总之，**谭氏是中国初期资本社会启蒙思想家，**要冲决网罗，打破一切传统思想，**建设思想新体系，在中国思想史上划一鸿沟，大的思想革命**，梁任公称他为'晚清思想界的慧星。"① 在我看来，郭湛波先生的这些分析和评价之所以基本上是中肯的，就在于他正确地指出并且阐明了，谭嗣同通过对传统文化道德观念的根本性批判，而使自己的哲学具有了异常鲜明的近代特征：谭嗣同仁学哲学的近代人性理念超越了传统农业社会所特有的价值观和意识形态，而迈向以近代工商资本文明为物质基础的、具有近代意义的资本社会的哲学。近代世界巨大变革的历史经验证明，不走出、不超越自给自足的传统农业文明的生产方式、生活方式和价值观念，中国历史之向世界历史、中国哲学之向世界哲学的转化，就始终只能是纸上谈兵。

三、传统政治秩序的危机与近代民权理念的生成

中华民族是在西方列强强力威逼的奇耻大辱中、在民族尊严备受打击的创巨痛深中开始了民族历史向世界历史的转化。从1840年代开始的屈辱的鸦片战争到1890年代空前未有的民族危难，在长达半个世纪的漫长岁月中，满清帝国与西方列强较量的结果，是连续不断、触目惊心的失败记录，是一次比一次更严重的民族屈辱，它无情地宣示了传统政治秩序及其世界观、价值观和意识形态的基础已经到了崩溃的前夜。西方列强坚船利炮的强力威逼所表征的历史向世界历史转化过程的残酷无情的客观逻辑和生存法则，唤起了近代中国进步文人救亡图存的强烈的爱国主义激情，这种激情又转化成了他们对衰败的专制政治主义的激烈批判。这种日趋激烈的批判表明，中国传统的政治社会秩序及意识形态的历史合法性的根基已经严重动摇。因此谭嗣同的激烈批判、血洒京城不仅显示了一个自由灵魂和民主战士不屈不挠的坚定信念和顽强意志，而且也有力地表明了中国传统的政治秩序及其意识形态已处于风雨飘摇、分崩离析中。谭嗣同在传统观念的影响和西方思想的冲击的交互作用下所形成的"批判意识"和"烈士精神"，特别是他对传统政治秩序及其价值观和意识形态的猛烈冲决，"震撼了一个时代，同时也为早期中国现代知识分子树立了一个典型。"② 成为中国的民族历史向世界历史转化的历史政治哲学上的有力而

① 郭湛波：《近五十年中国思想史》，山东人民出版社1997年版，第28～32页。**着重号**为原作者加。

② 张灏：《梁启超与中国近代思想的过渡（1890～1907）烈士精神与批判意识》，新星出版社2006年版，第304页。

鲜明的回应。

谭嗣同热烈而执着地向往和追求近代意义上的民主政治制度，同时向政治伦理专制主义提出了全面的、激烈的挑战：不但要冲破"利禄"、"俗学"之罗网，而且要"冲决君主之罗网"、"伦理之罗网"。在他那里，两千年来的君主专制是强盗政治，历代君主都是"独夫民贼"："呜呼，三代以下之忠臣，其不为辅桀助纣者几希！况又为之掊克聚敛，竭泽而渔，自命为理财，为报国，如今之言节流者，至分为国与为民二事乎？国与民已分为二，吾不知除民之外，国果何有？无惑乎君主视天下为其囊橐之私产，而犬马土芥乎天下之民也。"① 传统的忠君观念遭到了谭嗣同既充满激情、又富有理性的猛烈批判。他热情崇尚法国大革命之对民主政治的确立，诉诸"杀尽天下君主，使流血满地球，以泄万民之恨"② 的暴力手段，热情颂扬中国远古历史上的汤武革命。虽然谭嗣同的理论与实践由于发生在戊戌变法时代而像康有为一样从整体上仍属于维新改良范畴，但他在其言行中所表现出的战斗激情、激烈批判、烈士精神，实际上已经具有了浓厚的革命气息，他对政治伦理专制主义罗网的全面冲击已闪烁着革命民主主义的曙光："不到十年的时间，谭由一个倭仁徐桐式的士大夫变成当时最激进的知识分子之一。他的政治立场徘徊于变法与革命之间，而他的文化思想则已超过与他同时代所有的先进知识分子，而与五四的激烈反传统主义相颉颃了。"③

传统中国的政治伦理专制主义愚顽、独断、黑暗而残酷。政治专制与伦理专制联为一体的双重统治、双重高压，是近代中国社会之所以失去生机、丧失活力而导致落后贫困、政治腐败的深刻历史原因和直接现实根源。因此不对它进行彻底的批判否定，中国就不可能真正跨入近代强国之林。关键的问题在于，批判政治专制与伦理专制的理论根据和现实参照应是什么？在中国传统文化之价值观和意识形态、中国传统政治制度之封闭框架内找不到这一批判的参照坐标。与西方政治文明迥然不同，在传统中国政治文明自身的历史演进中，始终缺少从根本上自我反思、自我批判、自我扬弃的内在动力和生成机制。西方中世纪由于政治专制和神学独断而导致了长达千年之久的黑暗时代，但在这千年黑夜中又孕育了文艺复兴、宗教改革和民主政治革命，民主与科学之光终

---

① 加润国选注：《仁学——谭嗣同集》，第75页。

② 同上书，第77页。

③ 张灏：《梁启超与中国近代思想的过渡（1890～1907）烈士精神与批判意识》，新星出版社2006年版，第270页。

于冲破了政治专制主义和神学独断而在世界历史范围内率先实现了革命性飞跃，开辟了马克思世界历史意义上的全新的世界历史时代。然而中国由于政治专制与伦理专制的双重统治，传统社会的漫漫长夜延续到世界的近代时期却仍然未出现近代民主之光的照耀，中国传统政治哲学中真正自觉的民主意识始终未成系统、未成规模、未成主流，从而历史批判和理论观念的革命便从来未能得以产生和形成。只是在以近代工商资本文明为现实物质基础、以民主与科学为强力双翼的西方文明强行撞开了中国社会的大门、中华民族的现实生存受到了不容回避的严重挑战之后，中国进步文人为民族的生存意识和生存意志所驱动、并在真正面对了那个富有生命力的近代西方文明的严重挑战之后，才由于西方这个参照系的强烈对比而作出了真正回应。

尽管谭嗣同对近代西方的民权思想和民主制度的了解远不够深入、系统和全面，但毫无疑问，以民权观念为深厚理论根基的近代西方国家学说，便成了他进行历史政治哲学批判的理想参照。谭嗣同所提出的变法策略，在政治上表现为以变革君主政体为目标："变科举以育人才，开议院以达下情，改管制而少其层累。"① 同时，谭嗣同也深切地感到了唤起国民意识、觉醒"亡国之士"与"亡国之民"的重大意义，并提出了如何才能唤起、觉醒国民的具有极强的现实针对性的基本途径："一曰创学堂，改书院……二曰学会……三曰报纸。"② 因此谭嗣同对君主专制和伦理政治的批判，就有了自觉而明确的近代政治意识贯注、渗透其中。谭嗣同所提出和强调的开议院、创学堂、办学会、办报纸等等一系列清醒自觉的社会政治主张，目的就是为了根本改变君主政体的等级、专制、封闭，而建构平等、民主、开放的近代

---

① 《谭嗣同全集》，中华书局 1981 年版，第 291 页。

② 同上书，第 406 页。在拙作的导论部分，我曾引用马克思关于"第一次被引进亚洲社会"之"自由报刊"的创建之于印度、亚洲的重大意义。马克思关于亚洲"自由报刊"之创建的世界历史意义的分析，对我们这里论及的谭嗣同的政治哲学，仍然是有重大启示意义的。如果在这里借用马克思的话语，我们也完全有理由认为，谭嗣同意欲创办的"报纸"（"自由报刊"），当是改建中国近代社会的"一个新的和强有力的因素。"（《马克思恩格斯选集》第 1 卷，第 768 页。）谭嗣同强调"学会"之于中国的巨大意义："大哉学会矣！所谓无变法之名而有变法之实者，此也。黄种以之而灵，中国以之而存，孔教以之而明。""士会于庠而士气扬，农会于疆而农业昌，工会于场而工事良，商会于市而商利孔长。各以其学而学，即互以会而会。力小，会二三人；力大，会千万人。人人可以自致，处处可以见动，夫何惮而久不为也？会成而学成，近之中国，远之五洲；絜其短长，权其利弊，孰得孰失，吴去吴从；菁华荟萃，终朝可定。于是无变法之名，而有变法之实。"（加润国选注：《仁学——谭嗣同集》，第 140 页）因此谭嗣同关于以创办"学堂"、"学会"、"报纸"来启蒙国民的主张和建议是极具世界眼光的、清醒的近代政治意识，即便对当代中国的民主政治建设依然具有重要启示意义。谭嗣同所达到的历史政治哲学的高度实际上已经大大超越了他自己的时代。

意义上的社会政治体制。谭嗣同对君权泯灭、扼杀民众权利的绝对权威进行了历史性批判，强调民众才是社会的真正主体和历史前进的推动力量，君臣的作用和意义在于服务于这一基础和主体力量，而不是作为一种无限至上的绝对权力为民众百姓顶礼膜拜畏惧屈从。尽管我们从对谭嗣同政治理念的历史剖析中，仍然可以看到"君末民本"论的传统政治观念的历史印痕，但我们不也同样依稀看到了近代西方的国家起源理论和卢梭的社会政治观念吗？

实际上，在谭嗣同对传统专制政治的充满了激情的猛烈批判中，仍然一方面保持着理性分析的清醒历史意识，一方面也有着如何革新中国君主政体的参考榜样和近代指向："若夫日本之胜，则以善仿西国仁义之师，格遵公法，与君为仇，非与民为敌，故无取乎多杀。敌军被伤者，为红十字会以医之；其被掳者，待和议成而归之。"① "法人之改民主也，其言曰：'誓杀尽天下之君主，使流血满地球，以泄万民之恨。'朝鲜人亦有言曰：'地球上不论何国，但读宋明腐儒之书，而自命为礼仪之邦者，即是人间地狱。'夫法人之学问，冠绝地球，故能唱民主之义，未为奇也。朝鲜亦为是言，岂非君主之祸至于无可复加，非生人所能任受耶？"② 中国之所以落后贫穷，而"不可为者，由上权太重，民权尽失。"③ 所以必须"废君统，倡民主，变不平等为平等。"④ "君统盛而唐虞后无可观之政，孔教亡而三代下无可读之书矣！……生民之初，本无所谓君臣，则皆民也。民不能相治，亦不暇治，于是共举一民为君。夫曰共举之，则非君择民，而民择君也。夫曰共举之，则其分际又非甚远于民，而不下侪于民也。夫曰共举之，则因有民而后有君；君末也，民本也。天下无因末而累及本者，亦岂可因君而累及民哉？夫曰共举之，则且必可共废之。君也者，为办民事者也；臣也者，助民办事者也。赋税之取于民，所以为办民事之资也。如此而事犹不办，事不办而易其人，亦天下之通义也。"⑤ 张灏先生在谈到谭嗣同的上述观点时认为，"这种世俗的、工具主义和自由主义的统治观恰好击中了传统的宇宙论王权及其神秘性、合法性之要害，因而，谭对传统的君主政体进行猛烈的控诉就不足为怪

① 加润国选注：《仁学——谭嗣同集》，第81页。
② 同上书，第77页。
③ 谭嗣同：《报唐才常书》。
④ 谭嗣同：《报贝元征》。
⑤ 加润国选注：《仁学——谭嗣同集》，第72～73页。

了。这种谴责的一个中心要素就是宣告儒家关于'私'的道德有罪。西方主权国家流行的观念，如选举和政治平等，也影响到谭使用的政治语言。这样，西方的自由主义思想和儒家的道德观念都被谭用来向反映在三纲五常中的君臣关系的道德合理性进行挑战。"① 由此我们可以看出，年轻的谭嗣同在对君主政治的充满着生命激情的激烈批判中，仍然保持了异常冷静清醒的近代民主政治意识。这是谭嗣同历史政治哲学的卓越异常之处。这也就是为什么他受到倾向革新的光绪帝的高度重视而被委以重任并参与领导维新事业的原因所在。

谭嗣同力图从对历史的哲学批判中寻求否定和扬弃专制政治的根据，蕴涵着他寻求走向民主未来的坚定信念。谭嗣同的历史分析与现实批判的落脚点指向清王朝的腐朽统治。他严厉痛斥清朝历代实行文字狱的文化专制主义，更痛恨清朝统治者的对内实行专制、对外一味投降的罪恶行径。他清醒而痛苦地认识到当时中国所面临的时局是多么令人触目惊心："外患深矣，海军熸矣，要害扼矣，堂奥入矣，权利夺矣，财源竭矣，分割兆矣，民悬倒矣，国与教与种将偕亡矣。"② 所以要救亡图存，就只有变法维新："唯变法可以救之，而卒坚持不变，岂不以方将愚民，变法则民智；方将贫民，变法则民富；方将弱民，变法则民强；方将死民，变法则民生；方将私其智其富其强其生于一己，而以愚贫弱死归诸民，变法则与己争智争富争强争生，故坚持不变也。究之，智与富与强与生，决非独夫之所任为，彼岂不知之？"③ 而要真正做到变法维新，就要推翻清朝专制统治，这就是历史的和逻辑的结论："《易》明言'汤武革命，顺乎天而应乎人'……以时考之，华人固可以奋矣。……故华人慎毋言华盛顿、拿破仑矣，志士仁人求为陈涉、杨玄感，以供圣人之驱除，死无憾焉。若其机无可乘，则莫若为任侠，亦足以伸民气，倡勇敢之风，是亦拨乱之具也。……与中国至近而亟当效法者，莫如日本。其变法自强之效，亦由其俗好带剑行游，悲歌叱咤，挟其杀人报仇之气概，出而鼓更化之机也。儒者轻诋游侠，比之匪人，乌知困于君权之世，非此益无以自振拨，民乃益愚弱而窳败！言治者不可不察也。"④ 在谭嗣同这里，反对外来列强侵略的爱国主义与

---

① 张灏：《危机中的中国知识分子——寻求秩序与意义》，新星出版社 2006 年版，第 118 页。

② 加润国选注：《仁学——谭嗣同集》，第 78 页。

③ 同上。

④ 加润国选注：《仁学——谭嗣同集》，第 78～79 页。

对清王朝专制统治的现实批判相结合，表达了一个爱国志士追求民族独立、政治民主、社会自由的强烈愿望。基于民族生存意识和生存意志的感召所驱动的对专制君主政治的激烈批判，以及贯穿在这个过程中的政治理念；对近代民主政治的热情推崇，以及由此而来的关于近代民主政治的理念和价值取向，就构成了谭嗣同历史政治哲学的基本内容和基本特征。

四、礼—仁—通：世界性普遍交往潮流的哲学回应

马克思的普遍交往观在其世界历史理论中占有重要地位。在马克思看来，在民族历史向世界历史转化已成为滔滔潮流的近代世界，如果一个国家、民族长期缺乏普遍交往而处于世界历史之外，那么它就无从实现"生产力的巨大增长和高度发展。"而"如果没有这种发展，那就只会有贫穷、极端贫困的普遍化；而在极端贫困的情况下，必须重新开始争取必需品的斗争，全部陈腐污浊的东西又要死灰复燃。"① 不仅物质生产是如此，而且文化生产、精神生产也同样如此。在强调世界性的普遍交往对一个国家、民族发展生产力、摆脱贫困之重大意义的同时，马克思还历史性地阐明了它对个体的人的发展所具有的作用："只有这样，单个人才能摆脱种种民族局限和地域局限而同整个世界的生产（也同精神的生产）发生实际联系，才能获得利用全球的这种全面的生产（人们的创造）的能力。"② 因此在近代世界的历史背景中，无论作为整体的国家、民族，还是作为个体的个人，只有积极主动地进入世界性的普遍交往以发展自己，并通过自己的智慧去克服和扬弃这种普遍交往可能带来的种种负面作用，才能够赢得自己生存的位置和发展的空间。

鸦片战争以来中华民族所遭受的令人痛苦、屈辱的时代状况，残酷无情地展示了中国与西方在社会发展阶段上的重大历史差距。谭嗣同站在近代世界历史时代的制高点上，以放眼全球的开阔胸襟和深刻卓越的天才洞察力，清醒地意识到应从哪些方面去革新传统的、落后的中国社会，从而推动作为民族历史的中国历史向世界历史转化，使中华民族能够积极主动地、而不是任人宰割地参与世界历史的进程。谭嗣同深入到中国文化传统的深层文化语言结构中，通过中国古典哲学的语言形式，把自己对近代世界潮流的深刻体验，浓缩概括在对"礼"、"仁"、"通"之相互关系的崭新阐释中，从而清楚地展示了他的具

---

① 《马克思恩格斯选集》第 1 卷，人民出版社 1995 年版，第 86 页。
② 同上书，第 89 页。

有近代特色的人性观念、政治意识和面向世界的开放主义。他写道："'礼者，忠信之薄，而乱之首也。'夫礼依仁而著，仁则自然有礼，不别为标识而刻绳之，亦犹伦常亲疏，自然而有，不必严立等威而苛持之也。礼与伦常皆原于仁，而其究也，可以至于大不仁，则泥于体魄之为害大矣哉！"① 传统儒学中的"礼"背离、遏抑"仁"之本性的反人性反人道的一面遭到了谭嗣同的有力批判，在谭嗣同那里，"礼"应该与"仁"的根本的人道主义理念相一致，而绝不应是"别为标识而刻绳之"、"严立等威而苛持之"的伦理教条和政治专制。② "礼""依""仁"而著，而"仁以通为第一义；以太也，电也，心力也，皆指出所以通之具"；通之义有四：中外通、上下通、男女内外通、人我通；"不识仁，故为名乱；乱于名，故不通"，"通之象为平等"。③ 让我们引

---

① 加润国选注：《仁学——谭嗣同集》，第35页。

② 关于"礼"与"仁"的关系相当复杂。在近代中国哲学的解释框架中，二者的关系有两种情形：一种是强调二者的对立，以为"仁"的人道主义开辟道路；一种是强调二者的统一，以为"仁"的人性解放提供合法性的哲学论证。谭嗣同在其哲学解释中根据阐释语境的需要，时而强调对立，时而强调统一。在中国传统思想的框架内，在民族历史尚未发生向世界历史转化的前世界历史时代，"礼"与"仁"的紧张与冲突仅仅是一定程度的，因此仍然是有限度的、非突破性的。也就是说，在民族历史尚未发生向世界历史转化的前世界历史时代在传统框架内、在前世界历史时代存在着本质上的内在统一性，这种统一性只有在民族历史向世界历史转化的世界历史时代才有可能发生真正的、历史性的解体、破裂、转化。张灏先生认为，"谭嗣同发挥墨子兼爱精神以崇仁而斥礼的思想背景是很复杂的。一部分原因……是隐藏在张载思想中的'兼爱'的观念，而仁所代表的'天人合一'的思想也蕴涵着道德自主与平等精神；同时道家与大乘佛教的神秘主义，一旦为仁所融摄，也有排斥礼中等级差别的精神。但是，历史证明这些在传统中潜存的因素，虽然在传统里面造成了一定程度的紧张性和激荡性，却不足以促使内在的激变和转化出现。现在的问题是，这种激变和转化为何会出现在他的思想里？要回答这个问题，我们不得不正视西方思想的冲击。……不可忽略的是，在某些情况之下，西方思想可以间接地促使中国内在潜存的紧张性和激荡性提高，从而造成剧变：谭嗣同思想中的仁与礼的关系便是一个很好的例证。……墨子的'兼爱'、佛道的'平等'以及儒家的'道德自主'意识。这些观念与西方的民主思想和基督教教义，互相激荡，互相沟通，终于造成一些前所未有的变化。谭嗣同思想中仁与礼的冲突，必须从中西思想这层复杂的关系上去看，才能窥其底蕴。""谭嗣同在仁的观念里融摄了儒家以外的许多思想，而产生一种激进的抗议精神。这种抗议精神最大的特色就是以仁黜礼的思想。""佛、道、墨与儒家礼教思想的矛盾早已潜存在传统之中，而这个矛盾大致而言并未产生真正的冲击和转化。为何独在清季的思想中，尤其谭嗣同的思想中，这个矛盾才造成转化和突破？这显然是因为西方思想在发生催化作用。……总而言之，内在的潜因和外在的催化，二者交相为用才能完全解释谭嗣同思想中仁礼关系的突破。"（张灏：《梁启超与中国近代思想的过渡（1890～1907）烈士精神与批判意识》，第294～295、295、308页）因此就谭嗣同思想而言，之所以会发生"以仁黜礼"的对立，之所以会发生"礼"与"仁"的解体、破裂、转化，最根本的原因就在于已经出现了一个世界历史时代，在于中国历史已经开始了向世界历史的转化，在于谭嗣同本人的思想受到了儒、墨、佛特别是西方思想的多方面的影响、刺激和推荡。谭嗣同哲学思想所表征的深刻变革，本质上是作为民族历史的中国历史向世界历史转化的哲学回应。

③ 加润国选注：《仁学——谭嗣同集》，第7页。

述谭嗣同的如下较长一段文字，来说明他对"通"的论证是多么良苦用心："是故仁不仁之辨，于其通与塞；通塞之本，惟其仁不仁，通者，如电线四达，无远弗届，异域如一身也；故《易》首言元，即继言亨。元，仁也；亨，通也；苟仁自无不通，亦惟通而仁之量乃可完，由是自利利他而永以贞固。……全球者，一身一家之积也。近身者家，家非远也；近家者邻，邻非远也；近此邻者彼邻，彼邻又非远也。我以为远，在邻视之，乃其邻也；此邻以为远，在彼邻视之，亦其邻也；衔接为邻，邻邻不断，推之以至无垠，周则复始，斯全球之势成矣。且下掘地球而通之，华之邻即美也，非有隔也；更广运精神而通之，地球之邻可尽虚空界也，非有隔也；安见夫全球之果大，而一身一家之果小也？数十年来，学士大夫覃思典籍，极深研几，罔不自谓求仁矣。及语以中外之故，辄曰闭关绝市，曰重申海禁，抑何不仁之多乎！夫仁，以太之用，而天地万物由之以生，由之以通。星辰之远，鬼神之冥漠，犹将以仁通之，况同生此地球而同为人，岂一二人之私意所能塞之？亦自塞其人而已。彼治于我，我将师之；彼忽于我，我将拯之；可以通学，可以通政，可以通教，又况于通商之常者乎？……而猥曰闭之、绝之、禁之，不通矣，夫惟不仁之故。"[1] 谭嗣同从"通"的解释框架出发，反复申言、阐释仁的开放的多元的涵义，其深层心理动机在于由此而引出平等，由平等而破对待，因此他赋予了仁以崭新的近代观念和人道主义内容，闪耀着近代启蒙主义的光辉。

在谭嗣同那里，由"礼"而"仁"而"通"，构成了一个走向开放、力拒封闭的观念思想系列。"礼"的专制的、一元的、封闭的政治伦理理念被替代为"仁"的民主的、多元的、开放的变通哲学。谭嗣同是在先哲的古典语

---

① 加润国选注：《仁学——谭嗣同集》，第13～14页。"谭非常强调'通'的概念作为理解万有统一体的关键。'通'这个字没有确切的英语翻译。它最接近的对应词是'内在相互渗透'或'融合'。在谭的《仁学》中，这个词常常和另一个词'一'（一体化）相联系。如果融合这两个概念，我们可以得到一个贯穿在谭的行文中的有机一体的生动图像。"（张灏：《危机中的中国知识分子——寻求秩序与意义》，第104页）实际上，谭嗣同之所以把"通"的概念从文化传统中高度凸显出来，从根本上说，是由于以机器大工业为物质基础、以资本扩张为根本动力、以民主与科学为内在灵魂的西方文明，在面向全球的强力扩张和殖民掠夺中，开辟了一个普遍交往的世界历史时代。

言中抒发了近代的自由理想和心灵情怀，① 因此那本来是一为中世、一为近代的两种哲学观念的历史分立，就在他的"礼—仁—通"的哲学阐释中实现了由传统到近代的创造性转换，"礼"的冷酷与专制被解构、消弥在"仁"的自由、平等与博爱中，并为具有多元取向的"通"的实现创造条件、开辟道路：

在中外关系上，华、夷大防的封闭的夜郎心态让位于世界性交往（"中外通"）的放眼世界的开放心态。在谭嗣同看来，中华民族必须参与到普遍交往的世界性进程中，实行"通商"（发展近代工商文明）、"通政"（力行近代民主政治）、"通学"（通过中外文化交流、学习西方来发展自己的近代社会科学和自然科学），在中西的相互参照、相互对比中作出清醒的自我反思、自我批判，寻求摆脱民族危机、走向富强的理想榜样和现实道路。

在政治制度上，由等级主义的专制政治所导致的"君民相隔"的传统政治体制及其运行机制，应让位于"上下通"的近代的民主政治体制。

在家庭人伦秩序中，为纲常礼教所严格规定的父子关系的独裁性、任意性的伦理权威主义，应让位于"相忘为上，孝为次焉"的伦理平等主义；为纲常礼教所严格约束的男女有别、夫唱妇随的男子专权主义，应让位于夫妇择偶判妻、皆由两厢情愿的"男女内外通"的婚姻自由主义。谭嗣同对三纲中的夫妻关系的批判是严厉无情的，他认为中国政治文化传统中的三纲名教严重剥夺了妻子做人的基本地位，妻子被永远束缚在丈夫身上；对中国妇女最为不幸

---

① 谭嗣同对中国传统文化的激进批判，并不意味着他完全抛弃、背离了中国的文化传统，也并不意味着他没有从中国的文化传统中继承仍然富有生命力的内容。谭嗣同对孔子儒学之核心概念的"仁"的创造性的解读和阐释，对张载、王夫之哲学中力本论和活力论内核的认同和发挥，实际上是他之所以不仅能够以"充满活力的眼光"对传统社会和文化进行抨击，而且"还使他欣然接受了西方商品化的产业主义。饶有兴味的是，他对产业主义的热情，基本上摆脱了当时那种民族主义富强观的措辞，而这点在他具有相同经济价值观的同代知识分子著作中占有显著位置。……在中国知识分子变得越来越意识到国际舞台上正进行'商战'的年代里，谭举荐了一种对外贸易的完全'门户开放'的政策。确实，谭这种态度也许受到了 19 世纪西方自由贸易主义的影响，但是，我们可以从他在仁的观念基础上发展起来、并为生活经验所证实的世界观中找到更深层的原因。""正因为他世界观中具有这种传统根源，他才尤为珍爱原能（rawenergy）和力本论的价值观。"（张源：《危机中的中国知识分子——寻求秩序与意义》，第 111 页）由此可见，谭嗣同激进地批判传统的根源包涵着似乎矛盾但又有机统一的两个方面：中国与西方的文化哲学。这实际上是谭嗣同的哲学批判蕴涵着深刻而巨大生命力的根本原因所在。因为民族历史向世界历史的转变，决非是一个单向度的过程：一方面，它是西方文明威逼、凭陵、侵略东方社会的过程，一方面它又是东方各民族在不甘屈辱中立足于自己的有生命力的传统创造性地回应西方挑战的过程。尽管这一双向互动的辩证过程极其复杂难于逻辑地加以分析说明，但世界历史理论的辩证法要求我们决不能由此止步，决不能把东方民族仅仅看作是西方进逼、侵略的牺牲品，把历史向世界历史的转变看作是西方文明的驯服主义的结果。

的是，家庭实际上是束缚妇女行动自由、压抑妇女感性生命、剥夺妇女生命权利的监狱牢笼；① 还有不公道的婆媳关系、主仆关系、妻妾关系，都应当勇敢地无情地对其进行猛烈冲决。总之，在谭嗣同所构建、所追求的人伦秩序中，限制个性独立的不平等的封建伦理秩序应让位于人我无别的"人我通"，为儒家伦理所严格规约的种种等级的专制的政治伦理和家庭伦理等等网罗，统统都应当在彻底的无所畏惧的冲决中分崩离析。所以谭嗣同高度评价五伦中的朋友一伦："五伦中于人生最无弊而有益，无纤毫之苦，有淡水之乐，其惟朋友乎！顾择交何如耳，所以者何？一曰'平等'；二曰'自由'；三曰'节宣惟意'。总括其义，曰不失自主之权而已矣。兄弟于朋友之道差近，可为其次。余皆为三纲所蒙蔽，如地狱矣。上观天文，下察地理，远观诸物，近取之身，能自主者兴，不能者败，公理昭然，罔不率此。伦有五，而全具自主之权者一，夫安得不矜重之乎！"② "夫朋友岂真贵于余四伦而已，将为四伦之圭臬。而四伦咸以朋友之道贯之，是四伦可废也。……其在孔教……君臣，朋友也；……父子，朋友也；……夫妇，朋友也；至兄弟之为友，更无论矣。其在耶教，明标其旨曰：'视敌如友'。故民主者，天国之义也，君臣，朋友也；父子异宫异财，父子，朋友也；夫妇择偶判妻，皆由两情相愿，而成婚于教堂，夫妇，朋友也；至于兄弟，更无论矣。其在佛教，则尽率其君若臣与夫父母妻子兄弟眷属天亲，一一出家受戒，会于法会，是又普化彼四伦者，同为朋友矣。无所谓国，若一国；无所谓家，若一家；无所谓身，若一身。夫惟朋友之伦独尊，然后彼四伦不废自废。亦惟明四伦之当废，然后朋友之权力始大，今

---

① "谭对正统儒家的本能压抑思想的反叛，还表现在他不仅一般地控诉传统中国的道德观，而且特别点出传统的妇女性道德的不合理。谭注意到，传统的性禁律对妇女最为苛刻，她们的性需要是不被承认的，女人仅仅被认为是男人的玩物。其可恶的现实是，女人的身体被曲解为仅仅是满足男人那种反常的性快感的工具。缠足的习俗正是这些现实极为显著的例证。谭对这种现实的强烈痛恨充分表现在他的一个论断上。他说：就西方人以及满族人、蒙古人不缠足这一点来说，他们统治中国都可视为正当。"（张灏：《危机中的中国知识分子——寻求秩序与意义》，第107～108页。）"按谭的观点，这种对女人的性欲的禁止，正可作为中国传统中一个极可悲方面的例证，即男女间地位的不平等。……谭接着以激进的语调攻击中国的社会和文化，这预示了后来'五四'一代知识分子的全面反传统。"（同上书，第108页。）谭嗣同因此成为近代中国倡导女权主义的最卓越、最具代表性的思想家之一。中国妇女能否在社会经济、政治、文化教育以至社会生活的各个领域中享有与男子平等的地位、权利和自由，既是中国妇女解放的根本问题，同时也是作为民族历史的中国历史向世界历史转化的基本问题之一。如果说，中国妇女仍然生活在三纲五常的政治伦理束缚的高压中而不得自由，那么，我们就不能说中国已经开启了民族历史向世界历史转化的历史变革进程。

② 加润国选注：《仁学——谭嗣同集》，第86页。

中外皆侈谈变法，而五伦不变，则举凡至理要道，悉无从起点，又况于三纲哉！"① 年轻的谭嗣同通过对世界历史大势的深刻洞察与对自己生活经历的切身感受，深刻地认识到变革传统的价值观和意识形态对于整个变法事业的根本性意义。因此三纲五常作为中国几千年来占主导、统治地位的价值观和意识形态所存在的严重问题，就统统暴露在谭嗣同的深刻分析和激烈批判中。同时我们也看到了，谭嗣同也并不是全面地、毫无保留地否定传统中国的伦理价值观，他认为在五常中，"义"是可以保留的一常，因为它"规定了朋友之间的关系是天生平等的，因此具有维护个体人身自由的美德。"② 由此可见，谭嗣同在那个急遽变革的世界历史时代，在中华民族的生死存亡之秋，所确立的历史政治哲学的近代色彩、近代意义是何其鲜明、何其自觉！

五、"理性的诡计"：爱国主义与世界主义的深刻悖论

谭嗣同所处的时代是一个由传统向近代跨越、由民族历史向世界历史转化的巨大而深刻的变革时代。谭嗣同对世界历史时代的本质特征和发展趋势深有感触，他高度赞美西方充满活力的近代机器文明和工商社会，西方"以喜动而霸五大洲"的巨大的世界历史性成果，给他留下了极其深刻的印象和感受。然而这样一个深刻的变革时代、这样一个巨大的世界历史性成果，对中华民族、对中国人民而言恰恰又是悲剧性的，因为它是西方资本主义列强之所以能够肆意凭陵、掠夺、戕害中华民族的根本原因。近代中华民族噩梦般的历程由此开始。文明悠久、人口众多、疆土辽阔的中华民族为什么会被西方肆意蹂躏？中华民族在近代所遭受的空前未有的悲惨际遇，对有着强烈进取精神的中国知识分子、特别是青年知识分子来说，不能不是一种无法想象且断然不可接受的屈辱。因此包括谭嗣同在内的热血爱国青年和进步知识分子群体在这种历史背景下，对本民族所采纳所实行的物质生产方式、对本民族的政治文化传统在近代世界是否仍有生命活力不能不产生深刻怀疑。尽管"谭嗣同成长于一个传统的学者官僚家庭，然而从早年起他就追求一种非传统的思想生涯"，而之所以如此，是由于"他天生具有富于想象力的头脑和奇异的个性。从他青年时代写的诗中，我们可以看到他的热情、敏感和冒险精神。除了他的冒险精神外，谭的父亲在中国官场上的频繁迁移和谭在旅行中参加的文职人员考试，使他产生了一种'漫游癖'，这种'癖好'使他游历于家乡以外的广阔地区，

---

① 加润国选注：《仁学——谭嗣同集》，第87~88页。
② 张灏：《危机中的中国知识分子——寻求秩序与意义》，新星出版社2006年版，第120页。

并结识了那些否则不可能遇到的人。他在旅行中与像约翰·弗赖勒（JohnFry-er）这样的西方学者相识。他激起了谭对西学的兴趣。在一次造访其父位于武汉的办公机构——湖北巡抚所时，他还结识了几个开明而有见识的学者——顾问，他们也为他父亲的上司——湖广总督张之洞工作。同时，在他回到湖南时，他的包括师友在内的知识分子圈子中的同侪们，其世界观往往也是反传统的。"①

在中国政治文化的历史演变中由于专制统治者的强化而愈益强化的伦理至上主义，是以否定个体生命的基本生存自由和精神自由为根本原则的，因而由纲常名教所规定的不容逾越的等级、界限、隔阂，借助于政治专制主义原则及其体制的强力高压，摧残和窒息了个体生存选择的基本权利和基本自由，从而给国民个体成员造成了严重的生存后果和精神苦难。由于自身的特殊人生经历，谭嗣同对此有着极深刻的感受，他曾极度痛苦地、甚至是血泪班地控诉过自己所遭受的悲惨身世："吾自少至壮，遍遭纲伦之厄，涵泳其苦，殆非生人所能忍受，濒死累矣，而卒不死；由是益轻其生命，以为块然躯壳，除利人之外，复何足惜！"② 正是从自己这种切身的生存体验中，谭嗣同才深切感受到了纲常名教作为不可违拒的政治伦理专制主义的绝对命令，在社会人世生活中有着多么严重的精神后果："仁之乱也，则于其名。……名本无实体，故易乱，名乱焉而仁从之，是非名罪也，主张名者之罪也。俗学陋行，动言名教，敬若天命而不敢渝，畏若国宪而不敢议。嗟乎！以名为教，则其教已为实之宾，而决非实也。又况名者，由人创造，上以制其下，而不能不奉之；则数千年来，三纲五伦之惨祸烈毒，由是酷焉。君以名桎臣，官以名轭民，父以名压子，夫以名困妻，兄弟朋友各挟一名以相抗拒，而仁尚有少存焉者得乎？"③ "君臣之祸亟，而父子夫妇之伦遂各以名势相制为当然矣。此皆三纲之名之为害。名之所在，不惟关其口使不敢昌言，乃并锢其心使不敢涉想，愚黔首之术，故莫以繁其名为尚焉"，"三纲之摄人，足以破其胆，而杀其灵魂。"④ 封建纲常名教的专制主义本性以及它严重摧残、压迫生命自由的伦理高压特征，在谭嗣同这里可谓跃然纸上。名教、三纲作为壁垒森严的绝对伦理律令，不仅压抑着人们的言语和行为，而且禁锢着人们的观念和心灵；它们所具有、所体

---

① 张灏：《危机中的中国知识分子——寻求秩序与意义》，新星出版社 2006 年版，第 80～81 页。
② 加润国选注：《仁学——谭嗣同集》，第 5 页。
③ 同上书，第 17 页。
④ 同上书，第 84～85 页。

现的高压政策和威慑力量是如此森然可怖，它们所呈现的面目是如此凶恶狰狞，足可以使人闻风丧胆，灵魂死亡。

由此可以想见，传统中国的纲常名教在封建社会的漫长历史中是多么可怕地压抑着、磨蚀着国民的生命活力、生存自由和创造精神。它非但不能为个体潜能的充分发挥提供观念的根据、精神的食粮和伦理的保障，反而是以绝对的、普遍的非人性的伦理主义命令，极大地消解了独立的、特殊的个体生命的潜能。由此造成的基本历史后果是，西方列强凭借着资本扩张、政治民主、科学技术革命的巨大活力先行跨入了近代世界的门槛，而具有悠久文明的中华民族却仍然原地踏步在传统社会中，未能孕育出走入近代民族国家之林的资本、民主、科技等等基础性的生命力量。中国虽然在宋明时期就已经具有了近代生活的萌芽和气息，但由于官僚专制的政治高压和纲常礼教的精神禁锢而大大延缓了它的基本进程，它走得实在太缓慢了，它不仅始终没有发展到足以抗衡外来侵略的强大程度，而且由于晚清以来的政治极度腐败而愈益落后和衰弱，它因此遭到了另一生机勃勃的强盛文明的侵略，中华民族由此陷入了一个奇耻大辱、苦难重重的时代。① 由此可见，以政治伦理专制主义作为政治基础和精神根基的、自给自足的传统农业文明根本抵挡不住近代西方工业科技文明的强烈攻势，鸦片战争以来连绵不断、纷至沓来、铺天盖地的民族耻辱，彻底宣告了政治专制主义和道德理想主义在近代世界的商品资本冲击，在西方列强国家军事机器的枪林弹雨、血雨腥风中是多么苍白无力、不堪一击。"三纲名伦之惨祸烈毒"的灾难性历史后果就在于此。而这也就是谭嗣同之所以为什么以全部的思想智慧和生命激情，献身于以民主与科学为基本原则和价值取向的革新事业的根本原因所在。因此谭嗣同仁学哲学诞生的历史时代背景，只有在马克思世界历史理论笔下的民族历史向世界历史、民族政治向世界政治、民族文学向世界文学转化的悲剧性历程的解释框架中，才能够得到最深刻最有说服力的说明。

正由于这种对儒家政治家庭伦理的理性认识和道德义愤，谭嗣同才以空前未有的思想勇气和激烈态度，向国民发出了要彻底冲决包括三纲五常在内的一切封建罗网的惊天动地的呼号。谭嗣同对封建纲常名教、对伦理专制主义的哲学批判，其直接现实的落脚点便必然指向对封建专制的政治制度、对满清王朝腐朽统治的政治批判。谭嗣同对传统中国的专制政治制度深感失望，认为它在

---

① 参阅拙文："论谭嗣同的哲学理念及悲剧性格"，《人文杂志》1997年第6期。

近代条件下已根本不可能与西方文明进行竞争："今中国之人心风俗政治法度，无一可比数于夷狄，何尝有一毫所谓夷者，即求并列于夷狄，尤不可得，遑言变夷邪？"① 实际上，尽管谭嗣同在语汇上仍然沿用了夷、夏之辨的习惯化的表述，但关于夷、夏问题的相互关系和实在内容，他却在根本观念上得出了与顽固守旧派完全相反的令人瞠目结舌、触目惊心的结论："夫华夏夷狄者，内外之词也，居乎内，即不得不外此者之为夷，苟平心而论之，实我夷而彼犹不失为夏。"② 对誓死捍卫夷夏大防之神圣理念的封建卫道士来说，这是何等石破天惊的洪水猛兽般的论调！这是颠覆数千年传统价值观和意识形态之根基的何等的异端邪说呵！对极端腐败的中国政治伦理专制主义秩序，谭嗣同实在大愤怒了，以致于他竟然对日本和西方列强的侵略都采取了令人难以置信的宽容态度，以致于把外国侵略军称之为上天派来给中国以应有惩罚的"仁义之师"："无惑乎西人辄云中国君权太重，父权太重，而亟劝其称天以挽救之，至目孔教为偏畸不行之教也。由是两千年来君臣一伦，尤为黑暗否塞，无复人理，沿及今兹，方愈剧矣。"③ **"故东西各国之压制中国，天实使之，所以曲用其仁爱，至于极致也**。中国不知感，乃欲以挟忿寻仇为务，多见其不自量，而自窒其生矣！又令如策者之意见，竟驱彼于海外，绝不往来。前此本来尝相通，仍守中国之旧政，……为大盗乡愿吞剥愚弄，绵延长夜，丰菹万劫，不闻一新理，不睹一新法，则两千年由三代之文化降而今日之土蕃野蛮者，再二千年，将由今日之土蕃野蛮降而猿穴而犬豕，而蛙蚌，而生理殄绝，惟余荒荒大陆，若未使生人生物之沙漠而已。**夫焉得不感天之仁爱，阴使中外和会，救黄人将亡之种，以脱独夫民贼之鞅轭乎？**"④ 谭嗣同这些看似极端情绪化的、实际上却深含着历史辩证法意蕴的理性语言，与黑格尔关于世界精神之"理性狡计"的残酷无情的历史观念，是何其相似乃尔呵！对于有着深厚爱国主义传统的中华儿女来说，谭嗣同视西方列强侵略中国为"天之仁爱"的哲学观历史观，即便到今日也仍令一直为爱国主义感情所教所浸润的我们为之瞠目结舌、为之唏嘘不已！

但我们仍然断然拒绝这样一种未加哲学分析、哲学反思的肤浅的观点，即认为谭嗣同在这里宣扬了卖国观念这样一种缺乏历史辩证法分析的不公正的评

① 《谭嗣同全集》增订本上册，中华书局1981年版，第225页。
② 《谭嗣同全集·上欧阳瓣姜师书——兴算学议》，中华书局1981年版，第296页。
③ 加润国选注：《仁学——谭嗣同集》，第70～71页。
④ 同上书，第79～80页。黑体为引者加。

价。毋宁说，谭嗣同实在太爱我中华、太爱我祖国了，爱到了极致，以致于他竟认为非外来列强的入侵便不能使清王朝统治下的中国获得新生。因此我以为，尽管民族的求生意识和求生意志被覆盖弥漫在称颂西方列强为"仁义之师"、"天之仁爱"的极端话语中，但谭嗣同的历史辩证法观念并没有消弥他的爱国主义的生命激情，强烈的民族意识和民族意志仍然是谭嗣同的坚不可摧、牢不可破的深层心理动机。

关于谭嗣同哲学思想中的爱国主义、民族主义与世界主义的相互关系问题，张灏先生曾经有过一段耐人寻味的分析。他认为，尽管谭嗣同的"牺牲尤为英勇。……他被捕前有机会脱险，但他却拒绝了。他宁愿选择死，也不愿屈服于环境。……他成为那个时代知识分子中最富戏剧性的人物而被人们缅怀。在现代知识分子的记忆里，他那英雄般地走向死亡使他身上产生了一种辉煌的光环"；尽管从表面上看，谭嗣同"似乎是为其政治事业而死：努力从事那种使中国强大起来和反对外国侵略的壮举"；尽管谭嗣同早年就像康有为一样，"热切地关注着外国侵略所引起的中国和外部世界日益变化的关系"，并且"已把注意力集中于西方的扩张主义，表现出忧虑中国在世界中的命运的痛苦"，后来"这种痛苦转化成爱国主义"，"已经深深地献身于建设富强中国的理想中"，但是，谭嗣同仍然**"不是一个民族主义者。在 19 世纪那走向衰落的岁月里，当谭的许多知识分子同侪由爱国精神转向民族主义时，谭本人很少受到这种趋势的影响**。事实上，迄于其时他的世界观在许多方面和民族主义是背道而驰的。因而，他的殉道不是一种民族主义行为，而必须通过探寻其毕生的思想背景才能理解。"① 在谈到谭嗣同的有机统一体的和谐思想时，张灏先生认为，不管谭嗣同的"世界主义观念的思想来源是什么，他的《仁学》的确充满了这个观念，所以其思想有一种特有的非民族主义的特征。""在谭的和谐思想中，**世界主义观念不仅反映在他对民族主义缺乏同情上，而且更令人惊奇的则是他对帝国主义的赞赏态度**。在他的私信和《仁学》中，他把其在《治言》里曾表现出来的对外国人和外国文化的敌对和报优越感施惠于人的态度完全颠倒了过来，**而对帝国主义者侵略保持一种泰然自若的宽容态度**。由于处在一个帝国主义猖獗的时代，所以，这种令人吃惊的态度只有根据他的激进思想才能理解。"② 在这里，张灏先生如果能够用黑格尔关于世界精神之

---

① 张灏：《危机中的中国知识分子——寻求秩序与意义》，新星出版社 2006 年版，第 79~80 页。
② 同上书，第 115 页。黑体为引者加。

"理性狡计"的历史观念、特别是马克思的世界历史理论来解读谭嗣同的爱国主义与世界主义的矛盾，以及这种矛盾所具有的重大历史哲学意义，或许能够得出一个令人满意的结论。

谭嗣同的思想所包含的爱国主义与世界主义的悖论，谭嗣同的令人难以接受的关于中国与西方之相互关系的历史理念，在近代中国的文人学士中并不是唯一可见的个案。在这里，我们有必要提及严复和康有为在这个问题的观念。坚信达尔文生物进化论和社会达尔文主义，在面向世界历史时代的思索、探求中国如何才能富强的过程中，严复得出的结论几乎与谭嗣同有着惊人的相似。严复在 1898 年初写成的《拟上皇帝书》这篇万言书中，曾经向光绪皇帝提出"一个古怪的但有意思的建议"，即"要皇帝出访世界，目的是使世界强国相信，通过一项共同确保中国安全的条约，列强自己的利益将会得到最好的保证。严复认为，中国积弱是世界不安全的因素之一。英、法、俄与日本都不断地担忧他们的领导人可能会在一个衰败的中华帝国内赢得某种优势地位。这使得他得出一个有希望的前提，即'所有这些国家都深深愿意看到中国强盛，而皇帝出访世界，将大有希望使欧洲各国的大臣们确信要为中国提供进行必要改革的一段喘息时间。'"这个建议也许是凭空设想出来的，但它的确说明了严复的观点同中国的病情应由'帝国主义'负主要责任这一看法之间的距离有多远。他说得十分明确，中国的困难 70% 来自'内弊'。他的社会达尔文主义使他不可能对西方帝国主义国家做出明辨是非的判断。他认为中国在生存斗争中的衰败肇始于它自己不能适应这种环境，那些能适应的国家为获得优势而相互竞争，这是完全不可避免的，而中国必然要由自己来忍受不能适应的奇耻大辱。"[①] 甚至康有为这个伟大的爱国者，在这个问题上也有着与谭嗣同类似的观念：在《大同书》中，"**康有为甚至认为帝国主义吞并弱小民族，也是通往大同世界的一个途径。这样，他所说的'去国界'就接近于资产阶级世界主义了。**"[②] 我们必须确信，无论是谭嗣同、康有为还是严复，亦无论是任何其他的文人学士，他们在近代中国那个任人宰割的时代条件和生存状况中得出的种种上述结论，决不能被简单而过于匆忙地、无分析非反思地指责为亡国主义、卖国主义。我们应当看到，他们强烈的爱国主义并没有使他们走向情绪性的非理性的境地，而是始终保持了对世界历史时代民族国家之间之

---

① 史华兹：《寻求富强：严复与西方》，江苏人民出版社 1996 年版，第 80~81 页。

② 冯友兰：《中国哲学史新编》下卷，人民出版社 1999 年版，第 470 页。黑体为引者加。

残酷的生存竞争的理性判断，因此他们的爱国主义建基于如何实现作为民族历史的中国历史向世界历史转化之时代要求、历史任务的清醒意识，是基于历史理性精神的、包含着历史辩证法的高瞻远瞩的爱国主义。因此无论是谭嗣同、康有为还是严复，他们确立世界主义观念的深层心理动机依然是爱国主义。而正是在爱国主义与世界主义之间的深刻、复杂而巨大的张力中，他们的历史政治哲学才真正触摸、洞察和反映了民族历史向世界历史转化的悲剧性的辩证法。

谭嗣同深刻地认识到，如果中国仍闭关锁国而不积极主动地参与世界历史进程，中华民族就会每况愈下，中国未来的命运就只能是由文明国度变为蛮荒之地。而这不就是谭嗣同通过自己的哲学思考，在自觉主动地推动作为民族历史的中国历史向世界历史转化么？之所以能够如此，是由于他对近代世界潮流有了异常深刻的感受和把握。历史的遗憾或真正的问题就在于，当时的中国根本就没有正常开放的基本前提。因此谭嗣同之所以会有如此情绪，就主要是出于对清朝政府的无能治理、腐朽统治的强烈愤慨。同样是一部《仁学》，他不是也反复强烈地批判、谴责西方列强对中国虎视眈眈、"阴以渔猎"的险恶用心么?! 如若我们从马克思世界历史理论的解释框架出发，如若借用黑格尔关于世界精神之"理性狡计"（世界精神在各民族的相互战争中通过坐山观虎斗的方式来实现自身的目标）的历史观念，来分析和评价谭嗣同关于世界主义的石破天惊之论，那么，我们就会对谭嗣同的这一思想抱持一个客观、公正的态度。实际上，马克思主义、黑格尔哲学之所以在中国得到广泛而有力地传播，大概是由于中德两个民族的文化心理结构有某种共同点吧。而这种文化心理的某种共同特性，也很可能是谭嗣同具有上述历史观念的基本原因之一。就黑格尔与谭嗣同历史观的不同之处而言，我们是否可以认为，黑格尔是以彻底冷静的理性主义态度、以似乎是非民族主义的世界主义眼光审视人类世界历史的进程；而谭嗣同虽然一方面具有称颂工业科技文明一体化潮流的世界主义眼光，但另一方面却又始终充满着强烈鲜明的爱国主义情怀，是一种理性激情的思想观念的结构。因此，谭嗣同通过上述极端化的语言所表现出来的严重抗议和强烈情绪，实在是出于对满清王朝"哀其不幸、怒其不争"的悲愤心理所在。

因此，尽管黑格尔之"理性诡计"的世界历史观太过残酷，但这种清醒冷静的历史理性意识所揭示的历史发展的矛盾辩证法，所揭示的历史主义与伦理主义之相互关系的悲剧性质，对我们深入研究马克思的世界历史理论所揭示的世界历史时代自身的矛盾特性，对我们考察在近代世界的历史条件下各个民族向世界历史转化的复杂而深刻的辩证历程，无疑有着重要启示和借鉴意义。

六、历史向世界历史转化的哲学回应："中国资本社会的思想家"

近代西方资产阶级以剩余价值为根本动力、为根本目标而进行的生产、流通，西方资本的增殖和扩张所必然产生的世界贸易，西方资本的概念和本性所必然形成的世界市场，是马克思世界历史理论所阐发的民族历史向世界历史转化的物质基础和实在内容，是马克思世界历史理论的最富特点、最具生命力的组成部分。马克思认为，"资本的必然趋势是在一切地方使生产方式服从自己，使它们受资本的统治。"[1] 在由其内在的概念、逻辑和本性所决定的向世界进行强力扩张的过程中，"资本一方面要力求摧毁交往即交换的一切地方限制，夺得整个地球作为它的市场，另一方面，它又力求用时间去消灭空间，就是说，把商品从一个地方移到另一个地方所花费的时间缩到最低限度。资本越发展，从而资本借以流通的市场，构成资本空间流通道路的市场越扩大，资本同时也就越是力求在空间上更加扩大市场，力求用时间去更多地消灭空间。"[2] 马克思在这里所形象而深刻地分析、描述和阐发的资本"用时间去消灭空间"、资本"力求在空间上更加扩大市场"以至"夺得整个地球"的迅速流动和强力扩张所推动的世界市场的形成，成为我们解读和分析谭嗣同"仁—通"哲学之所以产生的最深刻的世界历史背景，从而也为我们提供了分析和评价谭嗣同"仁—通"哲学的内涵、地位、作用、价值和意义的方法论启示。

西方世界的商品资本在全球的巨大扩张所促成的各个落后民族历史之封闭结构、之传统生产方式的解体，西方近代民主政治革命的浪潮所促成的封建专制政治体系的坍塌，西方近代启蒙思想运动所带来的思想观念的变革，以及由于所有这些深刻变革的相互推荡和共同作用所导致的、民族历史向世界历史转化的世界历史时代的开辟，必然或直接或间接地深刻地反映在谭嗣同的"仁"的概念内涵中，使"仁"最终走出甚至脱离了它原有的传统涵义，从而实现了"仁"的概念之走向近代的革命性的转变。

---

① 《马克思恩格斯全集》第46卷下，人民出版社1978年版，第246页。
② 同上书，第33页。

谭嗣同把"仁"看作是贯通于宇宙自然和人类社会中的一个"最高原则"，① 并以颇具独特性的《仁学》这一名称来命名他的著作。谭嗣同把"仁"从整个儒家文化的背景、框架和格局中独立、凸现出来，把它提升为宇宙万物之本体，并以"通"作为"仁"通达体现于世界万物之桥梁，使其扩展、充塞、弥漫于整个宇宙、世间的一切事物中。于是，谭嗣同经由"仁—通"的近代化的转换性阐释，开启了由传统走向近代的门户和道路，彻底实现了由"仁"、"通"的传统古典涵义到近代哲学理念的历史性飞跃。如果说，中国哲学在近代经历了一场历史性革命，发生了中国哲学史上空前未有的结构性的变革，那么，谭嗣同关于"仁—通"哲学的创造性阐释，无疑是标志着这场革命性变革的思想高峰之一。谭嗣同与洪仁玕、康有为、梁启超、严复、章太炎、孙中山等伟大的革新战士和思想领袖一起，洞察世界历史大势，倾听时代潮流呼声，共同促成了中国哲学由传统到近代的革命性变革。这是一项重建国人思维方式与文化心理结构的具有深远意义的历史性工程。因此谭嗣同那充满了哲理智慧和生命激情的、以"仁—通"为突出特征的近代启蒙哲学的诞生，就为中国全面参与世界进程，为中国历史走向世界历史，为中、西方两种不同类型文明的交融统一，为中国之近代工商文明的诞生，为中国之民主政治制度的建立，为国民之个体人性的自由、平等与独立，为科学理性精神的形成，以及一切形式的相互开放，都提供了最深刻、最具生命力的观念阐释和哲学证明。因此短短《仁学》一书，就包涵了批判性地反思和创造性地转换传统文化的内在张力，包涵了把近代世界的基本特征概括为"仁—通"的巨大信息能量，包涵了所向披靡的战斗精神和辽阔深邃的思想智慧。谭嗣同的《仁学》标志着中国历史作为民族历史向世界历史过渡、转换时代的哲学沉思，是表征和反映这一近代世界历史潮流的时代精神的精华。这是谭嗣同在那个时代的岌岌可危的民族危机中，为民族的生存意识和生存意志所驱动而作出的迎接外来挑战的唯一选择，是他对近代西方之所以强盛、世界性殖民之所以可能的深刻观察，是他对商品、资本、民主、法治、科学技术之革命性作用的哲学式肯定。这就是谭嗣同启蒙哲学由以建立的最深厚的时代根基，也是他的《仁学》一书之所以影响甚巨、光照千秋的根本原因所在。

七、应答时代精神之呼唤的"最高理论家"

梁启超怀着无比深厚的同学情谊，在谭嗣同英勇就义九十日之际为《仁

---

① 冯友兰：《中国哲学史新编》下卷，人民出版社 1999 年版，第 487 页。

学》作序，对《仁学》一书的巨大意义给予高度评价，表达了对谭嗣同及其《仁学》的由衷的崇敬、赞佩之情："呜呼！此书一日在天壤，则先生之精神，与中国永无尽也。""《仁学》为何而作？将以光大南海之宗旨，会通世经圣哲之心法，以救全世界之众生也。南海之教学者曰：以求仁为宗旨以大同为条理，以救中国为下手，以杀身破家为究竟。《仁学》者即发挥此语之书也，而烈士者即实行此语之人也。"；"大仁之极，而大勇生焉"，"烈士发为众生流血之大愿也久矣。……此烈士所以先众人而流血也。况有《仁学》一书，以公于天下，为法之灯，为众之眼，则烈士亦可以无慊于全世界也夫！亦可以无慊于全世界也夫！"①谭嗣同《仁学》"仅留此区区一卷，吐万丈光芒，一瞥而逝，而扫荡廓清之力莫与京焉。吾故比诸彗星。"②谭嗣同的《仁学》为什么能够在那个黑暗无边的漫漫长夜中"吐万丈光芒"？为什么能够有无可比拟的"扫荡廓清之力"？根本原因就在于，它标志着先进的中国人冲破传统桎梏走向近代、突破民族历史界限走向世界历史未来的哲学变革。冯友兰先生对谭嗣同及其哲学更是作了极高的评价，称谭嗣同为那个时代的"最高理论家"："谭嗣同从哲学的高度为戊戌变法作了概括的说明和深刻的辩解。当时的先进的人们都没有达到这样的高度和深度，所以他就成为戊戌变法运动的最高理论家。""谭嗣同回答了当时时代提出的问题，指明了时代前进的方向，就这两**点上说他不愧为人类历史中的一个大运动的最高理论家，也不愧为中国历史中一个代表时代精神的大哲学家。"③**冯友兰先生在这里所指称的"时代"的"问题"和"方向"、"人类历史的一个大运动"等等所包含的最深刻的历史涵义，以及谭嗣同由于回应了时代要求而成为"最高理论家"等等评价，真可谓登峰造极之论也！而从马克思世界历史理论的解释框架和观察视角上说，谭嗣同之所以伟大，是由于他在哲学上回应了民族历史向世界历史转化所提出的挑战，阐明了在近代世界的条件下中国如何走向近代文明的方向和道路。

张灏先生从超越自我、回归万有统一体的人类之爱、人类同情心的生命境界，从人格修养的个体视角出发，高度评价了谭嗣同所具有的多维立体的英雄形象："正如谭本人和梁启超在《仁学》序言中所清楚表明的那样，谭开始把自己看成是一个出自爱心而献身于服务和拯救人类的人。由这种实在玄想，他

---

① 《梁启超文选》下，中国广播电视出版社1992年版，451～452页。

② 梁启超：《清代学术概论》，东方出版社1996年版，第86页。

③ 冯友兰：《中国哲学史新编》下，人民出版社1999年版，第501页。黑体为引者加。

为自己设计了具有多种文化特征的理想人格形象：儒家的圣人、大乘佛教的菩萨、墨家的游侠和基督教的传教士。质言之，是一个完全生活在慈爱理想中的苦难的英雄。"① 所以究竟是唯物还是唯心，就并不是理解谭嗣同仁学的本质特征、核心问题和重大意义所在。关键的事情在于，谭嗣同通过"仁—通"这一哲学范式的深刻阐发，为中国哲学从传统走向近代开辟了思想观念的桥梁和道路。谭嗣同仁学哲学的根本理念，是对近代工商文明的高度肯定，是对民主与科学的热烈追求，是对自由、平等、博爱的深情歌颂，是对伦理—政治专制主义的无情批判，是对近代世界资本的运动与扩张、资本生命力的无所不至与所向披靡的直观体悟，是对民族历史向世界历史转化之时代潮流的深刻洞察。② 因此谭嗣同的"仁—通"哲学既是对苦难受辱中的中华民族的生存意识与生存意志之召唤的自觉应答，表达了一种强烈的爱国主义，同时又是高瞻远瞩放眼全球的"世界主义"（梁启超语）。在 20 世纪 80 年代之前数十年的哲学史研究中，人们之所以停留在究竟是唯物还是唯心的问题上争论不休而抓不住谭嗣同仁学的核心问题和关键所在，其原因就在于当时远离世界历史潮流的教条主义观念的严重束缚，而未能充分估量谭嗣同哲学的近代自由主义性格对传统哲学观念的革命性超越，未能充分认识到谭嗣同回应民族历史向世界历史转化之挑战的深远而重大的意义。而这正是谭嗣同仁学哲学的精神实质，是谭嗣同哲学理念的根本问题所在。

在我看来，这实际上也是贯穿在整个中国近代哲学发展过程中的基本精神。谭嗣同的仁学哲学是整个中国近代哲学超越传统、走向近代之革命变革的一个典型写照。如果说，谭嗣同仁学哲学的根本理念是对传统生产方式、价值观和意识形态的自觉诀别，是对近代工商资本文明的热情向往，是对民主政治与科学技术的执著追求，是对近代人性解放潮流的深刻认同，那么我们就完全可以说，这种向往、追求和认同也同样贯穿了中国近代哲学历史发展和革命性

---

① 张灏：《危机中的中国知识分子——寻求秩序与意义》，新星出版社 2006 年版，第 105～106 页。张灏先生在这里主要从个体的角度来论析谭嗣同之思想实践的地位、价值和意义，实际上，谭嗣同思想实践行为的地位、价值和意义，除了从个体这一微观的分析视角外，同时还应当站在世界历史发展的宏观整体视野上，到作为民族历史的中国历史向世界历史转化的世界潮流中，到我们这个民族在近代世界条件下的求生意识、求生意志中，到中国哲学如何从传统到近代的历史性转换和革命性变革中……去探询、研究和论证，这样才能够更深刻地对其进行理解、定位和评价。

② 张灏先生非常中肯、公允地认为，尽管谭嗣同的"所有观察结果说明他的现代西方文明知识非常糟糕而有限，但是，它们恰恰是代表了一种本杰明·史华兹（Benjamin Schwartz）所说的对现代西方浮士德普罗米修斯式精神气质的认识。"（张灏：《危机中的中国知识分子——寻求秩序与意义》，第 110 页）

变革的全过程。因此，只有从作为民族历史的中国历史向世界历史转化的总体历史背景出发，只有从 1840 年以来中国近代志士仁人基于民族的生存意识与生存意志的艰难历程出发，只有从中国近代哲人和政治领袖对民主与科学这一近代主题的根本追求出发，只有从中国哲学在世界历史时代背景下所发生的从传统到近代的历史性飞跃出发，中国近代哲学的精神才能够从根本上得到理解、阐释和说明。①

八、传统与近代的内在张力：谭嗣同与我们的时代

谭嗣同是近代面向世界、面向未来而倡导革新的伟大先驱。谭嗣同不仅在思想观念上是冲决封建罗网的叛逆者，而且在政治实践上是为中国革新事业献出了年轻生命的英雄战士。无论是他充满巨大战斗激情的理论批判，还是他血洒京城、领死如怡的悲壮实践，都同样是留给国人的最宝贵的财富。谭嗣同的情怀、思想、精神、意志、行为，由于深刻地表征和反映了那个时代中华民族的生存意识、生存意志而永垂不朽。② 谭嗣同关于维新变法的主张与辩证发展观念，关于政治伦理专制批判的近代政治意识和人性理念，以及关于"仁—通"阐释中的开放胸襟和世界主义情怀，直到今日也依然闪烁着生命激情的火焰和思想智慧的光芒。

谭嗣同冲决传统网罗的激烈的批判意识和以身殉国的烈士精神，凸显为中国近代思想史上的一座丰碑。他否定三纲、攻击礼教的激烈批判意识所开启的思想解放的历史潮流在五四新文化运动中达到高潮，从而极大地动摇、震撼和瓦解了在数千年来的历史中所形成的价值观和意识形态的传统秩序。"谭嗣同的批判意识是以否定三纲、攻击礼教为其中心思想的。我们无法知道他在这方面对后来的知识分子有多大影响，我们只知道**从他的时代开始，否定三纲变成一股历史潮流，传统秩序的思想基础由动摇而瓦解**。谭嗣同就站在这一历史潮流的尖端，它的抗议精神变成瓦解传统政治社会秩序的前锋。"③ 但我们应当

---

① 关于中国近代哲学精神这一问题的展开分析，请参阅拙文"中国近代哲学精神引论"（《传统文化与现代化》1998 年第 2 期）

② 作为戊戌维新的关键角色之一，作为这场悲剧性变革运动的殉道者，谭嗣同"成为他那代知识分子中最富戏剧性的人物而被人们缅怀。在现代知识分子的记忆里，他那英雄般地走向死亡使他身上产生了一种辉煌的光环。"（张灏：《危机中的中国知识分子——寻求秩序与意义》，第 79 页。）谭嗣同的从容就义成为那个时代中华民族的民族精神之重新塑造、之浴火重生的时代标志，是中华民族的生存意识、生存意志之不可摧毁的深刻象征。

③ 张灏：《梁启超与中国近代思想的过渡（1890～1907）烈士精神与批判意识》，新星出版社 2006 年版，第 308 页。黑体为引者加。

在这里指出，尽管谭嗣同在无情而深刻的批判和反叛中指示着中国超越传统、走向近代的方向和道路，但谭嗣同的批判意识和抗议精神并没有发展到纯粹否定的极端，而保留了对仍然富有生命力的传统思想的肯定和认同。

从1890年代末叶谭嗣同的时代发展到21世纪初年的今天，历史已经走过了100多年的岁月。在经历了战争与革命的长期动荡和建国后数十年的社会发展后，中国共产党人在20世纪的1970后期进入到一个历史反思、历史批判和开拓未来、走向世界的崭新的历史发展阶段。对于已经迈入和平与发展的全新的建设时代的我们来说，对传统的全面批判和否定已不再是我们的唯一使命。我们需要在审视、批判、检点传统的基础上更加注重对民族特性和文化传统的继承、发扬和认同。谭嗣同对传统文化所采取的、保持着批判与传承的内在张力的辩证方式和健康态度，是值得我们高度重视的。

谭嗣同以对民族历史向世界历史转化之近代化世界潮流的深刻洞察为根本前提，通过"仁—通"的古典解释框架和语言形态，一方面基于自由、平等、博爱的近代启蒙主义理念，对中国文化传统的问题和弊端进行了深入的哲学反思和历史批判，理性而激情地回应了作为民族历史的中国历史向世界历史转化的苦难历程，一方面又仍然坚定地立足于中华文化传统的深厚基地，继承并发扬光大了中国文化传统的特性、优势和精华，深刻而有力地展示了中国的文化传统在与西方文明的严重冲突中所表现出的巨大生命活力，并由此推动、参与和开辟了中国哲学从传统走向近代的变革道路。

谭嗣同以其赤胆忠诚殉难于戊戌变法运动这一深刻体现了中华民族必须扬弃传统、走向近代之时代要求的极其悲壮的事业，以激励人们去实现他所梦寐以求的建立近代强国的伟大理想。一百多年过去了，中华民族在经过了种种艰难曲折的苦难历程之后，终于高高举起了建设中国特色的社会主义市场经济、法治国家、精神文明、和谐社会的伟大旗帜，庄严地确立了富强、民主、文明、和谐的社会主义现代化强国的总体治国方略。我们有理由深信，当下中国共产党人所从事的意义深远、走向世界的改革和建设事业，正在把戊戌变法领袖们未能实现的理想不断推向前进，21世纪的中国将以现代化强大国家的崭新面貌屹立在世界东方，有着五千年悠久文明的中华民族将在走向民族复兴的伟大进程中，迎来真正自立于世界民族之林的曙光。

第四章

启蒙与救亡：在自由与富强之间*

——通往世界之路：严复思想的意义与悲剧

　　早在 1850 年代，恩格斯就站在世界历史的高度，对遭遇西方列强的严重冲击、处于民族历史向世界历史转化之巨大潮流中的风雨飘摇的晚清帝国的必然灭亡的历史命运，作了高瞻远瞩的预测性判断，认为 1857 年英国军队对北京城的"示威行动如果成功，就会从根本上动摇中华帝国本身的存在，就会加速清王朝的倾覆"。"有一点是肯定无疑的，那就是旧中国的死亡时刻正在迅速临近。"中国人民"在反抗外国人的斗争中所表现的那种狂热本身，似乎表明他们已觉悟到旧中国遇到极大的危险；过不了多久，我们就会亲眼看到世界上最古老的帝国的垂死挣扎，看到整个亚洲新纪元的曙光"①。

　　这就是严复所身处其中的那个严峻的历史时代。在这个旧时代将要覆灭、新时代尚未来临的历史时刻，严复所力图担负的历史使命，是为迎接"亚洲新纪元的曙光"而鼓与呼：一方面，他深刻地认识到必须反思、检讨和批判传统文化的问题、弊端和缺陷，并通过革命性的重构以重现传统文化的生机；一方面他又清醒地意识到，中国必须直面民族历史向世界历史转化之时代潮流的深刻挑战，学习西方文明的优势和精华，以寻求重构本民族文化的参照和榜样，为推动民族历史向世界历史转化的历史性进程确立近代意义上的理性根基和思想方式。

　　严复在开辟"民族文学"通往"世界文学"的道路上迈出了重要的步伐。

　　在承担这一重大历史使命的过程中，严复成长为中国近代思想启蒙的巨

---

　　* 本章在"启蒙与救亡：在自由与富强之间——马克思世界历史理论的严复个案"（《哲学研究》2007 年第 9 期，15000 字）和"民主与科学：严复启蒙思想的主题和灵魂"（《天津社会科学》1997 年第 5 期，10000 字）两文的基础上修改和扩充而成。

　　① 《马克思恩格斯选集》第 1 卷，人民出版社 1995 年版，第 711～712 页。

匠。严复对世界历史潮流的深刻洞察、对中西文化特性的分析对比、对西方学术经典的精湛移译、对传统文化弊端的深入解剖……所有这一切，都为中国思想摆脱传统羁绊、走向近代世界奠立了基础性的思想工程，在作为民族历史的中国历史向世界历史的转化过程中构筑起一座沟通中西的思想桥梁，为中国近代哲学的变革写下了不朽的光辉篇章。对马克思的世界历史理论进行个案研究，探索在作为民族历史的中国历史向世界历史的转化过程中中国哲人所作出的理性回应，严复及其启蒙思想无疑是典型案例之一。严复在那个民族危亡的历史时刻所做的一切，特别是对西方思想的移译、评介和宣扬，以及对传统文化的批判、分析和超越，深刻地表征着我们这个古老而悠久的民族，在近代世界的血雨腥风、枪林弹雨中如何扬弃传统、走向近代、参与世界历史的辩证历程。

严复睁眼看世界，把探索和学习的目光投向西方，但他所始终坚持不懈、坚定不移地关注的问题，是中国如何才能够从传统迈入近代，摆脱落后、贫困和屈辱，走向繁荣和富强。

美国著名汉学家本杰明·史华兹在"寻求富强：严复与西方"的解释框架下，高度评价严复在作为民族历史的中国历史向世界历史的转化过程中、在由于西方的入侵所带来的社会及文化的冲突中所扮演的重大作用，认为严复"与许多前辈和同时代人一样，对西方军事、经济、政治力量的奥秘异常关注，但他又与许多前辈和同时代人不同，他最感兴趣的是西方思想家在这些方面的观点。他是认真地、紧密地、持久地把自己与西方思想关联在一起的第一个中国学者。"① 史华兹为什么把严复与西方联系在一起进行考察和研究？为什么强调严复是认真地、紧密地、持久地把自己与西方思想联系在一起的第一个中国学者？这里的答案只能是，中国要摆脱1840年以来任由西方列强宰割蹂躏、肆意凭陵的悲惨命运，就必须走向近代化，走向世界，建设近代国家。而西方世界已经为建设近代化强国提供了成功范例，这是中国在近代世界的历史背景下必须直面的生存现实。中国要从传统社会跨入近代社会，就应当、也必须学习西方，这是严复所生存其中的那个时代的一个严酷的世界历史性的现实。从马克思世界历史理论的宏观解释框架出发，我们完全可以说，史华兹所说的严复对西方之所以能够拥有强大的军事、经济、政治力量之奥秘的异常关注，实际上就是严复在深入地探索中国

---

① 史华兹：《寻求富强：严复与西方》，江苏人民出版社1996年版，第2~3页。

走向世界、即寻求作为民族历史的中国历史如何实现向世界历史转化的基本条件、因素、途径和秘密。

史华兹强调，就是在这样一个世界性的历史背景中，"青年严复达到了思想的成熟，而我们必须把他为转变传统价值观念所作的努力，即他为发现西方富强的真正奥秘所作的努力，紧紧地与这一背景相联系。"① 史华兹在这里所说的严复"为转变传统价值观念、为发现西方富强的真正奥秘所作的努力"，实际上是严复在作为民族历史的中国历史向世界历史转化所造成、所带来的严重挑战中，通过自己的思想探索所作出的理性判断和哲学回应。因此史华兹所谓的转变传统价值观念，实际上就是严复通过对传统文化的检讨、反思和批判，力图使自己民族的价值观念能够顺乎世界历史潮流而富有生机活力，从而能够真正参与马克思所说的"世界文学"的形成过程。

一、走向"世界文学"：翻译与价值观念的转换

与洋务派以坚船利炮为基本内容的新政运动不同，严复主要是从思想观念、价值观念的维度，创造性地回应了作为民族历史的中国历史向世界历史的转化进程所带来的深刻挑战、所提出的历史任务。严复启蒙思想的主题是民主与科学。

中国在 1895 年中日甲午战争中的失败，使得中国进步的政治领袖和文人学士对国事、对世界大势的看法发生了重大变化。近代中国落后积弱，处处被动挨打，与此成为鲜明对照的是西方列强的蓬勃兴盛和全球扩张。西方世界之所以强盛的基本原因是什么？究竟向西方学习什么才能强我中华，才能迎接民族的巨大生存挑战？这种严酷无情的世界背景和时代潮流，这种异常严重的民族生存危机，必然一方面激发中国进步学人强烈的爱国主义情感，一方面又促使他们形成面向世界的全球意识。就是在这样的严重历史时刻，严复开始了他的救亡图存的人生道路。他以自己的独特经历和卓越智慧，深入探索了近代西方之所以昌盛、中国之所以衰落的基本原因，对贯穿于西方社会中的科学理性精神和民主自由原则给予了深刻洞察，并向国人作了系统的和创造性的介绍、阐释和宣扬。严复怀抱着启蒙国民的重大历史责任，"振聋发聩地宣布一个基本观点：西方强大的根本原因，绝不仅仅在于武器和技术，也不仅仅在于经济、政治组织或任何制度设施，而在于对现实

---

① 史华兹：《寻求富强：严复与西方》，江苏人民出版社 1996 年版，第 19 页。

的完全不同的体察。因此，应该在思想和价值观的领域里去寻找。""**人们在这里看到了对于'思想'在人类历史上的作用的极度强调。我们已经注意到，严复对斯宾塞的高度宿命论体系加以为我所用的曲解。他在其中发现的是一个'改变'世界的纲领，而不仅是一个描述世界的理论。**"① 严复以西学的译介、宣扬和阐释来改造国人传统观念的思想工程，在整个近现代中国思想史上有着重要意义。他既是把近代世界启蒙运动的精神和成果嫁接到中国思想世界的哲学战士，又是国人从封闭的传统观念向开放的近代观念之转换过程中当之无愧的启蒙领袖。他的中西合璧的特立独行和观念创新，他对国人的极具近代意义的精神感召和思想启蒙，使他成为近代中国哲学启蒙思想史上一颗伟大的启明星，迎接着中国思想世界之深刻变革的黎明和曙光。② 梁启超通过自贬式的评价，高度评价严复的意义，认为"新思想之输入，如火如荼矣。然皆所谓'梁启超式'的输入，无组织，无选择，本末不具，派别不明，惟以多为贵，而社会亦欢迎之。盖如久处灾区之民，草根木皮，冻雀腐鼠，罔不甘之，朵颐大嚼，其能消化与否不问，能无召病与否更不问也，而亦实无卫生良品足以为代。时独有侯官严复，先后译赫胥黎《天演论》，斯密亚丹《原富》，穆勒约翰《名学》、《群己权界论》，孟德斯鸠《法意》，斯宾塞《群学肄言》等数种，皆名著也。虽半属旧籍，去时势颇远，然西洋留学生与本国思想界发生关系者，复其首也。"③ 蔡元培同样极度推崇严复，认为"五十年来，介绍西洋哲学的，要推侯官严复为第一"④。这些都是中肯的、实事求是的评价。

　　严复在英国学习期间不能忘怀祖国的命运。他所学的虽然是机器驾驶、海军战术、高等数学等近代军事和自然科学课程，且考试屡屡优等，但对于具有强烈的忧患意识、有着超越当下命运的巨大思想能量的严复来说，并没有困于洋务派派他留学的初衷。他倾心于西方近代哲学和社会政治、经济学说，西方的进化理论、实证精神和自由主义给他留下了深刻印象。他留学时的注意力就

---

　　① 史华兹：《寻求富强：严复与西方》，江苏人民出版社1996年版，第38页。黑体为引者加。

　　② 史华兹认为，严复独特的个人经历和独特的思想行为方式，使得"严复对各方来说事实上都是外人。对于极端保守分子来说，严复当然是该诅咒的人；对于谨慎的改革者，如仍极注重'保教'的张之洞来说，严复对保教公开表示冷漠是极其令人恼怒的。我们知道，张之洞对《辟韩》一文深恶痛绝，并确实指使屠守仁写了一篇辩驳文章。甚至对康有为及其同伙来说，严复在许多方面也与他们不合。"（史华兹：《寻求富强：严复与西方》，第74~75页）

　　③ 梁启超：《清代学术概论》，东方出版社1996年版，第89页。

　　④ 蔡元培：《蔡元培全集》第4卷，中华书局1984年版，第351页。

已超越了洋务新政船坚炮利、练兵自强的局限，而将目光移向西方之所以富强的原因的思考，移向科学、哲学和社会政治思想的深层探求。他除了广泛阅读近代西方的经济、政治、哲学著作外，尤其注意达尔文的生物进化论和斯宾塞的社会机体论。他的深厚的西学功底，令同时代那些出游西方的杰出人物难以望其项背，① 由此可见，严复在传统保守势力仍然居于主导地位的时代背景和思想氛围中颇具世界眼光和开放意识，从而为他全面译介西学、寻求革新中国的参照系创造了重要前提。

与康有为、梁启超、谭嗣同热情地投入变法运动不同，严复没有把自己的理论和实践活动的重心放在维新变法的具体设计中。如果说康、梁、谭认识到变革封建政体的革新实践是中国富强的必由之路，那么在严复那里，更新和重构国人的思想意识和价值观念，用近代民主、科学的观念和理论启蒙国人也同样是建立近代强国的基本工程，而且这在他看来或许是更带根本性的任务。② 严复系统地宣扬西学，以救治中学不合时宜的弊端，力图以一种富有生命活力的异质文化去冲击、刷新和重建国人守旧僵化的思想方式。他翻译、介绍给国人的是《天演论》、《原富》、《法意》、《名学》、《名学浅说》、《群学肄言》、《群己权界论》、《社会通诠》等涉及到众多领域的近代西方著作。他对翻译的理解是具有独创性的，而且根据那个时代革新中国的现实需要和他个人的深刻体悟，在译著中写下了大量针砭时弊、极富见地的按语，表现了一个思想大师

---

① 郭嵩焘作为中国正式派往西方世界的首任公使，对西方为什么能够达于强盛而称霸世界的根本原因，可谓洞若观火。这是他为什么会对一个小他三十五岁的留学生严复"激赏"的原因所在。汪荣祖先生在其关于郭嵩焘的专著中，特专列"激赏严又陵"一章，来描述郭嵩焘对后生严复的高度评价，可谓独具匠心。让我们看看郭嵩焘究竟如何"激赏严又陵"："严复引起郭嵩焘的注意，始于光绪四年的元旦。那时严复已在英国的格林威治海军学院肄业，与同学……一起来使馆拜年。郭嵩焘询问他们的学习情况甚祥。但六人之中，与'严又陵（宗光）谈最畅'。郭又说：'其（严）言多可听者。'印象最深刻的是，严复所说中国学生的体力远不如洋人。……郭嵩焘欣赏严复，显因这位青年颇能见微知著，见识不凡。……**使他赞赏的是，严复明锐地批评那些不在乎西洋文明的人，或以为西方文化古已有之的人。**"三月七日是郭嵩焘的生日……严复与格林威治的其他中国同学……前来祝寿。郭氏亲切地留他们吃饭，席间**严复又议论纵横，大谈近代科学**，给寿星留下深刻印象。"（汪荣祖：《走向世界的挫折——郭嵩焘与道咸同光时代》，岳麓书社2000年版，第213、214页。黑体为引者加）

② "当我们转向行动领域时就会发现，总的来说，严复的具体实行方案并未超出改革者们1898年提出的主张，并且，伟大的改革之年发生的一系列事件表明，严复是站在政治行动之外的。对此人们或许应区分两种因素，一是他在变法运动中个性的相对不活跃，二是他在策略上的相对谨慎。但纵观严复的一生，人们只能认为他不是一个'组织者'，因为他在实际的政治责任面前，他甚至带着某种恐惧。"（史华兹：《寻求富强：严复与西方》，73页）

的高瞻远瞩和独具匠心。① 他向国人展现了一个如何变革和改造中国的崭新的价值观念的参照系——一个由进化观念、自由主义、民权思想、法制学说、科学方法论等多方面内容构成的崭新的世界图景。②

　　严复本人革新社会的理想方式是改良而非革命，但他的思想启蒙却在实际上构成了由改良到革命的历史行程中不可缺少的一个环节。如果说，没有严复翻译、介绍、力倡的进化观念对"天不变道亦不变"的僵化世界观和思维方式的冲击，没有严复钟情、阐释、宣扬的民权学说、自由主义和科学方法论对几代人的培育和启蒙，那么由进化到革命的历史性转换就缺少了一个必要的基本前提，因为从根本上说，进化论强调的是一种动的宇宙观。进化论"这个19 世纪后半叶新起的学说，居然在半死不活的中国成了日常用语的话"，"**现在的进化论，已经有了左右思想的能力，无论什么哲学，伦理，教育，以及社会之组织，宗教之精神，政治之设施，没有一种不受它的影响。**"③ 从邹容、陈天华到孙中山，再到毛泽东，④ 从戊戌维新、辛亥革命到五四新文化运动，再到中国共产党人的民族民主革命，在这个深刻地改变着中华民族、中国人民命运的变革历程中，如果缺少了严复启蒙精神的洗礼与召唤，近现代中国思想面貌的革新与重建就是不可想象的。

二、通往富强之路：穿行在自由与富强的张力中

　　自1840 年的鸦片战争始，中华民族的生死存亡问题就已经尖锐而现实地

----

　　① 如对赫胥黎的《天演论》一书的翻译，严复就是按原文意译，自行编排，加有按语，表达了自己的一系列见解和主张。所以鲁迅颇有见地地认为，严复是"做"《天演论》，可谓一语点破了严复翻译西书的深层心理动机，以及由此所体现的创造性的特征。

　　② 严复没有直接参加百日维新，但他却是以自己的独特方式，与康、谭、梁等维新派一起参与了变革传统中国、自觉走向世界的伟大事业。就在康梁推动着光绪皇帝进行暴风雨般的革新运动的时候，严复正在认真从事着另一番试图变革国人思想观念、推动国人放眼世界的启蒙工程：此时此刻，他正在潜身潜心地、创造性地翻译西方的著作，翻译亚当·斯密的《国富论》。在戊戌变法失败后的那个死寂般的沉沉黑夜中，严复以清醒头脑思考着如何在思想观念的深层反叛和消解政治专制主义的工作：他开始翻译穆勒的《论自由》（《群己权界论》），力图为专制政治高压统治的黑暗的中国社会洒下一道自由主义的光芒。

　　③ 陈兼善：《进化论发达史》，《民锋杂志》第 3 卷 5 号。着重号为引者加。

　　④ 李泽厚曾注意到一种值得深思的政治学术现象："1949 年，毛主席总结中国民主革命数十年经验时，提出严复是与洪秀全、康有为、孙中山等并列的代表人物，曾使好些人出乎意外。……严复……何以能与上述三人并列呢？不是谭嗣同，不是章太炎，不是其他当时更有声势和名望的人物，而偏偏是严复？……解放后有关严复的论著仍寥寥无几……前数年，由于毛主席再次提及严复，情况有所改变。"（李泽厚：《中国近代思想史论》，第 249～250 页。）毛泽东可谓独具慧眼：他大概是由于深刻地意识到严复所从事的思想启蒙工程的深远意义，才赋予严复以极高的历史地位。

摆在中国人民的面前。但民族的巨大生存危机并没有从根本上动摇传统卫道士"天不变道亦不变"的世界观的根基。因此要革新专制主义的社会政治制度，迎接外来列强的严重挑战，就必须有相应的哲学观念的深刻变革。严复清醒而自觉承担了这一重大历史使命，并由此而为国人带来了、同时也可以说创造了一种全新的哲学世界观价值观，从而在哲学上回应了中国历史向世界历史转化的深刻变革历程。"严复的真正长处是译述西学。……他曾致信长子严璩说：'我近来因不与外事，得有时日多看西书，觉世间惟有此种是真实事业，必通之而后有以知天地之所以位、万物之所以化育，而治国明民之道，皆含之莫由。'1896 年严复奉命创办俄文馆，兼任总办，培养俄文翻译人才。同时他又协助张元济在北京创办通艺学堂，培育西学人才。1898 年，严复译述的《天演论》问世。桐城派古文大家吴汝伦在书前的序言中推重道：'抑汝仑之深有取于是书，则又以严子之雄于文。以为赫胥黎氏之旨趣，得严子乃益明。自吾国之译西书，未有能及严子者也。'严复以'信、达、雅'的译笔，传出赫胥黎'物竞天择，适者生存'的强音，对汲汲于救亡之途的国人不啻是强烈的刺激，维新志士争相传阅该书，'风行海内，鸣噪一时'。康有为阅毕书后，惊叹'眼中未见此等人'。梁启超也称赞严复'于中学西学，皆为我国第一流人物'。"①

1. 变革的哲学基础：进化论的世界观

在严复看来，变法革新是拯救中国于危机之中的唯一可行的选择，而中国传统的思想方式又恰恰是不崇尚变法维新的"天不变道亦不变"的哲学世界观，是"好古而忽今"的尚静守旧的传统思想方式，因而与近代西方尚变尚动的世界观存在着重大差异："尝谓中西事理，其最不同而断乎不可合者，莫大于中之人好古而忽今，西之人力今以胜古；中之人以一治一乱、一盛一衰为天行人事之自然，西之人以日进无疆，既盛不可复衰，既治不可复乱，为学术政化之极则。"② 正是基于这两种价值观和思维方式的鲜明对比，因此严复才"处处声言西方思想是导致中国和现代西方不同的首要因素。……严复在这里立即开始面对一个以后经常缠绕着他的难题：达尔文和斯宾塞所描述的不具人格的进化动力是无所不在的。那么，为什么这种动力只在西方才得以发挥作用，而在中国却陷于泥淖呢？很明显，这是因为近代西方的智者清楚地懂得了进化的过程。正如中国古代圣人抓住了自然的静态和循环的表象，因而得出社

---

① 欧阳哲生：《严复先生小传》，刘梦溪主编：《严复集》，河北教育出版社 1996 年版，第 3～4 页。

② 王栻主编：《严复集》第 1 册，中华书局 1986 年版，第 1 页。

会几乎不变的看法那样，近代西方的圣人抓住了'运会之所由趋'，因而能使进化动力不受限制地转化为近代社会发展的决定性因素。……思想就是一种酶，它对进化动力不是解放就是束缚。"① 同时也正是基于对近代西方思想观念之于社会进步和发展的深刻而巨大的推动力量的深切感受，严复义才无反顾地选择了进化历史观念，达尔文的生物进化论成了他倡导变革、追求自强的理论根据。达尔文学说的"物竞"、"天择"思想经由他的介绍、阐释和宣扬而被特别凸现出来："物竞者，物争自存也；天择者，存其宜种也。"② 这种自然法则同样存在于人类社会中："动植如此，民人亦然。民人者，固动物之类也。"③ 严复介绍达尔文学说时有所侧重、选择和发挥，他没有脱离中国社会的根本课题和时代需要去作那种一般性的介绍和抽象式的研究，他从事翻译的根本目的是服务于革新中国社会这一根本历史要求。因此史华兹在谈到达尔文学说之于严复思想的重大意义时，涉及到一个更加重要、更加深层的问题："在严复的眼中，达尔文的理论不只是描述了现实，而且还规定了价值观念和行动准则。这个理论才是真正的'力量的源泉'。严复在对达尔文主义的主要原理的初步解说中，用语就已经是社会达尔文主义的了。……在这里，达尔文的生物进化作为一门科学的价值并未使严复产生多大的兴趣，尽管这门科学有宝贵的价值。很明显，严复强调的是竞争（一种确定无疑的活力）的价值观，强调的是在竞争形势下，潜在能力的充分发挥。"④ "西方思想中最精当最革命的成分，如斯宾塞体系所阐明的，包含在达尔文的进化论中。……严复完全意识到翻译中会遇到难以解决的问题，所以他对翻译《物种起源》一书不抱希望，况且不管怎样，该书与严复急切关注的事没有直接关系。严复对达尔文在生物学上的贡献或他那关于鸽子变种的煞费苦心的学术论文并不感兴趣，他全神贯注的只是含有将达尔文原理运用于人类行动领域的那些内容。"⑤ 在这里我们还要特别指出，史华兹这里所强调而为严复所高度注意的"竞争的价值观"，实际上是在近代条件下，任何一个民族、一个国家走向世界历史所必须确立的价值观。换句话说，在世界性的商品贸易、资本扩张的世界市场时代，这种竞争的价值观的确立并在整个社会领域、社会生活中活生生地得到体现，

---

① 史华兹：《寻求富强：严复与西方》，江苏人民出版社1996年版，第39页。
② 王栻主编：《严复集》第1册，中华书局1986年版，第16页。
③ 同上书，第16页。
④ 史华兹：《寻求富强：严复与西方》，江苏人民出版社1996年版，第40页。
⑤ 同上书，第88页。

是任何一个民族、一个国家实现从民族历史向世界历史转化所必须遵循的基本法则、所绝对必不可少的发展过程。

《天演论》译述的重大历史价值就在于此。通过严复的创造性翻译，此书在中国近代思想中具有了特定的历史地位和时代内容。严复翻译赫肯黎此书的真正用意，在于"救斯宾塞任天为治之末流……且于自强保种之事，反复三致意焉。"① 尽管严复对斯宾塞非常推崇，但斯宾塞关于人类社会亦受生物法则支配，人类只能"任天为治"的悲观宿命论，与严复寻求中国自立自强的生存欲求、生存意志存在着深刻抵触，而由赫肯黎关于"以人持天"、"与天竞争"所传达出来的那种顽强的精神意志，才对中国人民有着积极意义和合理价值。顺应天演却并不任天为治，而是积极革新、勇于进取，中国才能够转弱为强，否则它就将在世界各国弱肉强食的残酷竞争中遭受亡国灭种的命运。为民族的求生意识和求生意志所驱动，严复强调的是自强而非命定，是积极主动的奋发进取而非不容抗拒的必然天意，"进者存而传焉，不进者病而亡焉。"② 不仅自然界、而且人类社会都同样地存在着生存竞争的客观必然法则。因此中国只有适应残酷无情的世界性的生存法则去参与竞争，只有表现出强烈而有力的求生意识和求生意志，才能够在世界历史时代的惊涛骇浪中求得民族的尊严和国家的富强。这就是严复的选择。

严复所拥有的留学西方的个人经历和独特的西学素养，以及由此所形成的推崇进化观念的理性精神和科学信念，使他具有了面向世界、面向未来的眼光和开放胸怀。在严复那里，既然生物进化因受外界环境变迁逼迫程度的大小而快慢有所不同，那么，正处于由列强侵略所带来的生存屈辱和严重挑战之中的中华民族，不正是可以在与外来列强的残酷斗争中、在近代世界的竞争舞台上求得生存求得发展并求得富裕和强大么？因此严复强调指出，"可知外来之物，深闭固拒，必非良法，要当强立不反，出与力争，庶几磨砺玉成，有以自立。至于自立，则彼之来皆为吾利，吾何畏哉！"③ "今者外力逼迫，为我权借，变率至疾，方在此时。智者慎守力权，勿任旁守，则天下事，正于此乎而大可为也。即彼西洋之克有今日，其变动之速，远之亦不过二百年，近之亦不过五十年已耳，则我何为而不奋发也耶！"④ 因此我们在严复这里看到的思想

---

① 王栻主编：《严复集》第 5 册，中华书局 1986 年版，第 1321 页。
② 同上书，第 1351 页。
③ 王栻主编：《严复集》，第 1 册，中华书局 1986 年版，第 81～82 页。
④ 同上书，第 27 页。

逻辑是，从生物进化得之于外部自然环境的逼迫，推演到民族的自立自强得之于外来列强的侵略于我有益的生存斗争，不是关起门来自甘昧弱、任人摆布，而是始终保持着面对现实、面向世界的清醒意识和开放眼光。严复在这里极力推崇和倡导的，是一种"动"的哲学世界观历史观，由此出发，他把爱国主义的求生意识、求生意志与如何富强中华、赢得世界性竞争的冷静分析作了有机结合。严复的思想和行动表明，那个时代的志士仁人所承担的是爱国救亡与思想启蒙的双重使命，所扮演的是爱国主义与世界主义的既矛盾又统一的双重角色。

由此我们可以看到，为近代中国进步学人所一直强调、同时又常常保留着古典形式和语言形态的"变"的观念，经过严复对西方近代进化论的天才移译、① 系统阐释和创造性发挥，就成为近代中国思想文化领域中一种富有生命活力的进化世界观。所以章太炎说，"自严氏之书出，而物竞天择之理，厘然当于人心，中国民气为之一变。"② 史华兹先生亦高度评价严复创造性翻译的重大影响和深远意义，认为"翻译《天演论》是严复的最大成功。该书不仅在严复同时代的文人学士阶层中引起了震动，而且对20世纪初的一代青年发生了巨大影响，他们的传记和回忆录都证明了这一点。自耶稣会士向中国文人学士介绍当时的西方思想并说明它的高度严肃性以来，严复的译著《天演论》，作为介绍西方思想的首次重大尝试，毫无疑问地引起了轰动。""胡适在他的《四十自述》中说：'《天演论》出版之后，不上几年，便风行到全国，竟做了中学生的读物了。'……在中国累次战败之后，在庚子辛丑大耻辱之后，这个'优胜劣败、适者生存'的公式确是一种当头棒喝。"对严复"翻译赫胥黎的《进化论与伦理学》一书起最终的决定作用的，不在于该书的论述有多少是'与吾古人有甚合者'，而在于该书反复讨论的问题与'自强保种'直接有关。正是这后一点促使了严复去翻译这本著作。也正是这一点才使阅读《天演论》的青年们激动不已。显然，占据着当时舞台中心的不是西方思想与中国圣人思想的一致性，而是振聋发聩的社会达尔文主义口号。"但有一点在这里必须指出，"严复在达尔文主义体系中为人类行为寻找应变方法的强烈愿望与赫胥黎的哀婉情调有着天壤之别。毋庸赘述，严复对国家富强的关注与赫

---

① 严复之译述文笔古雅老练，吴汝伦称其"骎骎与晚周诸子相上下"。（《天演论序》）胡适先生称其译述"在原文本有文学之价值，在古文学史上亦有很高之地位"。（胡适：《中国五十年来之文学》，《胡适文存》二集，黄山书社1996年版）

② 李泽厚：《中国近代思想史论》，人民出版社1979年版，第267页。

胥黎的关注是风马牛不相及的两回事。"①

2. 科学理念：近代经验论与科学方法论

马克思曾把科学看作是最高意义上的革命力量。马克思世界历史理论表明，在近代世界，科学技术问题是一个民族能否由民族历史向世界历史转化的关键因素之一。严复站在世界历史的高度，不仅对科学技术问题高度重视，而且更注重近代西方的经验论和科学方法的深刻影响。"严复的作文取得入学考试第一名。他被允许挑选进造船学堂或驭船学堂。造船学堂讲授用法文，驭船学堂讲授用英文。严复选择进驭船学堂决定了他一生的道路。英文是他汲取西方思想的媒介。英国成为他理想国家的范本。英国人的思想支配了他的思想发展。……有一点应该注意到，即严复后来对西方科学的热情，是建立在直接与真正的自然科学的方法和资料相关的基础之上的，而并非建立在与'科学'这一口号的模糊不清的联系之上。在这里，西方科学要求的精确性和能力训练与严复原有的严谨的治学态度结合了起来，这种严谨的治学态度可能来自他早年受到的'汉学'家治学方法的训练。在某种程度上，未尝不可以说，严复对科学产生的热情来自于科学本身。"② 严复对培根、洛克、穆勒等人的经验论予以极高的评价。在他看来，西方诸国之所以船坚炮利、国力富强，主要就在于有各种科学作为根据；③ 而它们所以能有各种领先世界的科学成就，则由于有新的哲学观念及指导方法。西方资本主义"治生理财之多术"，应归功于亚当·斯密的经济理论；而科学繁荣，学术昌盛，则要归功于弗兰西斯·培根在批判经院哲学基础上提出的归纳法的逻辑方法。

严复推崇近代英国的经验论的认识论，但并未因此而完全否认本体的存在。关于本体论与认识论的关系，他认为，"古之言万物本休也，以其不可见，则取一切所附著而发见者，如物之色相，如心之意识，而妄之，此《般若》六如之喻所以为要偈也。自特嘉尔（笛卡尔）倡尊疑之学，而结果于惟意非幻。于是世间一切可以对待论者，无往非实；但人心有域，于无对者不可思议已耳。此斯宾塞氏言学所以发端于不可知、可知之分，而'第一义海'

---

① 史华兹：《寻求富强：严复与西方》，江苏人民出版社1996年版，第89～92页。

② 同上书，第24页。

③ "严复认为，**中国的问题首先是科学的问题**。"如同严复从来不是纯粹意义上的自由主义者一样，严复也从来不是在纯粹学理的意义上强调科学的价值。由于严复所处的世界历史时代的基本历史背景，由于他所处的国家民族的悲惨生存遭遇，使他只能从如何才能为中国带来富强的角度思考和强调自由与科学的价值。因此他竭力强调的维度，是"科学（自然科学和社会科学）对近代西方繁荣富强所起的作用"。（参见史华兹：《寻求富强：严复与西方》，第172页。黑体为引者加）

著破幻之论，而谓二者互为之根也。窃尝谓万物本体虽不可知，而可知者止于感觉，但物德有本末之殊，而心知有先后之异……无他，亦尽于对待之域而已。是域而外固无从学，即学之亦于人事殆无涉也。"① 因此在严复那里，本体得到了承认，它即是现象背后不可知又为现象所附着的东西。但人的认识只能止于现象世界（"尽于对待域"），现象背后的本体是无法认识的（"是域之外固无从学"），即使努力认识亦于人类无益（"于人事殆无涉也"）。这不就是近代实证经验论的自觉意识和确切表达么？

严复要求人们关注经验，关注事物的现象领域，不去无谓地追求所谓现象背后的超验本体，一方面表明了英国经验论与科学方法论对他的深刻影响，一方面也表明了他要求发展科学技术、反对性理空谈的强烈愿望。在严复的认识论观念中，既有对近代西方实证科学精神的热情推崇和理性肯定，同时亦有对中国传统文化耽于冥想、无益科学昌明之特性、之弱点的冷静批判；严复把认识区分为"元知"和'推知"两个不同的发展阶段。"元知"作为直接感觉经验"为智慧之本始，一切知识，皆由此推"②。"推知"则是根据感觉经验由已知推证未知。严复特别强调"其为事也，一一皆本于学术；其为学术也，一一皆本于即物实测，层累阶级，以造于至精至大之涂，故蔑一事焉可坐论而不足起行者也。"③ 基于这种非常自觉的近代实证精神和科学理性态度，严复反对为康有为、谭嗣同所重视的陆王心学："旧学之所以多无补者，其外籀（演绎）非不为也，为之又未尝不如法也，第其所本者大抵心成之说。"因此这种不诉诸感性经验，而诉诸"心成之说"的、非实证的先验观念，结果是"此学术之所以多诬，而国计民生之所以病也"④。"陆王心学，质而言之，则直师心自用而已。"⑤ 在这里严复不仅看到了中学和西学在认识论上的根本差异，而且把这种认识取向的不同归结到中国何以积弱、西方何以强盛的时代课题上。可见严复对西学的考察始终未曾离开中国如何求生存求富强的时代要求，始终没有离开中国人民在近代世界的血雨腥风中所激荡着的求生意志。因此严复是从近代意义上的经验论认识论的哲学维度，深刻领悟、理解和把握了中国如何走向世界、走向富强、顺应世界潮流的根本要求。

---

① 王栻主编：《严复集》，第 4 册，中华书局 1986 年版，第 1036 页。

② 同上书，第 1028 页。

③ 王栻主编：《严复集》第 1 册，中华书局 1986 年版，第 23 页。

④ 王栻主编：《严复集》，第 4 册，中华书局 1986 年版，第 1047 页。

⑤ 王栻主编：《严复集》第 1 册，中华书局 1986 年版，第 44 页。

严复高度评价为培根所首倡的科学方法论，并把它提高到西方学问之首、之本的高度。在对西方世界科学技术之所以兴盛、国家之所以富强的观察、分析和研究中，严复深刻地认识到，一个国家之所以能够富强并领先世界，来自于科学技术的发达，而科学技术的发达又依赖于科学方法的运用。他写道："本学之所以称逻辑者，以如贝根（培根）言，是学为一切法之法；一切学之学。"① 这种作为"一切法之法，一切学之学"的逻辑就是归纳和演绎，即严复称之为"内籀"（内导）和"外籀"（外导）的方法："格物穷理之用，其涂术不过二端：一曰内导，一曰外导。此二者不是学人所独用，乃人人自有生之初所同用者，用之，而后智识日辟者也。"② "观西人名学，则见其于格物致知之事有内籀之术焉，有外籀之术焉。内籀云者，察其曲而知其全也，执其微以会其通也；外籀云者，据公理以断众事也，设定数以逆未然者也。"③ 从"察其曲"（考察个别事物）到"知其全"（得出一般性结论），从"执其微"（以个别判断为前提）到"会其通"（归纳出普遍判断），就是内籀（归纳）法；根据"公理"（普遍性前提）推断出"众事"（具体事物）的结论，从"定数"（已知）推出"未然者"（未知）的方法，就是外籀（演绎）法。严复在这里为我们所展示的，是多么清楚明白的翻译和逻辑清晰的介绍。近代西方的这种认识逻辑方法揭示了近代科学技术发展的基本规律，而中国传统学术路数却恰恰违背或偏离了这一规律。"不管严复所深深信奉的穆勒执迷的归纳主义是什么样的逻辑，他信奉它，首先是因为他看到这种逻辑对中国传统思想中的某些逻辑错误倾向有独特的纠正与解毒的功用；这些逻辑错误在严复的心目中是与中国文化的主要弊病：消极、惰性、拒绝付出最大的努力紧密相联的。穆勒的归纳主义代表了对知识是先验的或天生的各种观念的强烈抨击。在严复看来，相信先验的知识，相信直觉，是与他认为的中国思想中最令人悲叹的倾向之一紧密相联的。"④ 冯友兰先生高度评价严复译介工作的开创性意义，认为严复"所宣传的比较多的，是当时自然科学的科学精神和科学方法。这在当时有很大的进步意义。在此以前，像他这样系统扼要地介绍西方科学方法，还是很少见的。"⑤ 蔡元培也认为："严氏于《天演论》外最注意的是名

---

① 王栻主编：《严复集》，第 4 册，中华书局 1986 年版，第 1028 页。

② 王栻主编：《严复集》第 1 册，中华书局 1986 年版，第 94 页。

③ 王栻主编：《严复集》，第 5 册，中华书局 1986 年版，第 1319～1320 页。

④ 史华兹：《寻求富强：严复与西方》，江苏人民出版社 1996 年版，第 175 页。

⑤ 冯友兰：《中国哲学史新编》下，人民出版社 1999 年版，第 523 页。

学。……**严氏觉得名学是革新中国学术最要的关键。**"① 什么是"革新中国学术最要的关键"？实际上，中国学术之得到革新的关键问题，就是中国学术能否真正地走向世界、参与近代世界的学术潮流。严复通过他的创造性的翻译和评介，为那个时代的进步中国学人打开了如何从近代学术、从科学知识上认识、判断世界大势的一个重要窗口。

严复清醒地认识到归纳和演绎两种基本的科学方法是"即物穷理之最要术也"，是获得一切科学成就的必经途径。而这两种科学方法中，严复又"认为归纳法比演绎法更重要"②。严复基于中国科学技术落后而国势衰弱、屈辱挨打的悲惨结局，特别是强大的英国从培根到穆勒重归纳逻辑的实证主义传统对他的强烈感召，使他异常重视和强调归纳法的作用，而有所看轻演绎法也就很自然了。实际上，严复的早期论文，就"已清楚地暗示他信奉整个归纳法的科学解释，他译著中的按语，常常抨击天生的知识、直觉知识、先验知识和不是得自观察的那种虚假事实"。"有一点也许要注意到，严复似乎有一种内在的信念：他在斯宾塞、斯密、穆勒、达尔文、孟德斯鸠和甄克思的著作中获得的那些基本真理都是归纳法的成果。"③ 总而言之，深刻认识和反复强调科学方法论、特别是归纳法对改造传统中国学术、对革新传统中国走向近代世界的重大意义，④ 是严复为近代中国的哲学、思想、观念、科学等所作的一种开创性的事业。

自文艺复兴后，西方实验科学的传统绵延不断且日益发扬光大，成就斐然，科学精神、实证观念不断深入人心，所以近代西方在科学技术及其相应的科学观念、科学精神、科学方法的强力推动下日益走向兴盛，而中国却始终未能形成和确立这种具有强大生命力的学术传统，以致在近代世界所开启的、民

---

① 《蔡元培全集》第4卷，中华书局1984年版，第352页。黑体为引者加。

② 冯友兰：《中国哲学史新编》下，人民出版社1999年版，第523页。

③ 史华兹：《寻求富强：严复与西方》，江苏人民出版社1996年版，第177、179页。

④ 李泽厚认为，"严复提出了一些带有普遍规律性的问题，并采取了**真正近代科学的形态**。严复强调的是社会发展的必然趋向。"（李泽厚：《中国近代思想史论》，第282页。黑体为引者加）史华兹也非常正确地认为，"严复虽然接受了以这种方法作为治疗中国知识分子的弊病的药物，但他似乎不接受构成穆勒整部著作的基础的、实证主义的、'反形而上学'的设想。在此，我们再一次看到严复有能力抓住他所需要的而剔除其余的东西。穆勒的《逻辑学》终究是用来为他的现象论的经验主义提供逻辑武器的。"严复"对于不可思议领域诸如老子的道、佛家的涅槃和新儒学的大终极的深深虔信，并没有被穆勒的主观主义的实证主义所触动。……对于有宗教倾向的严复来说，斯宾塞的'不可知'和穆勒的'未知的外因'，也许是一切领域中最真实、最重要的领域。""严复从穆勒的《逻辑学》中获得的是一个行动纲领，即一个通过归纳法征服自然……的计划。培根作为归纳主义之父，曾公开赞扬：知识就是力量。……归纳法本身是为富强而斗争的根本武器。但是，严复继续深深地感到需要宗教和形而上学。"（史华兹：《寻求富强：严复与西方》，第179～181页）

族历史向世界历史转化的滔滔洪流中日渐衰落。在这样的世界格局、时代背景下，严复对经验论，特别是科学方法论的极力提倡，虽然切中了传统中国学术以至中国社会的根本弊端，但也仍然只能是闪烁在茫茫暗夜中的一盏孤灯。西方科学方法的产生根植于它科学实验的传统，而这种方法之于中国的文化与学术却无此深厚的根基。严复怀着极大的热情和愿望试图把这种科学方法移植到中国，是出于通过借助改造中国文化学术以挽救摇摇欲坠之中华的生存意识和生存意志。严复以其天才的洞察力触及到问题的根本之所在。然而没有根基，缺少土壤，无此传统，科学观念及方法论之花又何以能够生存并遍及中华？严复的意义与悲剧即在于此。

值得庆幸的是，严复在一世纪前孜孜以求的近代理想和强国方法，在经过了种种曲折的痛苦的历史岁月之后，终于在 20 世纪 70 年代末中国共产党人的十一届三中全会后逐渐成为现实，严复科学方法论的理念正付诸实施在国人今日现代化的伟大实践中。如果说，严复所倡导的科学观念、经验论和方法论在 19～20 世纪的转折点上的中国社会中还只能是稍纵即逝的一线流星，那么，在历史的脚步已经迈入 21 世纪的今天的中国，它们已开始逐渐成为"普照的光"而洒遍中国的大地，而成就着当代中国的辉煌。

3. 自由观念：以国家富强为目标

李泽厚说，"严复的'自由'、谭嗣同的'平等'、康有为的'博爱'，完整地构成了当时反封建的启蒙强音。"[1] 我们在这里将要着重强调的是，在严复的自由观念中，始终保持着国家富强与个体自由两者之间的巨大张力，而不是仅仅强调其中的一个维度，才是问题的核心所在。

严复对西方思想、学术的介绍、译述、阐释和宣扬，包含了从《天演论》的进化观念到《穆勒名学》的科学方法，从《原富》的经济自由主义，到《群己权界论》、《法意》、《辟韩》的政治自由理论，构成了一个相当系统而完整的理论思想序列，他力图超越洋务派对西方"船坚炮利"、"形下粗迹"之物质层面的认识，而自觉地把近代西方的价值观、哲学社会科学的观念和理论作为改造中国思想、求得国家富强的理论参照，强调西方强盛的根本原因在于"于学术则黜伪而崇真，于刑政则屈私以为公"[2]，从而把对西方之所以富强的认识，从着眼于物质军事层面转到科学方法、经济自由和民主政治的根本

---

[1] 李泽厚：《中国近代思想史论》，人民出版社 1979 年版，第 281～282 页。

[2] 王栻主编：《严复集》第 1 册，中华书局 1986 年版，第 2 页。

原因上来。"天赋人权"作为宣传西学的重要内容之一，严复同样不是对它作纯粹抽象的、一般性的学术介绍，而有着批判中国专制政治及其观念意识形态的历史的和现实的针对性。严复不仅批判洋务派"中学为体、西学为用"的具有浓厚传统色彩的新政理论，而且把矛头指向开理学之先声的唐代韩愈的专制主义理论。在韩愈看来，"君者，出令者也；臣者，行君之令而致之民者也。民者，出粟米麻丝、作器皿、通财货以事其上者也。君不出令，则失其所以为君；臣不行君之令，则失其所以为臣；民不出粟米麻丝、作器皿、通财货以事其上，则诛。"① 严复站在近代民主政治实践及其理念的高度上，对君民关系作了与韩愈全然相反的理论解释和观念变革："君也臣也，刑也兵也，皆缘卫民之事而后有也；而民之所以有待于卫者，以其有强梗欺夺患害也。"② 因此在严复看来，民众设立君臣以保卫自己，仅仅是出于一种历史上的不得已："君臣之伦，盖处于不得已也！惟其不得已，故不足以为道之原。"③ "斯民也，固斯天下之真主也，必弱而愚之，使其常不觉，常不足以有为，而后吾可以长保所窃而永世。嗟乎！夫谁知患常出于所虑之外也哉？此庄周所以有胠箧之说也。是故西洋之言治者曰：'国者，斯民之公产也，王侯将相者，通国之公仆隶也。'而中国之尊王者曰：'天子富有四海，臣妾亿兆。'臣妾者，其文之故训犹奴虏也。夫如是则西洋之民，其尊且贵也，过于王侯将相，而我中国之民，其卑且贱也，皆奴产子也，设有战斗之事，彼其民为公产公利自为斗也，而中国则奴为其主斗耳。夫驱奴虏以斗贵人，固何所往而不败？"④ 因此严复认为，历代专制君主不过是窃国大盗，而民众百姓才是社会发展和人类历史的真正主宰，国家的统治者不是至高无上、不容怀疑的绝对权威，而应当是作为人民利益之普遍代表的国家公仆，是人民利益的看护者和守夜人。在严复历史政治哲学的视野和观念里，"中国统治者总的来说起了坏的作用，至少从秦建立以来是如此。关于这一点，严复研究了在他那个时代的更激进的青年人，如梁启超、谭嗣同中很流行的一个论题，即中国政府真正实施暴政始于秦始皇。他认为，韩愈对于圣人统治者作用的荒诞无稽的夸张，反映了自公元前3世纪秦帝国建立直至他所生活的时期，这几个世纪里高傲的权力主义。如果说圣人们在培育民众的能力方面没有做过什么，那么秦以后的统治者则是尽力去压制民

① 王栻主编：《严复集》第 1 册，中华书局 1986 年版，第 33 页。
② 同上书，第 34 页。
③ 同上书，第 34 页。
④ 同上书，第 36 页。

众。而在西方却是另一种天地，国家被认为是人民的公产，而统治者则是人民的仆役。"① 因此严复把对中国传统政治及其价值观和意识形态的哲学批判，置放在一个中国与西方、传统与近代之互为参照的广阔背景中，从而使他的批判具有了一种广阔的历史视野和宏大的世界眼光。

严复清醒地意识到，西方之所以富强的基本原因之一，在于民众的权利、自由和独立得到了尊重："夫所谓富强云者，质而言之，不外利民云尔。然政欲利民，必自民各能自利始；民各能自利，又必自皆得自由始；欲听其皆得自由，尤必自其各能自治始；反是且乱。顾彼民之能自治而自由者，皆其力、其智、其德诚优者也。是以今日要政，统于三端：一曰鼓民力，二曰开民智，三曰新民德。……唯是使三者诚进，则其治标则标立；三者不进，则其标虽治，终亦无功；此舍本言标者之所以无当也。"② 但这里需要特别指出的是，严复一方面强调民众的基本自由和基本权利，一方面又把民权与国权、民众自由与国家自由紧密联系在一起，把民众的权利与自由作为国家的权利、自由与富强的生命源泉："处大通并立之时，吾未见其民之不自由者，其国可以自由也；其民无权者，其国可以有权也。……故民权者，不可毁者也。必欲毁之，其权将横用而为祸愈烈者也。毁民权者，天下之至愚也。"③ 从民众的经济自由，到破除人身依附关系的政治社会解放，再到政治上获得自治的自我管理权利，个体自由因此就是一个具有多层结构、多重内涵的整体范畴，它只有在根本上得到了充分保障，一个民族、一个国家才能够在近代世界各民族残酷竞争的血雨腥风中，培育、生成、获得国家自立自强的基础力量。

在这里，我们同时也必须看到，严复并不主张纯粹的经济、政治、思想和社会自由，或者说，他对个体自由之重大意义的认同、肯定和强调，始终是与中国的国家富强联系在一起的。如果说，在近代中国备受屈辱的时代背景中，只有国家的富强才是中国文人学士的首要选择，那么，能否有益、促进和实现中国的富强，能否真正使中华民族自立于世界民族之林，就成为中国文人学士究竟是认同还是反对某种观念、主义的基本原因。**严复对个体自由的肯定并没有使他忘却群体、国家、社会的基本维度，而是始终穿行在个体自由与国家富强的深刻张力之间。**严复在 1898～1911 年的十多年间，潜身潜心，艰苦卓绝，穿行在中、西两种不同的文字思想之间，翻译了大量近代西方的著作，被胡适

① 史华兹：《寻求富强：严复与西方》，江苏人民出版社1996年版，第59页。
② 王栻主编：《严复集》第1册，中华书局1986年版，第27页。
③ 王栻主编：《严复集》第4册，中华书局1986年版，第917～918页。

称誉为"介绍近世思想的第一人"。但由于怀抱着富民强国、治国安邦的重大历史责任，所以严复所从事的启蒙国民的思想工程从来就不是纯粹地翻译西方文献，而是在中国传统文化与西方思想的交融互释中进行双向重建。晚年严复更是注重"挖掘孔孟学说的现代意义，批评欧美个人利己思想之弊，语至警切，发人深省"。严复"临终留下遗嘱，大旨谓**中国必不灭，旧法可损益，而必不可叛。人生宜励业、益知、轻己、重群。**"① 因此"我们在《原富》译著本中，不断地遇到国家富强这个熟悉的紧迫问题。"② "我们从研究严复的《原富》中得出一个压倒一切的结论：在斯密著作中发展了的、并由维多利亚英国这个活生生的例子所证实了的经济自由主义体系，是一个为国家富强而非常巧妙地设计出来的体系。"③ "亚当·斯密的目的是纯经济的，他的最终目的是为了个人的幸福。而严复则认为，经济自由所以是正确的，显然是因为它会使国家'计划'的扩大成为可能。严复的这一论点也许与斯密的学说极其出乎意料地相背。"④ "假如说严复歪曲了斯密的愿意，那么，这种歪曲主要是为了强调他自己的关注。在《国富论》的全部章节中，斯密对从全社会每个个人的经济利益来考虑的'公众幸福'的关心绝对超过了对国家力量这一目标的关心和考虑。在严复的译著《原富》的按语中，对民生问题的关心也决不少，但更直接关心的是国家力量问题，以至于对民生问题的关心反而相形见绌了。可见，斯密和严复两人都很巧妙地运用了自由经济的原则为他们各自的目的服务。"⑤ "具体的经济自由主义学说掩盖了一条有关亚当·斯密的更重要的信息，即斯密不仅是古典经济学的奠基人，而且还是经济发展总方向的伟大理论家。虽然他并不是这一发展理论的首创者，但他无疑是最早把它系统化的伟人。……斯密是我们现在叫做经济发展的这一方向的伟大的首倡者之一。完全可以相信，严复的读者从《原富》中获得的，与其说是经济利己主义的特殊信息，不如说是经济发展的一般原理。"⑥ 出于同样的理由和原因，严复在翻译穆勒的《论自由》一书时，应是始终把个人自由与国家富强紧密联系在一起，从而与穆勒写作《论自由》的原始宗旨、与穆勒本人的自由主义理念存

---

① 欧阳哲生："严复先生小传"，刘梦溪主编：《中国现代学术经典·严复卷》，河北教育出版社1996年版，第6~7页。黑体为引者加。

② 史华兹：《寻求富强：严复与西方》，江苏人民出版社1996年版，第104页。

③ 同上书，第106页。

④ 同上书，第109页。

⑤ 同上书，第110页。

⑥ 同上书，第116~117页。

在着重大的、甚至是根本性的差异。"像斯密的情况一样，由于社会利益和社会幸福被当作首要理由，凡是指社会利益和社会幸福的话就常常被严复变换成指国家利益的话了。"① "然而，穆勒的'个人自由'概念似乎显得不太听从严复的驱使。这显然是因为穆勒所讲的个人自由，似乎与个人本身密切相关，而与社会整体或者更无疑地与国家利益关系不大。"② "人们有理由认为，'最大多数人的最大幸福'这样的话，本是很难被译述成与国家利益相关的言辞的。"③ "穆勒是从'能力'和活力的角度来讲个性的，而严复则倾向于把这种形式的'个性'与他自己的斯宾塞主义的'民德'概念相联系。……这种'民德'概念中包含有被要求去促进国家富强的人的整个体质和灵魂。"④ 严复翻译的创造性和生命力就在于，在翻译的过程中，他通过按语等方式向国人展示了一种全新的观念。"严复的《群己权界论》，为我们提供了一些最明显的通过翻译阐明他自己观点的例子。尽管原文的大多数论证并未受损，但许多表达被篡改了，严复的《译凡例》足以证明他使穆勒的观点屈从于他自己的目的。中国读者可能从《群己权界论》中不能得出关于穆勒、斯宾塞和斯密在自由问题上的区别的清楚印象。假如说穆勒常以个人自由作为目的本身，那么，严复则把个人自由变成一个促进'民智民德'以及达到国家目的的手段。"⑤ 费正清也曾认为，"所谓借用西方的、包括日本的思想，不是一个偶然的问题，而是事实上选择什么来适应中国的意识、中国国情的问题。举例说，**当严复翻译亚当·斯密、密尔和赫胥黎的西方自由主义经典著作时，译者强调自由原则的价值不在于争取法律下面的个人自由，而在于通过各个人努力以创造国家的财富和实力**"；"同样集体主义的奋斗精神也表现在梁启超的著作里。……他强调'新民'，来自孔子的经典著作《大学》。1898 年梁解释它的主要意思就是各个人都参加在群体中，最终成为一个有机的国家。"⑥ 因此要真正做到鼓民力、开民智、新民德，首先就必须从教育入手。而"假如教育必须先行，那么，教育的内容首先必须是西方圣人的自由观念，而且最有效的方法是把这些观念以其原有的形式展现出来。"⑦ 严复从经济关系与上层建筑的相

---

① 史华兹：《寻求富强：严复与西方》，江苏人民出版社 1996 年版，第 123 页。

② 同上书，第 124 页。

③ 同上书，第 125 页。

④ 同上书，第 126～127 页。

⑤ 同上书，第 128 页。

⑥ 费正清：《伟大的中国革命》，国际文化出版社 1989 年版，第 140 页。黑体为引者加。

⑦ 史华兹：《寻求富强：严复与西方》，江苏人民出版社 1996 年版，第 82 页。

互统一中，从个体自由与国家自由的相互关系上，为个体自由的地位和作用作了极其深刻的论证。之所以为个体自由张目，是由于严复在中、西对比中，已经深刻地注意到了西方对个体自由、权利的尊重和保障，对西方世界的兴起和强盛所具有的根本性意义。史华兹先生曾把东西方不同的关键所在作了概括，并由此谈到了它们对严复的影响：就西方而言，"我们看到了这样的现实景象，即充分强调在宇宙整体中力的无比强大，和生物界及人类世界中能力的锐不可挡。关键项是活力、精力、斗争、坚持自己的权利，以及在前所未有的成就水平上大胆地发挥所有的人类潜力。宣称力的范畴是宇宙方面的'终极的终极'的斯宾塞，把'才能'作为人类方面的关键之项"；就中国而言，"我们看到了另一种景象，即赞扬忍受、宁静、回避斗争和冲突，以及绝对地害怕维护人类生命的活力。"西方与中国"两景象的这些不同点给予严复思想观点的影响，比他发现的斯宾塞形而上学的结构与中国哲学的主流间形式上的一致性所给予他的影响要深刻得多。……我们很容易理解，西方的景象与严复对富强的急切关注的关系太直接了。在西方，进化过程不受约束地进行，这正是西方富强的原因，而进化过程受阻，又正是中国贫弱的根源。"①

由于严复始终把自由问题与国家富强问题联系在一起，也由于严复把鼓民力、开民智、新民德的任务视为一个长久的历史进化过程，他的自由观才与穆勒的自由观存在着重大差异：与穆勒在他的自由观中几乎不谈国家利益不同，严复的自由观却始终与中国的国家利益、与中国如何才能够繁荣富强紧密地联系在一起。同样值得我们高度关注的是，与近代西方的自由主义始终把个体自

---

① 史华兹：《寻求富强：严复与西方》，江苏人民出版社 1996 年版，第 49 页。尽管严复对西方的自由问题高度重视，而且以此来批评中国的政治伦理专制主义，但这里必须明确指出，他并未因此而彻底否定中国的文化传统。实际上，**严复对作为中国文化传统之核心价值观的孝道的重大意义**，就曾给予高度肯定。注意下面史华兹先生对严复的一段评论是耐人寻味的：1890 年代早期，"**严复相信孝道作为存在于民众中的道德力量，也许可利用来推进富强的事业**，这并不是完全荒谬的。我们要探讨的主要问题之一，是由孝道与严复信奉的'自由主义'和谐共存而引起的问题，即严复的自由主义的本质，以及现代化与自由主义之间的联系。此外，有一点必须注意，严复对孝道所持的肯定态度，决不意味着他像康有为那样企图建立'国家儒教'，'保教'此时远远不是他所关心的事了。""在这一点上，严复拒绝对儒教作任何肯定，即使是最微不足道的形式上的肯定。……严复回避谈及君主政体合法性的传统基础这一实质性问题。他更多地谈到了君主政体目前必须承担起改良的任务。他也不感到有必要说服自己相信只有康记儒教才确实是正宗。"（史华兹：《寻求富强：严复与西方》，第 36、43 页。黑体为引者加）严复思想观念中所存在着的**中国与西方、传统与近代、国家自由与个人自由之间的深刻而复杂的张力，实际上应是解读严复思想秘密的一个基本立足点所在，因此它理应成为中国近代思想哲学研究中的一个重大问题**。而长久以来那种简单地认为严复晚年走向保守的观点，实际上远未触及到事情的关键。

由作为它们政治哲学的基点不同，严复则把个体自由的问题纳入到与国家自由的相互关系的整体框架中加以审视。也就是说，严复谈论、强调个体自由之重要性的基点、出发点以及落脚点不在个体自由本身，而在国家的独立、自由和富强。① 在这里，我们必须提出这样的问题：究竟是什么原因，使严复、孙中山以至中国近代的绝大多数进步文人和政治领袖把国家自由放在个体自由之上？除了中国当时所处的时代背景、生存状况、屈辱地位外，中国历史文化传统之重视家庭、国家、社会，并把业务始终放在权利之上的独特特性，以及由这一独特特性所塑造的国人的文化心理结构，无疑也是构成他们把国家自由放在个体自由之上的基本原因之一。② 李泽厚先生在这一重大问题上一反国内学术界长久以来普遍存在的肤浅观念，明确指出，"主张'自由为体'的严复也仍然把国家的自由（即独立）、把富强、'救亡'远远放在个人自由之上，这

---

① 史华兹先生不同意国内学界在过去很长的一段时间里对严复所作的批评，即认为严复翻译《法意》意在"中西和解"，即严复的西方思想与中国传统思想和解的那段时期，同时史华兹也断然拒绝中国学界广泛流行的关于严复晚年趋向"保守主义"的观点。"严复在翻译中，用了'国群之自由'和'小己之自由'这样有些含糊的说法，来表达政治民主与个人自由的区别。过去，他认为这些自由是互为补充的。而此时，他突然说：**'特观吾国今处之形，则小己自由，尚非所急，而所以祛异族之侵横，求有立于天地之间，斯真刻不容缓之事。故所急者，乃国群自由，非小己自由也。**求国群之自由，非合通国之群策群力不可。欲合群策群力，又非人人爱国，人人于国家皆有一部分之义务不能。欲人人皆有一部分之义务，因以生其爱国之心，非诱之使与闻国事，教之使洞达外情又不可得也。'……由此，人们不能不感到，正是那些更集中地关系到个人本身的'自社会获得的自由'的形式，被放到第二位上考虑了。如果说这就是'保守主义在增长'的标记，那么，**孙中山在晚年也表达了与此非常相似的观点，他坚持中国当时所需的不是个人的自由，而是国家的自由。**是严复首先明确说明了，不是所有的自由型式都可能与富强有关。"（史华兹：《寻求富强：严复与西方》，第158～159页。黑体为引者加）遗憾的是，史华兹先生在这里所论及的这一重大问题，在过去相当长的一段时间里的中国近代思想哲学的研究中竟几乎未予注意而付之阙如。

② 孙中山先生极力倡导用革命的方式推翻满清政府，与严复的政治改良主义有着原则性的不同。但在个体自由与国家自由的相互关系问题上，严复与孙中山却有着惊人的一致。孙中山基于中国的传统、国情和时代需要，明确而坚定地反对在中国的土地上追求所谓纯粹的个人自由。他认为中国人不是自由太少，而是自由太多。他在《三民主义·民权主义》中，用了大量篇幅说明中国为什么不能把个人自由放在首位，可谓语重心长，可谓态度鲜明，可谓一语中的："由此可见，一种道理在外国是适当的，在中国未必是适当的。外国革命的方法是争自由，中国革命便不能说是争自由。如果说争自由，便更成一盘散沙。""法国革命的口号，是用自由、平等、博爱。我们革命的口号，是用民族、民权、民生。……在今天，自由这个名词究竟要怎么样应用呢？如果用到个人，就成一片散沙。万不可再用到个人上去，要用到国家上去。个人不可太过自由，国家要得完全自由。到了国家能够行动自由，中国便是强盛的国家。要这样做去，便要大家牺牲自由。……我们为什么要国家自由呢？因为中国受列强的压迫，失去了国家的地位……中国现在是做十多个主人的奴隶，所以现在的国家是很不自由的。要把我们国家的自由恢复起来，就要集合自由成一个很坚固的团体。"（《孙中山选集》，人民出版社1956年版，第722页）实际上，孙中山在这里明确地回答了，整个近代中国的志士仁人和政治领袖究竟为什么在个体自由与国家自由的相互关系上，始终强调坚持国家自由的优先地位的根本原因。

就构成严复的理论思想（'自由为体'）与实际主张的一个重大的内在矛盾。"① 但是这个"重大的内在矛盾"是时代要求使然。也就是说，个体自由不但不是目的，而且是获得国家独立自由的手段和工具。

在这里我们有必要强调指出，虽然在严复看来，中国与西方"自由既异，于是群异丛然以生"②，自由是中国之所以落后、西方之所以富强的根本原因所在。但是严复并不是片面、抽象地强调自由的价值和意义，而是把自由放到与他人、社会的相互关系中，放到与中国如何才能富强的深刻的张力结构中加以认识、把握和界定，从而赋予自由观以合乎中国国情需要和历史文化传统的真正意义上的合理观念："各得自由，而以他人之自由为域"③。"今夫中国人与人相与之际，至难言矣。知损彼之为己利，而不知彼此之两无所损而共利焉，然后为大利也。故其弊也，至于上下举不能自由，皆无以自利；而富强之政，亦无以行于其中。强而行之，其究也，必至于自废。"④ 因此我们看到，严复理性而正确地理解和把握了自由之于近代中国的深刻价值和真正意义。同样重要的是，严复在自由问题上也理性而正确地理解、强调和预见了，在今日全面开放的社会状态中，在已经普遍交往的世界历史时代，我们一再地宣称、坚持的所谓"双赢"（"两无所损"）、"共赢"（"共利焉，然后为大利也"）的现代交往理念和交往原则。由此可见，严复在自由、权利问题的认识、理解和把握上，始终保持了个体自由与国家自由、西方文明与中国文明之间的内在张力，从而在解决近代中国的根本课题上作了宝贵探索，这同时也表明了，严复站在近代历史的制高点上所作的关于自由、权利问题的思考是多么富有远见卓识。这实际上构成了中国文化、哲学走向"世界文学"的一个关键环节。

严复既然深刻地认识到自由之于西方富强的重大意义，那么，对保障自由的政治法律制度及其观念的高度重视，也就顺理成章势所必然了。基于对近代西方的社会政治制度及其思想观念之活力、之优势的整体认识和切身感受，严复力图向国人表明，翻译、介绍和宣传近代西方的政治法律制度及社会政治理论，对中国扬弃传统、走向近代的借鉴价值和重大意义。

严复在20世纪初年完成了亚当·斯密《国富论》（严译本名《原富》）后，就着手开始翻译孟德斯鸠的《论法的精神》（严译本名《法意》）。与翻

---

① 李泽厚：《中国近代思想史论》，人民出版社1979年版，第282页。
② 王栻主编：《严复集》第1册，中华书局1986年版，第3页。
③ 王栻主编：《严复集》第5册，中华书局1986年版，第1393页。
④ 王栻主编：《严复集》第1册，中华书局1986年版，第15页。

译所有其他西方著作的深层心理动机一样，严复翻译《论法的精神》的最终目标，也同样是指向着中国的富裕、强大和振兴。"严复所认为的立法者的作用比包含在孟德斯鸠严格的范围中的立法者作用要广泛得多。……除了对于把法律作为变革手段的兴趣外，他还极为注重引起西方富有生机的剧变的综合因素中必不可少的成分，即西方的法律制度和观念。"① 作为一个有着高度清醒头脑的理性主义的爱国主义者，严复无论在理论上还是在实践上都深深地认识到中国与西方之所以存在着传统与近代之分、积弱与强大之别，实有其政治法律制度上的原因："不佞初游欧时，尝入法庭，观其听狱，归邸数日，如有所失。尝语湘阴郭先生（郭嵩焘），**谓英国与诸欧之所以富强，公理日伸，其端在此一事**。先生深以为然。"② 由此可见，严复对西方社会政治制度特别是法律制度及其观念的理性认识和切身感受，以及由此而来的对中国如何摆脱贫弱走向富强的清醒意识和冷静判断，是多么鞭辟入里，入木三分。严复翻译的良苦用心，不仅仅在于把经济学的、社会学的、政治学的、法律学的等等学科的知识本身移译给中国，而且更重要更根本的还在于，他试图向国人、特别是文人学士介绍和宣传一种崭新的、有益于中国走向繁荣富强的价值观："更重要的是，孟德斯鸠使严复脑海中的基本观念明朗化了，即西方法律的两大标准是非人格性和普遍性。在此，严复毫不含糊地再次与儒家价值观分庭抗礼。他把两种国家进行对比，使之形成鲜明的对照：一种国家的公正执法有赖于法官的美德，而另一种则有赖于一个普遍的、非人格性的法律制度。""中国所需要的不仅是新的法律（刑法、民法和宪法），首先需要的是新的价值观，这种价值观是西方的英国的法律的后盾，这种价值观与儒家的基本观点绝无关系。"③ 严复把巨大的历史使命感和力图拯救中华民族于水深火热的爱国热情，深藏在他执着从事的对西方政教学术的翻译、评介和宣传的字里行间。这是中国告别传统、走向近代、参与世界潮流的理性抉择，是作为民族历史的中国历史在向世界历史转化的悲剧性的矛盾进程中，中国哲人的创造性的哲学回应。

---

① 史华兹：《寻求富强：严复与西方》，江苏人民出版社1996年版，137～138页。

② 同上书，第138页。黑体为引者加。在认识到近代化的法律制度之于中国的重大意义这一问题上，郭嵩焘并不是严复在那个时代的唯一一个同路人，"严复注重法律的这些年头，正是满清政府把注意力转向法律制度的近代化并开创一个立法框架的年代。沈家本等人已开始做介绍西方法典的工作，关于君主立宪制的讨论正在热烈地进行着。严复不再是在荒野独自鸣叫的孤雁了。然而，他与同时代的许多人不同，他绝非刚刚开始信仰西方'非人格的'法律观念，或者刚开始赞美法律在西方发展的整个复杂过程中的作用。"（史华兹：《寻求富强：严复与西方》，第138页）

③ 同上书，第140页。

在这里有必要指出，即便在经历了一个多世纪后的 21 世纪的今天，严复关于自由与民主之相互关系的论述，对我们深入探讨和研究自由民主问题也仍然有启发意义。在《原强》及其修订稿中，严复分析了西方政教学术之于西方文明兴起强盛的种种优势，检点和反思了中国政教学术之于近代衰败的种种劣势，并由此总结出西方 50 年来"近之可以保身治生，远之可以利民经国"的根本原因，就是"以自由为体，以民主为用。"① 严复在这里明确指出，自由是民主的本体、本质、灵魂，民主是自由的功能、作用、保障。而在严复看来，恰恰是在这个为西方带来生机、活力和强盛的根本性问题上，中国历代圣贤表现出最为严重的敌意、最大可能的警惕、最具本能的恐惧，从而成为中国传统政治和思想文化的严重问题和最大缺陷。而正是基于这种中西互为参照的鲜明对比和清醒意识，严复才能够立场鲜明地表明他关于自由民主和专制暴政的历史政治哲学态度："夫自由一言，真中国历古圣贤所深畏，而从未尝立以为教者也。彼西人之言曰：唯天生民，各具赋畀，得自由者乃为全受。故人人各得自由，国国各得自由，第务令毋相侵损而已。侵人自由者，斯为逆天理，贼人道。其杀人伤人及盗蚀人财物，皆侵人自由之极致也。故侵人自由，虽国君不能，而其刑禁章条，要皆为此设耳。中国理道与西法自由最相似者，曰恕，曰絜矩。然谓之相似则可，谓之真同则大不可也。何则？中国恕与絜矩，专以待人及物而言。而西人自由，则于及物之中，而实寓所以存我者也。职业既异，于是群异丛然以生。粗举一二言之：则如中国最重三纲，而西人首明平等；中国亲亲，而西人尚贤；中国以孝治天下，而西人以公治天下；中国尊主，而西人隆民；中国贵一道而同风，而西人喜党居而州处；中国多忌讳，而西人众讥评……"② 严复看到了，在西方无论国家还是个人，都同样有着不容侵犯的自由和尊严。就个体自由与权利的角度来说，即便国君亦无任何权力加以侵犯。国家的目的是以个体的自由与权利为基本目标，并保障和服务于个体自由。严复在古今、中西互为对比参照的解释框架下，清醒地意识到中国是多么缺乏保障个体自由的政治制度、政治文化和政治观念，清醒地意识到中国的历古圣贤（更不要说独裁暴君）从来不是以尊重和保障个体的自由和尊严作为根本职责，反而对人民的自由充满警惕充满恐惧，而极力推行政治专制主义和文化专制主义。所以严复强烈要求建立能够给人民以思想言论自由、君民联

---

① 王栻主编：《严复集》第 1 册，中华书局 1986 年版，第 11 页。
② 同上书，第 2~3 页。

若一体、上下相通的社会政治制度。

因此，基于政治自由主义的近代价值观和解释框架，中国的专制君主制度及其意识形态就理所当然地成为严复批判、否定的对象："自秦以来，为中国之君者，皆其尤强梗者也，最能欺夺者也。"① 在严复那里，中国的历代专制君主之所以是窃国大盗，从根本上说就是因为他们剥夺、戕害了人民的基本权利和基本自由。严复从富民强国的时代诉求出发，以近代西方的自由主义观念来批评和抗衡中国传统的政治伦理专制主义，必然与专制主义卫道士的保守意识、顽固观念大相径庭。韩愈的专制主义政治理论为专制政治统治的合法性作了传统框架下最有力的观念论证，成为唐代以来历代统治阶级有力地维护政治专制的价值观和意识形态。因此严复的《辟韩》就必然被顽固派视为洪水猛兽，称他对韩愈政治思想的批判是"溺于异学，纯任胸臆，义理则以是为非，文辞则以辞害义，乖戾矛盾之端，不胜枚举"②。由此可见，一种富有生命活力的全新的思想观念总是意味着对传统观念的批判、否定、挑战和超越，它必然被顽固守旧派视为异端而加以无情追杀。这说明了，在中国近代思想的历史发展中，新思想新观念新事物的出现、生成和发展，对当下传统的思想观念和社会政治秩序而言是多么不可理喻。特别是在严复那个时代，要冲击已经存在和持续了两千多年的、根深蒂固的政治伦理专制主义秩序、价值观和意识形态，需要何等巨大的激情和勇气，需要多么惊人的智慧和胆识，需要多么难以想象的精神和能量。严复胸怀祖国、放眼世界，通过阅读、感受、理解和把握近代意义上的民主政治和自由主义，为中国的独立和富强，为作为民族历史的中国历史向世界历史的转化，为中国的思想和哲学真正走向"世界文学"，构筑了又一个基础性的思想观念工程。

三、检点传统文化：批判、反思与双向重建

严复热情转译、评介、阐释、宣扬西学，从西学中寻求中国摆脱贫弱、走向富强的秘密和武器的反题，必然是对传统文化不合时宜的哲学反思和深刻批判。正是在两种学术文化异同的相互比较中，严复深切感到了在国家走向富强的道路上，西学所具有的优长和中学所具有的缺陷。严复站在近代哲学世界观和科学方法论的高度，对中国传统学术的问题和弊端作了深刻的历史反思、检点和批判。

---

① 王栻主编：《严复集》第1册，中华书局1986年版，第34页
② 王栻：《严复传》，上海人民出版社1976年版，第32页。

史华兹先生认为，"严复1895年的几篇论文所表达的基本思想的'激进'本质是无可否认的。它们打击了儒家文化的根基；改变了对属于儒家文化核心的价值观念的评价；并且展示了一幅宇宙和人类世界的新画面；而且更进一步，这些思想还被当作西方思想大胆地加以介绍。严复的杰出的同代人康有为肯定接受了人类社会必然进步的观念，但却企图从儒家学说受压抑的一派（今文经学派）中引申出这一观念。严复则认为没有必要为自己心目中的新观念找一件中国外衣。西方的力本论观念、坚持自我权利的观念，以及表现人的能力的观念，即自由、民主、科学的观念，同中国麻木不仁的自豪、乏味的社会和谐以及抑制中国人体力和智力的消极的权力主义之间，形成了尖锐的对立。"① 史华兹先生这里陈述的观点是中肯的。它实际上表明，中国哲学文化要走向世界，参与马克思世界历史理论意义上的"世界文学"的历史性进程，就必须通过借鉴富有生命力的西方文明这一参照系，来革命性地变革作为传统文化之根基的价值观。

严复对中国传统学术的深入检讨和哲学批判，是出于他那个时代中华民族求生意识和求生意志的特殊需要。在近代世界，中华民族之遭受巨大生存危机的原因究竟在哪里？它的严重落伍状态与中国传统文化、传统学术没有关系吗？中国传统文化、传统学术的特性是否适应近代化潮流的时代要求？严复基于他对中西方之间社会发展距离之巨大差异的思考、探索、比较和研究，深深地感到中国传统文化、传统学术的严重问题和深刻弊端所在。他认为，宋学义理、汉学考据、辞章小道……都在实际上脱离了世界历史的潮流和时代发展的需要。它们不是面向自然、面向社会的深入探索和实证研究，而是迂腐封闭的古训墨守和教条追求；不是从自然秩序和社会发展中寻求造福人类的有益知识，而是回首仰慕古人观念灵光的封闭循环。它们的根本特征是脱离实际、无所开拓、停滞不前，它们"无实"、"无用"而应遭到批判。

严复认识到深刻地变革中国传统学术思想、变革中国传统的思维方式对中国走向近代世界的巨大意义。他的这一批判不仅是全方位的，而且是深入到底蕴的。他从对义理、考据和辞章的否定，推进到对八股取士制度的严厉批判："天下理之最明而势所必至者，如今日中国不变法则必亡是已。然则变将何先？曰：莫亟于废八股。夫八股非自能害国也，害在使天下无人才。其使天下

---

① 史华兹：《寻求富强：严复与西方》，江苏人民出版社1996年版，第73页。

无人才奈何？曰：有大害三：其一害曰：锢智慧。……其二害曰：坏心术。……其三害曰：滋游手。……夫八股之三害，有一于此，则国鲜不弱而亡，况夫兼之者耶！……总之，八股取士，使天下消磨岁月于无用之地，堕坏志节于冥昧之中，长人虚骄，昏人神智，上不足以辅国家，下不足以资事畜。破坏人才，国随贫弱。此之不除，徒补苴缺漏，张皇幽渺，无益也，虽练军实、讲通商，亦无益也。何则？无人才，则之数事者，虽举亦废故也。舐糠及米，终至危亡而已。然则救之之道当何如？曰：痛除八股而大讲西学，则庶乎其有鸠耳。东海可以回流，吾言必不可易也。"① "夫八股锢智慧，坏心术，滋游手，积将千年之弊，流失败坏，一旦外患凭陵，使国家一无可恃。欲战则忧速亡，忍耻求和，则恐寖微寖灭。"② 严复从中、西方的鲜明对比中，深切地认识到八股取士制度严重束缚、扼杀了中国学人甚至全体国民的生命活力、智慧、思想和心灵，使他们"消磨岁月于无用之地，堕坏志节于冥昧之中"，从而失去了面向实际、积极开拓、不断创新的心理潜能和精神动力。更加严重的是，它造成了外来列强肆意凭陵中华民族的奇耻大辱和悲惨结局。因此，"处存危亡之秋，务亟图自救之术，此意是也。固知处今而谈，不独破坏人才之八股宜除，与［举］凡宋学，辞章小道，皆宜且束高阁也。"③ 凡学术必有助于中国的救亡图存，而中国之传统学术恰恰不是对事物、事实、经验的实证研究，而是以挖掘先人古训的先验规范、微言大义为根本要旨，这根本无益于救治民族的生存危机，无益于中华民族的复兴和强大。而在严复生存的时代，求生意识是国人高居首位的意识，求生意志是国人压倒一切的意志。中土之学有悖于这一时代要求的真正根源究竟在哪里？严复以陆王心学为传统观念批判的突破口，以近代实证主义哲学的经验论和方法论为批判的武器，对它的空疏特性所造成的严重历史后果作了深刻的历史反思、哲学解剖和思想批判："陆王之学，质而言之，则直师心自用而已。自以为不出门户可以知天下，而天下事与其所谓知者，果相合否？不径庭否？不复问也。自以为闭门造车，出而合

　　① 王栻主编：《严复集》第1册，中华书局1986年版，第40～43页。严复在批判传统文化的过程中提出了"鼓民力"、"开民智"、"新民德"之三大主张，作为救治民族生存危机、推动国家走向富强的根本和关键。"严氏鼓民力之主要方法为禁吸烟，禁缠足，以恢复民族之健康。开民智在废科举，讲西学。新民德则在倡立平等自由之政教。"（萧公权：《中国政治思想史》（三），辽宁教育出版社1998年版，第757页注释①）

　　② 同上书，第43页。
　　③ 同上书，第44页。

撤，而门外之撤与其所造之车，果相合否？不龃龉否？又不察也。"① "后世学者，乐其径易，便于惰窳傲慢之情，遂群然趋之，莫之自返。其为祸也，始于学术，终于国家。故其于己也，则认地大民众为富强，而果富强否，未尝验也，其于人也，则神州而外皆夷狄，其果夷狄否，未尝考也。抵死虚骄，未或稍屈。然而天下事所不可逃者，实而已矣，非虚词饰说所得自欺，又非盛气高言所可持劫也。迨及之而知，履之而艰，而天下之祸，固无救矣。胜代之所以亡，与今之所以弱者，不皆坐此也耶？"② 因此正是中国传统学术不重实证、专致务虚的思想方式的根本缺陷，才最终导致了近代中国落伍、失去民族尊严与主权独立的悲性历史后果。严复试图用他对西方思想—学术的天才般的译述和介绍而架起一座沟通中西的思想桥梁，用一种全新的哲学世界观、社会政治理念和科学方法论实现对中国思想学术的根本改造。让我们看一看严复对西方学术文化的精神与中国传统文化的精神的区别是如何把握的吧："然而西学格致，则其道与是适相反。一理之明，一法之立，必验之物物事事而皆然，而后定之为不易。其所验也贵多，故博大；其收效也必恒，故悠久；其究极也，必道通为一，左右逢原，故高明。方其治之也，成见必不可居，饰词必不可用，不敢丝毫主张，不得稍行武断，必勤必耐，必公必虚，而后有以造其至精之域，践其至实之途。"③ 这就是严复站立在近代世界的历史高点上放眼世界，通过自己的艰苦的、创造性的劳作所寻求的改造中国思想学术的理想榜样。

严复以深刻的自我批判和宽广的世界眼光，论析中西思想学术在价值取向上的根本差异，一针见血地批判了陆王心学脱离现实生活和时代要求的空疏特性。他高度评价近代科学方法对中国思想学术的借鉴价值，为此他孜孜以求，力图用这种科学方法来改造中国思想学术，改造国人的文化心理结构和思维方式。④ 严复旗帜鲜明地反对视西方民族为夷狄的虚骄狭隘的夜郎心态和落后观念，而处处以西方思想学术的科学意识和实证精神作为改造中国思想学术的参

① 王栻主编：《严复集》第 1 册，中华书局 1986 年版，第 44 页。

② 同上书，第 45 页。

③ 同上书，第 45 页。

④ 像大多数学者一样，萧公权先生也认为严复晚年趋向保守。已如前述，我对此一观点持保留态度。但萧公权先生下述观点中所涉及到的严复对中国传统文化的批评，对我们这里论及的问题而言仍然是值得重视的。萧公权先生认为，严复晚年对中西文化的态度发生了根本变化："向之鄙中尊西者一转而崇中贱西。严氏当清之末年不仅谓中国固有之学术政治不足以救亡图存，甚至认二千年间之人伦道德亦势当摒弃。……及民国改元以后，严氏之态度乃大变而为忠实之守旧者，力持保存国粹之说，以与'五四'之新文化运动相对抗。"（萧公权：《中国政治思想史》（三），第 758～759 页）

照坐标，清楚地表现了在自己民族严重受辱的情况下仍不以狭隘的民族情绪拒斥外来文明的开放胸怀和理性态度。① 实际上，面对中西历史发展的巨大差距和中国处处被动挨打的残酷现实，严复非常清醒地意识到西方学术的独特性和生命活力，因此明确地反对那种所谓西方文明借自中国这一浅薄观念："必谓彼之所明，借吾中土所前有，甚者或谓其学皆得于东来，则又不关事实适用自蔽之说也。"② "1877 年，当严复最终被送去英国深造时，他已经踏上了一条与本国绝大多数人大相径庭的生活道路。……严复赴英前，已对西学初步有所掌握，对这些学问颇有兴趣，与'蛮夷'教习们相处亦很愉快，这一切已在他的头脑中消除了关于西方道德、理智和精神低下的观念。这种观念是当时大多数文人学士，从'清流'党人到最开明的'西方事务'专家们所共有

---

① 　严复高度赞赏近代西方的经验论和方法论而严厉批评传统中国学术，但意味深长的是，即便在严复思想发展的早期（有人称之为"全盘西化"的）阶段，他也并没有与传统价值观完全决裂，而仍然是与自己文化传统中富有生命力的成分存在着深刻的血肉联系：严复"成了以西方思想本身为武器反对传教士的先行者。**严复从未对传教士们的宗教宣传有过兴趣**。在他思想中，无论是传统的还是反传统的成分，都没有使他倾向于赞同有神论的宗教。"（史华兹：《寻求富强：严复与西方》，第 33 页）严复"**对基督教神学的反感是相当清楚的。因为他反对传教士宣讲的基本教义**，因此在对待传教士的活动方面，他无疑抱有与本国文人学士同样的敌意。"严复之所以翻译苏格兰学者宓克在 1891 年写的《在华传教士》（严译本名为《支那教案论》（1892）），是因为宓克对在华传教士的传教方法进行了尖锐而审慎的抨击，这无疑是严复"希望利用外国人自己的话为中国文人学士的反洋教活动提供一个有力的新武器库，因为这正是教案风行中国的时候。"（史华兹：《寻求富强：严复与西方》，第 34 页。黑体为引者加）"严复在驳斥传教士常说的中国根本无宗教时，用了宓克的观点：'**孝则中国之真教也。**'……**严复从中发现了孝道在中国社会所起的作用，相当于基督教在西方所起的作用。**他认为孝道是一种无所不包的、内在的社会戒律，对于民众来说尤其是这样，'百行皆原于此，远之以事君则为忠，迩之以事长则为悌，充类至义，至于享帝配天'。孝道与西方意义的宗教简直若合符节。""甚至在严复以后的文章中，都有一个明显的事实，**即严复对孝道这一传统的价值观念持有比较肯定的态度。**……严复年轻时可能主观上已经接受了孝的观念，而现在严复是以一个政治家的冷静的眼光来客观评价这一传统道德价值的。**他认为，孝等同于西方社会中的基督徒的虔诚，它甚至可使老百姓'趋死不顾利害'。**固然，我们会看到严复对中国家庭制度的各个方面，特别是妇女的屈从地位的抨击，我们也会看到他把家的概念作为忠的焦点加以抨击。但是，**严复始终对孝道寄予希望，他相信孝道所内涵的自我牺牲精神和自我克制精神，也许会像西方基督教如英国清教徒的情况那样，给中国民众中民族主义的自我牺牲精神以道德上的支持。**"（同上书，第 34~35 页。黑体为引者加）"严复欣喜若狂地拥护斯宾塞决不意味着他与中国传统思想各个方面的全面决裂。很奇怪的是，我们清楚地看到在'深一层'的抽象的宇宙论方面，斯宾塞对于天地万物的想象与中国某些根深蒂固的思想模式非常明显地相吻合。……斯宾塞的这个一元论，严复准备用从《易传》、《老子》，或宋明理学派生出来的语言加以解释。斯宾塞的自'同质单一'演进而来的'有多种成分组合的'世界，很容易被转化成典雅的中国古文：'翕以合质，辟以出力，始简易终杂糅。'"（同上书，第 46 页）

② 　王栻主编：《严复集》第 5 册，中华书局 1986 年版，第 1320 页。

的。……可以认为，严复是以相当独特的理智灵感对自身际遇作出反应的。"①
因此严复的深谋远虑、高明卓越就在于，在这种情况下仍能以冷静态度和科学
精神去寻求民族富强的真正根源。

严复对近代科学技术及其相应哲学观念的推崇，对近代西方民主自由的崇
尚，对本民族传统文化思想观念的反思和批判，成为五四新文化运动"民主
与科学"观念的先声。

四、解读历史悖论：启蒙与救亡的悲剧性冲突

严复对国人科学与民主的思想启蒙和对传统文化问题和弊端的理性批判，
使许多仁人志士于仿惶苦闷、悲观绝望中接受了他的启迪，走上了救亡图存的
爱国主义道路。他在对西学的译介、对中学的批判中所表现出来的思想创新和
精神劳作不仅惊世骇俗，影响了他自己生活的那个时代，而且也深刻影响了后
来几代政治领袖、志士仁人和热血青年。严复启蒙的主题是民主、自由、科
学、理性，根本目的在于民族振兴和国家富强。严复的理想和追求发生在一百
多年前的那个悲剧性时代，但它仍然是持续到 21 世纪中国必须面临、解决的
时代问题，仍然是我们有待完成的具有世界历史性意义的根本任务。民主与科
学依然是中国现代化实践的基本价值追求，是中华民族走向世界，开创世界历
史伟业的推动力量。

中国近现代历史发展的曲折行程给我们留下了许多值得总结的经验教训。
严复的理想和追求，由于种种复杂而深刻的原因而在后来历史发展的很长一段
时期中没有得到应有的重视和实践。撇开 19 世纪末期的严峻政治状况暂且不
谈，即便在进入 20 世纪以后，由于长期持续的动乱、战争和革命的残酷环境
而把科学与民主的理念一而再、再而三地挤到了历史舞台和社会实践的背后，
民族生存与国家独立的课题在民主革命的进程中始终占据着压倒一切的地位，
从而大大延迟了建设现代工商文明、民主政治、精神文明的伟大历史性工程。
而这个在中国的近现代历史发展中一再展开了的现实的矛盾和冲突，实际上以
浓缩的方式典型地表现在严复本人的思想结构和生存实践中。在某种意义上可
以说，严复的思想和行为是中华民族在近代世界的条件下告别传统、走向现
代、参与世界历史潮流的悲壮探索，蕴涵着整个中国近现代历史发展和中国近
代哲学变革的基本秘密。然而对严复自身所包含、所具有的这一深刻而巨大的

---

① 史华兹：《寻求富强：严复与西方》，江苏人民出版社 1996 年版，25 页。

悲剧性矛盾，人们在相当长的时间里都没能够作出深入的分析、合理的解剖和批判性的反思，并为此付出了高昂的历史代价。

强调"变"、倡导进化的哲学历史观，是近代中国政治领袖和进步学人思想观念的基本特征。严复是这一时代精神的自觉体现者。他的特殊贡献在于他不像康有为那样，把"变"的历史观依托在公羊三世说的古典形式中，企图从儒家学说受压制的一派（今文经学派）中引申出这一观念，而是直接诉诸近代西方的进化论和人文学说。通过创造性翻译和介绍西方的著作和观念，严复为近代中国的思想界找到了一种为批判和否定政治专制主义提供合法性哲学基础的"天不变道亦不变"的进化世界观，一种宇宙进化社会演进的崭新的哲学观念。借助于这种进化哲学理念，中国人才有可能去审视、判断、思考和把握近代世界的基本发展趋势。他对近代西方的进化学说、民主政治理念、自由主义和科学方法论的移译、评介、发挥和宣扬，反映了冲击僵化的哲学观念、追求思想进步的时代要求。然而如何把这种为时代潮流所需要的近代理念付诸实践，亦即如何确立更新社会制度、实现社会进步的现实道路，就成了最艰难的时代课题。

严复赞赏、推崇斯宾塞的生物社会学："善夫斯宾塞尔之言曰：'民之可化，至于无穷，惟不可期之以骤。'"① 在近代西方，尽管斯宾塞的诸多见解由于得到了极其广泛的承认而似乎已经变得平淡无奇，但是"对严复来说，这些见解决非老生常谈，而是新鲜的创造性思想，它们被包容在一个巨大的令人满意的体系中，这一体系**区分开了近代的西方和停滞不前的东方**"②。在这里，我们可以把史华兹所说的"近代的西方和停滞不前的东方"的"区分"问题，纳入到作为本书解释范式的马克思世界历史理论的解释框架中加以分析。也就是说，所谓"停滞不前的东方"，实际上说明了那个时代的东方世界、尤其是中国仍处于前世界历史时代；而所谓"近代的西方"，实际上意味着它已经率先开辟了世界历史时代。因此严复在这一世界历史背景下对西方思想、观念、方法和价值观所做的翻译、介绍和评介工作，就成为中国历史向世界历史、中国哲学向"世界文学"转化所绝对不可缺少的基础性工程。从民族历史向世界历史转化，所需要的整个社会结构、社会生活领域的深刻变革，它既需要社会生产方式、经济基础的巨大变革，同时也需要政治上层建筑（政治制度、

---

① 王栻主编：《严复集》第 1 册，中华书局 1986 年版，第 25 页。
② 史华兹：《寻求富强：严复与西方》，江苏人民出版社 1996 年版，第 41 页。黑体为引者加。

政治体制）和观念上层建筑（特别是价值观和思想方式）的根本转型。如果说，洋务运动所从事的事业是物质层面的经济军事革新，它表征着民族历史向世界历史转化所需要的物质基础的建立（尽管它最终失败了）；那么，严复所从事的事业就是观念上层建筑之精神观念层面的变革，它表征着民族历史向世界历史转化所需要的精神基础的确立。因此在严复看来，革新中国社会所应遵循的历史进化的基本规律，不应当是选择暴风雨式的激进变革方式，而应当是渐进温和的改良变迁过程。他清醒地意识到鼓民力、开民智、新民德的教育启蒙对中国扬弃传统、走向世界的重大意义。① 他基于进化论的哲学理念和渐进主义的政治哲学，把这个重大历史任务的实现诉诸于一个漫长的历史进化过程，而不是具有彻底的否定性、巨大的飞跃性特征的社会政治革命。

正是从渐进主义的政治哲学的基本理念出发，严复才对晚清政府的新政抱有相当的希望。恰如史华兹先生所言，"严复的希望在当时牢牢地系在满清王朝的现代化的努力上，因此，他深深地敌视任何妨碍这种努力的事情⋯⋯在严复眼里，由孙中山、汪精卫、章炳麟和其他革命者培育起来的反满情绪代表着他们为了革命的利益任意毁灭改革的希望，而这种革命在当时的中国进化阶段里只能导致毫无希望的混乱。更重要的是，这种反满情绪代表了中国社会的最具宗法性的反动特征即集团的或宗族的排外主义的复活。"② "甚至在严复最激烈地迸发出对韩愈轻视人民力量的谴责中，他仍承认人民目前不能依靠自己的力量站起来。斯宾塞已使严复永远也不会受革命魅力的激发与影响。他在孟德斯鸠、亚当·斯密、赫胥黎、穆勒那里也不会找到什么东西可消除对突变的怀

---

① 在这里，我们有必要强调指出，严复关于鼓民力、开民智、新民德的近代启蒙观念，实际上是一个民族、一个国家在世界历史时代的残酷竞争的历史背景中，真正扬弃传统、走向近代、参与世界历史的绝对不可缺少的基础性的观念思想工程。这也历史性地确证了严复教育救国理想的高瞻远瞩。但严复这一伟大的近代教育理念和救国理想，在过去一个相当长的时间里竟被抽象地、偏执地因而也是无反思地批判为"反动的教育救国论"，这实在是对中国近代史和中国思想史的严重误读，是对严复站在世界历史高度深谋远虑、精心筹划的近代化理念的独断论批判。从整个世界历史的发展趋势和中国近现代历史发展的曲折行程看，严复的启蒙观念不仅不是反动的，而且超越了传统，超越了当下的严重偏见，远远地走在了时代的前面。严复的近代化的教育理念实际上是中国思想之走向"世界文学"的一个关键性环节、一个基础性工程。当代中国共产党人在反思中国近现代历史经验后，高高举起了"科教兴国"的光辉旗帜，确立了人才强国的发展战略。科学与民主、富强与文明的治国方略正深入落实在现代化实践的伟大历程之中。严复所执着追求的伟大教育理想，在当代中国共产党人所开辟的中国特色社会主义的土地上，在 21 世纪的今天终于有了得以实现的土壤、条件和保证。严复的问题或缺陷不在教育救国，而在他未能找到启蒙国民的现实道路。

② 史华兹：《寻求富强：严复与西方》，江苏人民出版社 1996 年版，第 168～169 页。

疑。"① 尽管史华兹先生怀着强烈的西方中心论的观念，怀着对西方文明的强烈的自豪感和优越感来评价严复，尽管我们对史华兹先生屡屡使用"教导"、"灌输"等等令人生厌、愤怒的西方中心论的辞汇和语调来阐述西方思想家对严复的影响，但他下面对严复渐进主义、改良主义观念的分析仍然是意味深长、值得注意的："严复已被斯宾塞、赫胥黎甚至穆勒有效地灌输了预防革命的思想。他们都教导他相信人类进化是一个长期的、艰苦的、缓慢的过程，不可能有奇迹般的跳跃阶段。"斯宾塞和穆勒都深信，在社会发展的十分落后的阶段，"必须有一个独裁主义的专制政府。穆勒毫不含糊地说：'专制制度正是一个合法的形式，只要目的是为着他们有所改善，而所用手段又因这个目的之得以实现而显示为正当。自由，作为一条原则来说，在人类还未达到能够借自由的和对等的讨论而获得改善的阶段以前的任何状态中，是无所适用的。'功利主义的穆勒坚决反对'天赋人权'的观念，并且把自由的实现与人类启蒙的缓慢过程相联系。"②"正因为严复接受了他的西方老师的教导，所以他反对所有可能证明他那个时代的中国也许需要一场共和制革命的理由。"③ 但我们在这里应当明确指出，严复之反对革命、主张进化的思想恐怕决不仅仅是受斯宾塞影响的结果，中国文化传统中的改良主义因素，以及他本人所具有的精神气质和过于谨慎的思想性格，也应当是他倾向于渐进主义、反对革命暴力的重要原因。斯宾塞的意义在于使严复对突变的怀疑、对革命的反对保持了哲学上的理论自觉。在这个意义上，我们理解严复所特别强调的下述话语就自然而然了："然则及今而弃吾君臣，可乎？曰：是大不可。何则？其时未至，其俗未成，其民不足以自治也。"④ 因此强调进化、反对革命不仅仅是严复接受西方自由主义的结果，而且是他对中国社会发展程度和国民素质状况判断后所作出的结论。而这实际上也是严复为什么屡屡推崇袁世凯，对袁世凯抱有希望的基本原因之一。严复所深切希望的是，能够有一个政治强人主导中国的政治和社会秩序，从而最大限度地避免在中国发生政治动荡和社会动乱。恰如史华兹所说，"1908 年，当朝廷里的满族集团迫使袁世凯辞职时，严复曾公开赞扬

---

① 史华兹：《寻求富强：严复与西方》，江苏人民出版社 1996 年版，第 76 页。

② 同上书，第 132 页。

③ 同上书，第 132 页。

④ 王栻主编：《严复集》第 1 册，中华书局 1986 年版，第 34～35 页。一直到进入了 21 世纪的今天，我们在谈到中国的民主政治建设进程不能操之过急而只能循序渐进的基本原因时，不是仍然归结为中国国民的素质太低么？

袁；1912 年，当对革命的短暂希望让位于他早先更稳妥的判断时，他给袁世凯以道义上的支持。袁世凯在他眼里是唯一能扭转整个无政府状态的强人。"①"一方面，他对袁世凯作为政治家的天资没有过高的评价，他绝对不赞赏他的道德品质；另一方面，他又认为袁世凯是中国的唯一强者，即使他不能立即采取导致富强的措施，至少也能制止中国彻底分裂。"② 严复一方面寄希望于袁世凯的集权来避免中国的分裂和动荡，另一方面又始终没有把袁世凯与雄才大略的伟人等量齐观。他认为袁世凯"大总统固为一时之杰，然极其能事，不过旧日帝制时，一才督抚耳！欲与列强君相抗衡，则太乏科哲知识，太无世界眼光"③，但如果"以目前之利害存亡言，力去袁氏，则与前之力亡满清正同，将又铸一大错耳"④。"斯宾塞向严复灌输的 19 世纪的渐进主义的进化论，使他有效地反对了任何 18 世纪的认为理想政体能立即在一个特定的社会历史背景中实现的观念。严复认为，民主的实现只有等到它存在的历史条件已经成熟的时候。……无知、体弱、缺乏'公心'等等，是与自治不相容的，而这种情况的改变，只有在一个对此抱有积极性的英明伟人的引导下才能实现。……与古代的圣君不同，现在的明君将承认民众的潜在能力。他们将教育民众，并使民众能够走向自治。因此，最近的将来所需要的是一个为民主奠定基础的英明伟人。"⑤ 当然，严复的精神世界、观念结构、思想态度也并非铁板一块。严复的基本信念是主张和强调进化并反对革命，但革命既已发生，他对革命的态度也有其现实、复杂而需要认真分析的一面。"**事实上，他不完全敌视辛亥革命，尽管他从理论上强烈反对中国爆发革命**。他在武昌起义后、南京临时政府成立前写的一首诗中，把革命形势比作一个热切等待心上人的情人，静听着预示心上人到来的声音。**在有希望而又令人焦虑的时刻，他甚至准备相信革命本身也许是进化的推动力**，就像与他对立的革命者所坚持的那样，而反对他自己的更'科学'的判断；**他感到革命本身也许就是由非人格的进化力量所产生的，它可能导致中国以比他的理智所预期的更快的速度达到富强的近代国家的水平**。严复的这种心情虽然很快就过去了，但很值得注意，因为他虽受惠于

---

① 史华兹：《寻求富强：严复与西方》，江苏人民出版社 1996 年版，第 198 页。
② 同上书，第 205 页。
③ 王栻主编：《严复集》第 3 册，中华书局 1986 年版，第 624 页。
④ 同上书，第 633 页。
⑤ 史华兹：《寻求富强：严复与西方》，江苏人民出版社 1996 年版，第 61～62 页。

满清政府，然并未因而阻碍他产生这种心情。"① "经历了1911年对中国新前途的渴望和失望的时刻之后，严复很快转向重新肯定自己的观点，即在中国进行共和革命是一个极大的错误。……生活本身已经证明了他在理论上的正确性，中国人民确实还不具备实行共和主义或民主政体的条件。"② 严复认识到科学与民主对建立近代国家、实现国家强大和人民富裕的根本性意义，但像其他维新志士一样，他没能为这一近代基本理想的实现确立一个基本的历史前提，即没能找到实现这一社会理想的现实社会力量和直接现实道路。这个历史前提或现实道路，就是赢得民族独立、否定专制政体的政治革命；而要做到这一点，又必须寻找、唤起和培育一种现实的革命的社会力量，这一社会力量就是农民大众。③ 在严复的思想视野、观念结构和政治思维中恰恰缺少了唤起民众这样一个基本环节。如果说严复主张启蒙国民必须经历一个进化过程的观念有其巨大而长久的历史合理性，那么在争得和解决启蒙中国民众的条件、方式和道路等等具有现实性、紧迫性的重大问题上，他留给我们的却是一个历史性的遗憾。

虽然严复在求得民主与科学、国家独立与民族自由的道路和方式的历史性课题上失败了，但这并没有淹没他的启蒙理想的光辉和意义。民主、自由、科学作为开辟近现代世界历史时代的基本要素和生命灵魂，没有因为严复实现这一理想的条件、方式和道路的苍白无力，而失去它们在作为中国历史的民族历史走向世界历史的过程中所具有的根本契机和生命动力的真正意义。严复在中西互为对比、互为参照的解释框架下对中国如何告别传统、走向世界、赢得富强这个历史主题的探索，仍然是我们今天求解、认识和反思中国近现代历史之谜，仍然是我们探讨作为民族历史的中国历史向世界历史、"民族文学"向"世界文学"转化之谜的典型个案。严复的探索和思考是我们考察民族历史向世界历史转化这一深刻变革过程之哲学回应的突出代表，是我们对马克思世界历史理论进行深入的个案研究的一个颇具独特性、典型性的哲学案例。

以严复为代表的中国近代进步学人在百年历史中苦苦求索的民主与科学的

---

① 史华兹：《寻求富强：严复与西方》，江苏人民出版社1996年版，第197页。黑体为引者加。

② 史华兹：《寻求富强：严复与西方》，第200～201页。

③ 义和团自身存在的严重问题和重大缺陷，实际上成为严复去深入研究义和团的这种爱国精神对中华民族赢得民族解放和国家独立究竟具有何种意义的思想障碍。犹如史华兹所说，"**严复完全置身于义和团的狂热之外**，在《主客平义》一文中，他评述义和团造反是'**妖民愚竖……其贻祸国家至矣**'"（史华兹：《寻求富强：严复与西方》，第129页。黑体为引者加）

马克思世界历史理论：中国个案

近代主题，在民族民主革命获得成功而争得了得以实现的基本历史前提后并没有随之得到落实，使本来就曲折重重的民族历史向世界历史转化的基本进程一次又一次受挫。邓小平以伟大政治家、战略家的雄伟气魄开创了改革开放的新时代，开辟了中国特色社会主义道路。邓小平关于"没有民主就没有社会主义，就没有社会主义现代化"的著名论断，关于"科学技术是第一生产力"的伟大观念，不正反映了一百多年来一代又一代的先进中国人所追求的民主与科学这一近现代历史过程中的两大主题吗？在我看来，只有站在马克思世界历史理论为我们确立的历史向世界历史转化的世界历史性的制高点上，只有从中国近代以来一个半多世纪的历史发展的整体行程中，严复的悲剧与意义才能够得到合乎历史逻辑的说明。

第五章

革命与重建：顺应世界潮流的革命变革[*]
——传统与近代的双向变革：孙中山哲学的理念及其意义

从全世界范围看，1500 年以来的世界史发生了重大而深刻的变革，这一变革的巨大成果就是马克思世界历史理论意义上的世界历史时代的诞生，即开启了民族历史向世界历史转化的世界性浪潮。伴随着地理大发现这一具有世界历史性意义的事件的出现，西方人渴望黄金、崇拜货币、追求财富的热情，成为他们踏遍世界大地、进行殖民征服的最强劲的推动力量，而普遍的世界交往和商业革命由此发生，并深刻而彻底地变革了世界历史的面貌。

世界历史之所以形成的现实物质基础，在于近代机器大工业的诞生和近代商品经济的出现，在于交往方式的普遍发展和世界市场的普遍竞争。而世界历史之所以能够形成的根本原因，是由于资本成为贯穿其中的内在灵魂和驱动力量。资本成为近代世界据以旋转的轴心，正是由于资本的强力驱动和疯狂运转，近代世界的生产力才能够迅速发展，普遍交往才得以形成，世界市场才得以建立，民族历史才能够向世界历史转化。

民族历史向世界历史的转化伴随着资产阶级民主革命的巨大浪潮。马克思写道："1648 年革命和 1789 年革命，并不是**英国**的革命和**法国**的革命；这是**欧洲范围的革命**。它们不是社会中**某**一阶级对**旧政治制度**的胜利；它们**宣告了欧洲新社会的政治制度**。资产阶级在这两次革命中获得了胜利；然而，当时**资产阶级的胜利**意味着**新社会制度的胜利**，资产阶级所有制对封建所有制的胜利，民族对地方主义的胜利，竞争对行会制度的胜利，财产分配制对长子继承制的胜利，土地所有者支配土地制对土地所有者隶属于土地制的胜利，启蒙运动

---

　* 本章在"试谈孙中山哲学的理念及其意义"（《哲学研究》1999 年第 3 期，15000 字）一文的基础上修改和扩充而成。

对迷信的胜利，家庭对宗族的胜利，进取精神对游侠怠惰的胜利，资产阶级权利对中世纪特权的胜利。……这两次革命不仅反映了它们发生的地区即英法两国的要求，而且在更大的程度上反映了整个世界的要求"。①

孙中山试图以他自己的卓越的理论和实践反映"整个世界的要求"。"世界潮流，浩浩荡荡，顺之者昌，逆之者亡"②，这是先行者孙中山直面那个急遽变迁时代的惊涛巨浪，以伟大的历史使命感向革命党人和全体国民发出的振聋发聩的时代强音，它是时代精神的一个深刻有力的思想表达，是中国的近代政治家思想家回应世界潮流及其挑战的哲学应答。孙中山先生所说的浩浩荡荡的世界潮流是什么？在这里，从马克思世界历史理论的哲学范式和解释框架出发，我们完全可以说，这个浩浩荡荡的世界潮流就是民族历史向世界历史转化的世界性的巨大变革过程。这是我们考察孙中山历史政治哲学思想的一个基本的历史方位。

孙中山以自己顺乎世界潮流的近代政治观念和民主革命实践，自觉回应了世界历史潮流向中华民族提出的严重挑战，在作为民族历史的中国历史向世界历史转化的过程中迈出了决定性的一步。他不仅由于完成了推翻君主专制政体的政治革命而革新了中国社会的政治结构，而且也由于把近代哲学的革命推进到顶峰而重建了国人的文化心理结构和思维方式。他不仅是伟大的革命家和政治领袖，而且是革新传统观念的旗手、战士和思想家。他运用近代伟大的进化观念考察了宇宙演化和人类社会的历史趋势，天才地描绘了在中国的大地上建立近代强国的宏伟蓝图和基本道路；他以近代西方社会政治理论的优秀成果和科学技术理性的革命历程为背景参照，一反数千年来中国传统文化所崇奉的"知易行难"的传统路数，有力地倡导了以"知难行易"为基本特征的具有近代意义的科学理性精神；他从中国文化伦理精神和大同式社会理念的伟大而悠久的传统理想出发，深入反思、批判了近代西方资本主义的种种弊端，以伟大的人道情怀展示了追求国民幸福的历史哲学的理念。孙中山所胸怀的远大理念和从事的革命实践表明，他是中华民族在世界历史时代从传统走向近代、自觉建立近代国家的当之无愧的思想领袖和革命先驱。

孙中山曾一语点破了他的革命之不同于以往革命的关键所在，从而见证了

---

① 《马克思恩格斯选集》第 1 卷，人民出版社 1995 年版，第 318 页。黑体为原著者加。
② 1916 年 9 月 5 日，孙中山偕同夫人宋庆龄等人到海宁城（今盐官镇）"天风海涛亭"观潮时题词。

作为中国历史的民族历史走向世界历史的深刻转换和巨大变迁："我等今日与前代殊，于驱除鞑虏、恢复中华之外，国体民生，尚当与民变革。虽经维万端，要其一贯之精神，则为自由、平等、博爱。故前代为英雄革命，今日为国民革命。"① 孙中山在这里所谈到的英雄革命与国民革命的区别，不正是马克思关于"历史向世界历史转化"之世界性的进程中政治社会变革的核心内容，不正是马克思世界历史理论的生动描绘和典型刻画么？

一、历史进化观念：寻求历史向世界历史转化的哲学根据

中国哲学在近代世界的惊涛骇浪中获得历史性更新，实现了从传统到近代的历史性飞跃，成为中华民族迎接世界历史时代之深刻变革、重塑民族精神、走向"世界文学"的哲学确证，是作为民族历史的中国历史向世界历史转化过程中之哲学回应的精彩篇章。而之所以发生这种历史性更新，其原因固然是多方面的，但伴随着西学东渐而来的，经由中国近代哲人和政治领袖创造性地吸取、借鉴和重塑的进化观念，当是促成这种历史性更新的基本原因之一。近代中国哲人倾听时代要求和世界潮流的呼声，把近代西方的进化观念与中国传统的变易哲学融合在自己的思想世界中，由此擎举了民族历史走向世界历史的思想旗帜，塑造了作为民族哲学的中国哲学参与世界哲学的思想动因和观念契机。在整个中国哲学的嬗变历程中，近代中国哲人的进化观念担负了从哲学上确证这一深刻变革的历史使命。康有为、梁启超、谭嗣同、严复等维新志士，孙中山、章太炎、陈天华、邹容等革命领袖，是标志这种哲学精神的历史性更新、履行这种近代化变革的伟大先驱。

民族历史向世界历史转化的巨大变革，并不是在国家独立和民族平等的世界格局中发生的喜剧变迁，而是在贸易、资本、技术、军事上领先的西方肆意凭陵封闭、贫困、积弱、落后的东方，是近代工商文明摧毁传统农耕文明、近代城市沦陷传统村落的悲剧历程。在这个以强凌弱的、非对等的、惨烈的历史向世界历史的转化进程中，落后民族的文明遭遇了史无前例的冲击和震撼，它们的传统的核心价值观和意识形态在西方的强力文明面前已经失去生命活力，它们必须深刻地变革自身才能够迎接外来的严重挑战。而迎接挑战必须首先解决的基本前提或根本问题，就是必须首先赢得民族尊严和国家独立。因此追求民族尊严、建立独立自由的近代国家以自立于世界民族之林，就成为近代中国

---

① 《孙中山选集》，人民出版社1981年第2版，第77页。

所有进步文人和政治领袖的最高理想，成为他们前赴后继以至流血牺牲都在所不辞的力量源泉。他们生活在由严重的民族生存危机所促成的生存意志和生存意识的深重忧患之中，因而他们所选择的便必然是革新腐败的中国社会、求得国富民强的救亡图存的道路。民族的严重生存危机决定了他们哲学观念的基本性格。在近代世界的惊涛骇浪、血雨腥风中，一个民族、一个国家要赢得生存，就必须变革自身的传统，变革不合乎世界潮流的、丧失了生命活力的经济的、政治的、文化的体制，因此力倡"变"的历史发展观就成为近代中国哲学的基本追求和基本特征，变革中国社会的愿望、理想和要求，表现在从龚自珍、林则徐、魏源到洪仁玕，从早期改良主义到戊戌维新领袖们的不懈追求中。

在具体展开孙中山的进化观念之前，我们有必要对康有为、严复的进化哲学观作一扼要说明。就康有为的历史观而言，他选择的是顺乎近代世界潮流的进化哲学观念，并据此对中国由传统农耕社会到近代工商文明，由君主专制政体到君主立宪政体，由专制禁欲主义到近代人性理念，并最终达到大同世界的历史性过渡作了全面、系统而深入而的哲学论证。① 就严复而论，由于他自己留学西方的特殊经历和天才头脑，由于他对近代西方的科学精神与民主政治有着切身感受和理性认识，所以他的卓越译作和创造性阐释，就在哲学思想上为求得民族的生存和发展竖立了一个值得中国借鉴的参照系，从而以自己的方式为中国历史向世界历史转化作出了独特贡献。他把标志着近代西方文化之生命活力和伟大成就的进化论介绍给了正力图走出厄运的中国人民，谋求改造中国社会的进步文人和政治领袖从此找到了一件可以扬弃传统观念思想秩序的强大思想武器。而始终深切关注着中国的前途和命运且深谙世界历史潮流，先是倾向改良继而高举革命旗帜的孙中山，就是以进化论这个伟大的近代观念，作为

---

① 参阅拙文："论康有为的哲学思想及悲剧性格"，《哲学研究》1997 年第 11 期。我们知道，康有为与孙中山在哲学理念与社会政治主张上既存在着区别，又有着共同的目标。两者的区别在于，前者由进化观念得出的结论，是通向大同的目标必须走渐进改良的道路，而后者由进化观念得出的结论，则是激进的革命的道路。但两者追求的共同目标，都在于使中国摆脱贫困落后，彻底改变中华民族任人宰割的屈辱命运，把中国建设成富裕而又强大的近代化国家。在人类社会总是不断向前发展这一历史进化论的基本立场上，在以进化论描述未来大同世界的最终目标上，两者也是基本一致的。由此看来，**康有为和孙中山的分歧不在目标本身而在实现目标的手段、途径和道路**。如果因为他们各自倡导的改良与革命之手段、途径和道路的不同，而忽略以至否认他们走向近代强国的共同目标，则是有失公允的非合理的历史态度。如果说，康有为与孙中山的激烈论争在当时因其具体情势而成为必然，那么在今天，那个具体的历史的情势已成为过去。在拙著的康有为部分，我已经对两者的异同作过分析，这里不再细述。

自己创造历史、革新社会的哲学根据。

青少年时代的孙中山受过西方文化科学知识的系统教育，西方近代特别是西方 19 世纪的自然科学给他留下了深刻印象。民族历史向世界历史转化的滔滔变革潮流，中国文明落后于西方文明的残酷生存现实，成为他高度推崇进化论自然观的时代背景和深层心理动因。因此在孙中山的哲学观念中，达尔文的《物种起源》就成为人类思想史上划时代的伟大著作："进化论乃十九世纪后半期，达（尔）文氏之《物种来由》出现而后始大发明也，由是乃知世界万物皆由进化而成。……自达（尔）文之书出，则进化之学，一旦豁然开朗，大放光明，而世界思想为之一变，从此各种学术，皆归依于进化矣。夫进化者，自然之道也。而物竞天择，适者生存，不适者淘汰，此物种进化之原则也。"①

由此可见，进化论作为近代自然观备受孙中山的推崇就绝非偶然的个体兴趣，而是严重的民族生存危机在他的思想世界中的必然回应。如果说进化论在达尔文那里仅仅指向着对自然奥秘、对自然之人类形成原因的探索和研究，那么在孙中山这里，进化论就导向对历史奥秘、对社会之人类自身变革的哲学阐释和理论说明，就由自然观导向了社会历史观，导向了社会政治哲学，导向了由传统农业文明到近代工业文明，由专制君主政体到民主共和政体，由传统科学技术到近代科学技术之历史性过渡的哲学论证。在两千多年的中国思想史中，与专制政体互为印证、相得益彰的"天不变道亦不变"的传统宇宙观已不能为革新中国，为救治民族的生存危机提供观念的根据，中国近代哲人和政治领袖只有认真学习、借鉴近代西方进化发展的科学宇宙观、世界观，才能够担当起社会批判和政治批判的历史使命。正由于孙中山深刻领略了近代西方进化观念的精神，他才能够把宇宙万物和人类社会的演化看成是依次演进的三大历史时期："其一为物质进化之时期，其二为物种进化之时期，其三为人类进化之时期；"② 他才能够真正超越了"分久必合，合久必分"的历史循环论的传统观念模式，从而把人类社会的演化视为一个从洪荒时代经由神权时代、君权时代而进到民权时代的必然发展过程；他才能够把人类知行关系的发展划分为不知而行、行而后知、知而后行这样前进发展的三个时期；他才能够把民族主义、民权主义、民生主义视为西方社会历史之依次推进的、具有必然趋势的

---

① 《孙中山选集》，人民出版社 1981 年版，第 155 页。

② 同上书，第 156 页。

三个进化阶段："余维欧美之进化，凡以三大主义：曰民族，曰民权，曰民生。罗马之亡，民族主义兴，而欧洲各国以独立。洎自帝其国，威行专制，在下者不堪其苦，则民权主义起。十八世纪之末，十九世纪之初，专制仆而立宪政体殖焉。世界开化，人智益蒸，物质发舒，百年锐于千载，经济问题继政治问题之后，则民生主义跃跃然动，二十世纪不得不为民生主义之坛场时代也，是三大主义皆基本于民，递嬗变易，而欧美之人种胥冶化焉。"① "今者中国以千年专制之毒而不解，异种残之，外邦逼之，民族主义、民权主义殆不可以须臾缓。而民生主义，欧美所虑积重难返者，中国独受病未深，而去之易。是故或于人为既往之陈迹，或于我为方来之大患，要为缮吾群所有事，则不可不并时而驰张之。……欧美强矣，其实民困，观大同盟罢工与无政府党、社会党之日炽，社会革命其将不远。……吾国治民生主义者，发达最先，睹其祸害于未萌，诚可举政治革命、社会革命毕其切于一役。"② 同时也正是由于孙中山深刻把握了近代进化观念的灵魂，并对人类历史的进化充满了乐观，他才有理由坚决反对将生存竞争的原则运用到人类社会的社会达尔文主义，他才把自己倡导的民生主义看作是既能够消除贫富分化，又能够保障人民幸福，从而能够扬弃近代资本主义种种弊病的社会主义。孙中山之能够对宇宙演化历程和人类历史趋势有如此清晰的认识、如此深刻的把握和如此乐观的展望，一个根本原因就在于他拥有观察世界、认识历史的近代伟大的进化观念。我们完全可以说，正是经由近代进化观念之哲学精神的培育和洗礼，孙中山才有了胸怀历史放眼全球的战略胸襟，才有了彻底变革中国社会的伟大气概。

更重要的是，孙中山从近代进化论历史观出发，不仅考察了整个人类历史的发展趋势，而且由此乐观、理性地预见了中国未来发展的光明前途，高瞻远瞩地提出了中国可以发挥后发优势而后来居上、迎头赶超西方强国的"突驾"说这一既具有强烈的现实针对性、又富有生命活力的哲学历史观，表达了中国人民可以凭借自己的能力和智慧创造历史开拓未来的坚定信念："夫事有顺乎天理，应乎人情，适乎世界之潮流，合乎人群之需要，而为先知先觉者所决志行之，则断无不成者也，此古今之革命维新、兴邦建国等事业是也。予之提倡共和革命于中国也，幸已达破坏之成功，而建设事业虽未就绪，然希望日佳，

---

① 《孙中山选集》，人民出版社1981年版，第75页。
② 同上书，第75~76页。

予敢信终必能达完全之目的也。"① 所以在孙中山看来，只要革命者一方面遵循历史发展规律，顺应世界潮流，一方面又应乎人情、人性规律，合乎人群之需要，并创造性地把两者有机结合起来，就可以完成兴邦建国之大业，从而推动和促成革命性变革，实现历史发展的跃进。孙中山坚决反对康有为、梁启超等改良派关于中国政治近代化的历程"断难躐等"，只有经过君主立宪，然后才能民主共和的渐进改良观，强调"不可谓中国不能共和，如谓不能，是反夫进化之公理也，是不知文明之真价也"。中国学习西方，完全可以而且也能够迎头赶上、后来居上。在孙中山看来，中国不但不久可以发挥"突驾"优势而超越日本，而且由于同样的原因而可以赶超英美："十年二十年之后不难举西人之文明而尽有之，即或胜之焉，亦非不可能之事也。"② 因此尽管作为民族历史的中国历史在走向世界历史的转化进程中充满种种曲折，但近代的进化历史观仍然培育了孙中山试图迅速变革中国、推动中国走向富强的乐观主义。孙中山通过"突驾"说的历史辩证法向世界表明，尽管满清政府在西方列强的强力威逼下步步退让、节节败退，但先进的中国人在世界历史的潮流面前却采取了与满清政府完全不同的选择，表明了中国人民在世界历史时代的惊涛骇浪中依然能够积极主动地创造历史的坚定信念和顽强意志。

因此我们可以看到，孙中山所作的就不只是关于进化学说的抽象的一般理论研究，而且是把握了进化论对解决中国近代社会根本问题的出路，即对中国如何应对西方列强挑战、赶超世界潮流所具有的特殊理论意义。从这一根本意义上说，孙中山在那个民族生死存亡的时代所形成的生元说和进化观念，重要的是考察了世界进化发展的基本法则，分析了人类历史进化的辩证机制，从而确立了中华民族在近代世界格局中的历史方位和发展方向。孙中山所关心的是，进化论世界观对于认识、理解和把握中国的独立和强大究竟有何种价值。对我们的孙中山思想研究而言，关键的问题在于，是探讨究竟是哪一种基本力量、基本动因推动了孙中山思想和学说的形成。近代进化观念奠立了孙中山终生哲学思想的基石，从而使他对整个世界历史和人类命运有了一种总体历史的哲学把握，有了一种合乎科学理性精神的深刻判断。因此正由于孙中山确立了这样一个历史观念的解释框架和哲学范式，他才能够意识到中国要走出生存厄

---

① 《孙中山选集》，人民出版社1981年版，第191～192页。

② 孙中山："中国民主革命之重要"，见冯契：《中国近代哲学的革命进程》，上海人民出版社1989年版，第240～241页。

运应选择何种方向和道路，才能够意识到自己所承担的究竟是何种重大的历史使命。实际上，没有基于进化观念而形成的对人类总体历史趋势的深刻判断和哲学把握，他就不可能确立中国社会究竟处于何种历史发展阶段，他就很难对中国为什么必须由传统农耕社会向近代工商文明的过渡保持那么高度的自觉，他的哲学也就不会成为作为民族历史的中国历史向世界历史转化的深刻回应、哲学应答，他就不可能形成民主革命的伟大观念，从而也就不可能领导那场推翻专制帝制的意义深远的民主主义革命。① 历史已经而且也必将继续证明，孙中山孕育、产生于近代进化观念的卓越历史政治智慧，不仅没有随着历史岁月的推移和流逝而渐行渐远，而且会越来越使他所深情钟爱的国民受益无穷。

二、知难行易：历史向世界历史的转化与国人文化—心理结构的重建

马克思世界历史理论内涵着经济、政治、思想文化、意识形态的观察世界历史的全方位视角。民族历史向世界历史的转化，既是以近代工业文明为基础的世界性的商品贸易市场和资本市场的形成过程，也是近代意义上的世界政治法律制度的形成过程，又是"世界文学"、世界哲学、世界文化的形成过程。在中国历史向世界历史转化的这一复杂历程中，孙中山洞悉世界历史发展大势，倾听时代进步潮流要求，在深刻解剖、批判作为传统观念之核心的"知易行难"观的问题和弊端的基础上，创造性地提出了"知难行易"的崭新的哲学命题和解释框架，为在中国的土地上重构世界历史时代所要求的近代意义上的哲学观念，为中国的哲学和思想之参与"世界文学"、世界哲学的变革历程作出了重大贡献。

辛亥革命推翻了满清王朝，由此结束了统治中国两千多年的专制帝制，成

---

① 孙中山高瞻远瞩，总体设计和描绘了建立近代工业文明强国的极周详极具体的实业计划。孙中山近代化蓝图的气魄之宏伟直到今天也足以使我们感到惊讶。他在 20 世纪初年所设想的修建 10 万英里的铁路计划和纵横全国的铁路网络，仍然是我们今天必须加以完成的重大战略任务。孙中山近代实业计划蓝图的天才设想之所以能够提出，是因为他从进化论的历史哲学观念出发，深入分析和考察了整个人类文明演进的历史发展趋势。事实上，孙中山近代化蓝图的描绘，既是近代中国的政治家和思想领袖回应历史向世界历史转化的必然产物，因为它只有在世界历史时代才是可能的，同时也是他的进化论世界观统领下的个人智慧和天才头脑的结晶。20 世纪中叶以后，经济和科技的竞争在国际关系中已成为位居首位的竞争，并日益主导、支撑了现代世界历史的潮流。孙中山所高度关切并一再强调的民生问题，在经济全球化时代越来越成为一个国家的执政党所必须高度关注的基础性问题。这实际上不正应验了孙中山先生在 20 世纪初年的深刻预见吗？令人欣慰的是，在进入了 21 世纪的今天，民生理念已成为当代中国共产党人执政的核心政治理念，解决中国人民的民生问题已成为当代中国共产党人自觉担当的重大历史使命。由此可见，拥有着进化论历史观的孙中山是多么深谋远虑。

为中国近代史上一次意义深远的民主政治革命。辛亥革命是在戊戌变法之后，作为民族历史的中国历史在走向世界历史的悲剧性行程中跨出的又一历史性的一步。然而，辛亥革命仅仅是破坏、终结了一个旧的世界，却未能真正开启和建立其一个新的世界，未能建构一个真正近代意义上的持续而稳定的民主共和体制。令孙中山深感失望的是，中国社会反而从此陷入了军阀混战的战争割据中："去一满州之专制，转生出无数强盗之专制，其为毒之烈，较前尤甚，于是而民愈不聊生矣！溯夫吾党革命之初心，本以救国救种为志，欲出斯民于水火之中，而登之衽席之上也。今乃反令之陷水益深，蹈火益热，与革命初衷大相违背者，此固予之德薄无以化格同侪，予之能鲜不足驾驭群众，有以致之也。"① 在孙中山看来，国民党所从事的国民革命之所以屡屡失败，首先是因为党本身没有力量，"所以辛亥革命能推翻满清，而不能彻底实行主义，酿成十余年帝孽军阀、官僚、政客循环为祸"②。

那么，国民党为什么没有驾驭政治局势和各种社会政治势力的坚强力量？辛亥革命为什么未能确立真正意义上的民主共和制度，反而造成"无数强盗之专制"而导致"民愈不聊生"？造成如此严重的社会政治后果的根本原因究竟是什么？这一深刻而严重的社会政治教训，促使着孙中山去探索辛亥革命未能最终成功的深层理论观念上的原因，即国人的思维方式和文化心理结构问题。在孙中山看来，探究国人的思维方式和文化心理结构的问题和弊端并对其实行革命性的变革，实际上是近代中国摆脱厄运走向强大、顺乎世界历史潮流所必须回答的根本课题之一。孙中山立足于中西、古今的解释坐标和思考框架，通过对"知易行难"之传统观念的历史解析和深刻批判，创造性地、针锋相对地提出了"知难行易"的著名论题，从而在解决这一根本课题的艰难道路上迈出了极其关键的一步。他以重建国民心理的"心理建设"为根本目标，自觉承担起启蒙国人思想观念、重构民族的思维方式和文化心理结构的复杂、巨大而艰难的历史任务。这是作为民族历史的中国历史走向世界历史、"中国文学"走向"世界文学"所必须解决的根本课题之一。

孙中山一反"知易行难"之传统观念的思想模式，鲜明地提出"知难行易"的近代式命题，作为他《建国方略》的首篇，并称之为"孙文学说"，可见"知难行易"说在他的思想中具有着多么重要的地位。但孙中山并没有因

① 《孙中山选集》，人民出版社1981年版，第116页。
② 徐宗勉、张亦工等：《近代中国对民主的追求》，安徽人民出版社1996年版，第271~272页。

此忽视人类实践对人类认识和人类进化的重要意义。他写道："当科学未发明之前，固全属不知而行，及行之而犹有不知者。……且人类之进步，皆发轫于不知而行者也，此自然之理则，而不以科学之发明为之变易者也。故人类之进化，以不知而行者为必要之门径也。夫习练也，试验也，探索也，冒险也，之四事者，乃文明之动机也。生徒之习练也，即行其所不知以达其欲能也；科学家之试验也，即行其所不知以致其所知也。探索家之探事也，即行其所不知以求其发见也；伟人杰士之冒险也，即行其所不知以建其功业也。由是观之，行其所不知者，于人类则促进文明，于国家则图致富强也。是故不知而行者，不独为人类所皆能，亦为人类所当行，而尤为人类之欲生存发达者之所必要也。有志国家富强者，宜黾勉力行也。"① 孙中山在这里强调实践对于认识的基础性意义，认为实践是人类认识和人类文明进化的基本前提和必要门径。但需要说明的是，孙中山是在世界历史时代的近代背景中来分析、说明和阐释所谓"习练、试验、探索、冒险"等等实践活动作用的，有其近代西方文明之科学试验、环球探险、军事扩张、殖民全球的世界历史背景，因此孙中山笔下的近代意义上的实践与中国传统哲学解释框架中作为道德实践的践履有着重大不同：前者指向对外部自然的探索和改造以获取人类幸福，指向近代工业文明对落后农业文明的商业殖民和资本扩张；后者则着重于人的道德修养和道德行为以提高伦理境界，它总体上仍然停留在以传统农业社会的实践为基础的观念框架中，因此它仍未越出"民族历史"、"民族文学"的范围，仍存在于"世界历史"、"世界文学"的门槛之外。

孙中山提出"知难行易"这一重大论题的着眼点和立足点，实际上主要不在于强调实践之于认识的优先的、基础性的地位。孙中山重建国民思维方式和文化心理结构的深层心理动机，是由于革命党人近代理性精神、科学观念的缺乏，人心涣散和思想混乱，民主共和观念未能深入人心，等等，因为所有这一切构成了辛亥革命最终未获成功的思想根源和基本原因。毋庸置疑，孙中山所创立的三民主义是他那个时代最先进的思想学说和革命理论，他对专制政治的批判、对民主共和的设计反映了世界历史时代的必然要求，他也因此成为无可争辩的辛亥革命的精神领袖。但他的学说、理论和实践产生在一个传统农业社会的思想观念、行为方式和习惯势力仍然弥漫无边的黑暗王国中，所以他那反映着世界历史潮流、具有鲜明近代特征的革命理论和科学观念，不仅数亿国

---

① 《孙中山选集》，人民出版社 1981 年版，第 185 页。

人仍然无从理解，而且就连追随他的革命党人和革命精英，实际上也未能深入理解和真正掌握他的思想学说的精神要旨，以及他所从事的伟大革命实践的真正历史意义。因此辛亥革命之未能深入、广泛而彻底地展开并赢得最后胜利，根本原因之一就在于国民政治意识和思想观念的落后，在于广大的革命党人依然未识民主共和的要旨和精髓。① 正是基于那个时代的中国国民的政治意识、政治素质、政治现状和政治生态，构成了孙中山提出"知难行易"说的时代背景和深刻原因，凸显出孙中山提出"知难行易"说的强烈针对性和重大意义所在。

在孙中山看来，"吾党之士，于革命宗旨、革命方略"之所以"信仰不笃，奉行不力"，**其原因"非尽关乎功成利达而移心，实多以思想错误而懈志"**②，而革命党人之所以形成、具有并最终导致革命未能成功的思想错误，根本原因就在于传统思想方式和文化心理结构使然："此思想之错误为何？即'知之非艰，行之惟艰'之说也。此说始于傅说对武丁之言，由是数千年来深中于中国之人心，已成牢不可破矣。故予之建设计划，一一皆为此说所打消也。呜呼！**此说者予生平之最大敌也，其威力当万倍于满清。**夫满清之威力，不过只能杀吾人之身耳，而不能夺吾人之志也。乃此敌之威力，则不惟能夺吾人之志，且足以迷亿兆人之心也。是故当满清之世予之主张革命也，犹能日起有功，进行不已；惟自民国成立之日，则予之主张建设，反致半筹莫展，一败

---

① 在徐宗勉、张亦工等先生所著的《近代中国对民主的追求》一书中，在不同章节、不同侧面曾多番论述并反复强调指出，在戊戌变法、辛亥革命时代，普通中国民众的近代政治意识实际上仍然处于极端落后的状况，严重缺乏、甚至根本就不具有近代意义上的民主政治观念。这里仅列出几段作为说明性的例证：(1)"在20世纪20年代以前，各个社会阶级都对政治没有多少兴趣。工人、农民等劳动群众一直处在与政治基本隔离的状态，既无参与政治的机会和手段，也没有政治意识和政治影响力。资本家阶级当时正处于政治启蒙状态，**大多数资本家信奉的是'在商言商'，视政治为畏途，一部分资产阶级领袖人物开始关心政治，但是态度比较消极**，而且缺乏从事近代政治的知识和技能，其典型表现是厌恶政党和政党政治，资本家阶级还没有作为一个阶级投身政治。辛亥革命时期各地出现的反抗清朝官府的群众性自发斗争，类似于历史上的造反和起义，不可能转化成为自觉的持久的政治积极性。所以在民国成立后，除了这类起义偶有发生外，广大群众对政治极为冷漠。……**当时的国民只有在被政府逼得走投无路时才铤而走险，并没有近代国民所应具有的政治权利意识。**"(2)"从政治文化的角度看，**当时的大多数国民基本上属于村民文化的范畴，即对政治不闻不问。资本家阶级的多数成员和少数发达地区的劳动者则属于臣民文化的范畴，即关心政治决策的结果，而不大关心政治决策本身。**"(3)"民初政治的一个重要特点是，**关心和从事政治活动的主要是城市中的一批知识分子、士绅、个别资本家和相当数量的军政官员。**"(4)"孙中山通过'建立民国'和'二次革命'失败的反思，发现中国普通人民都还处在政治生活之外，甚至商人也不关心政治，缺少民主政治的觉悟和习惯，**这是'民国'未能建成、'共和'迅速失败的根本原因。**"(参见该书第145～161页。黑体为引者加)
② 《孙中山选集》，人民出版社1981年版，第116页。黑体为引者加。

涂地。吾三十年来精诚无间之心几为之冰消瓦解，百折不回之志几为之槁木死灰者，此也。可畏哉此敌！可恨哉此敌！兵法有云：'攻心为上。'是吾党之建国计划，即受此心中之打击者也。"①"夫国者人之积也，人者心之器也，而国事者一人群心理之现象也。是故政治之隆污，系乎人心之振靡。吾心信其可行，则移山填海之难，终有成功之日；吾心信其不可行，则反掌折枝之易，亦无收效之期也。心之为用大矣哉！夫心也者，万事之本源也。满清之颠覆者，此心成之也；民国之建设者，此心败之也。**夫革命党之心理，于成功之始，则被'知之非艰，行之惟艰'之说奴，而视吾策为空言，遂放弃建设之责任。**如是则以后之建设责任，非革命党所得而专也。迨夫民国成立之后，则建设之责任当为国民所共负矣，然七年以来，犹未睹建设事业之进行，而国事则日形纠纷，人民则日增痛苦。午夜思维，不胜痛心疾首！"② 因此孙中山之所以写作《建国方略》，之所以在《建国方略》中第一部分定名为《孙文学说——行易知难（心理建设）》，就是为了"**破此心理之大敌，而出国人之思想于迷津，庶几吾之建国方略，或不致再被国人视为理想空谈也。**夫如是，乃能万众一心，急起直追，以我五千年文明优秀之民族，应世界之潮流，而建设一政治最修明、人民最安乐之国家，为民所有、为民所治、为民所享者也。"③"**予之所以不惮其烦，连篇累牍以求发明'行易知难'之理者，盖以此为救中国必由之道也。夫中国近代之积弱不振，奄奄待毙者，实为'知之非艰，行之惟艰'一说误之也。**此说深中于学者之心理，由学者而传于群众，则以难为易，以易为难，遂使暮气沉畏难之中国，畏其所不当畏而不畏其所当畏，由是易者则避而远之，而难者又趋而近之。……此中国积弱衰败之原因也。……夫人类之进化，当然踵事增华，变本加厉，而后来居上也。乃中国之历史，适与此例相反者，其故何也？此实'知之非艰，行之惟艰'一说有以致知也。"④"故有以知为易，而以行为难，此直不思而已矣。当此欲知而后行之时代，适中于'知易行难'之说，遂不复以行而求知，因知以进行。此三代而后中国文化之所以有退无进也。"⑤ 对由于国民和革命党人之思想、观念、心理的愚昧、

———————————

① 《孙中山选集》，人民出版社 1981 年版，第 116 页。黑体为引者加。

② 同上书，第 116～117 页。黑体为引者加。具有深厚历史意识和伟大战略眼光的孙中山竟被袁世凯等好多目光短浅之士诬蔑为"孙大炮"，而且这一愚蠢的政治偏见竟赢得了好多后人的赞同和支持，充分反映了这些浮泛浅薄之人的近现代政治意识和历史观念是何等匮乏！

③ 同上书，第 117 页。黑体为引者加。

④ 同上书，第 159～160 页。黑体为引者加。

⑤ 《孙中山选集》，人民出版社 1981 年版，第 160 页。

落后和错误而造成的处处被动挨打，特别是对由于国民和革命党人之思想、观念、心理的愚昧、落后和错误而造成的辛亥革命的流产和失败，孙中山可谓痛心疾首、悲苦万分，这痛苦无加的心情淋漓尽致地表现在《孙文学说》的《自序》中，表现在他呕心沥血写成的整个《孙文学说》的字里行间。孙中山比他同代人的伟大之处就在于，他没有在失败面前中止前进的脚步，而是愈挫愈勇，并以一个伟人的巨大历史使命感深入探求了造成此悲惨历史后果的深层文化心理原因。①

所以在孙中山那里，近代中国社会之所以积弱不振被动挨打，中国文化之所以有退无进落后西方的根本原因，就在于"知易行难"的旧式思维方式和文化心理结构严重窒息了国人的生命活力和创造热情。正是由于它对国人价值观念和行为方式的错误引导，才使得中国未能出现以近代政治理念、科学理性精神为基本特征的近代文明。我们知道，在近代西方自文艺复兴以来几百年间的历史发展中，哥白尼、伽利略、牛顿、拉瓦锡、瓦特、达尔文、爱迪生、洛克、笛卡尔、斯密、孟德斯鸠、康德、黑格尔、马克思……可谓英雄辈出，群星灿烂；新理论、新学说、新发明、新创造……可谓百舸争流，千帆竞发。西方文艺复兴以来的科学技术革命和社会政治理论的巨大变革，与经济革命、政治革命、社会革命相互推荡，相得益彰，形成了近代世界史上文化变迁和文明变革的壮丽奇观，成为近代西方率先越出民族历史的藩篱、强力开创世界历史时代的巨大的精神观念力量。而同一时期的中国之所以始终没有发生引领社会历史之革命性变革的近代意义上的政治思想解放、经济观念变革和科学技术革命，原因当然是多方面的，也理应作出综合、全面、系统的考察和研究，但数

---

① 孙中山这些情深意切、击中要害、高瞻远瞩的伟大理念及其重大意义，自他自己的时代起一直到今大，竟始终未得到公允而正确的评价：早在孙中山时代，他的建设近代强国的伟大理想就被当作"理想空言"、"放空炮"等等而横遭轻蔑；在此后更长的历史岁月里，他的"知难行易"说的深刻历史内涵和重大哲学意义，更是被屡屡淹没在"唯心主义"责难话语的汪洋大海之中。事实上，孙中山强调"知难行易"之心理建设的重大意义，丝毫也未轻视、忽略物质（实业）建设对中国走向富裕强大、建设近代化国家、参与世界历史进程的基础性意义。在《建国方略》这部立意高远、气势宏伟的伟大著作中，孙中山用了更长、更多的篇幅，详细论证了他如何建设近代强国的宏大理想，勾画了一幅经济建设的具体而详尽的政策蓝图。其中"实业计划（物质建设）"部分整整170页，而"孙文学说——行易知难（心理建设）"部分仅仅95页。另外"民权初步（社会建设）"部分也有87页。仅此一例，足可见孙中山之高度重视经济、政治和社会建设的良苦用心所在。总而言之，孙中山的《建国方略》是一个涉及到经济、政治、观念、社会领域的全面而周详的建设近代强国的宏伟蓝图，显示出一个伟大的近代化设计师的战略胸襟和远见卓识。如果仅仅因为孙中山在论述、强调其中任何一部分的意义而轻作判断、妄加批判，就永远不会作出中肯而公允的评价，也就永远不会得出正确而令人信服的结论。

千年中一直贯穿、体现并主导中国文化传统发展的"知易行难"的旧式思维方式和文化心理结构，却是作为民族历史的中国历史被阻挠、排斥在世界历史进程之外而任人宰割的灾难性历史后果的根本原因之一。孙中山一反中国数千年文化中占主导地位的"知易行难"的传统思维方式而力倡"知难行易"的近代思维方式，其基本原因就在于他拥有中西几百年间不同历史背景的相互参照，从而才最终确立了中国何以能够自立于世界民族之林的"知难行易"的科学发展观。① 所以当西方世界携着理性和科学的优势，一路高歌完成了由传统到近代的历史性飞跃，中国社会却依旧停留在"知易行难"的旧式思维和心理状态中原地踏步。由于经历了文艺复兴以来的社会政治观念和科学理性精神的数百年的洗礼过程，西方民族的精神素质、思维方式和文化心理结构获得了历史性更新，而这又正是西方诸国的民主革命之所以获得成功，从而建立起以理性为根基、以自由为核心、以法治为保障的近代民主制度的根本原因之一，同时也是西方列强之所以能够率先从事资本扩张，进行殖民贸易，从而开辟世界历史进程的根本原因之一。孙中山清醒地意识到中国与西方在社会发展阶段上所存在的这一重大差异，清醒地意识到辛亥革命之所以最终失败，原因恰恰在于，他的伟大的近代理论理念和建设富强中国的战略构想之于中国，缺少一个得以实现的基本历史前提，即缺少一个如同近代西方诸民族所经历的为民主法治精神、自由意识、科学观念和理性精神所洗礼的深刻变革过程。而这又正是"知易行难"的传统哲学观念忽视心理建设、忽视理性精神和科学理论的严重后果所在。正是基于这一对比鲜明的中西文化文明的发展差距，促成孙中山把消除中国几千年来"知之非艰，行之惟艰"一说的严重危害，看作是他所应当担负的最大历史使命之一。作为孙中山本人，由于他往来中西之间的特殊经历，由于他在这一过程中所孕育生成的近代意识和世界眼光，也由于他个人的天才智慧和独特品质，使他能够深刻领略近代西方文明之所以能够开创世界历史的深刻原因和重大意义，然而亿万普通的中国民众，甚至追随他的

---

① 纵观人类历史发展过程，我们可以看到，科学、技术、生产三者的相互关系经历了如下深刻变迁：在整个 19 世纪以前的漫长历史中，三者的历史顺序表现为生产——技术——科学，而 19 世纪以来，三者的顺序则发生了一个革命般的颠倒，即越来越表现为科学——技术——生产。这从一个角度、一个侧面有力地证明了，孙中山的"知难行易"说多么深刻地反映了历史演进的逻辑必然和时代发展的深刻要求，是多么深刻、多么富有远见卓识的伟大历史智慧。

革命党人，却远落在他的后面，甚至依然停留在传统社会的观念藩篱中。① 由此可见，孙中山对他的理论和实践之遭到冷落、嘲讽和不被理解，是多么痛心疾首；同时也说明辛亥革命之最终归于失败，便成为一种历史必然了。

孙中山把人类进化史划分为不知而行、行而后知、知而后行三个时期。孙中山秉承着中国智慧中富于历史意识、擅长历史思考的优秀传统，努力通过回溯人类思想进化史来寻找造成中西方两种文明后果何以不同的深刻原因："欧美幸而无'知易行难'之说为其文明之障碍，故能由草昧而进文明，由文明而进于科学，其近代之进化也，不知固行之，而知之更乐行之，此其进行不息所以得有今日突飞之进步也。……欧洲六百年前之文物，尚不及中国当时甚远。而彼近一二百年来之进步，其突飞速率，有非我梦想所能及也。日本自维新以后五十年来，其社会之文明，学术之发达，工商之进步，不独超过于彼数千年之进化，且较之欧洲为尤速，此皆科学为之也。自科学发明之后，人类乃始能有具以求其知，故始能进于知而后行之第三时期之进化也。"② 所以，孙中山是多么清醒地看到了"知与不知"问题在民族历史向世界历史的转化中作用是何等巨大：一个是倡导"知易行难"造成了近代落伍而处处被动挨打，一个是倡导"知难行易"孕育了文明的日趋强盛而进行全球扩张。③ 两种思维方式和文化心理结构是如此不同，由此导致的价值取向和行动方式的差异是如

---

① 也许正由于这一原因，孙中山竟得出了如下令人触目惊心、张口结舌的结论："夫中国人民知识程度之不足，故无可隐讳者也。且加以数千年专制之毒，深中乎人心，诚有比乎美国之黑奴及外来人民知识尤为低下也。"（《孙中山选集》，第171页）在推翻专制、创建共和之后，"本可从此继进，实行革命党所抱持之三民主义、五权宪法，与夫《革命方略》所规定之种种建设宏模，则必能乘时一跃而登中国于富强之域，跻斯民于安乐之天也。**不图革命初成，党人即起异议，谓予所主张者理想太高，不适中国之用；众口铄金，一时风靡，同志之士亦悉惑焉。**"（同上书，第115～116页。黑体为引者加）也许正由于这一原因，孙中山把"知与不知"问题的地位和作用提高到了关系到革命与建设之生死存亡的历史高度："**夫破坏之革命成功，而建设之革命失败，其故何也？是知与不知之故也。**"（同上书，第173页。黑体为引者加）

② 《孙中山选集》，人民出版社1981年版，第161页。

③ 在当代中国，邓小平以其卓越的历史政治智慧和世界性战略眼光，深刻反思、总结了中国以至整个世界社会主义实践的经验教训，在我党历史上第一次提出了"科学技术是第一生产力"这一意义深远的著名论断。撇开中外学界对科学技术之作为工具理性所带来的种种现代性问题的激烈批判不谈，"科学技术是第一生产力"的论断实际上是邓小平站在当代世界历史和时代要求的高度，历史性地回应了先驱者孙中山在20世纪初年的思考和探索。在这里需要特别提到的是，由于时代环境的巨大变迁，孙中山在"知难行易"的命题所体现的，只能是一个根本不可能在经济社会中得到落实的思想理念，而关于邓小平"科学技术是第一生产力"的论断，却既是一种哲学理念，又是一种方针政策，更是一种社会建制、社会实践，并由此极大地变革了中国经济社会的发展面貌，对中国的现代化事业和中华民族在21世纪的伟大复兴，意义深远而重大。

此重大，从而两种文明历史发展的后果也必然根本不同。孙中山从思维方式和文化心理结构上去探索和解剖中西两种不同文明的差异与后果，不能不说是抓住了世界历史时代的一个根本要害所在。实际上，一个民族、一个国家不经过近、现代科学观念和理性精神的充分洗礼这样一个历史发展过程，而抽象地、片面地强调实践的决定作用，就有可能重新回到孙中山所批判的"知易行难"的旧式思维方式的历史窠臼中，从而严重阻碍一个民族、一个国家在近代世界中的生存命运。从这里我们可以看出孙中山重建民族的文化心理结构、自觉从事国人心理建设的高瞻远瞩、独具匠心所在。

这说明了，孙中山已深刻认识到中国要顺应世界历史潮流，就必须以近代西方之开创世界历史时代的巨大成就为参照，在"民族文学"走向"世界文学"潮流的宏大背景中明确自己的历史方位，创造性地重塑国人和革命党人的观念世界和思维方式，从而推进作为民族历史的中国历史向世界历史的转化进程。这或许就是为什么在那个特定的时代条件下，孙中山强调中国工人皆为实行者，而外国专家为理想家、计划家的原因之所在，也就是为什么他把后知后觉者看成是重实行轻理想之豆腐公，因而革命以来建设事业不能进行的原因之所在："故天下事惟患于不能知耳，倘能由科学之理则以求得其真知，则行之决无所难……所谓文明之进化，成于三系之人：其一、先知先觉者即发明家也，其二、后知后觉者即鼓吹家也，其三、不知不觉者即实行家也。由此观之，中国不患无实行家也，盖林林总总者皆是也。……不观今之外人在上海所建设之宏大工厂、繁盛市街、崇伟楼阁，其实行家皆中国之工人也，而外人不过为理想家、计划家而已，并未有躬亲实行其建设之事也。**故为一国之经营建设者所难得者，非实行家也，乃理想家、计划家也。而中国之后知后觉者，皆重实行而轻理想矣。**"① 正是在这种令人痛苦的中、西对比中，孙中山愈加坚定了自己必须革命性地变革中国传统思想方式和文化心理结构的信念、决心和勇气："本大总统的性质，生平是爱革命。诸君要欢迎本大总统革命的性质。本大总统想要中国进步，**不但是对于政治，主张要革命，就是对学问，也主张要革命；要把全中国人几千年走错了的路，都来改正，所以主张学问和思想都要经过一番革命。**就中国革命的历史说，汤武是主张革命最早的，人人都说是'顺乎天应乎人'。本大总统从前主张革命的时候，人人都说是'造反'。**说到学问思想上，要去推翻它，就是要把思想反过来，所以古人说'知之非艰，**

---

① 《孙中山选集》，人民出版社 1981 年版，第 164～165 页。黑体为引者加。

行之惟艰'，本大总统便要说'行之非艰，知之惟艰。'诸君如果赞成本大总统学理上的革命，都应该说'知之惟艰，行之非艰。'"① 孙中山之所以不仅要在政治上"造反"、革命，而且也清醒地意识到要在学问上、思想上进行革命的重大意义，正是他能够超越前人、超越同代人而站在世界历史时代的高度，深刻领悟和认识到科学理论、科学观念、理性精神对革命成功、国家建设和社会进步，对把中华民族塑造成为一个先进而强大的近代民族，从而主动参与世界历史时代的革命性变革有多么关键、多么深远的意义。如果说他从事的政治革命是重建中国的政治社会结构，那么他从事的学问、思想革命则是重建国人的思维方式和文化心理结构。这是中国历史走向世界历史的路途中一个极其重要的方面，是"中国文学"走向"世界文学"的一个基本的组成部分，决不可等闲视之。

马克思世界历史理论是一个关涉到世界市场、世界政治、世界文学的系统整体。我们在考察孙中山的思想主张时，应特别注意他的"知难行易"说之于"世界文学"的重大意义。先行者孙中山站在世界历史时代的高度，从中西方历史发展距离的鲜明对比、从国家如何才能复兴和强大的根本课题和时代要求出发，作出了关于知行关系之哲学观念的革命性阐释，对两千多年来中国传统哲学的知行观作了创造性、革命性的颠覆，在中国近代哲学的革命性变革历程中写下了精彩绝妙的一章。孙中山先生的知行观关涉到作为民族历史的中国历史向世界历史、"中国文学"向"世界文学"转化的一个极其关键的问题，今天我们仍然需要深入探讨和挖掘孙中山关于"行之非艰，知之惟艰"论题的深刻内涵、时代主题和哲学意义。我们知道，在过去一个相当长的时间里，孙中山的知行观遭到了许多严重的误解和不公正的批评，认为它割裂了知行的辩证关系，把"知难行易"夸大成了人类认识的普遍规律。但事情远非这么简单。事实上，孙中山的"知难行易"观包涵着深刻而复杂的历史内涵和时代内容。正是孙中山以其卓越的历史考察和对比分析，深入阐述了中西方文化传统的根本差异，并具体地、历史地、实证地说明了中西知行观的重大区别，以及由此造成的西方之强盛和中国之积弱这样两种相反的历史后果。孙中山胸怀人类历史，考察、分析和对比了两种不同文明并互为参照，从近代科学观念和理性精神之时代潮流的根本要求出发，对知行关系作出了与数千年来的传统主流观念截然不同，但却与世界历史潮流保持同步，有着鲜明时代特征的

① 《孙中山文集》下，团结出版社 1997 年版，第 775 页。黑体为引者加。

崭新阐释。所以孙中山的近代知行观就不是脱离了人类生活实践的抽象规定，而是浓缩了、容纳了相当深厚的历史内容和极其鲜明的时代特色。它是孙中山站在近代世界历史的制高点上，通过深刻的历史反思而作出的革新传统的中国哲学观念，迈向"世界文学"潮流的超越。

总的说来，孙中山对知行关系的近代式解读和批判性阐释，意在打破几千年来国民已习惯成为自然的"知易行难"的传统思想方式，从而自觉塑造和重新建构与近代世界的经济、政治观念和科学理性精神相适应的新的思维方式和文化心理结构。我们完全可以说，孙中山在哲学上所作出的从"知易行难"到"知难行易"的创造性转换，历史性地实现了中国的知行观从传统到近代的突破和飞越，从而极大地开拓和革新了国人的思想心理空间。"知难行易"论是孙中山以宽广的世界眼光审时度势，自觉塑造国人心理所从事的无形的历史性工程，是孙中山在作为民族历史的中国历史走向世界历史、参与世界潮流的过程中所进行的重大观念变革，是孙中山推动中国哲学从传统向近代之深刻转换的思想创造。孙中山的哲学精神和思想意义之所以永垂不朽，就在于他能够顺应浩浩荡荡的世界潮流，以卓越非凡的思想创新和实践变革，表现我们这个民族在任何可能的艰难险阻中仍然顽强屹立而不被征服的民族意志和民族智慧。

三、民生理念：资本时代的矛盾悖论与人道的历史哲学

在西方世界向全球进行殖民扩张的历史行程中，在由此而来的民族历史向世界历史的转化历程中，资本由于追求剩余价值的强烈欲望而成为最具生命力的基本推动力量。马克思说，"资本一方面要力求摧毁交往即交换的一切限制，夺取整个地球作为它的市场；另一方面，它又力求用时间去消灭空间，就是说，把商品从一个地方转移到另一个地方所花费的时间缩减到最低限度。资本越发展，从而资本借以流通的市场，构成资本空间流通道路的市场越扩大，资本同时也就越是力求在空间上扩大市场，力求用时间去更多地消灭空间。"① 在这里，马克思用鲜明生动、深刻有力的经济学哲学语言，描绘了在资本所向披靡的、不可遏抑的强烈冲动下，发生着用时间换取空间、用时间消灭空间的全球性扩张，而这一残酷无情的资本扩张过程所导致的结果，是国内工人阶级与殖民地劳动人民的双重的深重灾难。具有广阔世界眼光、同时又有着深厚人道主义情怀的孙中山，一方面精心设计了建设近代化强国的宏伟蓝图，一方面

---

① 《马克思恩格斯全集》第46卷（下），人民出版社1980年版，第33页。

又清醒认识到了资本所可能带来的深刻弊端。孙中山以中国式的智慧、理念和方式，试图对资本的本性和运行加以规约和改造，强调平均地权和节制资本，高瞻远瞩地提出建立以民生主义为根本价值目标的理想社会形态。①

孙中山的历史哲学同他的进化观念密切相关。已如前述，由于他对进化观念的深刻领悟，他才能够把人类社会的发展、政治制度的变迁和人类知行关系的演进看作是必然的历史发展过程。孙中山把民生问题置放到民族主义、民权主义、民生主义之依次递进的发展序列和发展格局中加以历史地定位、考察和研究。

既然孙中山把人类历史的演进看作是由民族主义到民权主义再到民生主义的发展过程，而且在他看来20世纪是民生主义时代，那么顺乎近代世界历史潮流，把民生问题提到历史重心的高度，就成为一种逻辑必然。因此国民的生存、发展和生活幸福，就成为具有深厚人道情怀的孙中山所深切关注的核心问题。同时也是基于民生问题这一历史重心，他才把近代民主革命看作是体现着人民群众之根本利益的"国民革命"或"平民革命"，而非少数杰出人物的"英雄革命"②。在他看来，民众的生存状况、政治权利和现实幸福，应当由民众自己的革命去加以改变、争取和获得。同孙中山的进化观念、知行哲学已突破传统范畴而具有了近代意义、近代特色一样，他的革命的理论与实践也已越出农民革命的范畴而具有了近代民主革命的性格。这与他在晚年的革命生涯和理论学说中强调"唤起民众"、"扶助农工"的重大意义，高度重视国民幸福的民生问题有着共同的思想背景。

值得注意的是，一方面，孙中山对马克思颇为尊敬，高度评价马克思的学说，对科学社会主义颇多称赞，认为"马克思对于社会问题，好象卢梭对于民权问题一样……现在研究社会问题的人，也没有那一个不是崇拜马克思做社会主义的圣人"。认为马克思以前的社会主义是陈义甚高的"乌托邦"，"离事实太远"，"而马克思专从事实与历史方面用功，原原本本把社会问题的经济变迁，阐发无遗"③。另一方面，孙中山又不同意马克思的唯物史观和阶级斗争学说。他认为马克思历史观中"最重要的一点，就是说世界一切历史都是

---

① 孙中山说："民生主义者，即社会主义也。"（《孙中山文集》上，团结出版社1997年版，第42页）孙中山把民生主义等同于社会主义，这是值得特别注意、研究的一个重大的历史政治哲学的命题。

② 孙中山关于"国民革命"的这一观点，意味着从传统历史观到近代历史观的重大转变。

③ 《孙中山选集》，人民出版社1981年版，第807~808页。

集中于物质，物质有变动，世界也随之变动。并说人类行为都是由物质的境遇所决定，故人类文明史，只可说是随物质境遇的变迁史。""马克思发明物质是历史的重心"，"马克思的这种发明，有人比之牛顿发明天文学之重心学说一样"①。但是，孙中山所坚持的历史理念，在于强调民生问题才是历史的重心，因此他不同意马克思把物质视为历史的重心，也不同意马克思把阶级斗争看作是人类社会发展的直接动力，而是把人类为自身的生存所作的努力视为人类历史生活的核心内容："人类求解决生存问题，才是社会进化的定律，才是历史的重心。"②"古今一切人类之所以要努力，就是因为要求生存，所以社会才有不停止的进化。所以社会进化的定律，是人类求生存。人类求生存，才是社会进化的原因。阶级战争不是社会进化的原因，阶级战争是社会当进化的时候所发生的一种病症。这种病症的原因，是人类不能生存。因为人类不能生存，所以这种病症的结果，便是战争。"③**民生就是政治的中心，就是经济的中心和种种历史活动的中心，好像天空以内的重心一样，**"④"民生问题才可以说是社会进化的原动力，"⑤"**民生为社会进化的重心，社会进化又为历史的重心，归结到底历史的重心是民生，不是物质。**"⑥尽管孙中山对马克思的唯物史观、阶级斗争学说的理解和批评存在着极大的误解和问题，但他把民生问题作

---

① 《孙中山选集》，人民出版社 1981 年版，第 811 页。

② 同上书，第 813 页。

③ 同上书，817 页。孙中山的这一观念大概与中华民族从远古时代以来就一直具有的大同式的社会观念和深厚的伦理人道主义精神的文化传统有关。孙中山把民生主义看成是社会主义、共产主义，其深层心理动机就在于力图避免资本主义的贫富分化和社会对立，以求得社会公正、文明和人道主义。而这正是"20 世纪开幕以来"社会主义"吐露锋芒，光焰万丈"的基本原因所在。所以社会主义为他"所极思不能须臾忘者"（《孙中山全集》第 1 卷，中华书局 1981 年版，第 228 页）孙中山把社会主义译为民生主义，列为中国革命当时就要实行的三大主义之一。他试图从中国式传统和近代社会主义理念出发，为避免由于资本所带来的弱肉强食寻求出路，力求把民生、公平、正义、人道的精神纳入到社会文明的建设过程中，他所执著追求的这一伟大理念和政策主张对当代中国共产党人构建社会主义和谐社会，推动和谐世界建设的理论与实践，依然是需要认真汲取的思想资源，依然具有重要借鉴意义。

④ 同上书，第 825 页。黑体为引者加。

⑤ 同上书，第 819 页。

⑥ 同上书，第 812 页。黑体为引者加。

为历史的重心加以严肃对待，不能不说是表现了一个大政治家的高瞻远瞩。①

由此我们已经可以非常清楚地看出，孙中山不是从阶级矛盾与阶级斗争的视角去观察和分析社会生活现象，而是从人类对自身生存命运的关注和现实幸福的追求这样的心理动因和实践欲求中，寻求人类得以进化发展的源泉和动力。孙中山断言人类为生存、为民生而进行的斗争才是推动社会发展、历史进步的事业，认为不同阶级之间的矛盾、对立和冲突只不过是社会进化过程中的病症。孙中山说："马克思研究社会问题所有的心得，只见到社会进化的毛病，没有见到社会进化的原理。所以马克思只可说是一个'社会病理家'，不能说是一个'社会生理家'。"② 孙中山得出这个结论，是基于他对马克思剩余价值理论和阶级斗争学说的评价而言的。在孙中山那里，马克思的哲学精神和理论特征表明了它是一种社会批判的理论，而他的民生主义的历史政治理念所追求的，是关于政治、经济、文化、社会之建设的理论。在孙中山看来，近代西方经济进步的四条措施，即社会和工业改革、交通运输工具收归公有、直接税和分配的社会化，没有一种是通过阶级斗争取得的，而全部是用和平手段即改良的方法进化出来的，结果资本家和工人均有收益。而这在他看来就证明了，社会进步或社会发展的基本动力，是社会中大多数人的经济利益和谐一致，而不是矛盾冲突的结果。孙中山在这里反对阶级之间的冲突和斗争，强调不同阶级之间在和平与改良道路上的合作与共赢，深刻反映了孙中山从民生这个社会历史的重心出发，要求迅速结束国际、国内的阶级冲突和政治动荡，为寻求和平安宁的社会政治秩序和经济秩序而建设近代强国的强烈愿望。

作为大政治家、大思想家，孙中山关于民生主义的民生史观正是基于对东西方社会历史之不同发展阶段、不同文明形态的深入考察，基于中国人民数千年来的长久贫困，基于近代中华民族的生存危机和数亿中国人民的生存苦难，

---

① 李泽厚先生认为，"'民生主义'是孙中山'三民主义'中最具特色的部分，是孙中山自始至终都看得最为重要的思想。从同盟会时代他就向革命派中许多人竭力讲解，到新三民主义中，他又把三民主义说成是'发财主义'，都说明孙中山重视把中国从贫困境地中解放出来。国家独立的民族主义（自由），建立共和的民权主义（平等）和平均地权的民生主义（博爱），是孙中山的全面的资产阶级民主主义的内容和理想。但孙中山认为，他的三民主义所以比欧美资产阶级的自由、平等、博爱要优越，正在于他有重点，在于他有解决人民经济生活问题的民生主义。"（李泽厚：《中国近代思想史论》，第329～330页）李泽厚先生在这里没有抽象地定性孙中山历史哲学的特点和性质，而是从孙中山民生主义之如何体现了中国近代课题的根本要求和中国民众的深切愿望出发，具体地历史地对民生主义的历史地位和作用作了中肯的评价。

② 《孙中山选集》，人民出版社1981年版，第817页。

基于国民幸福的深厚人道主义情怀，才有可能审时度势，响应世界潮流而提出以近代工商文明为经济根基，以民主共和制度为政治保障，以近代科学技术为基本动力的追求国泰民安的历史哲学理论。因此孙中山审视世界潮流和中国自身发展需要所提出的以民生问题为核心的历史理念，就成为中华民族的志士仁人在内忧外患中迎接外来挑战、求得自身强大、改善民生状况的历史反思，是中国近代的政治领袖对作为民族历史的中国历史向世界历史转化的深刻变革过程所作出的创造性的哲学回应。孙中山从近代中国积弱落后、人民生活极端贫困的基本国情出发，清醒地提出了"革命之破坏"与"革命之建设"必须同时进行，以迅速解决民生问题的重大政治主张。木孙中山通过对西方各国现代化经验的总结和反思，曾设想中国由于有后来居上的后发优势，在革命成功后可以用 10 年左右的时间赶超英美的战略主张。虽然这被许多人认为是不切实际的幻想，但孙中山的这一乐观展望并不没是有任何根据的。这种根据就在于"本世界进化之潮流，循各国已行之先例"① 所具有的巨大后发优势。因此孙中山的社会发展理论就有了进化观念的根据和历史实践的证明，体现了社会进步的正常道路与跳跃发展（"突驾"）的辩证统一。②

孙中山对落后国家赶超先进国家之后发效应的许多观点、见解、思想，表现出一个大政治家、大思想家的战略胸襟和远见卓识，表现出一个大政治家、大思想家深切关注国家未来和民生幸福的巨大历史使命感。这一问题在已进入 21 世纪的今日，也依然是现代化理论必须高度关注和认真研究的重大问题之一。就时代状况而言，问题的症结及其严重性就在于，由于辛亥革命在结束专制政体后没有能够确立起强有力的社会政治秩序，由此而来的长期的军阀割据、政治内乱和外敌入侵，就一而再、再而三地淹没了孙中山建设伟大强国的近代化理念。这是中国共产党为什么能够顺应历史潮流并作为一种坚强有力的政治力量登上中国历史舞台的深刻原因所在。而如果我们把目光移到我们所生活的今天，那么令人欣慰的是，邓小平开创的改革开放伟业虽然仅仅 30 年，但我们已经取得了综合国力位居世界前列的举世瞩目的重大成就，今日中国在世界格局和国际事务中已经成为举足轻重的世界性大国，后来居上的后发优势

① 《孙中山全集》第 6 卷，中华书局 1985 年版，第 204 页。
② 孙中山的"突驾"说、后发优势论虽然由于战乱频仍和政治动荡，未能在他自己的时代成为现实，但这一思想在中国开启以经济建设为中心的改革开放的社会发展道路的今天，已开始得到强有力的证明。1978 年以来当代中国共产党人所领导的短短 30 余年的改革开放，不是已经取得了世界经济发展史上的伟大奇迹吗？

已越来越得到凸显。但我们知道，这一成就是在失去了 20 世纪 50 ～ 70 年代的黄金般的历史机遇后获得的。因此如果我们用孙中山的"突驾"说这一解释范式，如果我们用历史发展的态度和眼光来进行考察，我们就不能不为 20 世纪以来的许多重大历史机遇的丧失而备感惋惜。这是我们今日在回顾历史、检讨历史的过程中，在关于历史政治哲学的批判性的反思中，所应当作出的一个历史性的结论。①

因此，如果从马克思关于民族历史向世界历史转化这一宏大的历史哲学的解释框架出发，如果从中国近代到当代之整体历史行程的宏观角度来回首反思，我们就能够对孙中山的民生理念作出合理、中肯、公允的评价，而不是脱离开具体的、实际的历史情势而抽象地将其打入唯心史观的冷宫。② 社会历史的结构、形态和发展本来就异常复杂，不同时代、不同发展阶段会有异常不同的特征，更加上不同民族有着自己发展的独特历史道路和思想文化传统，以及由此而来的独特的思维方式和文化心理结构，就必然会使不同时代、不同民族对社会历史的哲学把握具有不同的理解、角度和特色。这本来也是思想史、哲学史研究中的非常自然的现象。惟如此人类思想的世界才瑰丽多姿，异彩纷呈。实际上，孙中山在 20 世纪初期对民生问题的高度关注和深入分析，已经被 20 世纪中叶以来整个世界历史发展的现实、趋势、潮流所证实，已经被 20 世纪 70 年代末以来中国社会变革的特征、方向、潮流、成就所证实。20 世纪中叶以来，经济和科技之所以在世界范围内的综合国力的竞争中占据主导地位，社会福利事业、社会保障制度之所以已经在率先实现了现代化的西方，特别是北欧国家普遍建立，根本原因就在于民生问题已成为不容回避而必须解决的重大问题。

因此，一种哲学的价值和意义不在于它是否符合了哪一种抽象划一的评价

① 否定历史反思和历史批判的意义是错误的，因为历史需要总结经验，需要哲学反思与历史批判。历史假设决不仅仅是无意义的回首往事、无病呻吟、昔日挽歌，它实际上是历史经验之哲学总结、反思与批判的基本方式之一。而且更加重要的是，它是在自我反思、自我批判中建构一个审视历史、立足现实、指向未来的解释范式和思想框架，它意味着在哲学理念上扬弃昔日的缺陷和悲剧，建构更健全更完善的未来社会的发展蓝图，也负载着在实践理念上总结历史经验以改造世界的历史使命。

② 实际上，在过去的一段相当长的时间里，人们的思想史哲学史研究对孙中山民生史观产生的历史背景、对它的深刻现实性和具体针对性始终未给予足够重视。一个始终未能解决而纠缠着我们的哲学难题是：人们在批评孙中山民生史观抽象性的同时，自己反而一直穿行在抽象的思想范式、思维方式的窠臼中。

模式和评价理念，而在于它是否倾听了特定的时代要求并真正深刻影响了那个时代。孙中山的民生哲学是倾听了拯救中华民族于沉沦之中的时代呼唤，是作为民族历史的中国历史在走向世界历史的过程中迎接种种复杂、严重挑战的哲学回应，是深入倾听近代世界历史潮流、洞察世界历史时代本质的理性思考的结晶。孙中山把中华民族在苦难深重时代的生存意识和生存意志提升为主张进化发展、力倡科学理性和追求人民幸福的哲学。孙中山着眼于世界历史的总体发展趋势，从中西不同发展状况的分析对比中提出民生史观这一关乎中国民族生存发展和现代化命运的根本课题，正是他历史政治哲学的合理、深刻和高瞻远瞩所在。孙中山民生史观的根本价值和重大意义，在于它表征了近代志士仁人变革中国社会、实现国富民强的最高理想和价值追求，并由此成为中华民族在世界历史的潮流中既自觉告别传统农耕文明、走向现代工商文明，又清醒意识到资本缺陷并加以规约，从而积极主动地创造历史的哲学写照。只有基于这样的分析，人们才不会抽象地、非历史地把孙中山称之为"历史重心"的民生看作是一个空泛含混、抽象而不具体的概念。①

孙中山强调指出，"民生就是人民的生活——社会的生存、国民的生计、群众的生命。我现在就是用民生二字，来讲外国近百十年来所发生的一个最大问题，这个问题就是社会问题。"② 在 20 世纪的西方世界之民生主义"跃跃然动"、而中国又极端落后的历史条件下，民生问题就显得异常鲜明、突出和迫切。近代以来的中国一直战乱频仍、政治动荡、天灾人祸、外患内忧、经济凋零、民不聊生……因而民生问题的解决本身就是一个极现实、极根本、极迫切的重大课题。"社会之所以进化，是由于社会上大多数经济利益相协调，不是社会上大多数经济利益有冲突。社会上大多数的经济利益相调和，就是为大多数谋利益。大多数有利益，社会才有进步。社会上大多数的经济利益之所以要调和的原因，就是因为要解决人类的生存问题。"③ 这是孙中山在那个充满着

---

① 这是中国学界对孙中山先生民生史观的相当普遍的评价。在我看来，这种数十年来人们不加反思顺手拿来批判一切的历史哲学观念，并不是基于马克思唯物史观的正确理解、科学运用和合理发挥。已如前述，脱离开特定时代呼声、实践要求和历史情景，动辄以"抽象论"来批判某种思想及其体系是不够慎重的。

② 《孙中山选集》，人民出版社 1981 年版，第 802 页。在历史经过了一百年后的今天，民生问题作为人民的生活，作为社会的生存、国民的生计、群众的生命，不是终于成为当代中国共产党人所深切关注的一个核心问题、一个核心的根本执政理念么?! 孙中山之民生理念的巨大而长久的生命力亦由此可见一斑。

③ 同上书，第 816～817 页。

严重动荡、巨大纷争、利益冲突的世界历史时代，为求得阶级矛盾缓和、消除民族冲突、建立和谐社会与和谐世界的政治呐喊和哲学呼吁，充分展示了深深扎根于中华民族的伟大传统同时又放眼世界潮流的一个伟大的东方政治家和思想领袖之博爱人民、胸怀人类的深厚的人道情怀。①

因此如果从上述立论出发，我们就能够理解孙中山为什么会得出如下结论："人类求生存才是社会进化的原因，阶级战争不是进化的原因，阶级战争是社会进化的时候发生的一种病症。"② 由于经济利益的冲突阻碍着社会的合理进化，损害着人民生活的改善和提高，破坏着社会的秩序和安宁，因此孙中山才在他的社会发展的哲学理念中，设计出一个试图避免在政治革命之后发生这种令人类痛苦的社会病症，而主张将政治革命、社会革命毕其功于一役的思想图式。作为一个既具有深远历史战略眼光、同时又充满人道主义情怀的伟大政治家思想家，他不仅在理论上提出了民生是社会历史的重心这个深刻的历史政治哲学观念，而且还提出了如何解决民生问题的极具针对性、操作性的政治实践主张：平均地权和节制资本。孙中山提出这两项主张的根本目的，就在于试图通过国家的政治、经济和法律措施，为国计民生，为共同富裕，为防止两极分化提供现实有效的制度保障。从这里我们可以看到，中国文化政治中所固有的人道主义传统和西方近代以来的社会主义，特别是马克思主义的科学社会主义对孙中山的影响是多么深刻，同时我们也通过孙中山的伟大人格，看到了中华民族容纳百川、有容乃大的博大胸怀。孙中山从孔子均贫富的思想中得到启迪，认为"民生主义，即贫富均等，不能以富者压贫者是也"③。我们从中国的历史中可以看到，从整个儒家的理想到历代的农民战争，实际上都持续了这么一种传统。当然，孙中山生活在近代，他所要求的是经济机会的平等，而不是经济结果上的平均。他的平均地权是要求每个经营土地的人，都有平等的机会从政府手里获得土地。孙中山之所以把民生主义看作是社会主义、共产主义和大同主义，同样是因为西方近代以来的社会主义，特别是马克思主义的科学社会主义严厉批判了资本主义的经济压迫、贫富分化的严重弊端，为人类的

---

① 当代中国共产党人深刻总结了世界历史、特别是中国近代以来的历史经验，严肃地提出了构建和谐社会、和谐世界的重大政治主张。这是中国共产党既继承传统又审时度势，在中国以至世界的政治哲学发展史上所写下的精彩绝伦的思想篇章。我们由此也可以看出，孙中山在近一百年前所提出的追求"利益调和"的政治哲学理念，立意是何等深刻，预见是何等深远。

② 《孙中山选集》，人民出版社1981年版，817页。

③ 肖万源：《孙中山哲学思想》，中国社会科学出版社1981年版，第177页。

生存幸福和自由解放进行了种种探索，指明了人类未来前进的道路。

如果说孙中山的这种历史观在 20 世纪初年的那个战争与革命的动荡时代还没有得到有力的佐证，那么在今日世界，通过对话、谈判、妥协等等方式，以调整、协调、解决社会各阶层的经济、政治利益以求得利益共赢，求得社会生活的秩序和安宁，而不是通过规模巨大的阶级斗争、对立和冲突去解决经济、政治和社会问题，解决国家与国家、民族与民族、阶层与阶层、人与人之间的矛盾与冲突，已成为当代世界各国处理国际关系、社会关系问题上的基本要求和突出特征。因此从世界范围来说，和平与发展的世界性主题正在印证着、实践着孙中山的哲学理念；他的民生理想已经并且将继续体现在中国共产党人所进行的改革开放的现代化实践之中。实际上，邓小平于 20 世纪 70 年代末放弃以"阶级斗争为纲"的错误路线，把国家工作的重心转移到现代化建设的轨道上来，80 年代强调以经济建设为中心，到 90 年代明确提出"三个有利于"的标准，并在此基础上确立了社会主义市场经济体制，再到 21 世纪中国共产党人所提出的一系列的民生主张以及关于构建和谐社会、和谐世界的伟大政治理念，其出发点和最终归宿都是人民的幸福、国家的强大、世界的和平与安宁。所有这一切，都是当代中国共产党人在新的历史环境和时代条件下对孙中山民生理想的批判继承和发扬光大。

四、理想与现实的冲突：走向世界历史转化的曲折道路

在近代世界，一个民族、国家要真正开启民族历史向世界历史转化的历史进程，在参与世界历史的进程中完成自身现代化的历史使命，它就必须首先摆脱任西方殖民主义肆意宰割的生存状态，赢得民族独立与国家自由。这是包括中国在内的所有近代殖民地半殖民地国家必须直面、必须解决的根本课题，也是民族历史之能够向世界历史转化的基本历史前提。全部中国的近现代历史就是在围绕着解决这一根本课题、赢得这一基本历史前提的艰难历程中展开的。

但是，中国近现代历史之根本课题的解决始终行进在悲剧性的片面历程中。太平天国农民革命对专制制度和外来侵略的机械否定，洋务运动在"中体西用"的框架内兴办近代工业、寻求富强之路的物质性尝试，戊戌维新领袖对近代民主政治和科学理性精神的热情向往，都从某种特定的角度和方面体现了近代中国历史作为民族历史走向世界历史的根本要求。这些在历史的现实进程中各自分立、互不相融的历史事件，却又共同构成了中国近代课题得以解决的不可缺少的内容。由于历史自身行程的片面性，使得近代中国的农民革命

与维新派的政治改良之间存在着深刻的对立，他们不可能有机结合在一起形成批判和革新封建专制制度的强大的实践力量。也就是说，太平天国农民革命就其总体特征而言，仍然属于旧式农民革命的范畴，它由于不具备近代意义上的民主革命的特征，而无由打通从民族历史走向世界历史的桥梁；戊戌变法是具有近代意义上的革新运动，它变革整个社会结构的基本理念和近代化方案，是倾听世界历史潮流和时代呼声的必然产儿，在理念层面上开启了从传统走向近代的道路，但它在专制主义的强力扼杀、淫威高压面前苍白无力、不堪一击而顷刻土崩瓦解。因此无论是太平天国农民革命，还是洋务运动和戊戌维新改良运动，从中国近代历史发展的特定要求来看，它们都由于停留在各自的片面性上不能自拔，由于时代情状的过于紧急和历史课题的过于艰难，从而没能形成为一个有机互动的统一整体，没能完成否定政治专制主义、赢得民族独立与国家自由的历史任务。

引领着中华民族赶超世界潮流的民族精英前赴后继，继续前行在近代世界民族历史向世界历史转化的血雨腥风、枪林弹雨中，勇于担当世界历史时代和近代中国历史之根本任务的思想政治领袖，依然在对这种历史行程和时代要求的分析、探索、反思和深入批判中继续奋斗。以孙中山为卓越代表的民主革命派在对太平天国农民革命和维新改良运动的继承、批判和扬弃中，不断开拓了解决时代课题的新的视野和新的境界，大大加深了对满清政府所代表的专制主义势力之残酷本质、之脱离时代、之违背世界潮流的理解、认识和批判。与康梁为代表的维新派相比，孙中山为代表的民主革命派不仅对以资本扩张、世界贸易、民主法治、科学理性为基本构架的近代世界有了更为清晰、自觉和具体的认识，而且在探索走向、实现这一近代理想的现实道路和现实实践方式上获得了巨大的历史性成就。与改良派维新派相比，革命派共和派不是把走向近代社会、建立近代强国的理想囊括在古典衣装、传统框架中，而是有了清晰自觉的现实批判和未来指向；依赖的不是清朝皇帝恩准的渐进改良，而是热血奔流大地的激进的革命实践。这就是辛亥革命的基本精神和基本特征。①

近代中国历史行程的重心从此就真正开始了转向争取整个国家独立和民族自由的集体自由的维度，转向争取、实现、赢得民族独立和国家自由的现实道路、现实方式上来。尽管孙中山对近代社会基本原则、基本价值的理解和阐发较之维新派远为自觉和全面，但最关键的是，民族生存的残酷境况不断告诉人们，只有实现了民族独立和国家自由，并且首先找到实现这一理想的现实道路和现实实践方式，关于民主、科学、独立、自由的理念才可以有付诸实践的基本条件和历史前提。因此不是民主自由与科学理性本身，而是怎样求得这一伟大的近代理想得以实现的先决条件，即通过何种方式、途径和道路实现这一理想，才是首先应当解决的根本课题。② 孙中山领导的辛亥革命开始了这种为近

---

① 列宁高度评价孙中山的民主纲领与革命实践。列宁认为，孙中山领导的辛亥革命，是一场"已经完全卷入全世界资本主义文明潮流的几万万人的深刻革命运动"。"孙中山的纲领的字里行间都充满了战斗的、真诚的民主主义。它充分认识到'种族'革命的不足，丝毫没有忽视政治问题，或者说，丝毫没有轻视政治自由或容许中国专制制度与中国'社会改革'、中国立宪改革等等并存的思想。这是**带有建立共和制度要求的完整的民主主义。它直接提出群众生活状况及群众斗争问题，热烈地同情被剥削劳动者，相信他们是正义的和有力量的。""我们现在看到的是真正伟大的人民的真正伟大的思想**；这样人民不仅会为自己历来的奴隶地位而痛心，不仅会向往自由和平等，而且会同中国历来的压迫者作斗争。"值得注意的是，列宁还把孙中山这位临时大总统与欧美各先进文明国家的共和国总统作了鲜明对比，认为"那里的共和国总统都是受资产阶级操纵的生意人、是他们的代理人或傀儡，而那里的资产阶级则已经腐朽透顶，从头到脚都沾满了污垢和鲜血——不是国王和皇帝的鲜血，而是为了进步和文明在罢工中被枪杀的工人们的鲜血"。而"这位亚洲的共和国临时大总统则是充满着崇高精神和英雄气概的革命的民主主义者，这种精神和气概是一个向上发展而不是衰落下去的阶级所固有的；这个阶级不惧怕未来，而是相信未来，奋不顾身地为未来而斗争；这个阶级憎恨过去，善于抛弃过去时代的麻木不仁的和窒息一切生命的腐朽的东西，决不为了维护自己的特权而硬要保存和恢复过去的时代。""**东方已经完全走上了西方的道路，今后还会有几万万人为争取西方已经实现的理想而斗争**。西方资产阶级已经腐朽了，在它面前已经站着它的掘墓人——无产阶级。在亚洲却还有能够代表真诚的、战斗的、彻底的民主派的资产阶级，他们**不愧为法国18世纪末叶的伟大宣传家和伟大活动家的同志**。"（《列宁选集》第2卷，人民出版社1995年版，第291～292页。黑体为引者加）

② 梁启超讲，近代中国经历着"千年未有之变局"，李鸿章甚至说，近代中国遭遇着"三千年未有之变局，三千年未有之强敌"。在外来列强肆意凭陵我中华民族的残酷背景下，近代意义上的民族意识、民族主义开始觉醒，中华民族的民族意志在西方列强的强力威逼中经历了血雨腥风般的考验，经历了屡战屡败的百年屈辱。中华民族的民族意志、民族精神、民族性格从衰弱中奋起而变得强大，是在以毛泽东为代表的中国共产党人接受了具有鲜明的革命的实践特征的马克思列宁主义的精神洗礼，并创造性地把这一革命的主义运用于人民革命、人民战争中形成和实现的。因此民族独立和国家自由这一近现代中国的伟大历史使命之所以能够最终解决，根本原因就在于毛泽东和中国共产党人在创造性运用地马克思列宁主义于中国实践、中国社会的过程中，重新塑造、凝练和升华了中华民族的民族意志、民族精神、民族性格和民族智慧。因此不是个人的独立与自由，甚至也不仅仅是国家和民族的独立与自由本身，而是赢得民族独立和国家自由与赢得这种独立和自由的现实道路、现实方式之二者的有机统一，才成为理解中国近现代根本问题的关键所在。

代中国历史发展所要求的理论的和实践的转向。对这个极重要极关键的问题，进入改革开放以后的国内学界已有人作了深入探索。徐宗勉先生曾指出，中国政治的民主化过程不仅漫长，而且有自己的突出特点。这里我们不妨作详细摘录："其一，民主政治建设的提出，一开始就是自觉地为'自强'服务的，被看作是走向民族振兴和国家富强的根本性的**方法和途径**。……民主政治的建设始终具有鲜明的**手段性**……中国人学习西方民主，首先接受和强调的是它的具体制度，而不是这种制度赖以形成的人权思想和自由精神。""其二，在近代中国，推动民主思想和民主运动发展的最直接也是最有力的因素是民族危机。……从全过程和本质上看，民族的救亡图存迫切需要民主的觉醒和民主政治的建设，救亡成为民主化的一个经常性的动力。""其三，和西方民主不同，中国民主政治建设任务的提出，主要不是来自自己社会内部发展的客观要求，而是来自外国侵略的刺激，是对这种来自西方老牌民主国家的压迫的自觉回应，又是对侵略者本国的民主的模仿和学习，其直接目的正是摆脱这些国家的压迫。"①

孙中山所创立的三民主义，特别是他呕心沥血精心设计的建国方略，勾勒了如何建立近代国家的既宏伟又详尽的蓝图，但这并没有改变事情的性质。军阀割据、战乱频仍、政治动荡的社会政治环境，使孙中山根本无暇把他的建国方略付诸实践，因此他所关注的中心问题始终是如何获得国家独立和民族自由，是如何推翻专制政体的民族民主革命，以及反对军阀混战的军事革命战争。他甚至立场鲜明地反对谈个体自由，因为作为整体的国家自由以及社会的政治秩序在他那里占据了压倒一切的地位。他重视的是民生，"民生主义如果能够实行，人民才能够享幸福，才是真正以民为主；民生主义若是不能实行，民权主义不过是一句空话。"② 在民生与民权的相互关系上，孙中山明确而坚定地把民生问题置于基础地位，不是与马克思的唯物史观存在着某种共同之处么？虽然如此，我们仍然必须说，孙中山只是开始了这一历史转向。追求民族

———————————

① 徐宗勉、张亦工等：《近代中国对民主的追求》前言，安徽人民出版社1996年版，第5～7页。黑体为引者加。也就是说，历史只有通过这一过程才能实现其历史使命，这成为中国近代历史发展的逻辑必然。

② 《孙中山选集》，第930页。民生问题已成为我们的执政党最关切的问题，民生概念在经过了近一个世纪的历史岁月后，再一次成为中国共产党理论语汇和政治话语中郑重使用的范畴，成为今日中国社会政治理论领域普遍流行的概念。对已经进入21世纪的我们来说，重温孙中山关于民生问题的理念、主张、追求、话语，并由此重估各种历史观和政治哲学的价值、意义、得失，不是既事关重大，又意味深长吗？

自由与国家独立、寻求摧毁满清专制政体的途径、手段、方式和道路，对孙中山而言固然是首要而紧迫的历史任务，但我们必须指出，他在解决这一历史任务的同时，并没有忘怀和否定自由、平等、博爱之为近代理想的基本价值和基本意义。

这种发生在中国近代历史上的从追求富强、民主和科学的目标本身，到追求实现富强、民主和科学的道路、条件和途径的历史转向，到了以毛泽东为代表的中国共产党领导的新民主主义革命时代获得了最终完成。毛泽东和他领导的中国共产党人不仅创造性地找到了一条赢得民族独立和国家统一的现实革命道路，而且也同样创造性地找到了、并唤醒了实现这种巨大而急迫的革命任务的现实社会力量。以毛泽东为卓越代表的中国共产党人，以马克思列宁主义的摧毁旧世界、建立新世界的历史辩证法、革命批判精神和整体革命战略，以人民革命和人民战争的方式彻底结束了外来列强肆意欺凌中国人民的屈辱岁月，同时赢得了结束内战和分裂状态的最后胜利。这是在经历了一百多年列强入侵、战乱频仍、政治动荡的内忧外患，在经历了空前未有的枪林弹雨、血雨腥风的苦难历程后，中国的民族民主革命终于在以毛泽东为代表的中国共产党人的领导下，取得了1840年以来第一次真正意义上的辉煌胜利。这是中华民族在近现代中国历史，乃至近现代世界历史上写下的最为辉煌灿烂的革命篇章。毛泽东领导的这场民族民主革命的伟大胜利，无论对中国还是对整个世界来说，其意义都是世界历史性的：对中国来说，它因此而获得了作为民族历史的中国历史走向世界历史的基本前提；① 对世界来说，也只有中国这个历史悠久、传统深厚、人口众多、领土辽阔的国家走向了世界，马克思世界历史理论意义上的世界历史才会具有完整而真正的涵义，世界历史时代才能真正出现在人类世界的大地上。

中国人民为这种历史重心之片面性的转向付出了极其沉重、巨大而高昂的代价。中国在民族民主革命获得巨大成功后，没有持续地确立起建设现代化强国的理念、方略、纲领、路线、方针和政策，走过了不少弯路。直到20世纪

---

① "20世纪20~40年代，中国思想界展开了有关中国现代化的讨论。当时，中国思想界普遍认识到，中国现代化的关键问题，不是引进一个一个的西方的先进工业和科学技术，而是要取得国家主权，建立具有现代意义的民族国家。"（何萍："罗莎·卢森堡的《资本积累论》与中国"，《马克思主义研究》，2005年第6期）因此，"工业救国"、"科学救国"等等在20世纪上半叶都不是当时中国的当务之急，当务之急是民族自由、国家独立的获得。这一历史本身所具有的发展趋势和发展要求，奠定了毛泽东领导的民族民主革命及其胜利在整个中国近现代史总体格局中的历史地位和基本意义。

70 年代后期彻底结束了"文革"，中国共产党召开了具有深远而伟大历史意义的十一届三中全会后，才真正开始了拨乱反正的伟大历史进程，走向民族复兴的现代化的道路：中国特色社会主义的康庄大道。中国由于邓小平所确立的"一个中心，两个基本点"的现代化治国方略，由于开辟了改革开放这一强国之路，将如同毛泽东所领导的民族民主革命的胜利一样，再一次书写中国历史和世界历史的伟大篇章。

在 20 世纪的中国历史上，孙中山作为国父和先行者是受之无愧的。无论走到世界的什么地方，无论在历史发展的什么时候，作为一个中国人都会为孙中山这个伟大的名字而感到自豪和骄傲。孙中山不仅以其卓越的思想和智慧创立了作为革命的理念、灵魂和指导思想的伟大的民主革命理论，而且从事了推翻统治中国达两千年之久的专制帝制的伟大的民主革命实践。孙中山领导的辛亥革命历史性地结束了专制主义合法统治中国的漫长历史时代，同时又历史性地开辟了中华民族在中国的土地上、在世界历史的舞台上走向民主共和的伟大历史时代。

孙中山不仅是善于破坏传统意义上的旧世界的革命家，同时也是建立近代意义上的新世界的现代化设计师。孙中山胸襟开阔，融贯中西，以高瞻远瞩的世界眼光和善于创新的伟大品质，力求集两大文明之精华，去两大文明之弊端，① 根据世界历史发展之总体趋势，顺应浩浩荡荡之世界潮流，反映中国人民渴望富强、改善民生之强烈愿望，总体设计、精心描绘了中国何以能够真正自立于世界民族之林的社会发展道路，书写了民族历史向世界历史转化的辉煌篇章。他在辛亥革命后以神来之笔写成的合璧中西、立意高远、纵横捭阖的《建国方略》和《三民主义》等著作，完整勾画了一幅如何在中国的土地上建立近代强国的宏伟蓝图。作为一个身处极端险恶的政治军事环境、戎马倥偬而日理万机的伟大的革命家和政治领袖，孙中山竟能够静下心来创制出如此恢弘、详尽、伟大的现代化蓝图，是他之所以能够成为辛亥革命的政治灵魂、精神领袖的根本原因所在。孙中山在这些建国纲领和现代化蓝图中所表现出来的气魄之宏大、设计之具体、思考之周详，直到今天也仍令我们感到惊讶。它们从心理建设（知难行易）到物质建设（实业计划）到社会建设（民权初步），

----

① "在国外的成长和造诣对激发孙中山的爱国主义不是无缘无故的，同时，他在学医的时期又研习了中国的经典著作。**他是农民出身，而有西方的教养。……归根到底，基督教对他的事业发生了有益的作用，正像洪秀全一样，但是他的根本动机是民族主义。**"（费正清：《伟大的中国革命》，第 136 页。黑体为引者加）

从民族主义到民权主义到民生主义，构成了面向世界面向未来面向现代化的、系统而完整的崭新的世界图式，表现了一个大革命家、大政治家和大思想家的辽阔胸襟、远见卓识和巨大思想力量。所以费正清、赖肖尔先生曾中肯地评价说，孙中山是"从他在中国、日本、美国和欧洲的各种经历中综合出一整套思想来论证和指导共和革命，这就是三民主义"①。然而遗憾的是，孙中山这些伟大的近代理念在他生前都未能实现。孙中山在复杂、残酷、险恶的政治博弈中所作出的过于理想化的辞职决定，一方面体现了他顾全大局、以人民和国家利益为宗旨的伟大胸襟，一方面又毕竟是一个永远值得惋惜、值得遗憾的重大政治事件。② 连绵不断的战乱残酷无情地把他的建立近代世界强国的伟大理想淹没在无边无际的茫茫黑夜之中。③ 但是，历史和人民是不会把他忘记的，作为民族历史的中国历史向世界历史、中国文学向世界文学转化过程中的伟大战士，作为力图把近代伟大理念实践于中国大地的卓越代表，他始终鼓舞着为中国的富强、民主和科学而奋斗的一代又一代志士仁人。中国共产党人继承和发展了孙中山的遗志。中国共产党领导中国人民所实现的民族民主革命的伟大

①　费正清、赖肖尔：《中国：传统与变革》，江苏人民出版社1995年版，第426页。

②　费正清说，袁世凯1912年当总统时，他手下已有一大批新军将领和一批有改革思想的官吏可鉴用使用。他知道怎样利用旧的制度，却看不见新的制度。民国初年的一个失误，是袁世凯缺乏创造性想象力，大概这是一切为保留权力而挣扎的主要首脑人物的通病吧。至少当时的美国公使馆看他"眼光短浅。……他除了旧政权的极端主义外，有关政府的事，什么也不懂。"他的目的是一个中央集权的官僚国家，他恢复了对孔子的祭礼和其他古老过时的旧习俗，而以恐怖手段查禁新政治、代表议会和报刊杂志。（参见费正清：《伟大的中国革命1800～1985》，第157、161页）列文森先生也认为，尽管孙中山的辛亥革命失败了，"尽管共和国夭折了，但它作为一种象征的确有其重大意义：它结束了几千年的封建专制统治，使新思想的产生和发展成为可能，并且在一定程度上削弱了恭顺忍让等奴性思想对人们的束缚。"而"为了实现自己称帝的阴谋，袁世凯在事实上极力否认在1911到1912年间发生过一场政治革命，至多只承认发生过一次两个王朝之间的传统叛乱。然而，无论他对这场革命作出何种解释，一场正在进行的革命——思想革命——正在危及着他的君主专制统治，尽管共和国没有引起社会变动，尽管共和国似乎是一个不体面的政治赝品，然而它代表了某种东西——对传统观念的攻击；而它的对头，君主专制制度也代表了某种东西——因循守旧。"（列文森：《儒教中国及其现代命运》，第151页）纵使孙中山的社会政治理想与中国的实际状况存在着巨大差距，纵使孙中山领导国家的政治经验远远不够成熟，纵使孙中山左右、驾驭政治权力的手段和策略远未到位，但他所胸怀的伟大建国理念也仍然为袁世凯所望尘莫及。值得从哲学、从历史角度深刻反思的是，究竟为什么极其短视、缺乏远见的袁世凯竟被一致拥护，而高瞻远瞩、深谋远虑的孙中山则不得不抱憾离职？这种悲剧性结局之所以发生的历史逻辑究竟是什么？

③　费正清说，"在一定意义上，军阀是政治秩序彻底分崩离析的象征。"（费正清：《伟大的中国革命1800～1985》，第163页）这里实际上历史地同时也逻辑地表明了，只有通过一场伟大的政治和社会革命，才能在中国的土地上实现重建社会政治秩序的历史必然性。毛泽东和中国共产党人领导的民族民主革命的伟大历史意义，正是在这一历史维度上得到了强有力的证明。

胜利，所开辟的中国特色社会主义的康庄大道，已经而且将继续发扬光大着孙中山未竟的事业。

孙中山本人也许并没有意识到，他所做的一切实际上都在实践着那个德国的伟大哲学家马克思关于世界历史的理念，都在有力地推动着民族历史向世界历史、民族文学向世界文学转化的滚滚激流。孙中山的三民主义、知难行易、民生史观，孙中山的推翻帝制、建立共和、国共合作……总之，孙中山的所有意义深远而伟大的理论与实践，如同1840年鸦片战争以来中国所经历的一切伟大的观念变革、理论创新和民族战争、革命实践一样，① 为生存在苦难深重之中的中华民族变革传统开创未来，为作为民族历史的中国历史向世界历史的转化披荆斩棘开辟道路，为中华民族近现代意义上的民族国家在世界历史大地上的建立，为中华民族的民族意志、民族性格、民族精神和民族智慧在近代世界的艰难历程中的洗礼、再造、重塑和提升，作出了为全体国民永远值得纪念的重大贡献。孙中山为中国的近现代史，为整个中华民族的历史写下了光彩夺目的篇章。孙中山的名字将伴随着他所创立的深谋远虑的近代理念，将伴随着他的"革命尚未成功，同志仍须努力"的自强不息的经典名句，将伴随着他所开创的史无前例的深刻变革实践，而永垂不朽在全体中国人民的心中，而永垂不朽在中国历史和世界历史的长河中。

---

① 在近代世界资本扩张、军事掠夺的弱肉强食的残酷背景中，落后民族、国家要争得民族自由、国家独立、国家主权这一民族历史向世界历史转化的前提条件，只存在着一条唯一的道路：民族民主革命。因此"在建立民族国家的道路上，战争起了决定性的作用。自鸦片战争开始，中国就被卷入了世界民族解放运动。由于鸦片战争给中国带来的一系列消极后果，迫使中国人不得不采取战争的形式解决中国的现代化问题。于是，战争就成为20世纪上半叶中国建立民族国家的主要实践。战争的目的就是为了国家主权。这一目的贯穿于从19世纪下半叶到20世纪上半叶的一系列中国战争中。不论是19世纪下半叶的鸦片战争，太平天国运动，中法战争，中日战争，义和团运动，还是20世纪上半叶的辛亥革命，北伐战争，土地革命战争，抗日战争，解放战争，等等，都是为反抗帝国主义的侵略而展开，因而都属于民族解放运动的战争。"（何萍："罗莎·卢森堡的《资本积累论》与中国"，《马克思主义研究》，2005年第6期）

余　论

批判与建构：在历史与伦理之间[*]
——现代性与超越：寻求历史理念与意识形态的变革

资本及其运动奠立了世界历史时代的基石，蕴涵着近现代世界的发展原则和动力机制。

世界历史时代是一个资本主导世界并带来史无前例的巨大变革时代。在这个时代，在世界范围内，发生了从传统农业文明向现代工业文明的重大转换，开启了从传统专制政治到近代民主政治的革命变革，催生了从地方的民族的文学向世界的人类的文学的深刻变迁。

然而，这个世界历史时代激荡着惊涛骇浪、血雨腥风，穿行着枪林弹雨、刀光剑影。在这个巨大变革时代，催生着世界范围内的近现代辉煌灿烂的人类文明，同时又释放着导演着面目狰狞的人间罪恶；创造着巨量的物质财富，激荡着波澜壮阔的科学技术的革命浪潮，同时又内含着工具理性与价值理性的深刻矛盾，存在着历史与伦理的巨大冲突……

康德以其冷静理性的哲学笔触表达了这个时代的触目惊心的"二律背反"，黑格尔以其冷酷无情的哲学态度揭示了这个时代的森然可怖的"理性的诡计"。马克思的世界历史理论，则在以资本为基础的世界历史时代的悲剧性的巨大冲突中，① 坚执着历史与伦理、工具理性与价值理性的辩证统一，从而

---

　　* 本余论的第一、二、三部分以"在历史与伦理之间——现代性问题的一个考察"为题发表在《中国人民大学学报》2008 年第 6 期（14000 字）、《马克思主义基本原理专题研究》（社会科学文献出版社 2009 年版）。这里在两文的基础上又作了进一步修改和扩充。

　　① "马克思发现，无论是对政治经济学的批判还是对现代社会的考察，都会不约而同地聚焦在'资本'这个现代社会的内在灵魂和核心原则上。换言之，资本乃是解开现代社会秘密的一把钥匙。"（俞吾金："资本诠释学——马克思考察、批判现代社会的独特路径"，《哲学研究》2007 年第 1 期）

阐明了历史辩证法的批判的革命的本性，揭示了劳动阶级摆脱劳动异化、获得阶级自由的现实道路，展示了人类在世界历史道路上寻求彻底解放、走向"自由联合体"的共产主义曙光。

这就是世界历史巨大变革时代的工业、资本、科技、法治、观念的巨大威力，这就是民族历史向世界历史转化、民族文学走向世界文学的滔滔历史潮流，为落后国家和民族所展示的残酷无情的生存逻辑和客观法则。

历史与伦理、工具理性与价值理性的深刻而巨大的矛盾、对立和冲突，在中国进入近代世界以来的历史岁月中，一直都在严肃地考验着我们的生存能力和生存智慧。面对现代性运动所客观具有的矛盾悖论，我们应当采取何种态度？非此即彼不是我们的选择，求得它们的绝对统一也不是我们的出路。我们必须直面充满着复杂的矛盾冲突的历史悖论，我们必须始终穿行在批判与重建的巨大张力之间。500 年来的世界历史全球化进程所历史性地生成的现代世界的辩证本性，要求我们以全新的视角、巨大的勇气、理性的态度，审视和反思、革新和重建我们自己的观念世界和行动方式，推动我们的历史理念和意识形态的与时俱进和深刻变革。

一、资本扩张与世界历史：在批判与建构之间

商品、货币、资本、普遍交往、世界市场，使整个人类世界都流动起来，各个曾经相互隔离的民族和国家被卷入、裹挟到这个残酷无情的世界性的竞技场中。商品、货币、资本、普遍交往、世界市场，这些人类自己劳动的对象、产物、过程、财富，带给人类、带给落后民族、带给劳工阶级的，更多地不是自由、繁荣、幸福、尊严和安宁，而是奴役、贫困、苦难、屈辱和动荡。

晚清王朝统治下的中国之所以在外来势力面前不堪一击，根本原因就在于它没有确立起以资本的强力增殖为核心内容的近代生产方式。晚清王朝借以生存的以传统农耕生产方式为物质技术基础的自然经济，它控制社会的专制政体和意识形态，在民族历史向世界历史转化、民族文学日益成为世界文学的潮流已经汹涌澎湃的近代世界，已经失去其生命的活力和存在的理由。

1500 年以来的 500 年间，伴随着新大陆的发现和新航路的开辟，资本的生存条件和发展空间发生了革命性的变化，而在宗教改革、启蒙运动、民主革命的浪潮中日渐建立起来的近代政治法律制度和观念意识形态，更为资本的生存、扩张和发展提供了政治保障和精神动力。因此 500 年来资本能够

所向披靡，犹如脱缰的野马一样，以其空前未有的生命力量开辟了世界历史，开辟了民族历史向世界历史转化的现代化道路。① 然而，资本一开始就由于它对劳动的剥削和奴役而充满着罪恶，贪婪、殖民、扩张是资本的生存本性和生命逻辑。资本的唯利是图的本性既是其充满生命活力、又是其罪恶昭彰的源泉。②

在资本与劳动的深刻矛盾、对立和冲突中，在资本的生产、流通、交换、分配和消费中，全面而深刻地变革着生产工具、生产关系、上层建筑以至全部的社会关系，孕育、生成出推动历史变革、前进和发展的巨大生命活力，塑造出民族历史走向世界历史的一个伟大的世界历史时代。③

资本究竟是什么？评价资本的尺度究竟如何确立？

1."资本与劳动的关系":"全部现代社会体系所围绕旋转的轴心"

资本与劳动的对立是贯穿马克思资本批判的主线。马克思穿破资产阶级国民经济学关于资本之为物化劳动、生产手段和静止物的重重迷雾，从社会关系及其历史运动中，深刻揭露了资本的血腥的社会本质和暂时的历史性格。马克思之所以认为资本的产生和出现"包含着一部世界史"，"标志着社会生产过程的一个新时代"，是因为"资本存在的历史条件""只有当生产资料和生活资料的所有者在市场上找到出卖自己劳动力的自由工人的时候"才可能产

---

① "美洲金银产地的发现，土著居民的被剿灭、被奴役和被埋葬于矿井，对东印度开始进行的征服和掠夺，非洲变成商业性地猎获黑人的场所：这一切标志着资本主义生产时代的曙光。这些田园诗式的过程是原始积累的主要因素。跟踵而来的是欧洲各国以地球为战场而进行的商业战争。这场战争以尼德兰脱离西班牙开始，在英国的反雅各宾战争中具有巨大的规模，并且在对中国的鸦片战争中继续进行下去，等等。"（马克思：《资本论》第 1 卷，人民出版社 1975 年版，第 819 页）

② "荷兰——它是十七世纪标准的资本主义国家——经营殖民地的历史，'展示出一幅背信弃义、贿赂、残杀和卑鄙行为的绝妙图画'。最有代表性的是，荷兰人为了在爪哇岛得到奴隶而在苏拉威西岛实行盗人制度。为此目的训练了一批盗人的贼。盗贼、译员、贩卖人就是这种交易的主要代理人，土著王子是主要的贩卖人。"（马克思：《资本论》第 1 卷，第 820 页）

③ 鲁品越、骆祖望先生认为，"资本力量使剩余劳动投入到物质生产体系中，不断增殖扩张而诞生现代社会。资本扩张过程推进的生活世界货币化，是资本带给人类社会的最根本变革，其充满矛盾的过程是现代性生成过程的深层主线。在这一过程中，形成了作为资本增殖机器的社会经济结构，塑造了现代人际关系、心理结构与行为方式，产生了理性、自由、平等、博爱等现代性特质，并且展示为都市生活、品牌崇拜等现代生活方式，从而创造出充满悖论的现代性。中国现代化进程应当运用各种力量与手段，对西方式现代性扬其善抑其恶，以建设社会主义和谐社会。"（鲁品越、骆祖望："资本与现代性的生成"「论文摘要」，《中国社会科学》2005 年第 3 期，第 59 页）这是当代中国学人对资本问题之于世界意义和中国意义的理性态度和冷静分析，可谓客观、公允、中肯之论。

生。① 马克思由此一针见血地暴露出资本的秘密：作为能够带来剩余价值的价值，资本是一种社会关系，是资本家与工人阶级之间剥削与被剥削、压迫与被压迫、奴役与被奴役的关系。资本不是永恒的，而是一种历史性、暂时性的存在。恩格斯说，"资本与劳动的关系，是我们全部现代社会体系所围绕旋转的轴心。"② 着眼于无产阶级的阶级自由和全人类的彻底解放之远景的马克思，对资本表达了一种理性的蔑视和情感的愤怒："资本来到世间，从头到脚，每个毛孔都滴着血和肮脏的东西。"③ 马克思从资本的对抗性矛盾中乐观地向全世界无产者展示了资本主义必然灭亡、社会主义必然胜利的历史逻辑："随着那些掠夺和垄断这一转化过程的全部利益的资本巨头不断减少，贫困、压迫、奴役、退化和剥削的程度不断加深，而日益壮大起来的、由资本主义生产过程本身的机构所训练、联合和组织起来的工人阶级的反抗也不断增长。资本的垄断成了与这种垄断一起并在这种垄断之下繁盛起来的生产方式的桎梏。生产资料的集中和劳动的社会化，达到了同它们的资本主义外壳不能相容的地步。这个外壳就要炸毁了。资本主义私有制的丧钟就要响了。剥夺者就要被剥夺了。"④

2. "创造世界市场的趋势"："资本的伟大的文明作用"

但马克思还有对资本的另一种思维方式，另一种评价维度。在马克思那里，资本以其无坚不摧的生命力量从欧洲出发，生机勃勃地向全世界进军，成为民族历史向世界历史转化的根本推动力量，成为世界历史的发源地。它彻底摧毁和终结了传统农耕社会，孕育和催生了近代工业文明。作为资本的人格代表的资本家阶级，凭借着、掌握着资本这一最具威力的物质武器，横扫、解构、破坏了封建的、宗法的、田园诗般的传统社会形态；它使一切向来受人尊崇和令人敬畏的职业的神圣光环荡然无存；它史无前例地证明了人的活动的潜能和创造历史的威力；它是开辟民族历史通往世界历史之路的、真正意义上的民族大迁徙和十字军远征；它雄心勃勃地革命性地变革了整个世界的生产关

---

① 马克思：《资本论》第 1 卷，人民出版社 1975 年版，第 193 页。

② 《马克思恩格斯选集》第 2 卷，人民出版社 1995 年版，第 589 页。

③ 马克思：《资本论》第 1 卷，人民出版社 1975 年版，第 829 页。"作为资本家，他只是人格化的资本。他的灵魂就是资本的灵魂。而资本只有一种生活本能，这就是增殖自身，获取剩余价值，用自己不变的部分即生产资料吮吸尽可能多的剩余劳动。资本是死劳动，它像吸血鬼一样，只有吮吸活劳动才有生命，吮吸的活劳动越多，它的生命就越旺盛。"（《资本论》第 1 卷，第 260 页）

④ 同上书，第 831～832 页。

系、交往关系和社会关系；它用激荡不息的时间洪流去覆盖、消灭、吞噬广袤无垠的地理空间和经济空间；① 它通过势不可挡的生命冲动和殖民扩张把世界上的所有地区、民族和国家都无情地裹胁和卷入到世界历史的巨大洪流中；它把平静的农村、淳朴的农民纳入到喧嚣的、利欲熏心的城市化的历史进程中；它摧毁和扫荡了东方以及一切落后民族的传统农业社会的生产方式和生活方式，使它们从属于西方近代工商文明的生产方式和生活方式；② 它在不到一百年的统治中魔法般地创造了比过去一切世代创造的全部生产力要大得多的生产力。资本最大限度地追求和攫取剩余价值的贪婪本性，客观上成为推动民族历史向世界历史转化的最巨大无比的基础性力量。马克思高度评价资本的历史地位："如果说以资本为基础的生产，一方面创造出普遍的产业劳动，即剩余劳动，创造价值的劳动，那么，另一方面也创造出一个普遍利用自然属性和人的属性的体系……因此，只有资本才能创造出资产阶级社会，并创造出社会成员对自然界和社会联系本身的普遍占有。由此产生了**资本的伟大的文明作用**；它创造了这样一个社会阶段，与这个社会阶段相比，一切以前的社会阶段都只表现为人类的**地方性发展和对自然的崇拜**。……资本……既要克服把自然神化的现象，克服流传下来的、在一定界限内闭关自守地满足于现有需要和重复旧生活方式的状况，又要克服民族界限和民族偏见。资本破坏这一切并使之不断革命化，摧毁一切阻碍发展生产力、扩大需要、使生产多样化、利用和交换自然力量和精神力量的限制。"③

　　商品、货币、资本、市场以其威力巨大的生命力量，推动了整个世界的政治的和观念的上层建筑的伟大历史变革。它们在开辟普遍的世界交往与世界市

---

① 在马克思看来，世界市场之所以产生的最深刻的根源内在于资本的概念本身。资本由于追求剩余价值的内在本性而始终处于扩张的状态，并由此决定着生产和流通的不断扩张："以资本为基础的生产，其条件是**创造一个不断扩大的流通范围**，不管是直接扩大这个范围，**还是在这个范围内把更多的地点创造为生产的地点**。"（《马克思恩格斯全集》第30卷，人民出版社1995年，第387～388页。黑体为原著者加）"资本一方面具有创造越来越多的剩余劳动的趋势，同样，它也具有创造越来越多的交换地点的补充趋势……从本质上来说，就是推广以资本为基础的生产或与资本相适应的生产方式。创造**世界市场**的趋势已经直接包含在资本的概念本身中。任何界限都表现为必须克服的限制。……要用以资本为基础的生产来代替以前的、从资本的观点来看是原始的生产方式。"（同上书，第388页。黑体为原著者加）马克思在这里以最深刻的哲学经济学眼光向我们阐明了，包含在资本概念中的普遍交往和世界市场，是推动民族历史向世界历史转化的决定性力量。

② 资本力量是何等巨大而残酷："在资本家有宗主国的力量作后盾的地方，资本家就企图用暴力清除以自己的劳动为基础的生产方式和占有方式。""各国人民日益被卷入世界市场网，从而资本主义制度日益具有国际的性质。"（马克思：《资本论》第1卷，第834、831页）

③ 《马克思恩格斯全集》第30卷，人民出版社1995年版，第389～390页。黑体为原著者加。

场的同时，也历史性地开辟了拥有统一的政府、统一的法律、统一的利益、统一的关税、统一的民族的世界性的政治法律秩序。在以商品、货币、资本、市场扩张为根本动力的、民族历史向世界历史转化的奔腾不息的滔滔激流中，各个民族的历史悠久的传统价值观和精神世界发生了空前未有的变形、解体、重构和转换，民族的地方的文学形成了一种"世界文学。"①

3. 穿行在历史与伦理的巨大张力中

在500年来持续发生的历史向世界历史转化的世界范围的革命变革中，我们看到了什么？我们看到了商品、货币、资本、市场的双重特性、双重性格；我们看到了在商品、货币、资本、市场的强力扩张中历史与伦理的巨大的、悲剧性的冲突。问题的关键是，我们由此得出什么结论？是由此得出消灭商品、货币、资本、市场的纯粹伦理（价值理性）的苍白无力的单维度的结论，还是从500年来世界历史时代的生存逻辑和客观法则出发，直面并穿行在历史与伦理、工具理性与价值理性的深刻而巨大的张力之中？

马克思世界历史理论的核心问题是资本逻辑，历史向世界历史转化构成为这一逻辑的表现形态。这一理论已经清楚地向我们表明：资本原则是世界历史时代的基本原则，它在社会生产力和生产关系两个方面塑造了现代世界的基本性格。资本，连同商品、货币、市场一起，依然统治着当代世界。资本依然是这个世界上最富有生命力的物质存在。资本依然是现代世界生存和发展的逻辑，而且与马克思的时代相比，资本支配和统治世界的深度和强度已经空前扩大。在历史向世界历史转化的惊心动魄的风雨历程中，一个民族、一个国家之所以任人宰割，根本原因就在于它没有培育、生发出资本这个威力无比的物质武器。中华民族之所以落伍、之所以百年屈辱就在于此。因此在资本已经全球化的当代世界，一个民族、一个国家要在这个世界上更稳固地立足，要在这个世界上更好地生存，要在这个世界上健康地发展，要在这个世界上拥有有力的发言权，它就必须把资本连同商品、货币、市场一起播种在自己的土地上，它就必须为资本提供能够创造财富、繁荣和富足的前提、基础、土壤、条件。资

---

① 资本走向世界的增殖运动和强力扩张是孕育和型构"世界文学"的基础性力量："资本扩张过程推进的生活世界货币化，**是资本带给人类社会的最根本变革**，其充满矛盾的过程是现代性生成过程的深层主线。在这一过程中，形成了作为资本增殖机器的社会经济结构，塑造了现代人际关系、心理结构与行为方式，**产生了理性、自由、平等、博爱等现代性特质**。"（鲁品越、骆祖望："资本与现代性的生成"「论文摘要」，《中国社会科学》2005年第3期。黑体为引者加）现代性问题的根源、灵魂和秘密包含在资本中。

本是市场经济的生命和灵魂。在市场经济已经全球化的今天，没有资本，或用暴力剥夺、消灭资本，一个民族、一个国家就根本不可能富裕和强大，就根本不可能有人民生活的幸福和安康，就根本不可能有强大的军队和国防，就根本不可能有民族的尊严和国家的富强。①

因此，始终保持着对资本之批判与认同的巨大张力，穿行在历史与伦理、工具理性与价值理性的悲剧性冲突的茫茫密林中，② 这就是世界历史全球化时代所昭示给我们的生存逻辑，这就是我们应对商品、货币、资本、市场问题的理论理念和实践抉择。

二、历史向世界历史转化：中国的问题与选择

身处世界历史时代的风雨飘摇中的中华民族，有着数不清道不尽的屈辱和苦难。为什么马克思认为中国社会是人类社会史上的一块"活的化石"？③ 为什么恩格斯把中国这个"最古老的国家"看成是"腐朽的半文明制度"？④ 为什么一个拥有着五千年悠久历史、辉煌灿烂的中华文明，在近代西方资本、贸易、军事和意识形态的殖民主义扩张的巨大浪潮中节节败退任人宰割？为什么一个有着四亿五千万人口、上千万平方公里的庞大帝国在与"撮尔小国"日本的较量中一败涂地而严重受辱？为什么在开辟世界历史时代的巨大而深刻的变革浪潮中，领土辽阔、人口众多的中国却扮演了一个被动的角色？……面对关于近代中国的所有这些令人痛苦而困惑的巨大问题，我们是否可以认为，它们是由于中国没有在自己的土地上生成真正富有生命活力的资本，⑤ 以及为资

---

① "资本具有提高劳动生产力、为社会创造财富的力量，它是资本主义制度的生命线，是国家发展和进步的根基。"（索托：《资本的秘密》，华夏出版社2007年版，第4页）

② "资本增殖压力驱使资本家尽力降低工人工资来获取最大的剩余价值，同时也禁锢自己的消费欲望以将剩余价值转化为资本，这种通过禁欲以实现货币增殖的意志，即'经济理性'或'功利理性'。""人们行为方式的理性化，导致工具理性的诞生。古希腊文化中的理性，是人们将世界逻辑化的工具。而在现代性生成过程中，这种理性成为人们的精神向导，使人们实现货币增值目的之手段也被理性化了……于是，整个客观物质世界被理性化、逻辑化，成为实现功利理性的工具。""资本的'经济悖论'与'生态悖论'结合在一起，说到底就是资本扩张与人的发展的矛盾。资本力量一方面是促进社会生产力发展、提升人类生活水平的强大动力，另一方面，由此建构的资本增殖机器的无限膨胀，又会使人沦入其中，成为失去自身价值而服从资本意志的工具，并使人类日益丧失作为安身立命之根的自然生态环境。"（鲁品越、骆祖望："资本与现代性的生成"，第67、65页）

③ 《马克思恩格斯全集》第15卷，人民出版社1963年版，第545页。

④ 《马克思恩格斯选集》第1卷，人民出版社1995年版，第706页。

⑤ "阻挡在世界其他国家和地区面前、使之无法从资本主义制度获益的巨大障碍，在于它们无法创造资本。"（索托：《资本的秘密》，第4页）

本运动服务的近代意义上的财产关系、政治机器和意识形态？从这一意义上说，近代以来中国的思想战士和政治领袖为改变中国的生存地位进行了不屈不挠的探索和奋斗，就是为了在中国的土地上培育足以抗衡外来强敌的物质武器和精神武器。这个物质武器和精神武器就是马克思所说的以工业文明为物质基础、以资本的增殖和扩张为推动力量的近代生产方式，是以民主与法治为基本原则的近代政治制度，是与近代的生产方式和政治制度相适应的生活方式、价值观和意识形态，是近代工业、资本与科学技术相互推荡的革命浪潮。这是世界历史时代向落后民族国家所展示的残酷无情的生存逻辑和客观法则。因此晚清王朝统治下的中国之所以在外来势力面前不堪一击，根本原因就在于它没有确立起以资本的强力增殖为核心内容、以工业文明的普遍扩张为表现形态的近代生产方式。晚清王朝借以生存的以传统农耕生产方式为物质技术基础的自然经济，以及它的专制政体和意识形态，在世界历史时代已经失去继续存在的理由。

1. "资本市场"与"资本时代"：作为发展的根本推动力量

中国的民族民主革命获得历史性成功后，我们依然生存在民族历史走向世界历史、民族文学走向世界文学的变革巨流中，依然面临着历史与伦理、工具理性与价值理性的深刻而巨大的矛盾、对立和冲突。如何面对现代性所客观具有的矛盾悖论？断然拒绝不是我们的选择，抽象认同同样不是我们的出路。我们必须直面充满着深刻矛盾和剧烈冲突的现代性悖论，必须始终穿行在批判与重建的巨大张力之间。500年来的世界历史全球化进程所历史性地生成的现代世界的辩证本性，要求我们以全新的视角和理性的态度，审视、反思、革新和重建我们的思想方式和行动方式，推动历史理念和意识形态的与时俱进和深刻变革。

发展已成为当代中国共产党人和全体国民的坚定不移的理念。邓小平说得好，发展是硬道理。江泽民进一步说，发展是共产党执政兴国的第一要务。胡锦涛一以贯之，强调科学发展观的第一要义是发展。那么，究竟什么是发展？发展的核心内容或内在灵魂究竟是什么？发展的根本推动力量究竟在哪里？这个重大而基本的问题必须放置到整个世界近现代历史的宏观框架中才有可能获得历史性回答。近现代世界的发展逻辑表明，没有商品、货币、资本、市场的发展决不是可持续的、有生命力的发展。资本依然在全世界迅速流动、强力扩张。在今天这个充满了残酷竞争、西方资本仍然咄咄逼人的世界上，我们不仅不能剥夺和消灭那个可以使一个民族、一个国家富裕和强大起来的资本，而且还必须通过宪法和法律对合法形态的资本加以保护。中国共产党人在当下的社会发展阶段所能够选择的，是通过发展和壮大国有资本、民营资本、外来资本这个唯一可能、唯一现实的途径，才能曲线救国，为资本统治最终退出世界历史舞台、为人类最终免遭资本的奴役创造条件。所以当代中国共产党人审时度势，放眼资本国际化、全球化潮流，立足于中国走向富强的历史使命，历史性地变革我们的所有制结构和分配方式，发展社会主义市场经济，大规模地引进外来资本，赋予民营企业合法的宪法和法律地位，保护公民合法的私有财产。所有这一切发生在当代中国大地上的巨大而深刻的变革，是当代中国共产党人创造性地发展马克思的世界历史理论，倾听世界历史时代呼唤，遵循世界历史发展趋势，在中国的土地上塑造历史、开辟未来所书写的富有巨大生命活力并必将推动中华民族实现文明复兴的精彩篇章。

中国改革开放以来，以公有制为主体、多种所有制形式并存的社会主义基本经济制度得以确立。国有资本、民营资本、外来资本组成了当代中国资本市场同台平等竞争的基本格局。据不完全统计，截止到2008年，我们已经引进外资企业60多万家，合同外资额1万多亿美元，实际利用外资7千多亿美元。国有企业的规范的股份制改造、法人治理结构的逐步确立，在此基础上日益膨胀的规模巨大的国有资本，数量惊人的外资企业的落户，每年数百亿美元外来资本的涌入，数百万私营企业、数千万个体户的异军凸起，等等，已经从根本上革新了中国社会的经济体制和运行机制，培育和壮大了中国的社会主义市场经济，中国特色社会主义因此而充满了蓬勃生机。

韩志国先生认为，"社会经济发展进入资本时代，其最主要与最核心的标志是资本的意志得到充分体现，资本的能量得到充分释放，资本的潜质得到充分发掘，资本的机制得到充分发展。这是一个成长模式重大转型的时代。""资本时代是全民投资的时代。……中国经济能不能从大国经济走向强国经济，很大程度上将取决于中国的资本时代能不能加速到来。""在资本时代，投资意识、投机意识、利率意识、风险意识与信用意识汇合起来的资本意识，将成为社会经济的主导意识；资本的生成机制、组合机制、竞争机制与增值机制融合而成的资本机制，将成为社会经济运行的主导机制。企业的成长将经历从'行政宠儿'到'市场宠儿'再到'资本宠儿'的转变过程。企业竞争将经历从产品竞争到市场竞争再到资本竞争的蜕变过程。企业创新将经历从技术创新到市场创新再到资本创新的升华过程。""发展资本市场不但要成为国家战略，而且要成为国家主导战略之一。……资本市场是市场形态的核心，资本机制是市场机制的核心，资本流动是市场流动的核心……一个国家的强大必须依赖发达的资本市场，一个民族的兴盛必须依托强大的资本时代。"①

2. 资本的"普遍性"及其"限制"："利用资本本身来消灭资本"

我们必须清醒地意识到，当代中国土地上的现代性尚在形成过程中。在如此汹涌澎湃、声势浩大的资本浪潮中，劳动弱势阶层的利益随时都有可能受到巨大冲击和严重损害。在以资本为基本推动力量的现代性框架中，始终存在着阶级、阶层之间的财富分化和利益冲突。拥有着大量资本的阶级和阶层在利益的博弈、分配中始终处于优势地位，而处于劣势地位的阶级和阶层的生存状态，始终是执政的共产党人领导下的政府必须高度关注并加以解决的问题。因此作为一个共产党领导的、为人民大众谋福利的社会主义国家，我们更必须始终未雨绸缪，清醒地判断、估量、警惕、检点现代性问题中的种种严重弊端，用我们的国家力量、政治智慧、伦理理念来保障中国式市场经济沿着健康文明的发展方向前进。因此我们必须始终谨记着马克思对资本社会本质的深刻揭露，始终认真汲取马克思资本批判的思想资源，才有可能在这个资本全面扩张、强势运营的时代始终保持着清醒的批判意识。我们必须利用和借助国家机器、意识形态、法律政策、财政税收等等政治的、经济的手段，对社会经济利益关系进行经常性的、持续的调控、规范、约束，一方面有效地发挥资本之发展社会生产力、创造社会财富的生命活力，一方面又限制资本的贪婪、扩张和冲动，强力保障和维护劳动弱势阶层的利益，实现社会正义。总之，如何在中国现代化进程运用各种力量与手段，对现代性问题扬其善抑其恶，以建设社会主义和谐社会，就成为执政党应当始终坚守的执政理念，也是执政党必须始终全力以赴的一项基本的历史使命。

马克思是从劳动阶级的阶级自由和人类的彻底解放这一伟大目标出发批判现代性问题的思想战士、经济学和哲学大师。在对当代中国现代性问题的关注、理解和批判中，马克思关于商品拜物教、货币拜物教、资本拜物教的辩证法是我们取之不尽、用之不竭的理论资源，是我们对商品、货币、资本、市场的负面作用始终保持警惕意识和批判态度的思想武器。共产党人和社会主义者的基本历史使命在于，必须永远把最广大人民群众的民生、自由和尊严置于优先地位。只要资本还在这个世界上存在，只要资本依然在这个世界上强力出

---

① 韩志国："从历史制高点看，中国正在进入资本时代"，《上海证券报》2007 年 08 月 29 日。

击，我们就必须永远牢记马克思的教导，时刻不能忘怀共产党人关怀劳工命运、追求人类彻底解放的世界历史使命。

尽管资本运作、增殖的当代形态与马克思时代的古典形态相比已经发生了深刻变化，但马克思对资本的本性的揭露和批判依然具有无与伦比的巨大力量，依然是我们今日资本批判的可资汲取的宝贵理论资源。即便已经建立了社会主义社会，只要发展市场经济，允许资本存在，就必然存在着剥削与贪婪，存在着唯利是图，因此资本与劳动的矛盾、对立和冲突就依然不可避免。因此我们必须始终谨记马克思的资本批判，同时运用强有力的现代法治，运用共产党人的政治优势和政策威力，运用我们的悠久而深厚的伦理传统，去批判、规约资本过于贪婪的、非人性的冲动和本性。在当代中国仍然必须从法治上保障资本生存与发展空间的情况下，中国共产党人的一个基本历史使命，就是必须保障社会的公平正义，始终为劳动阶级的健康、生存和发展鼓与呼，始终担当人民利益的守护人。这是中国特色社会主义应当也能够担当的一个重大历史使命，这也是中华民族的民族特性和伦理传统的巨大优势。

马克思关于资本运动的辩证法为我们在现代市场经济的条件下如何认识、批判并运用资本服务于我们的现代化和民族复兴的伟大目标，提供了科学方法论上的巨大启示。马克思认为，"资本的生产是在矛盾中运动的，这些矛盾不断地被克服，但又不断地产生出来。不仅如此。**资本不可遏止地追求的普遍性，在资本本身的性质上遇到了限制**，这些限制在资本发展到一定阶段时，会使人们认识到**资本本身就是这种趋势的最大限制**，因而驱使人们**利用资本本身来消灭资本**。"[①]

马克思要求我们利用资本本身来消灭资本。这就从根本上为我们揭示和指明了一条既置身于现代性运动又扬弃现代性弊端的辩证道路。[②] 然而在传统社会主义条件下的长久时期中，马克思关于资本的哲学历史智慧并没有引起我们的高度重视。同时，列宁在20世纪初年所一再谆谆告诫共产党人的"利用资本主义"新经济政策的政治智慧，在传统社会主义条件下也没有真正引起理论界和政治领袖的注意和重视。列宁强调指出："谁如果以为我们可以不要拐

---

① 《马克思恩格斯全集》第30卷，人民出版社1995年版，第390～391页。黑体为引者加。

② 马克思发现并揭示了资本及其运动之为现代性的真正根源。"一部作为'资本哲学'的《资本论》所揭示的，正是资本力量驱动下的现代社会与现代性的生成史，是对现代经济结构与现代性的深刻而宏大的理论建构。"（鲁品越、骆祖望："资本与现代性的生成"，《中国社会科学》2005年第3期，第62页）

杖，那就是说他什么也不懂！……因此，只要能获得强大的先进资本主义的帮助，我们便不惜从我们的无限财富当中，从我们丰富的资源当中，拿出几亿以至几十亿的资财，花掉的这一切我们以后收回时是可以获得很大的利润的。在一个经济遭到空前破坏的国家里，在一个破产农民占人口绝大多数的国家里，**如果没有资本的帮助，要保持无产阶级政权是不可能的**。——自然，由于这种帮助，资本是会向我们索取百分之百的利息的。我们必须理解这一点。所以，**或者是建立这种类型的经济关系，或者是什么也没有**。谁不这样提出问题，那他就是对实际的经济一窍不通，就是只会说风凉话。"①

3. 财产权的确认：依法树立普遍的"物权观念"

如何利用资本？在现代市场经济条件下，利用资本的根本途径之一，在于如何对待、表述财产权。邓小平开辟的中国特色社会主义的道路，为在中国的大地上确立财产权提供了空前未有的巨大政治空间，确立了史无前例的宪法和法律框架，从而真正确立了一条利用资本本身来消灭资本的最大可能的现实发展道路。在如何对待资本问题上，邓小平像马克思、列宁一样富有着深刻而有力的历史辩证法智慧。

中国全国人大经过长时间反复修改而于 2007 年问世的《物权法》，是开启中国民法典的序篇之作，意义深远而重大。它终于使中国近 30 年改革开放的实践成果以**法律的普遍性形式**而得到确认，表明中国社会主义市场经济的改革已奠立在**现代文明的坚实基点**之上。它的深远而重大的意义将在中国文明复兴的历史征途中日益得到凸显。索托认为，"缺少一套系统化的正规所有权制度，现代化市场经济就不可能出现。假如那些发达的西方国家没有把所有表述形式纳入一种规范化的所有权制度，并将它向所有人开放，它们也就不可能实现劳动的专业化分工，创造出扩大化市场网络，以及为它们带来了如今的财富和资本。非西方国家市场的低效率状态，在很大程度上，与所有权协议过于分散和标准化所有权表述的缺乏有关。"② "创造一种向所有人开放的所有权制度，主要是一项政治任务，因为改革的领导者必须意识到，一种所有权制度的

---

① 《列宁选集》第 4 卷，人民出版社 1995 年版，第 454～455 页。黑体为引者加。苏共倒台、苏联解体和苏东剧变，竟使得列宁在 20 世纪初年关于"如果没有资本的帮助，要保持无产阶级政权是不可能的"的担忧、判断和预言成为悲剧性的现实。这是世界社会主义发展史上的多么深刻多么沉痛的历史教训。同时它也历史性地证明了，列宁是多么深谋远虑、高瞻远瞩，是多么富有历史辩证法的伟大哲学智慧。

② 索托：《资本的秘密》，华夏出版社 2007 年版，第 126 页。

最终目标，并不是起草措辞文雅的法案，也不是将一台台崭新而光洁的计算机连接起来，或者大量印刷具有多种色彩的地图。正规所有权的目标，就是要把资本交到所有人民的手中。"① 由此可见，中国《物权法》的制订和实施，实际上是在中国的土地上为真正确立"系统化的正规所有权制度"迈出了关键性的一步。"中国正在进入的资本时代就是这样一个经济与社会良性互动并给经济发展注入巨大活力与动力的时代，是人民群众的资本意识与金融意识空前觉醒并且以投资方式参与国家发展与财富创造的时代，是整个社会的资源配置从凑合、组合走向整合并且全面提高社会资源配置效率的时代，是让最广大的人民群众分享国家改革与发展的社会成果与财富效应并促进经济发展从投资拉动转向需求拉动的时代。让无产者拥有财富，让有产者获得发展——这一重大而又崭新的命题将在这样的发展与演进中成为 21 世纪中国资本时代的发展主题。""资本时代将从微观到宏观改变中国经济。从银行作为资金分配的主渠道与资源配置的主机制转向资本市场，是中国经济体制与机制的质变。资本时代的到来既是千载良机也是重大挑战。"② 资本时代的到来之所以是机遇和挑战并存，根源于资本本身的内在矛盾，根源于资本与劳动的深刻冲突，根源于资本市场的国际化运动。中国特色社会主义的一个基本任务，是通过国家力量的干预和调控以保障资本的文明运行。

三、民主与科学：成就及其问题

为什么对民主和科学的追求是 1840 年代以来中国近代思想的主题？为什么民主和科学构成了五四新文化运动的灵魂？为什么陈独秀说为了追求民主与科学就是断头流血都在所不辞？近代中华民族的屈辱史已经作出回答：没有经历民主和科学的长久洗礼，没有确立近代意义上的政治法律制度、价值观和意识形态，没有发生近代意义上的科学技术的革命，是近代中国之所以积弱、贫穷、落后、挨打的又一基本原因。

商品、货币、资本、市场扩张的物质经济力量固然巨大，但世界历史时代的开辟决不仅仅是商品贸易、货币流动、资本增殖、市场扩张这一物质力量的功劳，促成民族历史向世界历史转化的，不仅有世界市场，而且还有世界政治、世界文学。

---

① 索托：《资本的秘密》，华夏出版社 2007 年版，第 157 页。

② 韩志国："从历史制高点看，中国正在进入资本时代"，《上海证券报》2007 年 08 月 29 日。

1. 基于"世界贸易"的"平等权利"和"现代平等观念"

政治民主和法治自由逐渐在世界范围内摧毁了统治人类漫长岁月的专制政治，建构了人类世界的近现代政治秩序，确立了保障人的生命、财产和自由的政治法律秩序、价值观和意识形态。① 但是，资产阶级视野中的人，在马克思看来仍然是抽象的，因为人分为阶级、阶层、民族，而不同的阶级、阶层、民族之间经常存在着根本的利益矛盾、对立、冲突。因此，世界历史时代的民主与法治、财产与自由所带给这个世界的，决不仅仅是平等、公正、尊严、光明，而且还有剥削和奴役、掠夺和强权、屈辱和黑暗。

毛泽东从 1840 年鸦片战争以来中华民族所遭受的屈辱中得到的一个基本认识，就是只有在赢得了民族自由、国家独立和人民解放，只有推翻了千百年来压在中国人民头上的三座大山、四大绳索，才有可能谈及作为个体的每一个社会成员的自由。尽管后来走过一些弯路，但毛泽东以及他所代表的第一代中国共产党人的伟大历史地位和历史作用，为中国公民个体自由的实现奠立了一个绝对不可缺少的基本历史前提：作为集体人权的民族自由、国家独立和人民解放。

邓小平以及他所代表的第二代中国共产党人反思和总结了世界历史时代的发展趋势，开启了以确立和保障作为公民的生命、自由、财产的社会政治法律制度的现实道路。邓小平清楚地知道，中国要在这个世界上生存和发展，中国的社会主义要充满生机与活力，就必须顺应民主与科学的世界潮流。所以邓小平说，没有民主，就没有社会主义，就没有社会主义现代化。邓小平这些著名、朴素而又经典的名句，这些铿锵有力、斩钉截铁的话语，道出了世界历史全球化时代的一个朴素而伟大的真理：民主与科学是推动民族历史向世界历史转化的最伟大的工具；道出了在世界历史全球化时代的中国共产党人关于什么是社会主义、怎样建设社会主义的一个根本主题。

只有近代机器大工业，只有以资本扩张为核心的物质生产方式的矛盾运动，而没有近代文艺复兴、宗教改革和启蒙运动，没有近代意义上的民主政治革命，没有科学理性精神的普遍确立和科学技术的革命浪潮，马克思所说的历

---

① "理性化导致法制理念的确立。法律是社会关系理性化的结晶，它取代伦理情感而成为判断社会行为的准则。非人格的法治取代基于个人人格魅力的人治，构成现代性的鲜明特质。"（鲁品越、骆祖望："资本与现代性的生成"，《中国社会科学》2005 年第 3 期，第 67 页）这里需要明确提及的是，严复早在 100 年前，就已经意识到现代法治的非人格性和普遍性。

史向世界历史的转化就不可能出现。正是由于所有这些因素的相互推荡，① 才开启了近代世界的巨大变革历程，才奏出了历史向世界历史转化的交响乐章，才汇成了汹涌澎湃的世界历史时代的巨大洪流。

把经济基础与上层建筑，或者说，把近代商品市场经济与民主、法治、自由、平等联系在一起加以考察，是马克思历史观的基本维度，是马克思世界历史理论的有机组成部分。马克思说，"如果说经济形式，交换，在所有方面确立了主体之间的平等，那么内容，即促使人们去进行交换的个人材料和物质材料，则确立了**自由**。可见，**平等**和**自由**不仅在以交换价值为基础的交换中受到尊重，而且交换价值的交换是一切平等和自由的生产的、现实的基础。作为纯粹观念，平等和自由仅仅是交换价值的交换的一种理想化的表现；作为在法律的、政治的、社会的关系上发展了的东西，平等和自由不过是另一次方上的这种基础而已。而这种情况也已为历史所证实。这种意义上的平等和自由恰好是古代的自由和平等的反面。古代的自由和平等恰恰不是以发展了的交换价值为基础，相反地是由于交换价值的发展而毁灭。上面这种意义上的平等和自由所要求的生产关系，在古代世界还没有实现。"② 与马克思一样，恩格斯也清醒地意识到社会的经济结构和政治结构常常存在着矛盾和冲突，但他同样更清楚地知道，经济自由在政治上意味着什么："大规模的贸易，特别是国际贸易，尤其是世界贸易，要求有自由的、在行动上不受限制的商品所有者，他们作为商品所有者来说是有平等权利的，他们根据对他们所有人来说都是平等的（至少在当地是平等的）权利进行交换。"③ "而**自由通行和机会平等是首要的**

① 近代以来的世界历史经验证明，资本、技术、市场诸因素的相互推荡是一个国家现代化进程的基本推动力量。技术领先的国家都有一个发达的金融体系，而发达金融体系的核心就是发达的资本市场。三次技术革命之所以相继发生在英、美，根本原因在于英、美特别是美国拥有一个发达的资本市场。金融体系落后的国家不可能形成和发展出科学技术的自主创新体系，从而也就不可能培养和发展出先进的经济发展模式。因此培养和发展健全、稳定、法治、有序的资本市场，就成为一个国家提高自主创新能力、转变经济发展模式的关键问题所在。（参见殷剑锋：《中国股市的基础和发展趋势》，《大讲堂》2008年第3期）因此资本、技术、市场三者相互推荡格局的形成之于当代中国，意义深远而重大。

② 《马克思恩格斯全集》第30卷，人民出版社1995年版，第199~200页。黑体为原著者加。"由理性化经济结构产生自由、平等、博爱观念及其悖论式冲突。作为资本扩张过程的生活世界的货币化，消解着旧的等级制社会关系与传统伦理关系，重建新的伦理关系。"（鲁品越、骆祖望："资本与现代性的生成"，《中国社会科学》2005年第3期，第67页）"资本化货币成为西美尔所说的'个体自由的载体'。以自由契约、自由竞争为基础的自由观，是现代性带给人类的伟大馈赠。""作为资本的货币取代维护等级制的权力、市场行为取代政府行为的过程，也是用以'货币面前人人平等'为基础的平等观取代特权与等级的过程，这种平等观也是现代性带给人类的伟大馈赠。"（同上）

③ 《马克思恩格斯选集》第3卷，人民出版社1995年版，第446页。

和愈益迫切的要求。"① "从资产阶级社会的经济条件中这样地导出现代平等观念，首先是由马克思在《资本论》中作出的。"② 马克思恩格斯这里所阐发的观念最明确不过地向我们表明了，在以传统农耕文明为基础的自然经济形态向以近代工商文明为基础的商品市场经济转变的同时，也必然在政治关系、政治制度和政治观念上发生从中世专制向近代自由、民主和平等的转变。而这一转变所包含的深刻革命变革和巨大历史飞跃，就构成了民族历史向世界历史转化的基本组成部分。

2. "社会革命"与"整个生存形式的改变"：科技作为"最高意义上的革命力量"

恩格斯说，"马克思首先把科学首先看成是历史的有力杠杆，看成是最高意义上的革命力量。"③ "社会一旦有技术上的需要，这种需要就会比十所大学更能把科学推向前进。"④ "科学以哲学为出发点的结果就是唯物主义（牛顿的学说和洛克的学说同样是唯物主义的前提）、启蒙运动和法国的政治革命。科学以实践为出发点的结果就是英国的社会革命。"⑤ 马克思高度关注科学技术的重大进展，为他那个时代的每一项重大发明感到由衷的喜悦。从马克思世界历史理论的分析框架出发，我们可以看到，在近现代世界的民族历史向世界历史的转化历程和巨大变革中，科学技术发挥了披荆斩棘、所向披靡的巨大推动作用。它以资本的增殖和扩张为内在灵魂，在商品、货币和市场的强力拉动下一路高歌，全方位地变革和塑造了人类世界的基本面貌，成为开创世界历史全球化时代的开路先锋。

科学技术革命在世界范围内推动了社会生产方式、生活方式、思维方式的革命变革。

科学技术革命的浪潮以惊人的力量和速度推动了民族历史向世界历史的革命性转化，使全世界成为一个相互依赖而不可分割的统一整体，从而根本变革了世界范围的社会生产方式。列宁认为，技术进步"是其它一切进步的动因，前进的动因"⑥。邓小平也说，科学技术是第一生产力。科学技术为资本的运

① 《马克思恩格斯选集》第3卷，人民出版社1995年版，第447页。黑体为引者加。

② 同上书，第446页。黑体为引者加。

③ 《马克思恩格斯全集》第19卷，人民出版社1963年版，第372页。

④ 《马克思恩格斯选集》第4卷，人民出版社1995年版，第732页。

⑤ 《马克思恩格斯选集》第1卷，人民出版社1995年版，第27~28页。

⑥ 《列宁选集》第2卷，人民出版社1995年版，第660页。

动、增殖和扩张提供了全面武装，使资本在冲破空间界限、用时间消灭空间、以整个地球为战场的巨大冲力中如虎添翼、所向披靡。科学技术的革命浪潮在推动世界生产力空前发展的同时，也把世界范围内的生产关系席卷进了深刻变革的滔滔洪流中，科学技术的重大发明推动了世界范围内生产关系以至整个社会关系的深刻变革："如果在英国发明了一种机器，它夺走了印度和中国的无数劳动者的饭碗，并引起这些国家的整个生存形式的改变，那么，这个发明便成为一个世界历史性的事实。"① 马克思高度肯定和评价近代西方的工业文明和科学技术对摧毁东方的传统生产方式和"整个生存形式"所具有的世界历史性意义。从世界历史理论的分析框架出发，马克思认为不列颠对印度的入侵导致了印度文明的解体："从遥远的古代直到 19 世纪最初 10 年，无论印度过去在政治上变化多么大，它的社会状况却始终没有改变。曾经造就无数训练有素的纺工和织工的手织机和手纺车，是印度社会结构的枢纽。……不列颠的入侵者打碎了印度的手织机，毁掉了它的手纺车。英国起先是把印度的棉织品挤出了欧洲市场，然后是向印度斯坦输入棉纱，最后就使英国棉织品泛滥于这个棉织品的故乡。……然而，曾以纺织品闻名于世的印度城市的这种衰败决不是不列颠统治的最坏的结果。**不列颠的蒸汽机和科学在印度斯坦全境彻底摧毁了农业和制造业的结合。**"② 19 世纪的马克思就已经把技术的革新和发明看作是推动民族历史向世界历史转变的世界历史性的事件，而在 20 世纪，改革开放之所以成为覆盖全球的、推动世界历史前进的伟大力量，根本原因之一就在于科学技术的革命浪潮促成了生产力与生产关系、经济基础与上层建筑的相互激荡。③

科学技术的革命浪潮由于越来越成为一种"普照的光"而全面革新着全人类的生存方式和生活方式。科学技术的革命浪潮波及到的范围和领域越来越广，以至影响到了地球的每一个角落。特别是当代以电子计算机的全球性应用为物质技术基础的信息社会的诞生，更是以无法想象的速度把曾经是那么辽

① 《马克思恩格斯选集》第 1 卷，人民出版社 1995 年版，第 88～89 页。

② 同上书，第 763～764 页。黑体为引者加。

③ "现代自然科学通过不断征服自然以满足人的欲望使历史发展具有方向性。""我们选择现代自然科学作为有方向性的历史发展的内在'历史机制'，因为它是惟一一个大家都认为可以积累的大规模社会活动，因此具有方向性。现代自然科学的不断发展使人们理解了许多历史变革的细节，如在乘汽车和飞机之前，人为什么坐马车和火车出行？后来的社会为什么比过去的社会更城市化？或者在工业社会中现代政党、工会或民族国家为什么会取代部落或民族作为集体主义的轴心？"（福山：《历史的终结及最后之人》，第 88、93 页）

阔、巨大、隔离而神秘的地球迅即变成了一个小小的村落。近代以来特别是现当代科学技术日新月异的迅速发展和深刻变革，极大地改善了人们的物质生活条件、精神生活条件和社会生活的节奏，史无前例地改变了人们的生存方式，全方位地改变了人们的劳动方式、交往方式、消费方式、学习方式和娱乐方式。① 科学技术的革命浪潮使个人越来越成为具有世界历史意义的个人。

科学技术的广泛应用同样在世界历史意义上深刻变革了人们的精神世界和思维方式。马克思世界历史理论意义上的"世界文学"，在当代科学技术的革命变革中才开始成为完全意义上的现实。近代以来一浪高过一浪的科学技术的革命变革，特别是互联网的日益迅速的空间扩张和全球性覆盖，彻底地冲刷和洗礼了人们在传统社会的漫长岁月中所形成的孤立的、封闭的、狭隘的精神世界，解构和摧毁了人们单向的、守旧的、静态的思维方式，从而越来越使人们形成了系统的、开放的精神世界，生成了多向的、创新的、动态的思维方式。

科学技术的革命浪潮深刻地变革着"民族文学"的存在形态，以史无前例的现代化速度迅速架通了"民族文学"通往"世界文学"的桥梁，从而革命性地开拓、扩展了人们观念世界中的"世界文学"的发展空间。

科学技术无国界又有国界。在知识产权问题愈益凸显的今天，中国文明的当代复兴决不能没有科学技术的领先和强大。中华民族的复兴必然有一个科技立国的战略逻辑支撑。中国改革开放以来的伟大历史进程之所以成就巨大，在某种意义上说，是由于邓小平关于"科学技术是第一生产力"的光辉论断，② 史无前例地解放了中国知识分子，极大地激发了当代中国知识分子创新创业的活力和勇气，由此带来了我国的科学和教育事业的日新月异的发展和进步，奠定了实现百年强国梦想、民族伟大复兴的关键基础。

3. 直面"民主暴政"与"核技术法西斯主义"

民主与科学是文艺复兴、启蒙运动以来世界历史的重大成就，它在货币、资本、市场所奠立的基地上并与货币、资本、市场的强劲扩张一道，共同催生了现代性的生成。然而，无论是民主法治还是科学技术，作为近代启蒙运动的最大成果，

---

① 世界历史时代的诞生不仅标志着近代工业革命、科学技术革命的巨大浪潮，而且同时是包括社会生活全面变革的社会革命，是"市民社会中的全面变革"。（《马克思恩格斯全集》第2卷，第281页）

② "我倾向于相信，商业的发展和政治制度的革命虽然改变了社会制度和行为规则，但是一种新的社会制度和行为规则自身并不足以导致现代化，在作为现代社会的充分条件的那些必要条件中，科学技术的革命，进一步说就是支持科学技术发展的'知识制度'的出现，才是现代化过程中最具动力学性质和巨大能量的因素，它比商业发展、新教伦理之类的东西力量大得太多。"（赵汀阳：《没有世界观的世界》，第118页）这当是对科学技术之革命性作用的一个非常到位的观念。

作为现代性历史的最引人注目的巨大成就，它们带给人类的决不仅仅是灿烂阳光、福星高照。它们是阳光，但同时伴随着黑暗；它们是福音，但同时带来了灾难。

作为现代性主题的民主与科学，由于自身存在的问题而在当代世界遭遇到空前未有的批判和挑战，从而一再凸显了由于民主的过度运用而导致"民主暴政"的可怕历史悖论，由于工具技术理性的过度扩张而导致"技术法西斯主义"的严重二律背反。西方马克思主义现代性批判的主题由此确立。从法兰克福学派的创始人霍克海默尔对独裁国家、启蒙、工具理性的哲学批判，到生态学马克思主义的主要代表人物高兹、莱易斯对经济理性、技术理性的深入反思，构成了20世纪现代性问题批判大潮中独特醒目的哲学景观。我们在这里仅举一例，来看看西方马克思主义之技术理性批判的深度和力度。高兹认为，技术本身可以分为"以资本主义生产逻辑为标志的技术"和"温和的技术"、"后工业的技术"。核技术属于前者，代表着一种独裁主义的政治选择："核技术预示着和决定着一个集权的、等级森严的和警察统治的社会。"应用核能源时所使用的是一种高度集中的技术，它导致把决定权集中于少数人手中，核力量本身就要求对人民实行严厉的控制。"全核社会是一个充满警察的社会。……建立在这样一种能量选择的基础上的社会，哪怕是最起码的自主权，老百姓也不可能具有。"

它是"核技术法西斯主义"。而后者则趋向于促使个人间以及个人与自然之间的融合，尊重劳动者和自然。①

科学技术的革命浪潮造成了工具理性的规模巨大的极度扩张，价值理性的光芒越来越隐遁和消逝在工具理性之专制主义的铺天盖地的无边黑暗中。在当代世界，在价值理性与工具理性的矛盾冲突中，不是价值理性，而是工具理性越来越成为渗透一切、统治一切、覆盖一切的"普照的光"。因此，走向世界、走向未来的当代中国理所当然地必须未雨绸缪，创造性地克服和扬弃民主与科学的理论与实践所可能带来的种种现代性问题。从这一意义上说，我们必须从西方马克思主义那里汲取启蒙批判、工具理性批判和经济理性批判的合理资源，始终保持清晰的批判态度和批判意识，以建设合乎我们的国家利益和发展要求的、能够保护最大多数人民的生存幸福和精神自由的、既保持鲜明的民族特性又具有现代特点的政治科技文明。但当代中国作为发展中国家的历史方

---

① 俞吾金、陈学明：《国外马克思主义哲学流派新编·西方马克思主义卷》下，复旦大学出版社2002年版，第594页。

位，决定了我们仍然必须继续面对百年来"落后挨打"的严峻的历史逻辑和生存现实，决定了我们必须始终牢牢把握经济和科技这个经济社会发展的关键问题。① 21世纪中国的哲学之能否自立于世界哲学之林，仍然必须在民主与科学的理论实践的基本框架中求得说明和解决。②

民主与科学标志着启蒙运动以来现代性历史的伟大成就，在全球范围内推动和促成了民族历史向世界历史的转化，极大地改善、扩大和发展了人类的物质福利和政治自由。但是，人类也由于这一现代性的发展历程和内在矛盾而经受了各种各样深刻而严重的挑战。但是我们别无选择，我们必须直面而不是回避这种挑战。我们只有前进、穿行在现代性本身的光明与黑暗、成就与问题的矛盾、对立和冲突中，面对悖论又扬弃悖论，我们的人民才能够经受锻炼和考

---

① 历史究竟是什么？这一问题似乎一直没有一个统一的令人信服的标准答案。是基于生产力还是生产关系为历史下定义，或者是从二者的统一中对历史进行解释，历史就会有不同的涵义。不同的研究者会从不同的角度对这一问题作出自己的解释。例如关于近代以来世界历史的本质性涵义，马克思和黑格尔就作出了根本不同的回答。赵汀阳关于历史的下述观念是值得注意的："从深层结构来看，历史是个知识史，而不是经济史或政治史。经济和政治只是部分地改变了人类生活，而知识改变了整个生活。从科学到技术的发展使西方才有可能在现代发动多次的知识经济革命，从而改变了历史。"（赵汀阳：《没有世界观的世界》，第131页）赵汀阳关于"历史是个知识史"的观点，可以看作为一个学者对作为政治家的邓小平关于"科学技术是第一生产力"的著名论断所提供的一个非常有力的论证。这实际上是从生产力的角度定义历史。邓小平"科学技术是第一生产力"的思想已成为当代中国共产党人的意识形态，对我们民族的伟大复兴意义深远而重大。

② 自法兰克福学派以来特别是后现代主义的启蒙理性批判和工具技术理性批判，一方面有其凸显、拯救价值理性和人的自由的积极意义，一方面也有其乌托邦式理想的片面性和极端特征。在西方世界的科学技术依然领先、主导世界并与强大的资本相互推荡的现代世界，发展中国家的理论界学术界以至实践界必须从自身国家的历史方位和发展状况出发，对这种批判本身保持清醒冷静的批判意识，而不是置于自身的生存逻辑之外盲目地、抽象地从事于启蒙理性和工具技术理性的单维度的现代性批判。对中国和其他的广大发展中国家而言，现代性仍然是未竟的事业。高兹说得好，"我们当今所经历的并不是现代性的危机，我们当今所面临的是需要对现代化的前提加以现代化。当今的危机并不是理性的危机，而是合理化的（日益明显的）不合理的动机的危机，正如被变本加厉地所追逐的那样。当前的危机并不意味着现代化的过程已经走到了尽头，而我们必须走回头路。到不如说具有这样一层含义：需要对现代性本身加以现代化，需要反身性地将现代化本身纳入其自身的行为领域，即将合理性本身加以合理化。"（转引自俞吾金、陈学明：《国外马克思主义哲学流派新编·西方马克思主义卷》下，第596页）

验，我们的传统和文明才能够得到革新，我们的国家才能够繁荣和富强。①

四、社会制度与意识形态：批判与建构的双重维度②

马克思世界历史理论一方面整体地、全方位地揭示了人类世界500年来所发生的巨大历史变革，一方面也具体地、历史地揭示了各民族、各国家在这场变革中所必须直面的严重生存现实。马克思这一理论的基本意义在于阐明了，一个身处近现代世界的民族、国家，无论它属于何种社会制度和意识形态，也无论它具有何种民族特性和文化传统，如要获得参与世界历史的条件和资格，要自立于近现代世界民族之林，它就必须通过变革自身的文明和传统，建构起富有生命活力的经济、政治、文化制度，确立起能够向世界各民族全面开放的、具有巨大包容性的价值观和意识形态，它就必须探索民族历史究竟如何真正地、有效地、全方位地走向世界历史的方式、途径和道路。马克思世界历史理论笔下的商品生产、资本扩张、普遍交往、世界市场，作为统一政府、统一法律、统一关税的世界政治、世界法律秩序，以及在世界历史潮流中通过扬弃地方的和民族的片面性而形成的世界文学，历史性地构成了任何一个民族、国家，任何一种社会制度和意识形态都必须加以面对并生存在其中的格局、境遇、现实。

1. 批判与建构的抽象对峙：理论与现实的巨大悖论

马克思主义的基本精神和核心主题，是对现存资本世界的根本的、彻底的批判。马克思主义哲学经济学的基本理念，是从对以私有制为基础的资本主义经济政治制度和意识形态的根本批判中，寻求和拯救无产阶级的阶级自由和劳动解放，探索和开拓全人类的彻底解放的实践的和理论的道路。但无论在苏

---

① 现代性历史的发展过程表明，它是伟大成就和严重问题并存。我们应当深入研究西方世界资本扩张以来现代性问题上的正反两方面的各种各样的深刻教训，而"研究西方现代性的真正目的，在于构建中国的现代性。处于当今国际环境下的人口众多的中国，如果仅仅看到上述西方现代性的正面功能，听任现代性悖论在中国大地上演绎，那么这种悖论将获得更加复杂而不可逆转的表现形态，其负面作用将淹没其正面功能，而沦为'现代性怪胎'。因此，中国现代化进程必须走社会主义道路，既充分利用资本扩张过程的活力及其正向的社会建构功能，同时利用各种社会力量与手段，统筹协调现代性生成过程中的内在矛盾，扬其善抑其恶，用尽可能小的代价，实现人和社会经济全面协调发展，建设社会主义和谐社会，以创造有别于本文所说的西方现代性的、更加合理的新型的'中国现代性'——这是当代中国人肩负的伟大历史使命。"（鲁月越、骆祖望："资本与现代性的生成"，《中国社会科学》2005年第3期，第69页）通过现代性本身的矛盾克服和扬弃现代性的弊端，并由此保持现代性本身的内在张力，可能是我们在这个资本主导全球化时代的唯一选择。理性批判有利于我们克服和救治现代性的弊端，但却不能从根本上改变以资本为根基的现代性存在和运转的现实逻辑。

② 本部分内容在拙文"批判与建构的双重维度"（《学术研究》2005年第8期）的基础上调整、修改和扩充而成。

联、东欧以至蒙古，还是在中国、朝鲜以至越南，在旧世界的社会经济政治结构和意识形态在社会革命的浪潮中被摧毁、共产党从革命党转变成执政党以后，建设新世界的任务就历史地落在了共产党人的肩头。而建设新的国家和新的社会，确立新的经济政治制度、价值观和意识形态的时代课题和崭新使命，要求在革命战争年代以革命的、社会批判理论的面貌存在的批判的马克思主义，必须转向建设年代的建设的、改革的马克思主义。也就是说，马克思主义的理论与实践，必须实现从彻底批判的维度到批判与建构的双重维度的转变。马克思主义的存在形态必须发生相应的变革。共产党人作为执政党所需要的哲学不仅是批判的、革命的哲学，而且更应当是建设的、改革的哲学。①

马克思主义的创始人曾经预言，社会主义革命的胜利将首先发生在资本主义高度发展的西欧、北美等西方国家，但历史发展的客观逻辑却表明，社会主义革命首先在俄国，尔后在东欧和中国等其他一系列生产力和科学技术落后的现代意义上的民主法制制度、价值观和意识形态远未成熟的国家取得了胜利。所有这些国家的革命的共产党人都遵循着马克思主义创始人的教导，彻底摧毁了他们自己国家的那些仍然还是脆弱的、落后的资产阶级的国家制度和法律体系，从而建立了共产党领导的、无产阶级专政的社会主义国家政权、政治制度和意识形态体系。

如果说，这些东方国家在完成了社会主义革命后，所确立的立国的基本原则和根本价值取向是无产阶级和劳动人民的自由与幸福，并且根据这些原则建立了社会主义的基本国家制度和意识形态秩序，从而在人类世界历史上引起了革命性的划时代的变革，那么，这些国家在根本否定和彻底摧毁了资本主义的市场经济、政治司法体制、价值观和意识形态后，却没有迅速建立起社会主义的现代经济体系、政治法律秩序和与之相应的价值观和社会意识形态，取而代之的是覆盖全社会的与公有制经济相适应的高度集中的计划经

---

① 革命在近代以来的历史中是一种富有巨大生命力的意识形态。沃勒斯坦的下面一段文字是颇耐人寻味的，值得注意："有一件关于路易十六的奇闻逸事……他在利安古公爵那里听说了巴士底狱风暴后问道：'那是暴乱吗？'得到的回答是：'不是，阁下，那是一场革命。'……作为世界体系的主要后果之一，世界体系使我们第一次接受了这样一种思想，即变化、革新甚至革命都是政治领域里的'正常'而不是例外现象，至少在现代政治领域里是如此。那些最初在统计学上被视为正常的现象旋即在道德上也被人们理解为正常的了。拉伯罗斯……认为共和二年（始于1792年9月22日）是'一个决定性的转折点'，自那以后，革命起了预言和通告的作用，**在革命中隐藏了一种最终完全成型的意识形态**。"（李惠斌主编：《全球化与现代性批判》，广西师范大学出版社2003年版，第204～205页。黑体为引者加）

济体制、高度集权的政治体制，这就使社会发展和人的发展受到影响。而在韦伯看来，政治、法律和经济上的任务之所以是"当代社会主义理论和实践中的基本任务，因为当代社会主义和当代资本主义的最主要的基础——政治、法律与经济——是有机地联系在一起的。而当代文化则是这些基础的支柱。文化的价值在于确保公民建立在得到保障的**财产权基础之上的个人自由**。同样地，经济上的自由能促进政治自由和个人自由的发展。"① 在传统社会主义的经济政治制度、价值观和意识形态的时代条件下始终没有形成现代意义上的普遍法治的公民社会。

2. 形式合理性问题：苏俄社会主义的一个再反思

虽然韦伯在俄国十月革命后的第三年便离开人世，社会主义实践的历史经验实际上还没有系统地进入他判断和思考的视野，但他却仍然以其深刻的洞察力和穿透力，对传统社会主义的经济、政治、司法体制和意识形态作了至今看来仍然有着极大说服力的分析和批评。在他看来，"社会主义的'管理参谋部'力图使社会相信，它在捍卫社会的和'人民的利益'，但在实际上，它把自己无限的权力扩展到经济领域，并且常常歪曲法律，使法律的条款符合于自己对社会正义的理解。"② 韦伯对西方资本主义和俄国社会主义的政治法律实践作了对比分析，认为资本主义依靠它从**罗马法**中吸取的基本的法律原则而获得顺利发展，"它的特点是具有系统的分类、严格的理性的概念、严厉措施以及**形式主义**。罗马法借助司法的规范、机构和机制，最有效地保护人的个人自由。"③ 但社会主义从罗马法中却否定了那至今仍坚牢不拔的基本理念和思想灵魂：**形式上的合理性**。在韦伯看来，俄国十月革命后建立起来的苏维埃政权，"没有经过职业训练的党的官员们，是破坏形式上合理的经济的根源，因为他们垄断了经济，必然造成营私舞弊的结构。"④ 在韦伯看来，俄国的社会主义由于摧毁了始源于罗马法的、表征着法律传统之根本特征的"形式上的合理性"这一内在灵魂而成为一个人治的社会：它"不是按罗马的形式法对案件作出判决，而是按物质公平的原则作出判决。在社会主义条件下，作为社

---

① 韦伯：《儒教与道教》，江苏人民出版1995年版，中译者洪天富序，第23页。黑体为引者加。

② 同上书，第29页。黑体为引者加。

③ 同上书，第26页。黑体为引者加。

④ 同上书，第27页。

会生活最重要的调节器的法律与诉讼程序，往往变为一纸空文。"① 正由于健全的社会主义的民主政治体制及普遍法律秩序却没能迅速而有效地建立起来，所以侵犯人的权利与自由的严重政治现象就不可避免。产生这种现象的原因之一，就在于对社会主义政治法律文明与资本主义政治法律文明的关系缺乏全面的理解和认识。

列宁推进了马克思对资本主义政治法律制度之阶级本质的革命性批判，认为资产阶级的民主是虚伪的、反动的、残缺不全的。问题不在于列宁对资本主义民主政治和法律制度本质的革命批判，而在于后人把列宁的这一批判维度推向了社会主义与资本主义的政治法律制度之绝对对立的极端境界。列宁的政治理念和共同信念是任何一个国家的共产党人所必须坚持的社会主义原则的一个根本方面，社会主义也只有在对资本主义的批判性超越中，才能够保持其前进发展的基本前提和必要张力。但问题在于，我们决不能由于这种政治理念和共同信念，而将资本主义的文明成就统统拒之门外。这本来是任何一种辩证历史观的基本常识，但恰恰是在这一问题上，以往僵的历史观和政治哲学在相当长的一段时间内拒斥对资本主义的政治法律制度的合理因素的借鉴。

值得我们深入反思的是，正是在现代世界的时代背景中，黑格尔哲学的政治理念在某种意义上成为现实。"协调制度的必要性最终成为现代西方国家的基石，虽然这不一定是黑格尔本人的影响所致。尽管现代国家明显地不同于黑格尔主张的国家，但政党和其他的利益聚合机构的作用使得现代民主国家更接近于黑格尔所提倡的国家，而远离卢梭那种具有极权主义倾向的未分化的和无协调的民主。"② 如果不是对黑格尔哲学所代表的资产阶级的价值观和意识形态采取完全否定的态度，而是从批判与建构的双重哲学维度出发来看待问题，我们不是可以从黑格尔哲学的政治理念中得到某种借鉴某种启示么？

就 20 世纪十月革命胜利以来的现当代世界来说，如何认识、对待和处理两种社会制度和意识形态的相互关系，如何探索社会主义与资本主义相互交往的途径、形式和规则，直接关系到社会主义的发展前途以至生死存亡，是百年来世界社会主义运动和共产党人（特别是执政的共产党人）所一直面临的一个基本的、核心的问题所在。

---

① 韦伯：《儒教与道教》，江苏人民出版社 1995 年版，中译者洪天富序，第 27 页。
② 《布莱克维尔政治学百科全书》，中国政法大学出版社 1992 年版，第 319 页。

马克思主义在整个 20 世纪的历史命运与这些重大问题的判断、认识和处理始终紧密相连，是我们解读 20 世纪世界社会主义运动之兴衰成败、苏东剧变之悲剧性挫折、中国特色社会主义之异军突起的深刻秘密所在。

3. 批判和建构的历史性重构：当代中国马克思主义的巨大变革

中国的马克思主义和社会主义之所以充满巨大活力而傲然挺立于世界东方，正在于邓小平以其伟大的政治智慧和思维方式，批判了把马克思主义教条化的理解方式，实现了两种社会制度和意识形态之间的开放和对话，从而实现了社会主义与资本主义相互关系的历史性重构。邓小平由此真正建立了中国社会主义向外部世界特别是资本主义世界开放的理念、政策和实践基础。这是我们在革新开放时代重建社会主义理念与实践，创造性地发展马克思主义的科学社会主义所必须反思的、理论与实践上的正反两个方面的深刻历史教训。

从哲学理念的角度而言，作为共产党人的意识形态和哲学基础的马克思主义的历史唯物主义体系，也必须在坚持社会主义基本原则和方向的前提下，根据现代市场经济和法治民主的时代呼声和实践要求作相应发展，把建立在理性主义原则之上的公民的生命与财产、自由与尊严、公平与正义、普遍法治和政治民主，作为重新建构当代中国的马克思主义的历史唯物主义体系、重建当代社会主义理念的基本范畴或重要因素，① 把实现社会的公平与正义的纲领与政策，把保障公民的生命与财产、自由与尊严的普遍法治和政治民主，作为严肃而根本的时代使命，自觉地建立在已经高度发达和空前进步的当代世界历史的大地上。因此在我看来，当代中国的马克思主义历史观的整个体系的建构，应以马克思世界历史观论所提示的当代世界物质生产实践为现实基础，以经济全球化时代的市场经济规律为基本要求，以建设现代法治国家的基本方略为政治

---

① 历史唯物主义究竟如何重建？我仍然认为，作为近代以来从洛克、休谟到孟德斯鸠，从康德到黑格尔一直都高度重视的关于理性、自由、财产、法治的基本理念，特别是马克思关于商品、货币、资本、交换、市场之历史地位和历史作用的哲学分析，都应当在历史唯物主义和社会主义理论的重建中给予高度关注。马克思主义只有在与其他各种社会政治学说的开放性对话中，才有可能获得自己发展的生命活力。（参见拙文："解释·批判·对话：哲学的功能与哲学家的社会责任"，《学术研究》2006 年第 6 期）当代中国共产党人在改革开放实践的一系列重大的历史性的理论突破和实践突破，应在这一重建、变革的过程中得到历史性的反映。这是中国共产党人在民族历史向世界历史转化这一世界性变革源流中，审时度势、与时俱进的最重大的理论成就之一。

目标，以世界公民社会的真正确立为人类彻底解放的历史远景，① 围绕着公民的生命与尊严、公平与正义、自由与法治这些基本要点展开，使马克思关于个性自由的"自由人的联合体"的哲学理想和历史理念不仅仅是一种伟大的历史原则和久远的理想目标，而且同时也应当使它成为以强有力的普遍法治为根本保障的当代社会主义的制度实践和政治文明。②

我们必须本着平等对话、合理借鉴的理性原则和冷静态度，对当代人类已经取得的民主政治和法治文明的理论和实践的成就备加珍惜，从哲学理念和思维方式上建立起批判和建构的双重维度，在坚持马克思主义价值批判的基本立场和社会主义基本原则、汲取中国优秀历史文化传统的基础上，努力把其他国家、民族的文明，包括现代发达资本主义国家的文明吸收融入到自己国家的公平与正义、自由与法治的理念与实践中。③ 这是马克思主义的唯物史观在当代条件下全面创新所需要的世界眼光和理论胸襟。这是真正实践了马克思哲学追求人的自由和建立自由人的联合体的社会历史理念的基本精神。

耐人寻味的是，邓小平之所以能够有力地破除世界社会主义运动的教条主义，打通两种社会制度和意识形态相互交往的通道，建立两种社会制度和意识

① 值得注意的是，1990 年代以后逐渐流行起一个新概念："全球公民社会（globalcivilsociaety）"。"全球公民社会是指公民们为了个人或集体的目的而在国家和市场活动之外进行跨国结社或活动的社会领域，它包括国际非政府组织和非政府组织联盟、全球公民网络、跨国社会运动、全球公共领域等。"全球公共领域（global public sphere）"是公民个人或集体活动于其中的国际公共空间，公民们通过举办国际会议、创办报刊或出版书籍、建立网站等多种形式，就他们共同关心的全球性问题或国际政策等展开自由的、理性的、批判性的对话、讨论和交流，形成全球性观念意识、文化价值和国际舆论等。""全球公民社会的历史可以追溯到 19 世纪甚至更早的历史时期。1980 年代特别是 1990 年代以来，全球公民社会获得迅速发展，其数量、活动和影响都有了空前的增加。"20 世纪 90 年代以来，"'全球公民社会'的概念为什么会流行起来？为什么会出现所谓的 '全球性结社革命'？总结全球公民社会研究者的成果，可以找到这样几条带有共性的基本因素：经济全球化步伐加快，信息革命和信息网络化时代的悄然到来，出现了第三次民主化浪潮，80 年代以来兴起了全球范围内的市场化改革和与之相应的行政改革浪潮，公民社会组织的发展受到各个方面的重视和鼓励。"（李惠斌主编：《全球化与公民社会》，广西师范大学出版社 2003 年版，第 123～127 页）

② 生活在 200 多年前的康德，就已经自觉地把"建立一个普遍法治的公民社会"，作为大自然迫使人类必须解决的"最大问题"和必须实现的"最高任务"。（参见康德："世界公民观点之下的普遍历史观念"，《历史理性批判文集》，商务印书馆 1990 年版，第 8～9 页）

③ 邓小平说得好，"社会主义要赢得与资本主义相比较的优势，就必须大胆吸收和借鉴人类社会创造的一切文明成果，吸收和借鉴当今世界各国包括资本主义发达国家的一切反映现代社会化大生产规律的先进经营方式、管理方法。"（《邓小平文选》第 3 卷，人民出版社 1993 年版，第 373 页）

形态和平共处的平台，从而实现了社会主义理念和实践的历史性革新，破解了困扰20世纪世界社会主义百年之久的世纪性难题，① 恰恰就在于两种社会制度和意识形态本来就存在着相互依存、相互依赖的共同生存和发展的基础。从哲学历史观和思维方式的角度来说，邓小平彻底消除了长期以来过分夸张本质型思维方式的严重弊端，实现了本质型思维方式和功能型思维方式有机统一的深刻的历史性变迁。

邓小平对社会主义与资本主义相互关系的政治智慧和思维方式，对当代中国马克思主义哲学的研究而言意义重大。它的启示就在于，既然中国共产党人已经向世界特别是西方发达世界实行了意义深远的开放战略，那么我们就应当以同样开放的胸襟和态度，对待当代中国共产党人所一再倡导的马克思主义的理论创新。也就是说，应始终着眼于马克思哲学之批判和建构的双重维度的巨大张力，实现马克思主义哲学与中国哲学、马克思主义哲学与西方哲学之相互关系的平等的、开放的、建设性的对话，使当代中国马克思主义哲学的研究能够对已经发生了深刻变化的世界作出创造性回应，从而使中国化的马克思主义哲学成为一种不断创新而富有生命活力的哲学。

经过近30年具有世界历史性意义的改革开放的伟大实践，当代中国共产党人关于市场、法治、人权、财产等的社会经济政治理念已经发生了今非昔比的、顺乎世界潮流的重大变革。它们已经被明确地纳入到当代中国共产党人建设现代市场经济和法治国家的总体治国方略之中。从社会主义市场经济到法治国家，从尊重和保护人权到保护一切合法的私有财产，都已经开创性地写入当代中国共产党人的政治文献中，并通过宪法和法律而获得了保障。这表明，在当代中国共产党人已得到重大变革的社会经济政治理念的引领下，中国在保障人权和法治改革、走向现代意义上的政治民主和法治文明的道路上，已经取得并将继续取得非凡的伟大成就。这是当代中国共产党人为世界社会主义运动所做出的重大贡献，它必将在世界社会主义政党史，乃至在整个世界政党史上写下辉煌壮丽的篇章。

五、走向和平、发展、合作的和谐世界：世界政治理念的革新与世界政治秩序的重建

马克思世界历史理论表明，在民族历史向世界历史转化的巨大潮流中，各

---

① 参见李恒瑞：《世纪难题的破解——社会改革开放新论》，人民出版社1999年版，绪论、第五章、附录一等部分。同时参见李恒瑞：《邓小平理论体系论纲》，《新华文摘》2002年第4期。

个民族的精神产品日益成为人类的公共财产，民族的片面性和局限性被扬弃在充满着历史辩证法的世界历史的熔炉中并获得新生，民族的地方的文学形成了一种世界的文学。但是，马克思同时还告诉我们，这个世界历史、世界文学之所以能够形成，是因为资产阶级凭借着它的商品贸易、资本扩张和世界市场，摧毁了落后民族的万里长城，征服了野蛮人最顽强的仇外心理的重炮。近代西方的资产阶级是基于商品、资本、科技、军事的巨大优势，剥夺了落后民族原有的生产方式、生活方式，解构了落后民族在昔日悠久的历史岁月中赖以认同的价值观和传统文明。在500年来世界历史的滔滔激流中，一直伴随着价值观和意识形态的扩张、征服、血腥、强权。但是，一种强力扩张、咄咄逼人的霸权主义的文明、价值观和意识形态，会给已经进入了世界历史全球化时代的人类带来和平与安宁吗？

1. 从平共处五项原则到和平与发展的时代观

尽管在中国历史的漫长岁月中常常充满着内部的冲突、纷争甚至惨烈无比的内战，但就对外部世界而言，中华民族历来是爱好和平的民族。中华民族的民族特性和文化传统，决定了中国无论在过去、现在还是将来，所选择的必然是和平发展的道路。协和万邦、天下太平历来是中国人心目中关于大同世界的世界政治理念。中华民族这一源远流长的伟大精神传统和政治哲学理念，将为世界历史全球化时代的民族与民族之间、国家与国家之间的文明对话、融合与重建，提供可以汲取和借鉴的思想资源，并由此作出重大而深远的贡献。

正是由于中华民族源远流长的这一伟大哲学传统，才历史性地奠基了毛泽东的"中国应当对人类有较大的贡献"的庄严承诺，也历史性地生成了邓小平关于"和平与发展"的时代观，生成了他所说的"我荣幸地以中华民族一员的资格，而成为世界公民"的政治哲学。中国共产党根置于中华民族的伟大哲学传统，立足中国人民和全人类和平发展的根本利益，创新马克思主义的国际主义，顺乎世界历史全球化时代市场、民主、法治、对话的潮流，逐渐形成了具有自己鲜明特点的世界政治理念。从毛泽东时代的和平共处五项原则到邓小平的和平与发展的时代观，从江泽民的文明多样性观点到胡锦涛的和谐世界论，中国共产党人通过一系列世界政治理念的创造性革新，努力把一个拥有近千万平方公里土地、占有人类五分之一人口、世界上最大的发展中国家，纳入到和谐世界的理论图式和建构过程中，宣示了几代中国共产党人胸怀祖国放眼世界的宏伟历史抱负，展示了古老而年轻的中华民族勇于担当人类的和平使者与发展责任的伦理情怀和博大胸襟。

世界社会主义运动的理论与实践、成就与教训一再证明，共产党人的社会历史观、意识形态和思维方式的革命变革和历史转换有着深远而重大的意义。我们知道，从马克思到列宁再到毛泽东的时代是一个对资本主义实施根本批判、走向社会主义革命的时代，在这一历史时代占主导地位的是一种革命的思维方式和行动方式，这种思维方式和行动方式的最大成果，是在资本主义一统天下的世界历史的大地上实现了社会主义革命从理论到实践、从一国到多国的有着世界历史性意义的伟大胜利。高举马克思列宁主义理论旗帜的各个国家的共产党人为此建立了杰出的、不朽的历史功勋。否定这一点决不是科学合理的历史态度，而且会因此而导致重大的政治历史性错误。

在社会主义革命已经取得成功并赢得国家政权、共产党成为执政党的崭新的历史时代，如何尽快实现从革命党到执政党的本质与功能相统一的思维方式和行动方式的重大历史转换，就成为世界上每一个社会主义国家已经执政的共产党人所面临的一种重大使命。如果说，社会主义革命动员了无产者与劳动大众的现实社会力量摧毁了旧的世界秩序，那么，已经建立的新世界的根本目的就在于，必须通过解放和发展社会主义社会的生产力，创建现代意义上的政治、经济、文化、社会体制、价值观和意识形态，来保障全体公民的基本权利与基本自由。因此在社会主义革命胜利后，共产党作为执政党如何认真吸取和科学借鉴其他国家，特别是认真吸取和科学借鉴资本主义在几个世纪以来的历史发展中所历史地形成的市场经济、民主政治和普遍法治的文明成就，同时又批判性地扬弃资本主义在 500 年来的世界历史进程中由于价值理性和工具理性的严重对立所带来的诸多弊端，① 创建一种以劳动阶级的阶级自由和全人类的彻底解放为根本价值取向、以公民的基本人权与基本自由为根本宗旨的现代化的合理的市场经济体制和政治法律体系，就成为社会主义国家执政党所面临的

---

① 韦伯最早注意到科学技术本身蕴涵的"合理化"观念，马尔库塞由此进一步把"合理化"看作是发达工业社会的意识形态的核心观念，从而揭示了科学技术或工艺既是生产力又是意识形态的双重功能："面对这个社会的极权主义特征，工艺'中立性'的传统观念不再能够维持下去。工艺本身不可能同它的实际使用相分离；这种工艺的社会是一种统治制度，这种制度在工艺的概念和结构中已经起着作用。"与此同时，科学家科学哲学家们也认识到科技与人文的冲突。贝尔纳认为，"自从文艺复兴以来，科学本身似乎也破天荒第一次陷于危机之中。"兰维茨主张建立一门"批判的科学"，把自然科学和技术的研究同政治学、伦理学、生态学等密切结合起来，在科学和技术的研究中植入一种体现当代社会和人类价值的新的批判的识见，以控制乃至消除科学研究成果及其应用过程中产生的种种问题。奈斯比特主张"我们必须学会把技术的物质奇迹和人性的精神需要平衡起来。"（参见俞吾金：《意识形态论》，上海人民出版社 1997 年版，第 345、348~350 页）

根本课题和根本使命。①

在 20 世纪的相当长的一段历史时期内，不仅东方，而且也包括西方世界在内，都同样存在着历史观和意识形态上的严重教条主义，从而在全球范围内形成了社会主义与资本主义的极为尖锐的紧张和对峙，形成了长达几十年之久的、严重威胁着人类发展、和平与安宁的"冷战"时代。在两种社会制度和意识形态长期处于严峻"冷战"状态的历史条件下，共产党人领导的社会主义运动在全球化的历史进程中有两种选择：一种是从马克思世界历史理论的基本精神出发，认真研究 500 年来在民族历史转化为世界历史的历史进程中，特别是 20 世纪 40～50 年代以来的全球化进程中，资本主义在市场、法治、管理、科学技术等等方面所发挥的历史作用，并从中汲取社会主义自身发展壮大的经验和因素，在与资本主义和平共处的相互关系中赢得自己的比较优势；一种是从教条主义的思维方式出发，执着于两种社会制度和意识形态之间的本质区别和绝对对立，把社会主义的理论与实践推向与资本主义的纵向继承和横向借鉴完全脱离的发展道路，从而使社会主义事业走向封闭、片面和僵化。②

必须清醒意识到的是，由于存在着以欧美为首的资本主义发达国家的封锁与遏制这个特定的历史背景和国际环境，使得当时几乎所有的社会主义国家在建国后一段相当长的历史时期内，都没有能够对第一种选择保持清醒的态度，社会主义的理论与实践逐渐遇到严重挫折。这一历史教训说明，摆脱冷战思

---

① 无论速度、规模，还是质量、内涵，中国大地上的资本扩张都以空前未有的态势蓬勃发展。资本及其市场的力量在中国大地上演绎着创造物质财富、塑造国家未来的人间奇迹，同时它也是孕育一切社会矛盾、导致各种各样观念冲突的现实物质根源。鲁品越先生认为，"当代中国社会正处在历史与未来的交汇点上：在社会主义制度与价值体系的主导下，既有自发的原始资本形态，也有正在形成的大众资本、人力资本、公共资本等等复杂的资本形态；既有境内资本，也有国际垄断资本；既有国有资本，也有民间资本。这些资本力量在推动中国生产力扩张与发展的同时，也必然塑造着中国的社会结构。""资本新形态在消解以阶级对立为轴心的板块结构的同时，其中的资本强势者也会千方百计使各种资本形态集中到自己手中，由此形成操纵劳动力市场、资本市场、产权市场与公共资源环境领域的资本力量。如果政府官员的公共权力不是对此予以制约与引导，而是与这些资本相结合，权力便会转变为私人的'权力资本'，与社会资本力量共同构成'资本怪胎'。"（鲁品越："资本逻辑与当代中国社会结构趋向"，《哲学研究》200 年第 12 期，第 28 页）在资本力量越来越强势出场并主导着社会生活的现代市场经济条件下，政府应始终保持着自己的清醒意识和基本责任：做人民利益的守护人。

② 邓小平理论的秘密究竟是什么？对这一重大问题的理解和回答，人们可以有不同的视角、方向和维度。我以为这一秘密的基本点之一就在于：它初步实现了社会主义与资本主义这两种社会制度和意识形态之相互关系的世界历史性的重建，从而为中国社会主义的全面开放和普遍交往开辟了前进发展的道路。邓小平之所以是世界历史性的巨人，就在于他深刻意识到了解决这一根本课题不仅对于社会主义前途命运，而且对于整个人类的和平与发展所具有的根本性意义。马克思特别是列宁的历史辩证法，成了邓小平变革中国、塑造世界的伟大实践智慧的理论源泉。

维，束缚、走向对话和合作的新时代是何等重要。①

2. 构建和谐世界的世界政治理念

这当是进入 21 世纪后当代中国共产党人提出和谐世界的世界政治理念的基本背景所在。中国特色社会主义之所以能够在世界社会主义运动的惊涛骇浪中继续巍然挺立，是由于中国共产党人既立足中国的国家利益又顺应世界潮流，科学而合理地对待和处理了国家利益与意识形态的相互关系，重建了社会主义如何生存和发展于资本全球化时代、如何"利用资本限制资本"、如何与资本世界周旋的现代政治理念。关于和谐世界论等一系列关于世界政治哲学观念的重大创新，是中国共产党人创造性地发展马克思主义的世界历史观和意识形态的光辉范例，是中国共产党人在世界历史全球化时代的宏大背景中为推进世界社会主义事业所作出的重大贡献。

当代中国共产党人立足于中华民族爱好和平的伟大文明传统和民族特性，从和平共处五项原则的国际政治理念、从和平与发展的时代观出发，深谋远虑、高瞻远瞩地提出了构建和谐世界的世界政治理念和发展战略。中国共产党的和谐世界的世界政治理念强调，在当代世界的不同社会制度、意识形态、国际力量之间，在社会主义与资本主义、马克思主义与自由主义之间，所需要的不应是激烈对抗和你死我活，而应是理性的对话、有规则的竞争、平等合作基础上的双赢、多赢和共赢。当代中国共产党人面对不同文明、不同民族国家之间的价值观的极其严重的分歧和对立，一再强调国际社会应当表现出足够的政治智慧、宽广的政治胸襟和明智的政治战略，建立和采取特殊形式的有效的沟通、对话渠道，以消除种种由于价值观、传统认同和利益分配等等的对立而造成的严重的矛盾、冲突乃至战争，而不是陷入以暴制暴的恶性循环之中。

当代中国共产党人清醒意识到中国作为一个有着悠久历史文明的世界性大国，应当自觉地担当其维护人类和平、促进人类发展的重大使命。它所倡导的和平、发展、合作的国际政治原则，它所倡导的"坚持包容精神，共建和谐世界"的政治哲学理念，是数千年来华夏文明所孜孜以求的"和而不同"的价值观在全球化条件下的当代阐释和当代表达，是马克思主义世界历史理论之

---

① 中国近 30 年改革开放的成功历史经验，特别是邓小平关于社会主义与资本主义两种社会制度和意识形态的相互关系的历史性重构，是中国共产党人对整个国际共产主义运动和当代世界社会主义以至全人类和平进步事业的重大贡献，值得认真总结。如何从马克思世界历史理论和历史政治哲学的角度对邓小平的理论与实践之于中国人民、之于世界历史的深远历史意义作出深入研究，是中国哲学界理论界，特别是马克思主义哲学界理论界的一项重要的理论使命。

普遍交往观、之世界文学观的发展了的当代形态。它强调"文明多样性是人类社会的基本特征。也是人类文明步的重要动力。在人类历史上，各种文明都以自己的方式为人类文明进步作出了积极贡献。存在差异，各种文明才能相互借鉴、共同提高；强求一律，只会导致人类文明失去动力、僵化衰落。各种文明有历史长短之分，无高低优劣之别。历史文化、社会制度和发展模式的差异不应成为各国交流的障碍，更不应成为相互对抗的理由。我们应该尊重各国自主选择社会制度和发展道路的权利，相互借鉴而不是刻意排斥，取长补短而不是定于一尊，推动各国根据本国国情实现振兴和发展；应该加强不同文明的对话和交流，在竞争比较中取长补短，在求同存异中共同发展，努力消除相互的疑虑和隔阂，使人类更加和睦，让世界更加丰富多彩；应该以平等开放的精神，维护文明的多样性，促进国际关系民主化，协力共建各种文明兼容并蓄的和谐世界。"①

　　和谐世界的世界政治理念，和平发展的世界战略思维，是当代中国共产党人既基于中国的国家利益，又基于对世界历史全球化时代发展趋势的总体判断，为人类的和平与发展所提出和倡导的一幅宏伟政治蓝图，是当代中国共产

---

　　① 胡锦涛在联合国成立60周年首脑会议上的讲话：《努力建设持久和平、共同繁荣的和谐世界》，新华网2005年9月15日。"和谐世界"观有其深厚、漫长、悠久的传统渊源。赵汀阳在中国与西方的比较研究中，高度评价了传统中国的"天下/帝国"式的思维方式之于当代世界的基本意义："西方对世界的理解，无论是帝国的还是帝国主义的，都把世界看作是分裂的，把世界的完整性看作是尚未完成的历史使命（往往同时又是宗教使命）。一旦把世界的完整性看作是'使命'而不是给定的概念，就不可避免地为了克服所想象的分裂而发动战争，进行殖民，从事政治、经济和文化的征服。西方对征服的迷恋不是出于恶意，而是出于作为意识或潜意识的'使命感'。可以看到，天下/帝国理论与帝国主义理论在对世界的理解上有着顺序颠倒的结构：天下/帝国的理论是个由大至小的结构，先肯定世界的先验完整性，然后在给定的完整世界观念下再分析各个地方或国家的关系。这是世界观先行的世界理论，而帝国主义是由小至大的结构，先肯定自己的民族和国家的绝对性，然后以自己国家的价值观把'其他地方'看作是对立的、分裂的和未征服的。这是没有世界观的世界理论。""天下的完整性是依靠内在的多样性和谐来维持的，因此又有一个关于世界和谐的先验原理，所谓'和'。……中国哲学在至少2000年前就进行了不同寻常的深入反思，其中关键的论证是这样的：（1）至少两种以上东西之间的和谐是任何一种东西能够生存的必要条件……于是共存（coexistence）成了存在（existence）的先决条件。（2）足够多样的东西才能够使得任何一种东西具有魅力或者说价值和意义，因此，足够多样的存在方式是生活意义的基础。……只有多样的和谐这一模式才能够同时满足世界的完整性和生命力双重要求。""可以说，以'礼'和'仁'为表里而定义天下/帝国想象的是一种能够把文化冲突最小化的世界文化制度，而且这种文化制度又定义了一种以和为本的世界政治制度。文化制度总是政治制度的深层语法结构。"（赵汀阳：《没有世界观的世界》，第32～33、38页）

党人向全世界作出的中国坚持走和平发展道路的庄严承诺。①

在时代观上，中国共产党人已经经历了从战争与革命到和平与发展的重大转换，为整个世界走出冷战与对峙，开始和平与发展、合作与对话的普遍交往的全球化时代做出了重大贡献。但是，在当今世界，冷战思维仍然没有退出历史舞台，霸权主义依然笼罩着世界大地，不同文明之间的冲突依旧此起彼伏。我们完全有理由认为，在中国的改革开放已经发展到 21 世纪的今天，在中国特色社会主义的变革已经向纵深前进的时代背景中，当代中国共产党人在社会历史政治理念的革新和重建早已今非昔比，它在许多价值观和意识形态重大问题上的突破和超越甚至连西方世界都望尘莫及，展示了当代中国共产党人和中国政府高瞻远瞩开拓未来的信心、勇气、意志和胸襟。② 当代中国共产党人在全球化时代的复杂背景和利益格局中，为全人类的安宁、福祉而严肃地提出构建和谐世界的世界政治理念，表明中国作为一个世界性的大国，必将在推进人类和平与发展的事业中发挥重大作用。

---

① 值得特别注意的是，在最近欧盟外长一次会议的声明中，高度评价了当代中国共产党人提出的"和谐社会"、"和谐世界"的理念。据有关方面报道，这是在国际社会中第一次由国际组织对中国共产党人的"和谐社会"、"和谐世界"的理念正式作出的积极回应。这一极具象征性的事件说明，当代中国共产党人立足中国、放眼世界所提出的"和谐社会"、"和谐世界"的政治哲学理念，已经而且也必将对整个人类的和平与发展的伟大事业，产生重大而深远的影响。我以为，不再坚执于两种社会制度和意识形态的抽象对立，而是加强两者之间的平等对话和理性沟通，是邓小平开辟的改革开放之路的基本秘密，同时也是当代中国共产党人关于"和谐社会"、"和谐世界"之政治哲学理念的核心要义之一。

② 西方世界、特别是美国在价值观和意识形态问题上始终对中国存在着教条主义的偏见，而无视或不愿意看到中国 30 年以来的改革开放在建立社会主义市场经济、走向社会主义法治国家的道路上所发生的重大变革。二战后的几十年来，从杜鲁门到奥巴马，从杜勒斯到希拉里，美国的历代政治家尽管在对华政策上发生了重大变化，但在价值观和意识形态问题上却始终把中国视为一个"非民主国家"。作为西方国家对中国一如既往地继续持有意识形态偏见的一个例证，是日本前首相在出访印度的演讲中提出的所谓"亚太自由之弧"：据 2007 年 08 月 23 日《新京报》报道，安倍在与印度经济界人士进行会谈之后，于 22 日上午在印度国会发表演讲。在演讲中安倍强调要进一步加强日印伙伴关系，并且向印度推荐其所谓"亚太自由之弧"计划。在演讲中，安倍着重阐述了日本提出的所谓"亚太自由之弧"。他说，日、印战略伙伴关系基于两国"民主"、"人权"等基本价值以及战略利益的一致。安倍称，"东亚和南亚已经超越了地理的界限结合在一起。这个更广的亚洲将逐步成为一张细密无边的网，穿过太平洋与美国和澳大利亚相衔接。"安倍还称，日、印关系正成为这一"自由和繁荣之弧"中主要的组成部分。

另据日本《产经新闻》2007 年 08 月 21 日报道，安倍晋三首相 20 日在印度尼西亚首都雅加达发表的政策演讲，强烈表明了要对东盟国家奉行"价值观外交"的态度。安倍晋三的价值观外交，是指与所谓共享民主主义、尊重人权等基本价值观的国家强化关系。安倍此举的目的在于牵制对东盟影响力日增的中国，并由此提升日本的国际地位。

1840 年代以来的中国已经和正在发生着空前未有的巨大社会变革，发生了太平天国革命、洋务运动、戊戌维新、辛亥革命、五四新文化运动、中国共产党的民族民主革命、改革开放与中国特色社会主义道路的开辟等等一系列伟大的历史事件，标志着作为民族历史的中国历史向世界历史转化和飞跃的革命变革历程。在所有这些发生在中国大地上的伟大的历史事件中，孙中山的辛亥革命、毛泽东的民族民主革命、邓小平的中国特色社会主义道路的开辟最为光辉夺目，因为它们开创和标志着中国近现代历史上三个最伟大的历史时代。

　　马克思世界历史理论为我们深入解读、批判反思、合理定位中国近现代哲学思想史，提供了一个取之不尽、用之不竭的方法论源泉，提供了一个充满着巨大生命张力的哲学范式。从这个方法论和哲学范式出发，我们就有可能揭示近代以来发生在中国土地上的伟大历史变革。问题是我们必须认真汲取在马克思逝世后，特别是在 20 世纪的一百年中，我们在理论与实践的相互关系上的一系列严重的历史教训，真正继承和发扬马克思在历史批判中所表现出的人类创造中之永不满足、追求自由的伟大理性精神和辩证历史智慧。

　　中国已经进入现代意义上的市场经济时代，现代意义上的法治自由和政治民主也正在逐步确立中。中国的价值观、意识形态、精神文明和社会文明也将因此而得到重建。但这只是事情的一个方面。由此而来的另一方面是，伴随着商品、市场、资本、科技、法治、自由、民主而来的，是工具技术理性的强力扩张和价值人文理性的隐遁不彰。现代性的种种问题由此也就接踵而至。如何发扬光大由马克思开启的现代性批判的精神传统，自觉保持、调控和驾驭现代性文明自身的矛盾悖论和巨大张力，强有力地保障中国土地上的现代性文明沿着健康的、有益于中国人民和全人类的方向前进，已经成为中国学人和政治领袖必须面对、担当和破解的最重大的历史性课题。

　　历史前进、发展的步伐已经迈入 21 世纪。中国已经开始真正地走上了一个和平崛起、民族复兴的康庄大道。这一时代背景为当代中国学人和政治领袖立足中国大地和文化传统，构造、创建和提出具有中国气派、中国风格、中国特点、中国语言的关于人类永久和平的世界政治哲学，培育、开拓和提供了深厚的历史土壤和广阔的发展空间。为了推进、实现和完成当代中国共产党人所提出的构建和谐社会、和谐世界的伟大目标，为了发扬光大中国近现代思想先驱和政治领袖为之奋斗的华夏文明复兴的伟大理想，当代中国学人应当也完全能够自觉地在理论上担当起重大历史责任。

参考文献

原著部分

1. 《马克思恩格斯选集》第 1~4 卷，人民出版社 1995 年版。

2. 《马克思恩格斯全集》第 1 卷，人民出版社 1958 年版。

3. 《马克思恩格斯全集》第 7 卷，人民出版社 1959 年版。

4. 《马克思恩格斯全集》第 15 卷，人民出版社 1963 年版。

5. 《马克思恩格斯全集》第 19 卷，人民出版社 1963 年版。

6. 《马克思恩格斯全集》第 22 卷，人民出版社 1972 年版。

7. 《马克思恩格斯全集》第 30 卷，人民出版社 1995 年版。

8. 《马克思恩格斯全集》第 44 卷，人民出版社 2001 年版。

9. 《马克思恩格斯全集》第 46（下）卷，人民出版社 1978 年版。

10. 马克思：《资本论》，第 1~3 卷，人民出版社 1975 年版。

11. 《列宁选集》第 1~4 卷，人民出版社 1995 年版。

12. 《毛泽东选集》第 1~4 卷，人民出版社 1968 年版。

13. 《邓小平文选》第 1~3 卷，人民出版社 1993 年版。

14. 康德：《历史理性批判文集》，商务印书馆 1990 年版。

15. 黑格尔：《历史哲学》，三联书店 1956 年版。

16. 黑格尔：《法哲学原理》，商务印书馆 1961 年版。

17. 《洪仁玕选集》，中华书局 1978 年版。

18. 《太平天国》（丛刊）第 6 册，神州国光社 1954 年版。

19. 《太平天国文献汇编》二，鼎文书局，中华民国 62 年 12 月版。

20. 《太平天国史料》，中华书局 1995 年版。

21. 《康有为学术著作选》，中华书局 1988 年版。

22. 康有为：《大同书》，上海古籍出版社 2005 年版。

23. 汤志钧编：《康有为政论集》上、下，中华书局 1981 年版。

24. 《谭嗣同全集》上、下，中华书局 1981 年版。

25. 《梁启超文选》上、下，中国广播电视版社 1992 年版。

26. 王栻主编：《严复集》第 1～5 册，中华书局 1986 年版。

27. 刘梦溪主编：《中国现代学术经典·严复卷》，河北教育出版社 1996 年版。

28. 刘梦溪主编：《中国现代学术经典·康有为卷》，河北教育出版社 1996 版。

29.《孙中山选集》，人民出版社 1981 年版。

30.《孙中山文集》（上、下），团结出版社 1997 年版。

31.《孙中山全集》第 1 卷，中华书局 1981 年版。

32.《孙中山全集》第 6 卷，中华书局 1985 年版。

研究文献

1. 萧公权：《近代中国与新世界：康有为变法与大同思想研究》，江苏人民出版社 1997 年版。

2. 萧公权：《中国政治思想史》第 1～3 卷，辽宁教育出版社 1998 年版。

3. 冯契：《中国近代哲学的革命进程》，上海人民出版社 1989 年版。

4. 冯契主编：《中国近代哲学史》上册，上海人民出版社 1989 年版。

5. 汤志钧：《戊戌变法史》，人民出版社 1984 年版。

6. 史华兹：《寻求富强：严复与西方》，江苏人民出版社 1996 年版。

7.《陈独秀著作选》，上海人民出版社 1984 年版。

9. 胡汉民编：《总理全书》第 1 卷，台北国史馆出版社 1951 年版。

10.《胡适文存》二集，黄山书社 1996 年版。

11.《蔡元培全集》第 4 卷，中华书局 1984 年版。

12. 梁启超：《清代学术概论》，东方出版社 1996 年版。

13. 汪荣祖：《走向世界的挫折——郭嵩焘与道咸同光时代》，岳麓书社 2000 年版。

14. 列文森：《儒教中国及其现代命运》，中国社会科学出版社 2000 年版。

15. 李泽厚：《中国近代思想史论》，人民出版社 1979 年版。

16. 李泽厚：《中国现代思想史论》，东方出版社 1987 年版。

17. 马克斯·韦伯：《儒教与道教》，江苏人民出版社 1995 年版。

18. 马尔库塞：《理性和革命》，重庆出版社 1993 年版。

19. 徐宗勉、张亦工等：《近代中国对民主的追求》，安徽人民出版社 1996 年版。

20. 费正清、赖肖尔：《中国：传统与变革》，江苏人民出版社 1995 年版。

21. 费正清：《伟大的中国革命》，国际文化出版社 1989 年版。

22. 张灏：《危机中的中国知识分子——寻求秩序与意义》，新星出版社 2006 年版。

23. 张灏：《梁启超与中国近代思想的过渡（1890～1907）烈士精神与批判意识》，新星出版社 2006 年版。

24. 张灏：《幽暗意识与民主传统意义》，新星出版社 2006 年版。

25. 郭湛：《哲学与社会》，中国人民大学出版社 2000 年版。

26. 郭湛：《主体性哲学——人的存在及其意义》，云南人民出版社 2002 年版。

27. 杨耕、陈志良、马俊峰：《马克思主义哲学研究》，中国人民大学出版社 2000 年版。

28. 俞吾金：《实践诠释学——重新解读马克思哲学与一般哲学理论》，云南人民出版社 2001 年版。

29. 赵汀阳：《没有世界观的世界》，中国人民大学出版社 2003 年版。

30. 王东、丰子义、聂锦芳：《马克思主义与全球化——〈德意志意识形态〉的当代阐释》，北京大学出版社 2003 年版。

31. 卡尔·洛维特：《世界历史与救赎历史——历史哲学的神学前提》，生活·读书·新知三联书店 2002 年版。

32. 邓正来主编：《布莱克维尔政治学百科全书》，中国政法大学出版社 1992 年版。

33. 胡伟希编：《辛亥革命与中国近代思想文化》，中国人民大学出版社 1991 年版。

34. 邓晓芒、赵林：《西方哲学史》，高等教育出版社 2005 年版。

35. 郭颖颐：《中国现代思想中的唯科学主义》，新星出版社 2006 年版。

36. 郭湛波：《近五十年中国思想史》，山东人民出版社 1997 年版。

37. 袁伟时：《中国现代思想散论》，广东教育出版社 1998 年版。

38. 丰子义、杨学功：《马克思〈世界历史〉理论与全球化》，中国人民大学出版社 2002 年版。

39. 冯友兰：《中国哲学史新编》（上、中、下），人民出版社 1999 年版。

40. 李惠斌主编：《全球化与现代性批判》，广西师范大学出版社 2003 年版。

41. 李惠斌主编：《全球化与公民社会》，广西师范大学出版社 2003 年版。

42. 冯达文、郭齐勇主编：《中国哲学史》上、下册，人民出版社 2004 年版。

43. 任继愈：《中国哲学史》第 4 册，人民出版社 1997 年版。

44. 李恒瑞：《世纪难题的破解——社会改革开放新论》，人民出版社 1999 年版。

45. 高宣扬：《德国哲学通史》第 1 卷，同济大学出版社 2007 年版。

46. 胡适：《留学日记》卷十，第 3 册，商务印书馆 1947 年版。

47. 哈耶克：《致命的自负》，中国社会科学出版社 2000 年版。

48. 福山：《历史的终结及最后之人》，中国社会科学出版社 2003 年版。

研究论文

1. 鲁品越、骆祖望："资本与现代性的生成"，《中国社会科学》2005 年第 3 期。

2. 鲁品越："资本逻辑与到当代中国社会结构趋向"，《哲学研究》2006 年第 12 期。

3. 俞吾金："资本诠释学——马克思考察、批判现代社会的独特路径"，《哲学研究》2007 年第 1 期

4. 何萍："罗莎·卢森堡的《资本积累论》与中国"，《马克思主义研究》，2005 年第 6 期。

5. 魏小萍："马克思主义与自由、平等和正义的话题——历史变迁后前东德学者的反思"，《哲学研究》2003 年第 9 期。

6. 刘敬东："中国近代哲学精神引论"，《传统文化与现代化》1998 年第 2 期。

7. 刘敬东："论康有为的哲学思想及悲剧性格"，《哲学研究》1997 年第 11 期。

8. 刘敬东："谭嗣同：以仁—通开启近代——戊戌维新百年祭"，《哲学研究》1998 年第 6 期。

9. 刘敬东："试谈孙中山哲学的理念及其意义"，《哲学研究》1999 年第 3 期。

10. 刘敬东："民主与科学的追求：洪仁玕的近代理念及其悲剧"，《哲学研究》2000 年第 6 期。

11. 刘敬东："两个世界与一个人生"，《哲学研究》2005 年第 5 期。

12. 刘敬东："理性、自由与普遍法治——解读康德《历史理性批判文集》"，《哲学研究》2001 年第 9 期。

13. 刘敬东："两个世界的内在张力与理性非理性的动力结构——黑格尔历史理念片论"，《哲学研究》2002 年第 12 期。

14. 刘敬东："批判与建构的双重维度"，《学术研究》2005 年第 8 期。

15. 刘敬东："启蒙与救亡：在自由与富强之间——马克思世界历史理论的严复个案"，《哲学研究》2007 年第 9 期。

16. 刘敬东："历史向世界历史转化的哲学回就：马克思世界历史理论的中国个案"，《现代哲学》2007 年第 6 期。

17. 刘敬东："在历史与伦理之间——现代性问题的一种考察"，《中国人民大学学报》2008 年第 6 期。"

18. 韩志国："从历史制高点看：中国正在进入资本时代"，《上海证券报》2007 年 08 月 29 日。

19. 李恒瑞："邓小平理论体系论纲"，《新华文摘》2002 年第 4 期。

20. 殷剑锋："中国股市的基础和发展趋势"，《大讲堂》2008 年第 3 期。

政治文献

1. 胡锦涛："努力建设持久和平、共同繁荣的和谐世界"，新华网联合国 2005 年 9 月 15 日电。

2. 温家宝：《把目光投向中国——在哈佛大学的讲演》，中国新闻网，2003 年 12 月 11 日。

后 记

1500 年以来的 500 多年间，伴随着哥伦布发现"新大陆"等一系列伟大的航海事件的发生，人类世界进入马克思世界历史理论意义上的、为资本逻辑所强力主导的世界历史时代。这个世界历史时代上演了人类世界有史以来最深刻最广泛的巨大变革。近代中国、东方世界以及整个世界上所有其他的落后民族，都被基于资本力量的殖民主义扩张无情地卷入进这场发端于西方而扩张于全世界、用时间消灭空间并夺得整个地球作为它的战场的历史巨流中。作为民族历史的中国历史走向世界历史的巨大转变，作为民族哲学的中国哲学走向"世界文学"的革命变革，就发生在这个具有世界历史性意义的、历史与伦理之悲剧性冲突的世界历史时代。

马克思世界历史理论所揭示的民族历史向世界历史的转化，为我们提供了考察、研究近代世界的历史进程和哲学变革所应当依据的一个可能性的解释框架或哲学范式。拙作的出发点，就是力求用马克思世界历史理论来解读和考察中国近代哲学，把中国近代哲学的革命性变革作为民族历史向世界历史转化之哲学回应的一个典型案例加以研究。但是，马克思世界历史理论的中国个案研究并不是一件轻松的事情，因为它实际上涉及到马克思哲学和中国哲学这两个不同的专业领域。应当说，揭示马克思世界历史理论的深层结构和精深意蕴本身已十分艰难，而身处世界历史激流、并由此发生了巨大变革中的中国近代哲学，亦同样是一个浩森无垠、博大精深的思想世界。我在两个领域的基本素养仍然远为欠缺的情况下，竟把这两个重大学术问题结合为一个整体进行研究，实为贸然。因而在这一过程中遭遇各种各样的艰难、挫折、问题、困惑，也就可想而知了。

尽管如此，我仍然坚持认为，对马克思世界历史理论进行个案考察意义重大。对 500 多年来民族历史向世界历史转化这一发生在世界范围内的伟大而又悲壮的历史变革，如若仅仅停留在马克思世界历史理论本身的思想语境和解释框架内加以研究，尚不足以展示它所反映、所包涵的生动、具体、多样、丰富而复杂的历史内容。实际上，像中国和印度这样的东方大国由于西方列强的强力殖民、资本扩张而被卷入、裹挟进世界历史的滔滔激流中，本身已构成民族历史向世界历史转化的波澜壮阔的宏大历史景观。发生在近代世界背景下的中国和印度这两个民族的悲剧性命运，包涵着民族历史向世界历史转化的过程、机制和秘密。我当然没有能力从经济、政治、文化、生活方式等等全方位的角度，对发生和运演在近代中国大地上的这一深刻而巨大的变革过程加以整体把握，在目前的情况下也同样没有能力考察和研究马克思世界历史理论的印度个案。在这里，我只能在某种程度、某种意义上，把中国近代哲学所发生的革命性变革，作为马克思世界历史理论所揭示的民族历史向世界历史转化之哲学回应的个案，在力所能及的情况下加以考察。虽然对马克思世界历史理论进行个案考察的范围或边界已经作了限定，但我深知，就我的思想能力和粗浅学识而言，它仍然是一个我所不能祈望达到的高远目标。

民族历史向世界历史转化这一具有世界历史性意义的深刻变革过程，究竟在何种意义上塑造着康德孜孜以求的"世界公民社会"？① 康德世界历史理念构架中的理性、自由与普遍法治，绝不是一个在和平与安宁之路上自动到来的历史变革过程，而是经历了一个资本扩张、征服、侵略以攫取落后民族的劳动和财富的漫长过程，经历了一个西方发达民族损害、践踏东方落后民族尊严的空前残酷的悲剧性历程。作为康德同胞和后继者的黑格尔，为那个"以理念建筑现实"、"理念与现实的调和"之"现代日尔曼世界"时代的到来而感到

---

① 赵汀阳先生认为，"在西方概念里，国家就已经是最大的政治单位了，世界就只是个地理性空间。……政治/文化单位到国家而止步，这就是西方哲学的一个重要的局限性，它缺少了一个必要的视界。"令人惊讶不已的是，赵汀阳对康德关于"世界公民社会"之伟大历史——政治观念的评价之低竟如此令人瞠目："西方一直到近代才开始有似乎比国家更大的关于政治单位的想象。例如康德关于'人类所有民族的国家'（civitas gentium）或者所谓'世界共和国'的想象，但这种想象并不认真，事实上在康德的论文中只是被草草提及而已，只有空洞的概念，并无表述。康德认为比较现实的想象应该是弱一些的'自由国家的联盟制度'，其潜台词是不能超越民族/国家体系（这个理由在当代自由主义政治理论中终于变得直截了当了）"。尽管如此，赵汀阳接下来对马克思和康德之历史政治观念的比较依然是耐人寻味的："不过后来马克思的共产主义社会概念则是个关于世界政治制度的认真想象，但马克思主义并没有成为西方思想主流，相反几乎是个异端。从实践上说，现在的联合国看上去几乎是康德想象的实践，但只是个准世界性的单位，即使这种准世界性也是非常象征性的，因为联合国这样的政治概念至多意味着目前规模最大的政治单位，却不是理论上最大而且地位最高的政治单位，因为它不拥有在国家制度之上的世界制度和权力。"（赵汀阳：《没有世界观的世界》，中国人民大学出版社2003年版，第12页）

由衷喜悦，并站在世界历史之"世界法庭"的残酷基点上无情地高歌了这一巨大的历史变迁过程，并且异常清醒地为资产阶级的生产方式、生存方式和生活方式确立于世界大地，作了宏大、普遍、必然、总体的哲学论证，从而成为近代资产阶级征服世界的自觉哲学意识和典型意识形态。面对近代资产阶级殖民主义扩张所带来的巨大战争灾难，黑格尔所表现给我们的，是那种既泰然自若、又热情颂歌的哲学态度，是那种历史优先于伦理、伦理必须为历史开路的历史理念。但值得注意的是，成长在近代中国的土地上，作为伟大爱国者的年轻的谭嗣同，在自己的祖国惨遭蹂躏的历史情景中，竟然也表现出与黑格尔几乎同样的、至今依然令我们备感惊讶的历史观念。这依然是值得我们深入反思的重大哲学史现象。

马克思世界历史理论展示了一个不同于黑格尔的关于世界历史的哲学图式：世界历史时代存在着历史与伦理的悲剧性的巨大冲突。因此对落后民族、国家而言，民族历史向世界历史的转化，一方面，它是社会形态的重大转换和历史飞跃，是民族精神的重新塑造、再获新生的过程；另一方面，这个转换与飞跃、重塑与新生的过程，决不是在和风细雨或阳光灿烂的时空背景中，不是在西方与东方的平等、合作与对话的"主体间性"、"文化间性"中，而是在触目惊心的惊涛骇浪、血雨腥风中，在西方列强的资本掠夺、军事征服、文化扩张中，在落后民族、国家的备受蹂躏、饱受屈辱和由此奋起的可歌可泣的反抗、斗争和革命中，在巨大历史悲剧的二律背反式的悖论形态中展开和进行的。在这一刀光剑影、惊心动魄的历史进程中，中华民族向全世界展示了不屈不挠、愈挫愈勇的民族意志，展示了应对挑战、浴火重生的民族精神，展示了洪仁玕、康有为、谭嗣同、严复、孙中山等众多志士仁人艰辛探索、救国救民的伟大心灵，展示了中华民族在奇耻大辱中依然前行、依然走向世界的生存意志。把近代中国伟大哲人和政治领袖的探索纳入到马克思世界历史理论的世界图式、解释框架和哲学范式中加以探讨考察，揭示和阐明中国近代哲学在回应外来挑战中所发生的深刻变革，无论对推进马克思世界历史理论，还是中国近代哲学的深入研究，都不失为一个有待开拓、意义重要的学术思考的方向。

把中国近代哲学纳入到马克思世界历史理论的解释框架中加以探讨考察，自然是一项相当艰巨、任重道远的精神追求、思想探索和学术任务。如果具备适宜的主客观环境和条件，我希望能够在业已取得的成果的基础上继续耕耘、探索下去。即使没有能力靠近或最终实现这一哲学目标，我也仍将会为自己能够不断地行进在通往这一目标的思想路途中而感到快乐。

赵汀阳先生认为，"按照西方现代知识的逻辑，从世界历史来看，在进入西方的现代化逻辑之前，中国文明以及中国的历史都是停滞的（如汤因比们所说的），因为古代中国没有深刻的制度变迁，最多有某些政策改变。虽然这种理解包含有知识霸权的成分和某些知识盲点，但这一知识逻辑并非完全没有道理。"① 西方持"现代知识逻辑"的思想家哲学家不在少数。在马克思那里，中国是没有进入现代文明门槛的停滞不前、闭关锁国、安于现状的社会，而"印度社会根本没有历史，至少是没有为人所知的历史"，"印度本来就逃不掉被征服的命运，而它过去的全部历史，如果还算得上是什么历史的话，就是一次又一次被征服的历史。"② 在历史与伦理的悲剧性冲突中，马克思在保持两者之巨大张力的同时，至少在某种意义上仍然坚持了历史优先、伦理为历史让路的基本理念。这里我们举出阿多诺和鲍德里亚的观点作进一步说明。阿多诺关于马克思之实践观念的批评性评价是耐人寻味的："马克思从康德和德国唯心主义者那里接受了关于实践理性的首要性的论点，并把它磨砺成一种改变世界而不只是解释世界的要求。因此，**他认可了像对自然的绝对控制这样的大资产阶级纲领。**"③ 鲍德里亚认为，以劳动对象的形式出场的自然概念是资产阶级启蒙思想的核心，而作为马克思全部思想基础的政治经济学也是建立在这个自然观念的基础之上的。因此尽管马克思对资产阶级意识形态的批判识破了布尔乔亚试图将资本主义生产方式永恒化的自然意识形态诡计，但马克思的历史唯物主义仍然强调了对自然的征服和改造，**因此马克思的问题就出在没能对物质生产进行批判性反思，所以也就无法意识到，劳动与自然的有用性仍然是资产阶级启蒙意识形态的核心。**马克思虽然也批判了资本主义生产方式，可是他没有能彻底跳出这种生产方式所制造出来的奴役自然的逻辑。④ 撇开阿多诺和鲍德里亚对马克思关于控制自然和物质生产逻辑的批评是否正确与合理不谈，就我们这里所论及的关于历史与伦理之何者优先的问题而言，阿多诺和鲍德里亚在这里依然为我们旁证了马克思历史优先于伦理的历史观念。

① 赵汀阳：《没有世界观的世界》，中国人民大学出版社 2003 年版，第 115 页。
② 《马克思恩格斯选集》第 1 卷，人民出版社 1995 年版，第 767 页。
③ 阿多诺：《否定的辩证法》，重庆出版社 1993 年版，第 240 页。黑体为引者加。
④ 参见张一兵：《文本的深度耕梨——后马克思思潮哲学文本解读》第 2 卷，中国人民大学出版社 2008 年版，第 224～227 页。

因此尽管马克思与黑格尔、韦伯的世界历史观、价值观和思想方式存在着重大差异，但我仍然倾向于洪天富先生关于"韦伯和马克思一样，在宗教和资本主义问题上是一位欧洲中心主义者"的看法，而对丰子义先生通过关于两种不同的"中心"概念的划分，从而把黑格尔与马克思的世界历史观念截然区别开来的观点持保留态度。因此我以为，撇开种种差异和区别不谈，在某种意义上我们仍然有理由把黑格尔、马克思、韦伯、汤因比、福山、亨廷顿等归入"西方现代知识逻辑"的行列。这也是我认为在历史与伦理之相互关系上，为什么马克思把历史置于优先位置的原因所在。

需要作出说明的是，本书导论和余论的部分内容曾发表在《马克思主义基本原理专题研究》文集（社会科学文献出版社 2009 年版）中。在征得社会科学文献出版社的同意后，我又对导论和余论作了进一步修改扩充，最终成为本书的有机组成部分。在这里我对社会科学文献出版社深表谢意。

拙作的最初观念和思想雏形可以追溯到 1980 年代早期。1979～1983 在曲阜读大学的几年中，我的主要时间、精力、兴趣、阅读对象，都花在了马克思的《资本论》、黑格尔哲学、有关历史著作和国内外文学名著方面。但在当时的情况和条件下，我显然远远没有能力做关于马克思或黑格尔哲学的论文。1982～1983 年之交，在 78 级历史系一位学友（已不记得他的名字）的推介下，我认真阅读了李泽厚先生的《中国近代思想史论》，并由此产生了对中国近代哲学思想的极大兴趣。耐人寻味的是，这种似乎是基于偶然的学友推介而促成的读书经历，竟成为我做大学毕业论文的一个基本背景，并以"自由精神的历程"为题做成了我关于中国近代哲学之基本观念的学士学位论文。因此到 2003 年获得国家社会科学基金赞助之前，我对拙作的思考实际上已经经历了整整 20 年的漫长岁月。获得国家社科基金赞助之后，拙作的运思、论证、写作、定稿、结项、修改，又经历了七年的时间历程。在前前后后这一长达27 年的时间历程中，我自然受到了许多老师、专家、领导、朋友、同学、家人的情深谊厚的多方面的指导、鼓励、关心、呵护和帮助，成为鼓舞我在学术人生道路上不断前行的精神向导和情感力量。让我深感抱歉和遗憾的是，由于我自读大学至今 30 余年来经历的过于曲折、读书的过于杂多、兴趣的过于广泛而一直未能做到术有专攻，也由于在这一过程中我完成这一课题本身所需要的条件、能力和视野是如此有限，以至于我远远没有达到老师、专家、领导、朋友、同学、家人的一片厚望，亦远远没有达到自己所祈望的那个理想境界。

在这里我首先要向导师郭湛老师长达六年的培育之恩表达最深切的谢意。在 1993～1999 读硕士、博士的六年间，郭老师一方面对我严格要求，一方面也始终给了我思想探索的最大的自由空间。记得在 1995 年深秋的一个晚上，我拟以"中国近代哲学的精神"为题作为硕士学位论文的题目去征询导师的意见。尽管论文选题与我的马克思主义哲学的专业方向不太吻合，但郭老师仍然同意、尊重我了的选择。在攻读博士学位期间，我开始对这篇硕士学位论文的基本部分进行修改、整理、扩充和加工，并于 1997 年以来陆续发表在《哲学研究》、《传统文化与现代化》、《天津社会科学》、《人文杂志》、《学术研究》、《现代哲学》等刊物上，并在此基础上对它们作了进一步的加工、修改和扩充，最终成为拙作的主要组成部分。我之所以能够在学术之路上有所进步和收获，当得益于郭老师的阳光雨露和辛勤培育。

郭湛老师化主观为客观、化辛劳为愉悦的人生境界，和风细雨、润物无声的教育方式，平等待人、娓娓道来的谈话风格，为作为晚辈的青年学子们提供了取之不尽、用之不竭的人生智慧之源。郭老师对学术文章的精益求精，对人生境界的高远追求，对学生关心呵护的人性情怀，为加盟到他麾下的一代又一代青年学子树立了学习和实践的榜样。这不是对郭老师的夸张溢美之辞。实际上我恰恰难以用语言真切地表达郭老师的道德风范和人格魅力。我相信郭老师的每一位弟子都会感同身受。

在这里我还要特别提及兄长刘敬鲁。从我有记忆的孩提时代起，他就是我成长过程中的引路人。在我人生前行的每一个重要时刻，他都耳提面命，谆谆教诲，关怀备至。在从小学到中学、从大学到工作、从硕士生到博士生的人生历程中，他都一直是我前进成长过程中的榜样。在我们共同在乡村生活、读书、劳动和成长的艰苦环境中，在 1970 年代末我们走出农村读大学、大学毕业在各自的工作岗位上工作多年后又共同读硕士、博士研究生的那些漫长的岁月里，尽管在物质生活上一路是那么艰辛贫困，但我们依然在不断的相互激励中勇于超越当下并努力谋划未来，总是为我们相互间所获得的学习和人生之路上的每一个进步而感到由衷地喜悦。

记得大概还是在我大学毕业前夕的 1983 年 6 月，我把以"自由精神的历程"为题的学士学位论文寄给当时还远在大西北的兰州大学工作的兄长刘敬鲁，他在阅读后当即回复长信，高度评价了我论文的立意、内容和文字。尽管当时那篇 3 万字的论文是那么单纯和幼稚，但仍然受到了兄长的深情鼓励，那赞美有加、热情洋溢的文字至今仍历历在目。我为此而备受鼓舞，成为激励我在探索这一问题上继续前进的勇气、信心和力量。当时根本未曾想到的是，27 年前写成的那篇 3 万字的学士学位论文，竟成为今天拙作的一个最早的雏形。

我要借此机会，对清华大学马克思主义学院的张再兴老师、韩景阳老师、邓卫老师、艾四林老师、赵甲明老师、蔡乐苏老师、韩冬雪老师、王雯姝老师，中国社会科学院的李德顺老师、王生平老师，中山大学的叶汝贤老师、刘森林老师、徐长福老师，中共广东省委党校的李恒瑞老师、苟志效老师、吴灿新老师、陈创生老师、佘正荣老师，学友刘陆鹏老师、韩东晖老师、王峰明老师、张立波老师、牛京辉老师，以及所有在这里不能一一提及的老师和朋友们在我读书、写作和出版的过程中所给予的各种方式的大力关心、鼓励、支持和帮助，致以最诚挚最深厚的谢意。

我要对光明日报出版社的领导和祝菲编辑深表谢意。自拙作有幸纳入教育部高等学校社会科学发展研究中心的"高校社科文库"以来，责任编辑祝菲女士对拙作的成书、出版作了大量艰苦细致的编辑工作。在书稿、电话、电子邮件的往复传递中，祝菲女士认真负责的精神使我大受感动。

最后，我还要提到我的太太李红霞女士。在结婚后二十多年的生活岁月中，由于我的求学生涯和南征北战般的工作调动，她为我们的家庭，为照料孩子和老人，特别是为我本人付出了难以形容的操劳、心血和代价。值此远未成熟的拙作即将付梓之际，我亦对她在这一漫长的岁月中所给予的巨大支持深表谢意。

刘敬东

2010 年 3 月于清华园